DISPENSATION OF GOD

DISPENSATION OF GOD
하나님의 경륜

김경환 목사 지음

들어가는 말

이 땅에서 구속 사역을 마치신 주 예수 그리스도께서는 하늘로 올라가시면서 하나님의 피로 사신 거룩한 교회를 세상에 남겨 두셨습니다. 그 이유는 주님의 복음을 전파하기 위해서입니다.

그러나 그런 위대한 사명을 저버린 오늘날의 한국 교회는 하나의 조롱거리로 전락하고 말았습니다. 많은 교단 소속 교회나 그로부터 파생된 이단 단체, 사이비 종교 단체가 각종 비리나 범죄, 타락의 온상이 되었기 때문입니다. 이런 현상의 근본 원인은 교인들 절대 다수가 종교 행위는 열심히 하면서도 정확한 은혜 복음으로 거듭나지 않은 채 세상을 사랑하며 살아가는 데 있습니다. 지금까지 한국 교계에 성경적 은혜 복음이 자리잡지 못한 이유는 목사들이 성경을 잘못 배우고 잘못 가르쳤기 때문입니다. 그들은 신학교에서 하나님의 경륜을 배우지 못하고 소속 교단 교리에 의해 성경을 해석하고 가르칩니다. 따라서 은혜 복음 설교를 제대로 듣지 못한 교인들 사이에 구원의 역사가 일어나지 않고 있는 것입니다.

이 책을 펴내는 목적은 첫째, 오늘날 교회 시대에 오직 은혜만으로, 즉 아무 행위 없이 믿음만으로 받는 구원을 성경적으로 명확하게 제시하는 것,

둘째, 오늘날 교회 시대에 적용되지 않는 구원, 즉 행위에 의한 구원이 어느 시대의 사람들에게 적용되는 것인지를 성경적으로 설명함으로써 현재 많은 이들에게 구원의 걸림돌이 되고 있는 각종 오류나 잘못된 가르침을 성경적으로 바로잡는 것입니다.

이 책은 신학적 논쟁을 목적으로 하는 것이 아니기 때문에 하나님의 경륜의 신학적 배경과 역사를 중심으로 쓰는 대신 독자들이 성경을 쉽게 알 수 있도록 창세기부터 요한계시록까지 올바르게 해석하는 방법을 설명하고 있습니다. 따라서 중요한 교리는 반복되는 경우가 있으니 양해를 바랍니다. 부디 이 책을 읽는 모든 분들이 이 시대를 향한 하나님의 구원 계획을 명확히 알고 믿을 뿐 아니라 하나님께서 우리에게 알려 주시는 진리를 쉽게 이해하시기를 간절히 기도드립니다. 편집에 수고해 주신 지체들에게도 진심어린 감사의 말씀을 전합니다.

2025년 1월
김경환 목사

차례

1 하나님의 경륜을 알아야 하는 이유 • 9

언약들

2 에덴의 언약, 아담의 언약 • 27

3 노아의 언약 • 44

4 아브라함의 언약, 모세의 언약 • 59

5 다윗의 언약, 새 언약, 영원한 언약 • 77

시대들

6 시대에 따른 구원 방법 • 101

구원들

7 무죄시대, 양심시대 • 121

8 인간정부시대, 족장시대 • 138

9 율법시대 • 162

10 전환기 : 사복음서 • 184

11 전환기 : 예수님 탄생 → 십자가 사건 • 206

12 전환기 : 십자가 사건 → 바울계시, 은혜복음 • 223

13 교회시대 • 245

14 교회시대 • 264

15 전환기 : 대환란 → 천년왕국 → 영원시대 • 286

세 부류

16 이방인 • 313

17 유대인 • 331

18 교회 • 347

천년 왕국

19 예수 그리스도의 천년 통치 • 369

교회와 왕국의 차이점

20 성경의 주제 : 왕국 • 389

21 왕국복음과 은혜복음 • 410

하나님의 나라와 천국의 차이

22 하나님의 나라, 천국 • 433

23 영적인 나라, 물리적 나라 • 448

24 이스라엘을 통한 신정통치 • 465

25 물리적 나라 • 486

26 영적인 나라 • 509

27 대환란, 천년왕국 • 532

28 백보좌심판, 영원세계 • 553

일곱 체계

29 7의 법칙 • 571

* 본 저서에 인용된 구절은 <한글킹제임스성경>입니다.

1
하나님의 경륜을
알아야 하는 이유

하나님의 경륜에서 '경륜'이라는 단어는 영어로 'dispensation' 이라고 한다. 과거 클라렌스 라킨(Clarence Larkin)이 저술한 <세대적 진리>(Dispensational Truth)와 스코필드(C.I. Scofield)가 집필한 주석성경에서 이 단어는 우리 말로 '세대'로 번역되었지만, 본 저서에서는 이를 '경륜'으로 번역한다.

성경을 쉽게 이해하기 위해
하나님의 경륜이라는 말 자체가 어렵게 들릴 수 있으나, 실제로 이는 어려운 주제가 아니다. 하나님의 경륜을 우리가 공부해야 하는 이유는 성경을 전체적으로 이해하기 위해서이다. 하나님의 경륜에 대한 이해가 없으면 창세기부터 요한계시록까지의 모든 성경을 오늘날 교회 시대를 사는 우리에게 적용하는 오류를 범하게 된다. 이러한 성경 적용 방식으로는 성경을 올바로 해석할 수 없으며, 구약과 신약을 비교했을 때 모순처럼 보이는 차이를 올바로 해결하지 못해 이단적 교리를 가르치게 된다.

가장 좋은 예로 구원론을 살펴보자. 오늘날 교회 시대에 적용되는 구원론은 로마서, 갈라디아서의 말씀대로 어떠한 행위도 없이 오직 믿음으로만 구원을 받는 것이다. 「율법의 행위로써가 아니라 그리스도를 믿음으로 인하여 의로워지고자 함이라」(갈 2:16). 이것이 은혜 복음이다. 그런데 하나님의 경륜을 모르고 성경을 읽으면 성경의 어떤 구절은 분명히 믿음만이 아닌 행위로써 구원을 받는다고 말씀하기에 혼란에 빠지게 된다. 「사람이 행함으로써 의롭게 되는 것이요, 믿음으로만 되는 것이 아니니라」(약 2:24). 이러한 차이를 올바로 해결하지 못하면 결국 교회 시대인 오늘날에도 행위가 있어야 구원받는다고 하는 잘못된 교리를 가르치게 된다. 그러나 서로 모순된 것처럼 보이는 이런 구절들은 하나님의 경륜을 알면 쉽게 이해된다.

성경을 보는 관점은 성경의 주제를 무엇으로 보는지에 따라 크게 두 가지로 나뉜다. 첫째는 구속을 성경 전체의 주제로 보는 관점이다. 이 관점에 의하면 성경의 핵심은 하나님의 창조와 인간의 타락, 그리고 구속주를 믿음으로써 죄인이 구원받고 영생을 얻는 길의 제시이다.

물론 죄인 된 우리 인간에게는 구속이 중요하지만, 이것이 성경 전체의 주제는 아니다. 성경의 주제를 오직 '구속'으로만 본다면 어느 시대에 속했던 사람인지에 관계없이 모든 사람은 "예수 그리스도를 믿음으로써 구원을 받는다"고 할 수밖에 없다. 그런 관점을 가진 사람들은 구약 시대에는 '오실 예수님'을 믿고 구원받았고, 신약 시대에는 '오신 예수님'을 믿고 구원받는다고 가르친다.

그러나 구약 시대에 속한 사람들이 과연 아직 오시지도 않은 예수 그리스도를 믿고 구원을 받았는지 생각해 보아야 한다. 성경은 그렇게 단순하지 않다. 하나님께서 인간에게 성경 66권을 주신 것은 그보다 더 많은 하나님의 계획을 보여주시기 위해서이다. 성경 전체를 인간의 죄와 구속에만 맞추다 보면 성경의 진리를 잘 알 수 없게 된다.

왕국이라는 성경의 주제를 올바로 알기 위해

둘째는 성경의 주제가 왕과 왕국이라고 믿는 관점으로, 우리 바이블 빌리버들(Bible believers)의 관점이다. 이 관점은 만왕의 왕이신 하나님께서 자신의 왕국에서 자신이 창조하신 피조물들을 통치하시는 것이 성경 전체의 주제라고 보며, 이것이 성경적으로 올바른 관점이다.

왕이신 하나님께서 다스리려 하시는데 피조물들이 하나님께 반역한 것이 문제이다. 사탄도 하나님을 대적해서 죄를 지었고, 인간도 사탄의 속임수에 빠져 죄를 지었다. 이로 인해 하나님께서는 어쩔 수 없이 인간을 구속하시는 계획을 세우셨다. 인간의 구속은 이러한 맥락에서 등장하는 것이지 성경 전체의 주제가 아니다. 구속은 하나님의 통치 속에서 오히려 부수적인 주제이다.

하나님께서는 통치하실 대상으로 인간을 창조하셨는데 만일 인간이 죄를 짓지 않고 하나님의 말씀을 잘 따랐다면 구속 사역은 필요하지 않았을 것이다. 그렇기 때문에 성경의 주제는 구속이 아닌, 왕과 왕국으로 보는 것이 옳다.

하나님의 통치를 받고 하나님께 영광을 돌려드려야 할 인간은 말씀에 불복종하고 마귀를 따랐으며, 이에 하나님께서는 아담, 노아, 아브라함 등 개별적인 인간과 언약을 맺으심으로써 계속해서 인간에게 기회를 주셨다. 아담이 실패하자 후에 노아를 부르셔서 언약을 주셨고, 노아가 실패하자 다시 아브라함을 부르셔서 언약을 주시는 등 계속해서 인간과의 언약을 이어가시는 방식으로 성경은 전개된다. 이것을 알면 성경을 쉽게 이해할 수 있다.

한국 교계 절대 다수의 목사들이 신학교에서 배운 '언약 신학'은 초점을 구속에만 맞추어 성경을 이해하려 한다. 그러나 구속에 근거해서 성경을 풀고자 하면 성경이 가르치고자 하는 진리에서 멀어지고 교리는 엉망이 되고 만다. (성경적으로 믿는 우리가 공부하는 것이 진정한 '언약' 신학이다. 하나님께서 주신 언약들을 중심으로 성경을 이해하기 때문이다. 성경에는 새시대의 언약까지 합해 모두 여덟 가지 언약이 나온다.)

그들이 가르치는 하나님의 언약은 아담의 죄로 인해 예수님을 통해 이루어지는 언약, 즉 아담의 범죄 이전과 이후, 두 가지 언약뿐이다. 하나님의 말씀을 억지로 풀다보니(벧후 3:16) 성경을 전체적으로 이해할 수 없고 이로 인한 잘못된 교리가 나올 수밖에 없다. 이 모두 성경을 보는 관점이 잘못된 데서 비롯된 것이다.

하나님께서 시대별로 인간에게 주신 계획은 성경 안에 모두 들어있고, 이를 공부할 때 우리는 어떤 성경 구절도 이해할 수 있다. 또한 하나님께서 앞으로 어떤 일을 펼치실지도 말씀을 통해 알 수 있다.

"구속" 하나의 주제를 가지고 성경을 보는 이들은 성경을 억지로 해석하고 결과적으로 하나님의 통치라는 성경의 대주제를 지나치게 된다. 뿐만 아니라 성경의 중요한 교리인 대환란, 휴거, 재림에 대해서는 전혀 관심을 두지 않고 도리어 이것에 대해서 말하는 전천년주의를 이단시한다. 예수님께서 재림하셔서 통치하시는 것이 가장 중요한 성경적 진리인데도 말이다. 하나님의 경륜을 공부하면 주님께서 다시 오셔서 지상에서 통치하시는 천년 왕국을 믿는 전천년주의자가 올바른 교리인 것을 분명히 알게 된다.

각 시대에 대한 하나님의 뜻을 알기 위해

또한 하나님의 경륜을 공부하면 각 시대를 향한 하나님의 뜻을 정확하게 알고 그에 맞게 실행할 수 있게 된다. 구약의 계명인 안식일을 예로 들어보자. 오늘날 교회 시대에도 구약 시대처럼 안식일을 지켜야 한다고 가르치는 이들이 있다. 그러나 그것이 옳다면, 안식일을 어기는 자들에 대한 처벌도 율법이 정한 대로 돌에 맞는 처형이 되어야 하지 않겠는가. (안식일에는 일정 거리 이상을 이동해서도 안되고 불을 지펴서 요리를 하는 것도 금지된다.) 또 안식일에서 그칠 것이 아니라 돼지고기도 안먹는 등 구약의 각종 규례들을 지켜야 한다. 이처럼 율법 전체를 다 지키지도 못하면서 유독 안식일만을 지킨다고 하는 오류를 범하는 이유는 하나님의 경륜을 모르기 때문이다.

하나님의 경륜을 이해하지 못하면 구원론까지도 문제가 생긴다. 구약 시대의 구원에는 율법을 지키는 행함이 요구되었다. 반면 오늘날 은혜 복음 시대에는 어떠한 행위도 없이 오직 믿음만으로 구원을 받는다. 은혜 시대가 끝난 뒤에 시작되는 대환란 때에는 예수님을 믿는 믿음뿐 아니라 행위가 있어야 구원받는다. (야고보서에 행함이 없는 믿음은 죽은 믿음이라고 하는 말씀은 행함이 없이 구원받는다는 갈라디아서 말씀과 정면으로 상충된다.) 이런 차이는 각 시대를 위한 서로 다른 경륜과 구원론으로 나누지 않고서는 올바르게 해결할 수 없다.

하나님의 경륜을 이해하기 위해서는 우선 하나님께서 인간에게 진리를 주실 때 그 진리를 점진적으로 계시하셨음을 알아야 한다. 단적인 예로, 이사야 등 구약의 선지자들은 예수 그리스도의 고난과 영광, 초림과 재림에 대해 '기록'하기는 했으나 그것이 무엇을 뜻하는 것인지 잘 알지 못했다. 하나님의 영감으로 주어진 그 성경의 저자들조차도 하나님의 경륜에 대해서 정확하게 몰랐던 것이다.

시간이 흐르면서 신구약 성경이 완성되었고, 인간이 2천년간 성경을 공부해오는 동안 성령께서 점점 더 많은 진리를 알려 주셨다. 성령님께서 주신 계시가 점진적이라는 사실을 믿지 않으면 성경에 대한 이해와 지식이 과거의 수준에 머물게 된다. 믿음만으로 구원받는다는 단 한 교리만 가지고 성경 전체를 보려 한다면 종교개혁 시대의 믿음에서 끝나 버리게 된다.

성경을 나누어 공부하는 것에 대해서는 초대교회 때의 그리스도인들도 알고 있었다. 여러 문서를 통해 알 수 있는 것은, 그들이 현재 우리가 아는 것처럼 정확하게 구분하는 것은 아니더라도 하나님께서 인간을 다루시는 방법이 시대별로 다르다는 것을 어느 정도는 알고 있었다는 사실이다.

「이는 너희 믿음의 결과, 곧 너희 혼들의 구원을 받음이니라. 이 구원에 관해서는, 너희에게 임할 은혜에 관하여 예언한 선지자들이 열심히 조사하고 살펴보던 것이며, 그들 안에 계셨던 그리스도의 영이 그리스도의 고난과 다가올 영광을 미리 증거하실 때, 그 영이 무엇을, 또 어떤 시기를 지시하시는지 탐구하던 것이니라」(벧전 1:9-11).

선지자들이 예언한 그리스도의 '고난'은 초림 때이며 '영광'은 재림 때이다. 당대의 위대한 선지자들도 그리스도의 초림과 재림에 대해서 정확히 몰랐기 때문에 열심히 성경을 탐구했지만, 우리는 이미 초림과 재림의 차이를 명확히 알고 있다. 그들보다 후대를 살고 있는 우리들은 당시 성경을 기록한 그들보다 더 많은 지식을 갖고 있는 것이다. 이처럼 하나님께서 하나님의 사람들을 통해서 진리를 점진적으로 계시해 주심으로써 2천 년 전에 알지 못했던 진리들이 후대에는 분명하게 알려졌다. 근대에 들어서는 클라렌스 라킨을 통해, 또 우리 당대에는 닥터 럭크만을 통해서 더 많은 계시를 주셨다. 하나님께서는 닥터 럭크만 이후에도 어떤 이들을 통해서 더 많은 진리를 보여주실 수 있겠지만, 이제는 교회 시대도 거의 끝나가기 때문에 계시 또한 거의 끝나지 않았나 생각된다. 요지는, 우리가 성경적인 것으로 믿는 어떤 교리가 이전 시대의 사람들이 명확히 몰랐던 것이라고 해서 새로 만들어진 이상한 교리가 아니라는 점이다.

「그들이 행한 사역들은 자신들을 위한 것이 아니라 우리를 위한 것임이 그들에게 계시되었고 이것이 하늘로부터 보내신 성령으로 너희에게 복음을 전한 자들을 통하여 너희에게 이제 전해졌으며 천사들도 살펴보기를 간절히 바라는 것들이니라」(벧전 1:12).

신약 성경이 없었던 구약 성도들은 하나님의 경륜에 대해서 알지 못했다. 그러나 교회 시대가 시작된 지 이천 년이 지난 지금 우리에게는 변명의 여지가 없다.

구속이라는 주제에만 교착되어 성경에 대한 전체적인 이해를 상실하면 결국 구원론마저 바르게 정립할 수 없다. 성경에는 믿음만으로 구원받는다는 말씀만 있는 것이 아니다. 믿음만이 아닌, 행위에 의한 구원을 말하는 구절들도 여럿 있다. 하나님의 경륜을 알면 이 둘을 각각 올바르게 적용할 수 있기에 문제가 전혀 없다. 그러나 경륜을 거부하면 혼란에 빠져 하루는 예수님만 믿고 구원받는다고 했다가, 나중에는 믿고 세례받아야 한다고 하고, 또 나중에는 교회에 열심히 다녀야 구원받는다고 가르치게 된다. 이것은 사실상 교인들을 지옥으로 보내는 엄청난 일인 것이다.

「이제는 이 신비의 계시대로 나의 복음과 예수 그리스도를 전파함에 따라 너희를 견고케 하실 능력 있는 그분께, 이 신비의 계시는 세상이 시작된 이래로 감추어졌다가 이제 나타났으며 영원하신 하나님의 명령에 따라 선지자들의 성경을 통하여 믿음으로

순종하게 하고자 모든 민족에게 알려진 것이니」(롬 16:25,26).

베드로전서 1장 12절처럼 '이제' 나타났다고 말씀한다. 사도 바울 이전에는 나타나지 않았다가 이제 나타났다는 이 말씀은 무엇을 뜻하는가. 하나님의 경륜을 총체적으로 알 수 없었는데 이제 알 수 있게 되었다는 말씀이다. 천사들도 몰랐던 이 신비의 계시는 '이제' 즉 바울의 때에 나타났다. 영원하신 하나님의 명령에 따라 선지자들의 성경을 통하여 그리스도의 몸의 신비, 즉 믿음으로 구원받는 은혜 복음이 바울에게 계시되어 모든 민족에게 알려진 것이다. 역으로 말하면, 바울 이전에는 몰랐다는 뜻이다.

무지한 사람들은 자신이 신학교에서, 또는 목사에게 그렇게 배웠다는 이유에서 이와 같은 점진적 계시, 하나님의 경륜을 배척한다. 그들은 성경에 기록된 모든 말씀들을 무조건 오늘날 교회 시대를 사는 자들에게 적용해야 한다고 믿는다. 성경의 모든 구절들을 다 취하지도 못하면서 말이다. 앞에서 든 안식일의 예처럼, 안식일을 어기면 처형당하는 부분은 오늘날 취하지 못한다는 점 자체가 현 시대가 구약과는 분명히 다르다는 사실을 보여준다.

세상을 통치하시는 하나님께서는 매 시대마다 다른 계획을 갖고 계시다. 우리가 자녀를 양육할 때에도 항상 같은 방법으로 하지 않는 것과 비슷하다. 같은 자녀일지라도 아기일 때와 학교에 다닐 때의 양육방법은 분명히 다르다. 젖먹이 다루듯이 대학생을 다루면 어떻게 되겠는가. 인간이 자녀들을 양육시킬 때조차도 시기에 따라 계획이 다를진대, 하물며 하나님께서 통치하시는 6천 년이라는 기간 동안 인간을 다루신 방법이 모두 같겠는가.

하나님께서 인간을 인도하신 방법은 아담의 때와 노아의 때, 아브라함의 때와 모세의 때, 예수님의 지상 사역 때와 오늘날 교회 시대가 서로 다르다. 이를 간과한 채 성경의 모든 구절들을 인간의 타락과 구속이라는 관점으로 억지로 해석하다 보면 성경의 대주제인 왕국은 보이지 않고, 휴거나 재림, 대환란, 전천년주의 등의 진리도 알 수가 없다. 그런 성경의 위대한 진리들은 모두 비유적으로 해석해버리고 성경의 일부분만 가르침으로써 성경 대부분에서 말씀하는 예수님의 재림에 대한 수많은 부분들은 모두 버린 채 성경을 억지로 꿰어 맞추게 된다.

죄 사함에 관한 교리만 하더라도 구약 시대와 교회 시대가 다르다. 「그러나 이 희생제물들로 인하여 해마다 죄들을 다시 기억나게 하였나니 이는 황소들과 염소들의 피로는 죄들을 제거하는 것이 불가능하기 때문이라」(히 10:3,4). 구약 시대에는 동물로 드리는 희생제사를 통해 일시적으로 죄를 사해 주셨지만, 동물의 피로써는 죄들을 완전히 제거하지 못했다. 육신으로 오신 하나님이신 예수 그리스도의 보혈로 죄가 영원히 제거된 오늘날 우리들과는 분명히 다른 상황이다.

「율법에 따르면 거의 모든 것이 피로써 정결케 되나니, 피흘림이 없이는 죄사함이 없느니라.」(히 9:22) 구약의 죄사함은 율법에 따른 것이었다. 구약 시대에는 예수 그리스도의 보혈이 아니라 동물의 희생제사로 죄를 용서받았지만 그 죄들이 완전히 제거되지는 않았다. 반면 예수님께서는 "죄를 제거하는 하나님의 어린양"으로 오셨다.(요 1:29, 개역한글판성경에는 이 구절이 '죄를 지고 가는' 하나님의 어린양으로 변개되었다.)

　죄를 완전히 제거받지 못한 구약 시대의 사람들은 그리스도의 몸의 지체가 된 적이 없으며, 성령으로 받는 영적 할례, 즉 그리스도의 할례인 성령 침례를 받은 적도 없다. 그러므로 거듭나지 못했던 그들은 죽어서 셋째 하늘에 가지 못하고 낙원, 즉 지하에 있는 아브라함의 품으로 간 것이다. 반면 육신을 입고 이 땅에 오신 하나님이신 예수 그리스도께서는 십자가의 죽음으로 말미암아 우리의 모든 죄를 제거하셨다.

경륜이라는 단어의 올바른 의미

　지금까지 하나님의 경륜을 아는 것이 성경을 이해하는 열쇠임을 설명했다. 이제 경륜이라는 단어의 의미를 살펴보고자 한다. 이 단어의 정의에 대해서는 많은 오해가 있다. 우리는 하나님의 경륜에 대해 공부할 때 <세대적 진리>(Dispensational Truth)라는 제목의 클라렌스 라킨의 책을 보아왔는데, 사람들은 보통 'dispensation'이 일정한 기간(period of time), 또는 시대(age)를 의미하는 것으로 이해한다.

　우선, 'dispensation'이 우리말로 세대라고 번역되어 온 이유는 많은 침례교 목사들에게 영향을 준 스코필드 주석성경에 기인한다. 후에 닥터 럭크만은 그가 남긴 교리적 오류들을 성경적으로 바로잡기도 했지만, 닥터 럭크만의 주석성경이 나오기 전까지 스코필드 주석성경은 당대에 가장 성경적인 주석성경으로 자리잡았었다. 여기서 스코필드는 'dispensation'을 다음과 같이 설명한다.

"세대란 인간이 하나님의 어떤 특정한 계시에 대한 순종과 관련하여 시험을 받는 일정한 기간을 말한다. 성경에는 그러한 일곱 개의 세대가 나온다." 세대적, 또는 세대주의 등의 용어가 여기서 파생되었다.

그런데 그의 정의대로 'dispensation'을 시간을 뜻하는 세대로 보는 것은 문제가 된다. 'Dispense' 또는 'dispensation'은 나눠준다는 의미를 갖기 때문이다. 그 단어의 라틴어 어원인 '디스펜사티오'(dispensatio)는 나눠주는 행위, 행정, 관리라는 의미를 가진다. 헬라어로 이 단어는 '오이코노미아'(oikonomia)인데, 이는 '한 집안이 운영되는 규범, 가장이 자신의 가족을 다스리는 방법'을 의미한다.

이러한 의미들에 근거해서 '하나님의 경륜'이란 하나님이 이 세상을 다스리시는 방법과 규범이라고 이해하면 간단하다. 경륜과 세대가 혼동될 수 있는 이유는, 하나님이 시대에 따라서 세상을 조금씩 다르게 운영하신다는 이유로 성경이 시대라는 관점으로만 나누어진다고 보기 때문이다. 시대에 따라서 하나님의 계획이 실제적으로 달라지기 때문에 시대로 나누는 것은 사실상 옳다. 그러나 시대라는 요소 하나로 칼로 자르듯 성경을 나누다 보면 극단적 세대주의에 빠질 수 있기 때문에 경륜을 세대로 번역하는 것은 문제가 된다. 따라서 우리는 세대라는 협의의 단어를 쓰는 세대적 진리, 세대주의 등의 용어 대신 하나님의 경륜이라는 용어를 사용한다.

「과연 너희를 위하여 내게 주신 하나님의 은혜의 경륜을 너희가 들었을진대」(엡 3:2). 이 맥락에서 이 구절의 경륜(dispensation)을 일정한 기간(period of time)으로 해석하면, '하나님의 은혜를 일정한 기간에 사도 바울에게 주셨다'라는 의미가 된다. 만일 그것이 맞다면 사도 바울 이전에는 교회, 즉 그리스도의 몸이 형성되지 않았고 그리스도의 몸은 사도행전 9장부터 생겼다는 결론이 나오게 된다. 따라서 하나님의 은혜의 일정한 기간을 사도 바울에게 주셨다는 해석은 성립되지 않는다.

그러나 이 구절의 '경륜'을 '하나님의 은혜를 사도 바울에게 dispense 하셨다, 즉 주셨다'라고 읽으면 문제가 없다. 하나님께서는 사도 바울에게 은혜를 주신 것이다. 하나님의 은혜는 일정한 기간 동안만 주시는 것이 아니다. 우리도 은혜를 받음으로써 구원 받았을 뿐만 아니라 은혜를 계속 받아야만 이 세상을 살아갈 수 있지 않은가. 그러한 은혜를 말하는 것이다.

「이것은 그분이 계시로 내게 신비를 알게 하신 것이며 (내가 전에 간략하게 쓴 것과 같으니 너희가 읽을 때 거기서 그리스도의 신비 안에 있는 나의 지식을 이해하게 되리라.) 그것이 성령으로 그의 거룩한 사도들과 선지자들에게 지금 계시된 것처럼 다른 시대들에서는 사람들의 아들들에게 알려지지 아니하였으니 이는 이방인들이 복음을 통하여 그리스도 안에서 공동 상속자가 되고 한 몸이 되며 그의 약속에 동참자가 된다는 것이니라」(엡 3:3-6).

하나님께서 이 신비를 사도 바울에게 은혜를 주셔서 알게 하신 것이고, 이것을 전파하게 하셨다.

한편 극단적 세대주의자들은 그리스도의 몸인 교회가 바울 이

전에는 존재하지 않았다고 말한다. 성경에 비추어 보면 이러한 교리가 오류임을 알 수 있다. 바울 보다 먼저 구원을 받아 이미 그리스도 안에 있었던 사람들이 있었기 때문이다. 반복하지만 사도행전 9장 전에도 구원받은 이들이 있었다.

「내 친척이며, 나와 함께 갇힌 안드로니코와 유니아에게 문안하라. 그들은 사도들 중에서 이름 있는 자들이요, 또한 나보다 먼저 그리스도 안에 있었느니라」(롬 16:7).

이 은혜는 사도 바울에게 주어졌지만, 그 시점에 그리스도의 몸이 형성되기 시작한 것이 아니다. 그리스도의 몸인 교회는 바울 이전에도 존재했다. 사도행전 2장에서 성령님께서 오셔서 사람들이 거듭나는 역사가 일어났기 때문이다. 물론 이 시기는 전환기적인 요소가 있으며, 주님께서 계시하시는 진리가 점진적으로 밝혀지다가 사도 바울을 통해 교회의 신비가 확실히 밝혀진다. 그러나 로마서 16장의 말씀처럼 사도 바울이 구원받기 전에도 그리스도의 몸인 교회가 있었고 구원받은 사람들이 있었다.

따라서 이 단어를 시간적 요소에 근거한 일정 '기간'으로 국한지으면 문제가 생긴다. 'dispensation'이란 단어는 '일정한 기간'이 아니라 '주다'의 의미로 이해해서 '하나님께서 은혜를 사도 바울에게 나눠주셨다'라고 이해해야 한다.

「너희를 위하여 내게 주신 하나님의 경륜을 따라 하나님의 말씀을 이루려고 내가 일꾼이 되었노라」(골 1:25). 여기서도 경륜을 일정한 기간의 의미로 이해하면 '하나님의 일정한 기간에 따라'라는 의미가 된다. 그러나 이 구절도 에베소서 3장 2절과 같이 하나님께서 그 은혜를 사도 바울에게 '나눠주신' 것을 말씀한다. 이처럼 경륜의 의미는 일정한 기간이 아니다.

'세대적 진리,' '세대주의자' 등 경륜의 시간적 요소에 기초한 용어는 사실 오류가 있지만, 스코필드 같은 저자들이 성경에서 시대적으로 하나님의 계획이 다르다 하여 시대를 칼로 자르듯 나누다 보니 그런 개념이 어느 정도 정착되어 되어 버린 것이 사실이다. 스코필드가 말한 세대란 하나님의 특정 계시에 대해 인간이 순종하는지 시험을 받는 기간이다. 예를 들면, 아담의 언약 때 아담의 기간 동안에는 아담이 시험을 받았으나 실패하고, 노아의 언약 기간 동안에는 노아가 시험을 받았다가 실패하고, 또 그 뒤 아브라함, 모세, 다윗… 이런 식으로 전개되었다는 것이다.

물론 인간들이 실제로 실패하기는 했지만 다윗의 언약, 아브라함의 언약, 노아의 언약이 끝나버린 것이 아니다. 예를 들어, 다윗의 언약은 천년 왕국으로 이어지고, 아브라함의 언약도 천년 왕국으로 이어진다. 그렇기 때문에 다윗의 언약이 종결되고 그 뒤에 새 언약이 등장하는, 그런 개념이 아니라는 말이다. 다윗의 언약과 아브라함의 언약의 내용인, 약속된 땅을 이스라엘에게 주시는 언약이 실제적으로 이루어지는 것은 천년 왕국 때이다. 다윗의 때, 아브라함의 때에 종결되어 사라진 것이 아니다. 이러한 이유로 우리는 하나님의 경륜을 세대적 진리나 세대주의와 같은, 시간에 국한된 용어로 정의하는 것이 위험하다고 말하는 것이다.

또 다른 예로, 은혜는 예수님으로부터 왔지만, 예수님께서 성육신하신 그날부터 온 것이 아니라 예수님께서 십자가에서 돌아가시고 난 후에 효력을 갖게 되었다. 그래서 서로 다른 경륜을 칼로 자르듯이 가를 수 없는 것이다.

사도행전을 공부하다 보면 2,3,4,5,6,7장이 전환기 시대이기 때문에 구체적인 어느 한 시점을 일컬어 '여기부터 교회 시대다'라고 할 수 없다. 그에 따르는 구원론도 달라서 침례를 받아서 성령을 받은 유대인들이 있는가 하면, 요한의 제자들은 안수를 받음으로써 성령을 받았고, 베드로를 청한 이방인들은 침례도 안수도 없이 설교를 듣는 도중에 성령을 받았다. 이처럼 전환기에는 구원론이 섞여 있을 수 있는데, 이를 시대라는 기준으로 나누려 하면 극단적 세대주의에 빠질 수가 있다. 하나님의 경륜을 공부할 때 기본적으로 경륜은 포괄적인 것임을 알아야 하며, 그 안에서 서로 구분되는 시대들이 나올 때 그것을 공부하면 된다.

언약들

- 에덴의 언약, 아담의 언약
- 노아의 언약
- 아브라함의 언약, 모세의 언약
- 다윗의 언약, 새 언약, 영원한 언약

2
에덴의 언약,
아담의 언약

이번 과에서는 성경에 나오는 언약들에 대해서 공부하려 한다. 다시 한번 요약하면 하나님의 경륜이란 만왕의 왕이신 하나님께서 왕국을 통치하시기 위해 시대별로 세우신 계획과 통치 방법이며, 이를 아는 것은 성경 전체를 이해하기 위해 반드시 필요하다.

성경을 하나의 큰 그림으로 보고 이해하기 위해서는 성경에 제시된 하나님의 언약들에 대해서 아는 것이 중요하다.

성경에는 하나님께서 주신 일곱 가지 언약이 나오며, 마지막으로 나오는 영원한 언약까지 더하면 여덟 가지 언약이 된다. 칼빈주의, 개혁주의를 믿는 한국 교계는 언약 신학 또는 계약 신학을 믿으며 이는 성경을 '인간의 타락과 구속'이라는 관점에서만 본다. 언약 신학을 말하는 그들은 하나님의 언약을 중심으로 성경을 보는 것 같지만 그들의 신학 체계는 성경에 제시된 여덟 가지 언약들 중 오직 두 가지만을 언급한다. 따라서 그들은 '불완전' 언약 신학이고, 성경에 나오는 하나님의 모든 언약을 다루는 하나님의 경륜이 '완전' 언약 신학이다.

언약 신학에서 말하는 두 가지 언약은 행위 언약과 은혜 언약이다. 즉 하나님께서 창조 후에 인간에게 주신 한 가지 언약, 즉 선과 악의 지식의 나무의 열매를 먹지 말라고 명하신 것은 '행위 언약'(covenant of work)이고, 타락한 인간이 하나님의 은혜로 구원을 받는 것은 '은혜 언약'(covenant of grace)이라는 것이다. 언약 신학만이 정통 신학이라고 믿는 그들은 세대적 진리, 세대주의는 이단으로 분류한다. 그러나 성경을 올바로 나누어 공부하지 않는 그들은 성경을 좁은 시야로만 보기 때문에 세상을 창조하신 하나님의 뜻을 올바로 분별하지 못한다.

우리는 하나님의 일곱 가지(영원한 언약까지 여덟 가지) 언약을 중심으로 성경 전체를 큰 그림으로 살펴볼 것이다. 이 언약들은 하나님께서 이 세상을 통치하기 위한 방법으로서 인간에게 주신 명령이며 약속이다. 왕이신 하나님은 다스릴 백성으로서 인간을 창조하셨는데, 그 백성이 왕을 따르지 않고 마귀를 따라감으로써 죄를 지었다. 이에 하나님께서는 타락한 인간과 언약을 맺으시면서 백성으로 삼으시고 통치하셨다.

하나님께서 첫 번째 언약을 주셨을 때 이를 잘 지켰으면 인간의 역사는 아무 문제 없이 하나님이 계획하신 대로 진행되었을 것이다. 그러나 인간은 첫 언약을 받자마자 이를 어기고 말았다. 그 후 하나님께서는 또 다른 언약을 주심으로써 자신의 백성을 삼으셨고, 이렇게 해서 계속해서 언약들이 나오게 되었다.

　태초에 하나님께서 하늘과 땅을 창조하셨을 때에는 모든 것을 완벽하게 창조하셨다. 그런데 창세기 1장 2절에서 「땅은 형체가 없고 공허하며 어두움이 깊음의 표면에 있으며 하나님의 영은 물들의 표면에서 거니시더라.」는 말씀으로 1절과 2절 사이에 땅이 그 형체가 없어지도록 만든 어떤 사건이 일어난 것을 알 수 있다.

　이에 대해 에스겔 28장은 다음과 같이 말씀한다. 「인자야, 투로 왕에게 애가를 지어 그에게 말하라. 주 하나님이 이같이 말하노라. 너는 완전한 규모를 확정하는 자라. 지혜가 충만하고 아름다움이 완벽하도다」(겔 28:12). 이 투로왕은 지상에 존재했던 인물이 아니라 영적 존재이다. 하나님께서는 인간을 지으시기 이전에 그룹, 스랍, 천사 등 영적 존재들을 만드셨다. 투로왕이라 불리는 완벽한 아름다움의 소유자인 이 영적 존재는 루시퍼라는 이름을 가졌으며, 그가 바로 최초의 하늘과 땅이 지어진 뒤 하나님을 대적한 자이다. 하나님께서 그가 일으킨 반역을 심판하셨기 때문에 땅이 공허하게 되었던 것이다.

　「네가 하나님의 동산 에덴에 있어 모든 귀한 돌인 홍보석과 황옥과 금강석과 녹보석과 얼룩마노와 벽옥과 사파이어와 에메랄드와 홍옥과 금으로 덮여 있었고 네 북들과 관악기들이 만들어짐이 네가 창조되던 날에 네 안에 예비되었도다」(겔 28:13). 이 존재는 '그룹'이라 불린다. 성경에는 주님의 보좌 주변에 네 그룹이 나오는데, 한 그룹이 빠져 있다. 본래 주님의 보좌를 "덮는" 다섯 번째 그룹이 있었는데 그에 대한 언급이 빠진 것이다. 그가 바로 루시퍼이며, 그는 타락하여 하나님을 대적하고 사탄이 되었다.

「너는 기름부음을 받은 덮는 그룹이라. 내가 너를 그렇게 세웠더니 네가 하나님의 거룩한 산 위에 있었고 네가 불의 돌들 가운데를 위아래로 걸었도다」(겔 28:14). 그는 하나님의 보좌를 넘보고 스스로 왕이 되려 했다.

「네가 창조된 날로부터 죄악이 네게서 발견되기까지 너는 네 길에 완벽하였도다. 네 상품이 풍부함으로 그들이 폭력으로 네 가운데를 채워서 네가 죄를 지었느니라. 그러므로 내가 너를 더럽게 여겨 하나님의 산에서 쫓아내리라. 오 덮는 그룹아, 내가 불의 돌들 가운데로부터 너를 멸하리라. 네 마음이 너의 아름다움으로 인하여 높아졌고 너는 네 지혜를 네 찬란함으로 인하여 변질시켰도다. 내가 너를 땅에다 던질 것이며 내가 너를 왕들 앞에 두어 그들로 너를 보게 하리라」(겔 28:15-17). 완벽하게 창조되었던 루시퍼는 아름다움으로 인해 마음이 높아졌다. 교만은 그로 하여금 하나님을 대적하게 만들었고, 그는 결국 심판을 받았다.

「네 화려함과 네 비올들의 소리가 음부까지 끌어내려졌으니 벌레가 네 밑에 깔려 있고 벌레들이 너를 덮는도다. 오 아침의 아들 루시퍼야, 네가 어찌 하늘에서 떨어졌느냐! 민족들을 연약하게 하였던 네가 어찌 땅으로 끊어져 내렸느냐! 이는 네가 네 마음속에 말하기를 "내가 하늘에 올라가서 내가 내 보좌를 하나님의 별들보다 높일 것이요, 내가 또한 북편에 있는 회중의 산 위에 앉으리라. 내가 구름들의 높은 곳들 위로 올라가, 내가 지극히 높으신 분 같이 되리라." 하였음이라」(사 14:11-14).

이사야 14장의 루시퍼가 에스겔 28장의 덮는 그룹이다. 개역한글판성경은 위 구절에서 "루시퍼"를 예수 그리스도의 이름인 '계명성'(즉 새벽별)으로 변개하고 있다. 사탄은 이런 성경 구절들에 손을 대어 사람들이 자신의 정체를 알지 못하도록 만들었다.

사탄은 지금까지도 하나님께서 왕으로 계신 왕국을 차지하기를 원하고 있다. 창세기부터 지금까지 스스로 왕이 되고자 하나님을 대적해 온 그의 반역은 마지막 심판 때까지 계속될 것이다. 「그러나 너는 지옥까지 끌어내려질 것이요, 구렁의 사면에까지 끌어내려지리라.」 이 말씀은 요한계시록 20장에서 이루어진다. 「너를 보는 자들이 너를 자세히 살펴보고 숙고하여 말하기를 "이 자가 땅을 떨게 하고, 왕국들을 진동시켰으며, 또 세상을 광야같이 만들었고, 그 성읍들을 멸망시켰으며, 그의 갇힌 자들의 집을 열어 주지 않았던 그 사람이냐?" 하리라」(사 14:15-17).

주님께서는 첫 창조 후 반역을 일으킨 루시퍼를 크게 심판하셨으며, 이 사건의 결과가 창세기 1장 2절에 "땅은 형체가 없고 공허하며…"로 기록된 것이다. 그 후 3절부터 재창조를 시작하셨다.

「말하기를 "그가 온다는 약속이 어디 있느냐? 조상들이 잠든 이래로 만물은 창조의 시작부터 그대로 있다." 하리니 이는 그들이 이것을 고의로 잊으려 함이라. 즉 하나님의 말씀에 의해 하늘들이 옛적부터 있었다는 것과, 땅도 물에서 나왔고 물 안에 있었다는 것이니」(벧후 3:4,5).

땅도 물에서 나왔고 물 안에 있었다고 말씀한다. 이를 창세기

1장 2절의 「땅은 형체가 없고 공허하며 어두움의 깊음의 표면에 있으며 하나님의 영은 물들의 표면에서 거니시더라.」는 말씀과 비교하면, 하나님의 심판으로 형체를 잃은 땅이 물에 잠겨 있었고, 주님께서 그 물을 위, 아래로 나누셨음을 알 수 있다.

「하나님께서 말씀하시기를 "물들 가운데 창공이 있으라. 창공으로 물들에서 물들을 나누게 하라." 하시니라」(창 1:6). 이 말씀들을 종합해 보면, 하나님께서 완벽한 하늘과 땅을 만드셨는데 거기서 반란이 일어났고, 하나님께서는 이들을 심판하시고 물로 덮으셨다는 것을 알 수 있다.

「이로써 이전에 있던 세상은 물이 범람해서 멸망하였느니라. 그러나 현재 있는 하늘들과 땅은 그 동일한 말씀으로 보존되어 있으되 경건치 아니한 자들의 심판과 멸망의 날에 불사르려고 간수되어진 것이니라」(벧후 3:6,7). 현재 있는 하늘들과 땅은 그 전에 있었던 하늘들과 땅과는 다르다. 그리고 천년 왕국이 끝나고 영원세계가 펼쳐지기 전에 이 하늘들과 땅은 불살라질 것이다.

「하나님의 날이 오기를 고대하고 열망하라. 그때는 하늘들이 불에 타서 녹아 버리고 우주의 구성 요소들도 맹렬한 불에 녹아 내릴 것이나 우리는 그의 약속대로 의가 거하는 새 하늘들과 새 땅을 기다리도다」(벧후 3:12,13).

정리하면, 하나님께서 태초에 하늘과 땅을 창조하셔서 자신의 계획을 실행하려 하셨는데 반역자들이 나왔고, 이들을 심판하신 하나님께서는 창세기 1장 3절부터 재창조를 시작하셨다.

첫째 – 에덴의 언약

「하나님께서 말씀하시기를 "우리의 형상대로 우리의 모습을 따라 사람을 만들자. 그리하여 그들로 바다의 고기와 공중의 새와 가축과 모든 땅과 땅 위를 기어다니는 모든 기는 것을 다스리게 하자." 하시니라」(창 1:26). 하나님께서는 사람을 만드셨고, 사람과 첫 번째 언약인 에덴의 언약을 맺으신다. 이 언약을 통해 하나님께서는 사람에게 피조물들을 다스리는 임무를 주셨다.

「그리하여 하나님께서 자신의 형상대로 사람을 창조하셨으니, 곧 하나님의 형상대로 그를 창조하셨으며 그들을 남자와 여자로 창조하셨느니라. 하나님께서 그들에게 복을 주시고 하나님께서 그들에게 말씀하시기를 "다산하고 번성하며 땅을 다시 채우고 그것을 정복하라. 그리고 바다의 고기와 공중의 새와 땅 위에서 움직이는 모든 생물을 다스리라." 하시니라」(창 1:27,28).

"다산하고 번성하며 땅을 다시 채우고"라는 말씀으로 이전에 창조하신 하늘과 땅은 루시퍼의 반란으로 인해 멸망했고 이제 만물이 재창조된 것을 알 수 있다. 하나님께서는 새롭게 번성한 인간들을 통치하기 원하셨기 때문에 아담에게 땅을 "다시 채우라"고 하셨다. 한편 변개된 성경들은 "다시 채우고"라는 말씀에서 '다시'를 삭제함으로써 재창조의 진리를 감추었다.

「하나님께서 말씀하시기를 "보라, 내가 온 지면 위에 씨 맺는 모든 채소와 씨를 내는 나무의 열매가 있는 모든 나무를 너희에게 주었노니, 그것이 너희에게 먹을 것이 되리라. 땅의 모든 짐승과, 공중의 모든 새와 생명이 있어 땅 위를 기어다니는 모든 것들에게 내가 모든 푸른 채소를 먹을 것으로 주었노라." 하시니 그대로 되니라」(창 1:29,30).

이 당시에는 채소와 과일들만 먹어야 했다. 돼지고기, 소고기 등은 먹으라는 말씀이 없다. 동물들도 다른 동물을 잡아먹는 것이 아니라 채소를 먹었다. 이것이 하나님께서 처음부터 세우신 계획이었는데 인간이 죄를 지음으로써 망가지게 되었다. 주님의 재림 후에 지상에 세워질 천년 왕국 때 세상은 사자도 채소를 먹는 이런 상태로 다시 돌아갈 것이다. 만약 아담과 이브가 하나님의 말씀을 지켜 죄를 짓지 않고 자녀를 낳고 동물들과 함께 살았으면 문제가 없었을 것이다. 인간이 번성해서 땅을 채우다가 지면이 차면 하늘의 다른 별들에 가서 살고, 그런 식으로 하나님께서 온 우주를 통치하셨을 것이다.

한편, 창세기 1:26의 에덴의 언약의 효력은 지금까지 이어진다. 언약들을 공부할 때 일부 세대주의자들이 말하는 것처럼 에덴의 언약이 어느 한 시점에서 끝나는 것으로 보아서는 안된다. 하나님께서는 인간에게 자신이 원하시는 방법과 명령을 주시는데, 하나님께서 다시 바꾸시기 전까지 그 언약은 계속해서 이어져가고 있기 때문이다. 에덴의 언약이 주어졌다가 종료되고, 다시 노아의 언약이 주어졌다가 종료되는 식으로 하나님의 통치가 이어진다고 하는 것은 세대주의자들의 주장이며, 이것이 우리가 가르치는 하나님의 경륜과 다른 점이다.

「주 하나님께서 그 사람을 데려다가 에덴의 동산에 두시고 그것을 관리하고 지키게 하시더라. 주 하나님께서 그 사람에게 명령하여 말씀하시기를 "동산의 모든 나무에서 나는 것을 네가 마음대로 먹을 수 있으나 선과 악의 지식의 나무에서 나는 것은 먹지 말라. 네가 거기서 나는 것을 먹는 날에는 반드시 죽으리라." 하시니라」(창 2:15-17). 이것이 당시 아담에게 하나님께서 주신 명령이었다. 하나님께서 다른 모든 것은 다 먹어도 그 열매만은 먹지 말라고 하셨는데, 그들은 그 하나의 명령을 어기고 만다.

하나님께서 경고하신 대로 선과 악의 지식의 나무의 열매를 먹은 날 곧바로 죽은 것은 그들의 몸이 아닌 영이었다. 아담은 그 뒤로도 930살까지 살았기 때문이다. 이 사건 때문에 아담 이후 모든 인간은 죄와 허물 가운데 영이 죽은 채로 태어나게 되었다.

「주 하나님께서 지으신 들의 어떤 짐승들보다도 뱀은 더욱 간교하더라. 그가 여자에게 말하기를 "참으로 하나님께서 말씀하시기를 '너희는 동산의 모든 나무에서 나는 것을 먹지 말라.' 하시더냐?" 하니」(창 3:1). 교활한 뱀의 거짓말을 보라! 주님께서 하신 말씀은 "동산의 모든 나무에서 나는 것을 먹지 말라"는 것이 아니었다. 그는 말씀을 변개시킴으로 인간으로 하여금 죄를 짓게 만든 것이다. 뱀으로 나타난 사탄은 자신의 통치권을 인간에게 빼앗겼기 때문에 분노했다. 그는 아담을 하나님께로부터 분리시키기로 마음먹었으며, 이를 위해 선택한 방법은 하나님께서 명령하신 말씀을 어겨 죄를 짓게 만드는 것이었다.

하나님께서는 세상을 통치하기 위한 자신의 방법을 인간에게 주시지만 인간은 사탄과 연합하여 이를 어겼고, 하나님께서는 또 다른 언약을 주심으로써 인간에게 다시 기회를 주셨다.

성경에서 구속은 부수적인 주제에 불과하고 본질적인 주제는 왕이신 하나님의 통치임을 앞에서 설명했다. 아담이 죄를 지었기 때문에 구속이 필요하게 되었고, 왕께서는 인간들을 하나님의 백성으로 만들기 위해서는 그 죄를 용서하셔야 했다. 이를 위해 언약을 주신 것이며, 이러한 방법으로 하나님께서는 수천 년 동안 자신의 백성을 부르셨다(삼상 12:22, 왕상 8:56, 시 29:11, 시 78:52,62, 시 105:24, 시 136:16, 사 49:13, 욜 2:19, 마 1:21, 눅 1:68, 눅 7:16, 롬 11:1,2 등).

창세기 3장 1절에서 하나님의 말씀을 변개시킨 사탄을 따라 인간도 말씀을 변개시킨다. 「여자가 그 뱀에게 말하기를 "우리가 동산 나무들의 열매는 먹을 수 있으나, 동산 가운데 있는 나무의 열매에 관해서는, 하나님께서 말씀하시기를 '너희는 그것을 먹지도 말고 만지지도 말라. 혹 죽을까 함이라.' 하셨느니라." 하더라」(창 3:2,3).

이브는 하나님의 말씀을 삭제("반드시")하고, 첨가("혹 죽을까") 하는 죄를 저질렀다(창 2:17). 이것이 인간의 악함이다. 성경 전체에서 약 36,000군데나 변개된 성경은 마귀의 도움으로 변개된 것이기에 우리는 그 성경을 '마귀의 성경'이라 한다. 마귀의 성경이라는 말에 우리를 비방하는 자들에게 묻고 싶은 것은, 36,000군데 이상이 변개된 성경을 무엇이라고 부르면 좋겠는가이다.

「그 뱀이 여자에게 말하기를 "너희가 반드시 죽지는 아니하리라. 너희가 그것을 먹는 날에는 너희의 눈이 열리고 너희가 신들과 같이 되어서, 선과 악을 알게 되는 줄을 하나님께서 아심이라." 하더라」(창 3:4,5). 마귀는 진리와 비진리를 섞어서 말했다. 결국 이 구절처럼 신들과 같이 되는 것이 마지막 때인 오늘날 인간들이 성취하고자 하는 것이며, 이것이 '인간이 곧 신'이라고 하는 뉴에이지 운동의 교리다. 몇천 년 전에 인간을 향해 던진 사탄의 미끼를 오늘날 인간들이 물어버린 것이다.

「여자가 보니 그 나무가 먹음직하고 보기에도 즐겁고 현명하게 할 만큼 탐스러운 나무인지라, 그녀가 거기에서 그 열매를 따서 먹고 그녀와 함께한 자기 남편에게도 주니, 그가 먹더라. 그러자 그들의 눈이 둘 다 열려, 그들은 자기들이 벌거벗은 줄 알고 무화과나무 잎을 엮어 자기들의 치마를 만들더라」(창 3:6,7). 시대로 분류하는 이들은 아담과 이브가 타락하기 이전의 시대를 '무죄시대'라고 부른다. 갓 태어난 어린 아이들은 벌거벗고 있어도 부끄러움을 모르는 것처럼, 아담과 이브도 선과 악의 지식의 나무의 열매를 먹기 전의 시대에는 부끄러움을 모르다가(창 2:25) 그 열매를 먹음으로써 눈이 열려 벌거벗은 수치를 알게 되었다.

「그가 말씀드리기를 "내가 동산에서 하나님의 음성을 들었으나, 벌거벗었으므로 두려워 숨었나이다." 하니」(창 3:10). 이전에는 벗었어도 부끄럽지 않았지만 이제 상태가 바뀌었다. 이제 영은 죽었고 몸도 언젠가 반드시 죽어야 하는 존재가 되었다. 이제부터는 양심에 따라 선과 악을 결정하며 사는 '양심시대'가 시작되었다.

후에 하나님께서는 '무죄시대'의 상태를 회복하실 것이며, 창세기 때에 못하신 일들을 예수 그리스도를 통해서 이루실 것이다. 「이는 우리에게 한 아이가 태어났고 우리에게 한 아들이 주어졌음이니, 정부가 그의 어깨 위에 있을 것이요, 그의 이름은 경이로운 분이라, 상담자라, 능하신 하나님이라, 영원하신 아버지라, 화평의 통치자라 불리리라」(사 9:6). 이 구절에서 예수 그리스도는 인간으로 태어나신 하나님이심을 알 수 있다. 이 말씀에 따라 예수님께서는 화평의 통치자로서 통치하실 것이다.

「그의 정부와 화평의 증가함이 다윗의 보좌와 그의 왕국 위에 바르게 세워지고, 지금부터 영원까지 공의와 정의로 그것을 굳게 세우는 데 끝이 없으리라. 만군의 주의 열성이 이것을 실행하시리라」(사 9:7). 영원한 주님의 왕국은 끝이 없기에 인간들은 계속해서 다산하고 번성할 것이다. 이것이 주님께서 약속하신 일이니 반드시 이루어질 것이다.

미래에는 왕국이 그렇게 펼쳐질 것이지만, 인간이 타락했기 때문에 하나님께서 처음에 계획하신 것과는 다른 방법으로 인간을 다루셔야 했다. 이것이 조건적인 하나님의 언약이다. 하나님께서 한 사람과 맺으신 무죄의 언약은 인간의 죄 때문에 무산되었지만 그때 주어진 언약, 즉 하나님께서 지으신 모든 피조물을 다스리라고 인간에게 주신 명령은 지금까지 유효하다.

「주 하나님께서 그 뱀에게 말씀하시기를 "네가 이것을 행하였으니, 너는 모든 가축과 들의 모든 짐승보다 저주를 받아 네 배로 다닐 것이며 네 평생토록 흙을 먹을 지니라」(창 3:14). 주님께서는 이브를 유혹한 뱀을 저주하시고 사람과 동물들, 자연계까지 모두 심판하시며 다시 언약을 맺으신다. 이제 에덴의 언약에서 두 번째 언약인 아담의 언약으로 이어진다.

둘째 – 아담의 언약

「내가 너와 여자 사이에, 또 네 씨와 그녀의 씨 사이에 적의를 두리니, 그녀의 씨는 너의 머리를 부술 것이요, 너는 그의 발꿈치를 부술 것이라." 하시고」(창 3:15). 이것은 예수 그리스도에 관한 예언이다. 여자의 씨는 육신으로 오시는 예수님이며, 사탄이 예수님의 발꿈치를 부수는 것(십자가 사건)은 초림이다. 재림 때에 예수님께서는 적그리스도의 머리를 부수실 것이다. 그러므로 이 언약은 예수님의 초림에서 재림까지 계속적으로 이어지는 것이다.

「여자에게 말씀하시기를 "내가 너의 고통과 너의 임신을 크게 늘리니, 네가 고통 가운데서 자식들을 낳을 것이요, 너의 바람은 네 남편에게 있을 것이니, 남편이 너를 주관할 것이라." 하시더라」(창 3:16). 이브의 죄 때문에 여자들은 출산의 고통을 겪게 되었고 또 남편의 주관을 받으며 살게 되었다. 이 역시 오늘날까지 이어지기에 주님께서 아담과 맺으신 언약이 현재까지 유효하다는 사실을 보여준다. 일부 세대주의자들이 시대별로 끊은 것은 잘못된 것이다.

언약은 그런 식으로 이해해서는 안 된다. 하나님께서 인간에게 계속적으로 조금씩 더 계시하셨음을 알아야 한다. 처음에 한 언약으로 안되니까 또 다른 언약을 주시고, 그 뒤 또 다른 언약을 주신 것이다. 간단히 말해 하나님의 경륜은 하나님께서 인간을 다스리시는 계획과 방법을 말하는 것이며, 이것을 공부하다 보면 성경 전체를 알게 된다.

「또 하나님께서 아담에게 말씀하시기를 "네가 네 아내의 음성에 경청한 까닭에, 내가 네게 명하여 말하기를 '너는 그것을 먹지 말라.' 고 한 그 나무의 열매를 먹었으니, 너로 인하여 땅은 저주를 받고 너는 너의 전 생애 동안 고통 중에서 그 소산을 먹으리라」(창 3:17). 이 말씀은 아담의 언약으로, 아담의 불순종으로 인해 땅도, 다른 모든 피조물들도 저주를 받는다. 한편 이 구절에 근거해서 아내의 음성에 경청하지 말라고 하는 목사들도 있다. 그러나 이는 하나님과 아내의 말이 다르면 하나님의 말씀을 들어야 한다는 것이지, 무조건 아내의 음성에 경청하지 말라는 뜻이 아니다. 어떤 경우에는 남편보다 아내가 더 하나님의 말씀을 잘 알 수도 있기 때문에 무조건 아내의 말을 듣지 말라는 것이 아니다.

「또 땅은 네게 가시나무와 엉겅퀴를 낼 것이요 너는 들의 채소를 먹을 것이며, 네가 땅으로 돌아갈 때까지 네 얼굴에 땀을 흘려야 빵을 먹으리니, 이는 네가 땅에서 취해졌음이라. 너는 흙이니 너는 흙으로 돌아갈 것이니라." 하시니라」(창 3:18,19). 이 역시 오늘날까지 이어지는 언약이다. 지금까지도 우리는 들의 채소를 먹고 살며, 죽어서는 흙으로 돌아간다.

「아담이 자기 아내의 이름을 이브라 부르니, 이는 그녀가 모든 산 자의 어미였음이라. 또 주 하나님께서는 아담과 그 아내에게 가죽으로 옷들을 만들어 그들에게 입히시니라」(창 3:20,21). 여기서 피흘림에 대한 구절이 최초로 나온다. 하나님께서는 인간들의 죄를 피로써 용서해 주신 것이다. 무화과 나뭇잎으로 부끄러움을 감추었던 그들에게 주님께서는 가죽으로 옷을 만들어 입히셨다. 가죽옷은 동물이 피 흘려 죽어야만 만들 수 있다.

동물애호가들은 가죽 벨트, 가죽 옷, 가죽 구두를 다 벗으라고 곳곳에서 시위를 하는데, 그들은 하나님께서 인간에게 가죽으로 옷을 만들어 주신 사실을 모르는 것이다!

「그러므로 주 하나님께서 에덴의 동산에서 그를 내어 보내어 그가 취함을 입은 그 땅을 갈게 하시니라. 그리하여 하나님께서 그 사람을 쫓아내시고 에덴의 동산 동편에 그룹들과 두루 도는 불타는 칼을 놓아 생명 나무의 길을 지키게 하시니라」(창 3:23,24).

에덴 동산에서 쫓겨난 아담과 이브는 이제 양심에 따라 살게 되었으며, 이후부터 하나님께서는 '피의 제물'을 받으신다. 「시간이 흐른 후에 카인은 땅에서 나는 열매를 가져와서 주께 제물로 드렸고, 아벨도 자기 양떼 가운데서 첫배 새끼들과 그 살진 것을 가져왔더니, 주께서 아벨과 그의 제물은 받으셨으나, 카인과 그의 제물은 받지 아니하셨더라. 그러므로 카인이 몹시 격노하고 안색이 변하더라」(창 4:3-5).

주님께 제물을 드릴 때, 자기의 노력으로 인한 제물을 드리는 것은 옳은 방법이 아니었다. 주님께서 요구하신 것은 동물의 피 제사였기 때문이다. 이 이유로 하나님께서는 아벨의 제물만을 받으셨다. 지금도 많은 사람들은 예수 그리스도의 보혈이 아닌 자기의 선행과 노력으로 구원받으려 한다. 예수님도 믿고, 침례도 받고, 열심히 종교 행위와 선행도 해서 하늘나라에 가려고 하는 것이다. 그러나 하나님께서는 자신의 열성 즉 '카인의 종교'를 가지고 나아오는 사람들의 제물을 받지 않으신다. 예수 그리스도의 보혈로 구원을 받는 것이다.

죄의 품성을 갖고 태어난 아담의 자손들은 계속해서 엄청난 죄를 지었으며, 하나님께서는 창세기 6장에서 홍수로 세상을 심판하신다. 「사람들이 지면에서 번성하기 시작하고 딸들이 그들에게서 태어났을 때, 하나님의 아들들이 사람들의 딸들이 아름다운 것을 보고 그들이 택한 모든 자를 아내들로 삼으니라. 주께서 말씀하시기를 "내 영이 항상 사람과 다투지는 않으리니, 이는 그도 육체임이라. 그래도 그의 날들이 일백이십 년이 되리라." 하시니라. 그 당시에 땅에는 거인들이 있었고, 그 후에도 있었으니, 즉 하나님의 아들들이 사람의 딸들에게 들어와서 그녀들이 그들에게 자식들을 낳았을 때며, 그들은 옛날의 용사들로 유명한 사람들이 되었더라」(창 6:1-4).

인간들이 타락했을 뿐 아니라 하나님의 아들들, 즉 타락한 천사들이 사람의 딸들과 결합하여 거인들이 태어남으로써 이 세상은 더욱 극악한 죄악으로 가득 차게 되었다. 「하나님께서 사람의 사악함이 세상에 창대해짐과 그 마음의 생각의 모든 상상이 계속해서 악할 뿐임을 보시고 주께서 땅 위에 사람을 지으셨음을 후회하셨으니, 그 일이 그의 마음을 비통케 하였더라. 주께서 말씀하시기를 "내가 창조한 사람을 지면에서 멸망시키리니, 사람과 짐승과 기는 것과 공중의 새들 모두라. 이는 내가 그들을 지었음을 후회함이라." 하시니라. 그러나 노아는 주의 눈에서 은혜를 찾았더라」(창 6:5-8).

아담의 언약 후 카인의 살인부터 시작하여 인간의 죄악뿐 아니라 타락한 천사들까지 가세되어 이 세상은 하나님께서 도저히 그대로 두실 수 없는 지경에 이르렀다. 결국 하나님의 심판이 도래하게 되었는데, 이러한 와중에도 에녹과 노아 같은 의인이 있었다. 또한 노아는 양심에 따라 살면서 땅 위의 죄들에 동참하지 않았기 때문에 그의 가족들 모두 구원을 받는다. 이제 세 번째 언약인 '노아의 언약'이 시작된다.

3
노아의 언약

셋째 – 노아의 언약

인간은 창조주 하나님의 말씀에 불순종하고 사탄의 유혹에 넘어가 죄를 지었고, 이는 하나님의 심판을 가져왔다. 하나님께서는 심판을 통해 사악한 무리들을 제거하지 않고서는 왕국을 의로 통치하실 수가 없기 때문이다. 심판 후 하나님께서는 인간에게 또 다른 언약을 주심으로써 새롭게 시작하셨으며, 이러한 상황은 성경 전체에서 반복된다. 한편 하나님께서 인간과 맺으시는 언약은 앞으로 전개되는 주님의 통치 방법이 무엇인지를 말해 준다.

아담과 이브가 에덴의 동산에서 쫓겨난 뒤 그들의 자손들은 육신의 정욕을 따라 살았다. 여기에 사탄의 방해와 유혹이 작용하면서 인간들은 엄청난 죄악에 빠졌으며, 타락한 천사들까지 가세해 세상은 극심한 죄악으로 치달았다. 이에 진노하신 하나님께서는 홍수로 온 세상을 심판하신 뒤 노아에게 언약을 주셨다. 노아라는 한 개인을 의롭게 여기시고 그의 가족을 통해서 다시 시작하신 것이다.

「노아가 주께 제단을 쌓고 모든 정결한 짐승과 모든 정결한 새 가운데서 취하여 제단에 번제를 드리더라」(창 8:20). 당시에 하나님께 동물로 번제, 희생제를 드렸는데, 이러한 제사는 아담 때에도 있었던 것을 알 수 있다.

「주께서 그 향기를 맡으시고 주께서 그 마음속으로 말씀하시기를 "내가 다시는 사람으로 인하여 땅을 저주하지 않으리니, 이는 사람의 마음의 상상이 어려서부터 악함이라. 내가 다시는 내가 행한 것과 같이, 살아 있는 모든 것을 죽이지 아니하리라. 땅이 있는 동안에는 씨 뿌리는 시기와 추수하는 시기와 추위와 더위와 여름과 겨울과 낮과 밤이 그치지 아니하리라." 하시더라」(창 8:21,22).

노아와 그의 가족 여덟 명 이외의 모든 인간을 물로 심판하신 하나님께서 이제 다시는 사람으로 인하여 땅을 저주하지 않겠다고 말씀하신다. 이 말씀대로 더 이상 물의 심판은 없을 것이지만, 주님의 재림 때에는 다른 방법의 심판이 내려질 것이다.

「하나님께서 노아와 그의 아들들에게 복을 주시며 그들에게 말씀하시기를 "다산하고 번성하여 땅을 다시 채우라」(창 9:1). 노아는 아담과 동일하게 땅을 다시 채우라는 명령을 받는다.

「너희를 두려워함과 너희를 무서워함이 땅의 모든 짐승들과 공중의 모든 새들과 땅 위에서 움직이는 모든 것들과 바다의 모든 고기들에게 미치리니, 그들이 너희 손에 넘겨졌음이라」(창 9:2). 이러한 것들이 노아의 언약의 내용이다. 짐승들이 사람을 두려워한다는 것이 하나님의 말씀임에도 불구하고 지금은 거꾸로 사람들이 짐승을 두려워하는 비정상적이고 비성경적인 세상이 되어 버렸다.

「살아서 움직이는 모든 것은 너희에게 먹을 것이 되리라. 내가 모든 것을 푸른 채소같이 너희에게 주었느니라」(창 9:3). 노아의 홍수 이후 하나님께서는 동물이 인간의 먹이가 된다고 말씀하셨다. 채소뿐만 아니라 살아서 움직이는 모든 것, 즉 동물들과 물고기들도 인간에게 양식으로 주신 것이다. 어떤 고기를 먹을지 안 먹을지는 개인의 취향에 따른 것이겠으나, 하나님의 말씀을 경륜적으로 볼 때 개이든 고양이이든 뱀이든, 그 무엇이 되었든 우리에게 음식이 되지 않을 종은 없다. "살아서 움직이는 모든 것은 너희에게 먹을 것이 되리라."

「그러나 고기를 그 생명과 더불어, 즉 그 피째 먹지 말지니라. 내가 반드시 너희 생명의 피를 찾으리니, 모든 짐승의 손과 사람의 손에서도 내가 그것을 찾을 것이며, 모든 사람의 형제의 손에서도 내가 그 사람의 생명을 찾으리라」(창 9:4,5). 피 안에는 생명이 있기에 동물을 먹을 때 피째 먹지 말라고 하셨다. 동물을 잡아서 그 자리에서 동물의 피를 마시는 사람들이 있는데, 하나님의 말씀은 그것을 금하고 있다. 이는 구약뿐 아니라 신약 시대, 즉 오늘날 교회시대에도 마찬가지다. 이렇게 하나님이 주신 언약은 노아에게 주신 것이었어도 노아의 시대에만 국한된 것이 아니라 하나님께서 변경하시기 전에는 그대로 유효한 부분들이 있다.

「다만 그들에게 글을 보내어 우상으로 더럽혀진 것과 음행과 목매어 죽인 것과 피를 삼가게 하자는 것이라」(행 15:20). 율법없이 구원받은 이방인에게도 피를 먹는 것은 금지되었다. 이것이 주님의 명령이고 인간의 의무는 하나님의 명령을 지키는 것이다.

「사람의 피를 흘리는 사람은 사람에 의해서 자기의 피도 흘려지게 되리니, 이는 주께서 하나님의 형상대로 사람을 지으셨음이라」(창 9:6). 이제 주님께서는 노아의 언약을 통해 사형 제도를 주신다. 즉, 사람을 죽인 자는 사형에 처하라는 말씀이다.

오늘날 인간 사회는 사형제도를 없애려고 하고 있다. 미국에서도 사형제도를 폐지한 주들이 있고, 유럽 등 여러 국가에서 사형제도가 사라져가고 있다. 이러한 풍조는 성경적인 믿음을 거스르는 것이다. 그것은 하나님의 말씀, 하나님의 언약을 인간이 마음대로 없애는 것이기 때문이다. 바이블 빌리버는 그 어떤 주제나 현상에 대해서도 개인적인 의견을 떠나 성경적인 믿음을 가져야 한다.

하나님께서는 노아의 언약을 통해 사형제도를 명하셨다. 사도 바울도 자신이 죽을 짓을 했으면 죽으리라고 말한 것을 보면(행 25:11) 이 제도가 신약까지 이어지는 것을 알 수 있다. 하나님의 언약을 공부하면서 알게 되는 것은 인간이 늘 하나님과의 언약을 깨는 방향으로 움직인다는 사실이다. 사형제도뿐 아니라 인간이 먹는 것, 입는 것 모두 하나님의 말씀과 반대되는 방향으로 가는 것이 마지막 때의 세태이다.

「너희는 다산하고 번성하며 땅을 가득 채워 그 안에서 번성하라." 하시더라. 또 하나님께서 노아와 그와 함께한 그의 아들들에게 일러 말씀하시기를 "보라, 내가 내 언약을 너희와 너희 뒤에 올 너희 씨와」(창 9:7-9). 하나님께서 노아에게 주신 언약은 노아만이 아니라 그의 자손 모두를 대상으로 한다. 우리는 후에 성경을 시대별로 나누어서 보는 것에 대해서도 공부할 것인데, 시대 하나만을 유일한 기준으로 해서 성경을 보려는 사람들 중에는 성경을 극단적으로 나누어 해석하는 사람들이 있기 때문에 주의해야 한다. 오직 시대만을 기준으로 성경을 나눈다면 성경 전체를 관통하는 안목을 놓칠 수 있기 때문이다. 아담의 언약에도 지금까지 지속되는 부분이 있고, 또 위 구절처럼 노아의 언약에도 시대를 통과하는 약속들이 있다.

「"보라, 내가 내 언약을 너희와 너희 뒤에 올 너희 씨와 너희와 함께한 모든 생물, 곧 새와 가축과 너희와 함께한 땅의 모든 짐승과 세우리니, 곧 방주에서 나온 모든 것으로부터 땅의 모든 짐승에게니라. 내가 너희와 내 언약을 세우리니, 다시는 모든 육체가 홍수로 인한 물들로 멸망당하지 않을 것이며, 또 땅을 멸망시킬 홍수가 다시는 있지 아니하리라." 하시고」(창 9:9-11). 하나님께서 다시는 모든 육체를 물로 심판하지 않으신다는 것이 노아의 언약이다. 그러나 이 세상은 주님께서 재림하실 때 불로 심판받게 될 것이다.

「하나님께서 말씀하시기를 "이것이 나와 너희와 너희와 함께 하는 모든 생물 사이에 영속하는 세대들을 위해 내가 체결하는 언약의 표라. 내가 구름 속에 내 무지개를 두노니 그것이 나와 땅과의 언약의 표가 되리라. 내가 구름을 가져와 땅을 덮을 때, 무지개가 구름 속에 보이면 내가 나와 너희와 모든 육체를 가진 모든 생물 사이에 맺은 내 언약을 기억하리니, 다시는 물들이 모든 육체를 멸망시키는 홍수가 되지 않을 것이라. 무지개가 구름 속에 있으리니, 내가 그것을 보고 하나님과 땅 위에 있는 모든 육체를 가진 모든 생물 사이의 영원한 언약을 기억하리라." 하시더라. 또 하나님께서 노아에게 말씀하시기를 "이것이 내가 나와 땅에 있는 모든 육체 사이에 세운 언약의 표니라." 하시더라」(창 9:12-17).

하나님께서는 거룩한 언약의 표로 무지개를 주셨지만 오늘날 무지개는 동성연애자들의 상징이 되어 버렸다. 인간은 하나님의 거룩한 말씀을 이 정도로 경시하고 조롱한다. 자동차에 무지개 스티커를 붙인 사람들은 동성연애를 찬성한다고 표시하는 것이다. 오늘날 무지개를 보면서 하나님의 약속을 기억하는 사람들은 없다. 샌프란시스코에는 큰 무지개 깃발이 걸려 있는데, 높은 곳에 올라가서 내려다 보면 그 깃발밖에 안보일 정도로 커다란 깃발이다. 하나님의 심판을 받을 자들이 이처럼 하나님의 거룩한 언약의 표를 더럽히고 있다. 이러한 자들을 하나님께서 가만 두시겠는가.

「방주에서 나온 노아의 아들들은 셈과 함과 야펫인데, 함은 가나안의 아비라. 이들이 노아의 세 아들인데, 그들에게서 난 자들이 온 땅에 퍼지니라」(창 9:18,19). 하나님께서는 노아의 세 아들을 통해서 온 땅에 사람들이 퍼져 나가게 하셨다. 현재 지구에 살고 있는 모든 사람들은 노아의 세 아들들 즉 셈족, 함족, 야펫족 중 하나에 속한다. 인종적으로 나눈다면 함족은 흑인(Negro), 셈족은 황인(Mongolian), 야펫족은 백인(Caucasian)이다. 우리 한국인들과 아시아인들은 셈족에 속한다.

카나안이 받은 저주

「노아가 포도주에서 깨어나서, 그의 작은 아들이 자기에게 행한 일을 알고서, 말하기를 "카나안은 저주를 받으리니, 그가 그의 형제들에게 종들의 종이 될지어다." 하고」(창 9:24,25). 여기서 죄를 지은 장본인인 함이 아니라 그의 아들 카나안이 저주를 받는다. 하나님께서 노아의 세 아들들에게는 이미 복을 주셨기 때문에 그 다음 세대부터 저주를 받게 되었다.

한편, 이 저주 또한 노아의 언약에 포함되어 오늘날까지도 지속되고 있다. 어느 특정 국가에서만이 아니라 세계 전체를 볼 때 함의 자손이 많은 면에서 뒤처지는 이유는 함이 받은 저주 때문이다. 이렇게 말하는 것을 무지한 사람들은 인종차별주의라고 하지만, 우리는 싫든 좋든 성경 말씀을 있는 그대로 믿는 사람들이다. 하나님의 말씀이 그렇다면 그런 것이다.

하나님께서는 카나안이 그의 형제들에게 "종들의 종"이 되리라고 하셨다. 즉 함족은 노예가 된다는 말씀이다. 이 예언의 말씀대로 그의 후손들은 유럽과 미국 등지로 끌려가 노예가 되었다. 노예 매매가 옳다고 말하려는 것이 아니다. 노예를 가족처럼 대하는 선한 주인들도 있었지만 악한 주인들도 많았고, 그로 인해 하나님께서 노예 해방을 허락하셔서 노예 제도는 폐지되었다. 그러나 미국의 경우 많은 흑인들이 노예 제도가 있었을 때보다 더 열악한 상황에서 산다는 것을 알아야 한다. 흑인 아이들의 70% 이상이 자기 아버지가 누구인지도 모르며, 흑인 학생들의 70% 이상이 싱글맘 손에서 자란다. 그런 아이들이 바르게 성장할 수 있겠는가. 비록 노예제도는 사라졌더라도 그들은 마약과 범죄, 빈곤의 노예가 되어 살고 있다.

현재 소수를 제외한 대부분의 흑인들의 삶이 과거보다 과연 얼마나 나아졌는지 생각해 볼 일이다. 노예였을 때보다 오늘날의 상황이 더 좋아졌는지, 과연 그들에게 보다 나은 삶을 살 기회가 주어지는지 말이다. 정치가들은 흑인들의 보다 나은 삶을 위해 많은 정책들을 펼치겠다고 약속을 거듭하지만 성경과 관계없는 정치적 시도는 소용없는 일이다. 하나님께서 몇천 년 전에 하신 말씀의 성취는 지금도 계속되고 있기 때문이다. 하나님의 말씀은 그 정도로 두렵고 무서운 것이다. 노아의 홍수가 B.C. 2344년에 일어났으니 함의 저주는 지금으로부터 4300년 전에 하신 말씀이다. 카나안 족속이 다른 형제들의 노예가 된다고 하신 말씀은 심지어 앞으로 세워질 천년 왕국 시대에도 적용된다. 천년 왕국에 대해 하신 스카랴 14장의 말씀을 살펴보자.

「정녕, 예루살렘과 유다에 있는 모든 솥이 만군의 주께 거룩함이 될 것이요, 희생제를 드리는 자들이 모두 와서 솥들을 가져다가 거기에 삶으리라. 또 그 날에는 만군의 주의 집에 카나안인이 더 이상 있지 아니하리라」(슥 14:21).

지금 예루살렘에서는 카나안인들(함족)로 인해 이스라엘 백성들이 고난을 받고 있다. 그러나 천년 왕국 때 카나안인들은 예루살렘에 얼씬도 못하게 된다. 하나님의 말씀을 믿지 않는 자들은 성경적인 교리를 인종차별주의라고 비난하지만, 이것은 인종을 차별하는 것과 아무 상관이 없다. 우리는 하나님께서 언약하신 대로,

성경 말씀대로 이루어진다는 것을 전할 뿐이다.

「또 그가 말하기를 "셈의 주 하나님을 송축하리로다. 카나안은 그의 종이 되리라」(창 9:26). 한국 민족을 포함한 셈족은 하나님의 복을 받은 자들이다. 셈족들은 영적으로 많은 것들을 이루어 왔다. 심지어 잘못된 종교들까지도 셈족에 의해서 나왔다. 이것이 잘 되었다는 말이 아니라, 하나님께서 이 족속에게 영적으로 복을 주셨다는 점을 말하려는 것이다. 4300년 전에 주님께서 하신 언약이 인간의 역사 속에서 그대로 이루어져 왔다. 셈족인 유대인에게서 성경이 나왔고, 유대인에게서 메시아가 나오셨으며, 유대인들로부터 교회가 시작되었다.

"카나안은 그의 종이 되리라"고 하신 말씀에 대해 혹자는 신약 시대에 와서 이 언약이 폐지되었다고 생각한다. 그러나 신약 성경을 살펴보면 예수님의 지상 사역 때나 사도 바울 때에도 노예가 있었음을 알 수 있다. 「멍에 아래 있는 모든 종은 자기 주인들을 모든 공경을 받을 자로 여기라. 이는 하나님의 이름과 그분의 교리가 모독을 받지 않게 하려는 것이라」(딤전 6:1). 멍에 아래 있는 모든 종은 자신의 주인에게서 나와 자유인이 되라고 하시지 않고 주인을 잘 섬기라고 명하셨다. 이처럼 하나님의 생각은 인간의 생각과 다른 것이다.

노예 제도

구원받은 노예들에게 그 주인을 공경하라는 것이 하나님의 말씀이다. 하나님의 이름과 그분의 교리가 모독을 받지 않기 위해서

이다. 종이 주인에게 순종하지 않고 청지기의 역할을 제대로 수행하지 않는다면 하나님의 이름과 교리에 모독이 되지 않겠는가. 그의 나쁜 간증을 보는 이들은 '구원받은 종이 도대체 왜 저럴까' 하고 생각하게 될 것이다.

「믿는 주인을 섬기는 자들도 그들이 형제라고 해서 경히 여기지 말고 오히려 더욱 잘 섬겨야 하리니, 이는 그들이 신실하고 사랑받는 자들이며, 선한 일에 동참하는 자들이기 때문이라. 이러한 것들을 가르치고 권면하라」(딤전 6:2).

주인이 구원받은 형제라고 해서 경히 여기지 말고 더욱 잘 섬기라는 것이 종에게 주시는 명령이다. 성경은 오늘날의 모든 목사들, 정치가들, 사회주의자들의 주장과 완전히 다르다. 하나님의 말씀을 대적하는 그들의 주장을 우리는 조금도 존중해 줄 수 없다. 노예제도가 좋은지 나쁜지를 논할 것이 아니라 성경이 이에 대해 무엇을 말씀하시는지를 알아야 한다. 우리는 하나님께서 왜 인간에게 노예제도를 허락하셨는지 알지 못한다. 그것은 하나님만이 아시는 일이다. 하나님의 깊으신 뜻이 있었으리라.

「만일 누군가가 다르게 가르치며 건전한 말씀, 곧 우리 주 예수 그리스도의 말씀과 경건에 따른 교리에 일치하지 아니하면 그는 교만해서 아무것도 아는 것이 없고 다만 질문과 언쟁만을 좋아하는 자니, 거기서 시기와 다툼과 악담과 사악한 의심이 생겨나며」(딤전 6:3,4). 이 구절에 의하면 앞의 1,2절과 다르게 가르치는 자들, 즉 오늘날 노예제도를 반대하는 자들은 교만한 자들이다. 성경이 말씀하는 대로 믿고 실행하면 아무 문제가 없다. 문제는 인간이 자신의 얄팍한 지식으로 하나님 말씀을 대적한다는 데 있다. 그런 사람들을 하나님께서는 "교만해서 아무것도 아는 것이 없다," 즉 '무식하다'고 하신다. 내가 설교 중에 '무식하고' '무지한' 자들을 책망하는 것은, 그들이 머리가 나쁜 것을 탓하는 것이 아니다. 하나님의 말씀에 대한 고의적 무지를 책망하는 것이다.

「마음이 부패하고, 진리를 상실하며, 이익이 경건이라 생각하는 사람들 사이에 무익한 논쟁이 일어나느니라. 그런 데서 네 자신은 빠져 나오라」(딤전 6:5). 여러분은 말씀에 무지해서는 안된다. 그동안 학교에서 어떻게 배웠든, 어떤 생각을 갖고 살아왔든 이를 다 버리고 하나님의 말씀을 따라가야 한다. 그것이 성경적으로 믿는 사람들이 할 일이다.

「하나님께서 야펫을 증대케 하시어 셈의 장막에서 거하게 하실 것이요, 카나안은 그의 종이 되리라." 하더라」(창 9:27). 이와 같은 셈, 함, 야펫에 대한 하나님의 예언과 언약은 인간 역사 속에서 정확하게 성취되어 왔다.

야펫족, 즉 백인들은 강한 모험심으로 다른 나라들을 침입해서 증대케 되었다. 현 시대에도 전 세계를 장악한 것은 야펫족이다. 한 예로 영국을 보면, 지구 어느 곳을 가든지 영국의 식민지가 있었기에 해가 지지 않는 나라로 불리기도 했다.

야펫족의 모험심은 너무 강해서 미친 것처럼 보일 때도 있다. 예를 들어 자전거를 타고 절벽을 뛰어내리다가 떨어져 죽기도 하고, 위험천만한 자동차 경주를 하기도 한다. 다른 인종들 같으면 아무리 등을 떠밀어도 하지 않을 일을 백인들은 목숨을 내어놓고 하는 경우들을 종종 볼 수 있다. 야펫족은 아프리카에 가서 위험한 모험을 하기도 한다. 아메리카 대륙도 본래 셈(아메리칸 인디언)의 장막이었는데 야펫이 증대하여 머물게 되었으니, 창세기 9:27의 성취이다. 4300년이 지난 뒤에도 동일하게 효력을 가진 것이 하나님의 말씀이니, 우리는 이 말씀을 두려워해야 마땅하다.

주님께서는 노아와 그 가족에게 땅을 정복하라고 명하셨다. 그러나 인간들은 하나님의 명령을 지키기 위해 온 땅에 흩어지기는커녕, 흩어지지 않으려고 똘똘 뭉쳐서 바벨탑을 쌓았다. 그때나 지금이나 인간은 하나님의 말씀에 귀를 틀어막으며, 하나님을 대적해서 자신들의 왕국과 정부를 세운다.

「이것이 노아의 아들들 셈과 함과 야펫의 후대라. 홍수 후에 그들에게 아들들이 태어났으니」(창 10:1). 2절부터 야펫의 아들들이 나오며, 6절에는 함의 아들 카나안이 나온다. 8절에는 함의 자손 님롯이 등장하는데 우리는 이 인물을 주목해야 한다. 힘센 자요 왕국의 통치자였던 그는 모든 우상숭배의 기원이 되기 때문이다.

「쿠스가 또 님롯을 낳았으니, 그가 세상에서 처음으로 힘센 자가 되었더라. 그가 주 앞에서 힘센 사냥꾼이었으므로, 사람들이 말하기를 "주 앞에 님롯 같은 힘센 사냥꾼이라." 하더라. 그의 왕국의 시작은 시날 땅에 있는 바벨과 에렉과 악캇과 칼네에서였으며」(창 10:8-10).

하나님께서는 하나님의 왕국을 통치하려 하시는데 인간은 자신들의 왕국을 만들어 하나님의 통치권 밖으로 나가려고 한다. 이렇게 해서 성읍들이 세워졌고, 사람들은 멀리 흩어졌다.

「셈은 모든 에벨 자손의 조상이요, 형 야펫의 동생이라. 그에게서도 자녀가 출생하였으니」(창 10:21). 셈의 자손들 중 온 땅에 흩어지다가 중간에 포기하고 자리를 잡은 민족들도 있지만, 그 중에서도 끈질긴 부류에 속하는 우리 민족은 더 멀리 이동해 현재 우리나라가 있는 극동 지역에 정착했다. 우리보다 더 끈질긴 민족은 알래스카까지 넘어가서 미 대륙에 사는 아메리칸 인디언들이 되었다.

바벨탑 사건

「온 땅에 하나의 언어와 하나의 말만 있더라」(창 11:1). 당시 하나의 언어만 있었기에 사람들은 흩어지지 않고 하나가 되어 하나님을 대적했다.

「그들이 동쪽으로부터 이동하여 시날 땅에서 평원을 만나니 거기에서 거하였더라. 그들이 서로 말하기를 "가서 벽돌을 만들어 단단하게 굽자." 하고 그들은 벽돌로 돌을 대신하고 역청으로 회반죽을 대신하였으며, 또 그들이 말하기를 "가서 우리를 위하여 성읍과 탑을 세우되 탑 꼭대기가 하늘에 닿도록 하여 우리의 이름을 내자. 그리하여 우리가 온 지면에 멀리 흩어지지 않게 하자." 하더라」(창 11:2-4).

이때 님롯이 등장해 왕국을 세우고 하나님을 대적했다. 사탄이 하나님의 보좌를 넘보았듯이 인간들도 정부를 만들어 하나님의 왕국을 무산시키려 하는 것이다. 하나님께서는 왕으로서 왕국을 세우려 하시는데 인간들은 계속해서 사탄과 연합해서 하나님의 왕국을 방해해 왔다. 이러한 인간의 왕국들은 결국 하나님의 왕국을 대적해서 앞으로 적그리스도의 왕국이 도래하게 만들 것이다. 하나님께서는 하나님의 왕국을 세우려 하시는데 사탄과 그의 자녀들은 계속해서 이를 넘보는 것이다. 결국 적그리스도의 왕국이 대환란 때 일시적으로 세워지지만 이 왕국은 주님의 재림으로써 멸망하게 된다.

정리하면, 사탄과 그의 추종자들은 하나님의 왕국을 지속적으로 무너뜨리려 하지만, 하나님께서는 인간과 또 다른 언약을 맺으심으로써 자신의 계획을 이루어가신다.

「주께서는 사람의 자손들이 세우는 성읍과 탑을 보시려고 내려오셨더라. 주께서 말씀하시기를 "보라, 백성이 하나요, 그들 모두가 한 언어를 가졌기에 이런 일을 시작하였으니, 이제는 그들이 하기로 구상한 일은 아무것도 막을 수 없을 것이라. 가자, 우리가 내려가서 거기에서 그들의 언어를 혼란시켜 그들이 서로의 말을 알아듣지 못하게 하자." 하시고 주께서 그들을 그곳에서 온 지면에다 멀리 흩으시니, 그들이 성읍을 짓는 것을 그쳤더라. 그러므로 그것의 이름을 바벨이라 불렀으니, 이는 주께서 거기에서 온 땅의 언어를 혼란케 하셨음이라. 주께서는 거기서부터 그들을 온 지면에 멀리 흩으셨더라」(창 11:5-9).

'바벨'의 뜻은 '혼돈'이다. 하나님께서 이때 내리신 심판은 모두 죽이는 것이 아니라 언어를 혼란케 하시는 것이었다. 이로써 같은 언어를 쓰는 사람들끼리 모여 전세계로 흩어지게 되었다. 하나님께서는 언어를 혼란시키는 방법을 사용하셔서 인간들을 각 지면에 흩으셨다.

이제 아브라함이 등장하면서 아브라함의 언약의 시작되는데, 앞서 설명했듯이 노아의 언약이 여기서 종료되는 것이 아니다. 노아의 언약 중 지금까지도 지속되는 부분들이 있기 때문이다.

4
아브라함의 언약, 모세의 언약

하나님께서는 이 세상을 창조하시고 만왕의 왕으로서 왕국을 통치하기를 원하셨지만 피조물인 인간들은 계속해서 죄를 지었다. 하나님께서는 노아의 언약을 통해 노아의 가족으로 새롭게 시작하셨는데, 그의 자손들은 결국 하나님께서 말씀하신 대로 살지 않고 계속해서 하나님을 대적하며 바벨탑을 쌓기에 이른다. 이에 하나님께서는 그들의 언어를 혼란케 하심으로써 하나님의 뜻대로 멀리 흩어지게 만드셨다. 그러나 노아의 때처럼 물로 모두 멸망시키는 대신, 아브라함이라는 한 개인을 통해 하나님의 뜻을 성취하고자 하셨다.

노아의 세 자녀의 후손들은 각 지역으로 흩어졌고, 그들에게서 모든 민족들이 생겨나게 되었다. 또한 인간 정부가 만들어졌는데, 그 정부는 하나님을 섬기는 것이 아니라 하나님을 대적하는 세력이 되었다. 민족들은 마지막 때 적그리스도의 왕국과 같이 하나님을 대적하는 자들이 되며, 하나님께서는 이들을 심판하실 것이다.

「여호수아가 이스라엘 모든 지파를 세겜에 모으고, 이스라엘 장로들과 그들의 우두머리들과 재판관들과 관원들을 부르니 그들이 하나님 앞에 나서더라. 여호수아가 온 백성에게 말하기를 "이스라엘의 주 하나님이 이같이 말하노라. 옛날에 하수 저편에 거한 너희 조상들, 곧 아브라함의 아비요, 나홀의 아비인 데라까지도 다른 신들을 섬겼느니라」(수 24:1,2).

위 구절은 우상을 숭배하던 당시 상황을 기록하고 있다. 하나님께서는 노아의 자손들이 전 세계로 흩어지기를 바라셨지만, 그들은 결국 모여서 하나님을 대적하며 우상숭배를 했다.

「내가 너희 조상 아브라함을 하수 저편에서 데려다가 가나안 온 땅을 거쳐 인도하여 그의 씨를 번성케 하였으며 그에게 이삭을 주었느니라」(수 24:3).

지금 여호수아는 이스라엘 백성들 앞에서 과거 역사를 말하고 있다. 그렇게 우상숭배가 만연한 곳에서 주님께서는 아브라함이라는 사람을 눈여겨보셨고, 아브라함에게 하나님의 언약을 새롭게 주시면서 미래의 왕국을 예언하셨다. 이것이 아브라함의 언약이다.

넷째 – 아브라함의 언약

「주께서 아브람에게 말씀하셨는데 "너는 네 고향과 네 친족과 네 아비의 집을 떠나 내가 네게 보여 줄 땅으로 가라"」(창 12:1).

만일 우리도 그런 곳에서 살다 보면 전염병이 전염되듯 죄에 오염될 것이다. 하나님께서는 우상숭배하는 곳에서 하나님을 두려워하는 아브라함을 분리시키셔야 했다. '하나님께서는 왜 아브라함을 불러내셔서 다시 시작하려 하신 것인가? 그곳에 그대로 두시고 시작하시면 되지 않았을까?' 하고 생각할지 모르지만, 전염병에 대해서 생각해 보라. 전염병이 창궐하는 곳에서는 모든 사람이 전염된다. 혹여라도 걸리지 않은 사람이 있다면 그곳에서 따로 분리해야 한다. 이러한 의미로 하나님을 대적하는 악한 죄악, 우상숭배가 만연한 곳에서 하나님을 두려워하고 하나님께 순종하는 사람을 분리시키신 것이다. 이렇게 분리된 사람이 아브라함이다.

「내가 너로 큰 민족을 이루게 할 것이며 네게 복을 주고 네 이름을 위대하게 하리니, 너는 복이 되리라」(창 12:2).

하나님께서는 아브라함에게 그 땅에서 나오라고 말씀하시며, 그를 통해 민족을 이루시리라는 언약을 주신다. 이 민족은 주님의 통치를 받을 대상이 될 것이다. 한편 이 언약은 조건적이 아닌 무조건적인 언약이다.

「너를 축복하는 자들에게 내가 복을 주고 너를 저주하는 자를 저주하리라. 네 안에서 땅의 모든 족속들이 복을 받을 것이라." 하셨더라」(창 12:3).

주께서 통치하시려면 백성과 왕국이 있어야 한다. 이렇게 하나님께서는 아브라함을 통해서 큰 민족을 이루신다는 언약을 하신다. 이 아브라함의 언약은 그 당시로 끝나는 것이 아니라 지금도 유효하다. 우리는 아담의 언약, 노아의 언약 중에서도 지속되는 부분이 있기에 각 시대를 칼로 자르듯 끊을 수 없는 부분이 있다는 것을 앞에서 살펴보았다. 이러한 이유로 하나님의 경륜을 공부할 때 '언약들'을 먼저 공부하는 것이다. 하나님께서는 사람들에게 계시를 주실 때 점진적으로 주신다.

창세기 12:3 말씀에 의하면 여러분은 아브라함의 자손들을 축복해야 한다. 여러분이 개인적으로 그들을 좋아하든 그렇지 않든 상관없다. 이스라엘을 미워하는 나라와 사람들 중에는 잘 된 나라와 사람은 없다. 왜냐하면 이것은 하나님께서 주신, 변치 않는 무조건적 언약이기 때문이다.

모든 인간은 좋든 싫든, 믿든 믿지 않든, 결국 하나님의 언약 안에서 사는 것이다. 모든 인간은 유대인을 축복하면 복을 받고, 저주하면 저주를 받게 된다. 하나님께서는 이방 민족과 나라들이 복을 받을 때에는 유대인을 통해서 복을 받게 하신다. 성경도, 구원도, 복음도 모두 유대인에게서 시작되었다. 미래의 천년 왕국에 들어가서도 온 민족이 유대인들을 통해서 복을 받을 것이다.

「아브람이 말씀드리기를 "보소서, 주께서 내게 씨를 주시지 않았으니, 보소서, 내 집에서 태어난 자가 내 상속자가 될 것이니이다." 하니, 보라, 주의 말씀이 그에게 임하여 말씀하시기를 "이 사람은 너의 상속자가 되지 않을 것이니, 네 자신의 몸에서 나올 자가 네 상속자가 되리라." 하시고」(창 15:3,4).

하나님께서 말씀하신 이 상속자는 이삭이다. 「그를 밖으로 데리고 나가 말씀하시기를 "이제 하늘을 쳐다보고 별들을 셀 수 있다면 그 별들을 세어 보아라." 또 그에게 말씀하시기를 "너의 씨가 이와 같으리라." 하시더라」(창 15:5). 큰 민족이 나오는 그 "씨"에 대해서 말씀하신다. 「아브람이 주를 믿으니 주께서 그것을 그에게 의로 여기셨더라」(창 15:6). 이 말씀은 신약에 와서 로마서 4장에서도 제시된다.

왕국을 세우려면 백성들이 있어야 하기 때문에 민족을 이루실 것이라고 말씀하신다.

「주께서 아브람에게 말씀하시기를 "너는 분명히 알지니 네 씨가 자기 땅이 아닌 곳에서 타국인이 되어 그들을 섬길 것이요, 그들이 사백 년 동안 네 자손을 괴롭게 하겠고」(창 15:13). 그의 씨가 이집트에서 종노릇할 것을 말씀하신다. 「그들이 섬길 그 민족을 내가 또한 심판하리니, 그 후에 그들이 큰 재물을 가지고 나오리라. 너는 평안히 네 조상들에게로 갈 것이며, 너는 충분히 늙은 나이에 장사될 것이라. 그러나 사 대 만에 그들이 이곳으로 다시 돌아오리니, 이는 아모리인들의 죄악이 아직 다 차지 않았음이라." 하시니라」(창 15:14-16).

왕국이 있으려면 또한 땅이 있어야 하기 때문에 아브라함에게 땅에 대한 약속을 하신다.

「그 날에 주께서 아브람에게 언약을 세워 말씀하시기를 "내가 이 땅을 이집트 강에서부터 큰 강 유프라테스까지 네 씨에게 주었으니, 켄인들과 크니스인들과 캇몬인들과 헷인들과 프리스인들과 르파인들과 아모리인들과 카나안인들과 기르가스인들과 여부스인들의 땅이니라." 하시니라」(창 15:18-21).

「롯이 아브람에게서 갈라진 후에, 주께서 아브람에게 말씀하시기를 "이제 네 눈을 들어 네가 있는 곳에서부터 북쪽과 남쪽과 동쪽과 서쪽을 바라보라. 이는 네가 보는 모든 땅을 내가 네게 줄 것이며, 네 씨에게 영원히 주고 내가 네 씨를 땅의 티끌 같게 할 것임이니, 사람이 땅의 티끌을 셀 수 있다면 네 씨도 셀 수 있으리라. 일어나서 그 땅을 가로와 세로로 걸으라. 내가 그것을 네게 주겠음이라." 하시더라」(창 13:14-17).

하나님께서 땅과 그 씨에 대해 창세기 12:1,2에서 말씀하셨듯이 갈라디아서 3:6-9에서 말씀하신 것은 육신적인 아브라함의 씨뿐만 아니라 영적인 씨까지 복을 받는다는 것이다. 주님께서는 아브라함과 무조건적인 언약을 맺으셨는데, 육신적인 유대인들만이 아니라 영적인 씨들에 대해서도 말씀하셨다.

「성경은 하나님께서 이방인들을 믿음으로 말미암아 의롭게 하실 것을 미리 보고 먼저 아브라함에게 복음을 전파하기를 "네 안에서 모든 민족이 복을 받으리라." 고 하였느니라」(갈 3:8).

창세기 때에 이미 주님께서 예언을 하신 것이다. 그것을 어떤 방식으로 어떻게 이루실지에 대해서 구약의 선지자들은 몰랐으며, 주님의 초림과 재림에 대해서는 더더욱 알지 못했다. 그러나 주님께서는 이미 아브라함을 통해서 왕국을 계획하셨으며, 이스라엘의 육신적인 자손들뿐만 아니라 영적인 자손들이 받을 복까지 미리 말씀하셨다. 그리고 갈라디아서 3:9에「그러므로 믿음으로 난 사람들은 믿음이 있는 아브라함과 더불어 복을 받느니라.」고 기록하셨다. 우리는 아브라함의 언약으로 인해 주께서 모든 민족들에게도 복을 주신다는 것을 알 수 있다.

지속적으로 이어지는 아브라함의 언약

「내가 나와 너와 네 뒤에 올 네 씨 사이에 대대로 내 언약을 세우리니, 영원한 언약을 삼고 너와 네 씨의 하나님이 되리라. 내가 너와 네 뒤에 올 네 씨에게 네가 타국인으로 있는 땅, 즉 카나안의 모든 땅을 주어 영원한 소유가 되게 하며, 나는 그들의 하나님이 되리라." 하시니라」(창 17:7,8).

위 구절에서 말씀하듯 이 "영원한 언약"은 아브라함에서 끝나는 것이 아니고 이삭, 야곱 또 그 후손의 후손들에게 계속 유효하다. 이제 주님의 언약의 표로서 "할례"가 등장한다.

「또 하나님께서 아브라함에게 말씀하시기를 "그러므로 너는 내 언약을 지키고, 너와 네 뒤에 올 네 씨도 대대로 지키라. 이것이 나와 너희와 네 뒤에 올 네 씨 사이에 맺은 너희가 지켜야 할 나의 언약이니 '너희 가운데 모든 사내 아이는 다 할례를 받을지니라.' 너희는 너희의 포피의 살을 베어 내라. 이것이 나와 너희 사이의 언약의 표가 되리라」(창 17:9-11).

이 언약은 씨와 관련되어 있기 때문에 포피의 살을 베어내라고 하신다. 후손을 생산하는 것(generate)과 연관이 되어 있기 때문이다.

「대대로 모든 사내 아이는 집에서 태어났거나 네 씨가 아니고 타국인에게서 돈으로 샀어도, 난 지 팔 일이 되면 너희 가운데서 할례를 받아야 하느니라. 네 집에서 태어난 자든지 네 돈으로 산 자든지 할례를 받아야만 하리니, 내 언약이 영원한 언약이 되어 너희 살에 있을 것이라. 할례를 받지 아니한 사내 아이, 곧 그의 포피의 살을 베어 내지 아니한 자는 그의 백성 중에서 끊어지리니, 그가 내 언약을 위반하였음이라." 하시더라」(창 17:12-14).

성경을 보면 하나님께서는 사람들에게 언약을 통해서 점점 더 많은 계시를 주시며 결국 하나님의 목적을 이루시는 것을 알 수 있다. 하나님의 목적 즉 계획은 왕이 왕국을 통치하는 것이다. 문제는 사람들이 지속적으로 마귀에게 속음으로써 하나님을 따르지 않는 데 있다.

이 계획은 이미 하나님의 언약 안에 모두 들어가 있는 것이다. 지금 우리는 성경이 완성된 신약 교회시대에 살고 있으므로 말씀을 통해 알지만, 구약 당시의 사람들은 이를 알지 못했다. 성경에는 원형과 모형이 나온다. 현재 우리가 갖고 있는 성경 지식으로 우리는 어떤 것이 실체(원형)이고 어떤 것이 그림자(모형)인지 알 수 있다. 구약 당시 사람들은 원형이나 실체냐에 대한 지식이 없더라도 당시에 실질적으로 주어졌던 하나님의 명령에 복종하기만 하면 되는 것이었다. 지금 우리가 예수 그리스도를 믿고 믿음만으로 구원받는 것처럼 그들이 '믿음만으로' 구원받는 것이 아니었다. 이 점을 분명히 인지하지 못하기 때문에 많은 사람들이 혼동에 빠진다.

구약 당시에 그리스도의 '모형'이 있었기 때문에 "구약 시대 사람들도 예수님을 믿고 구원받았다"고 하는 오류를 범한다. 그러나 구약 성도들은 당시에 하나님께서 명령하신 대로, 언약을 주신 대로 따르면 되는 것이었다. 무엇이 원형인지, 모형인지, 그림자인지 그들이 어떻게 알았겠는가? 오늘날은 이미 성경이 완성된 상태에서 성경을 공부하기 때문에 이삭도 예수 그리스도의 모형이었다는 것을 알 수 있다. 문제는 그때나 지금이나 대부분의 사람들은 하나님을 신뢰하지 않는다는 것이다.

「주의 천사가 하늘로부터 두 번째로 아브라함을 불러, 말하기를 "주가 말하노라. 내가 스스로 맹세하노라. 이는 네가 이같이 행하여 네 아들, 곧 네 독자를 아끼지 아니하였음이니, 복으로 내가 네게 복을 주고, 번성으로 내가 너의 씨를 하늘의 별들처럼, 또 바닷가의 모래처럼 번성케 하리니, 네 씨가 그의 원수들의 문을 차지하리라. 네 씨 안에서 땅의 모든 민족들이 복을 받으리니, 이는 네가 나의 음성에 복종하였음이라." 하더라」(창 22:15-18).

아브라함의 언약은 후대의 자손들에게까지 이어져내려온다.

「아브라함의 때에 있었던 첫 번째 기근 이외에 그 땅에 또 한 기근이 들었더라. 이삭이 그랄에 있는 필리스티아인들의 왕 아비멜렉에게 갔더니, 주께서 그에게 나타나시어 말씀하시기를 "이집트로 내려가지 말고 내가 너에게 말해 줄 땅에 거하라. 이 땅에 기거하라. 그리하면 내가 너와 함께하고 너에게 복을 주리라. 내가 너와 네 씨에게 이 모든 지역들을 주고, 또 내가 네 아비 아브라함에게 맹세한 것을 이루리니, 내가 네 씨를 하늘의 별들처럼 번성하게 할 것이며, 이 모든 지역들을 네 씨에게 주리라. 네 씨 안에서 땅의 모든 민족들이 복을 받으리라. 이는 아브라함이 내 음성에 복종하고, 내 명령과 내 계명들과 내 규례들과 내 법들을 지켰음이니라." 하시니라」(창 26:1-5).

이 말씀은 대단히 중요하다. 오늘날 이스마엘 자손들은 자신들이 아브라함의 언약을 이어받았다고 하지만, 이를 이어받은 것은 이스마엘이 아니라 이삭이다. 이슬람 교도들이 믿는 코란은 성경의 구약을 가지고 이상한 것들을 집어넣어 변개시켜서 만든 것이다. 많은 사람들이 이슬람교도 기독교에서 나왔다는 말을 하는데, 이는 말도 안 되는 마귀의 속임수이다.

하나님의 약속이 어디로 이어지는지, 하나님의 언약을 어느 씨에게 주시는지 정확하게 알아야 한다. 하나님께서 주신 아브라함의 언약은 이스마엘이 아니라 약속의 아들인 이삭에게로 이어진다. 주님께서 아브라함과 맺으신 언약은 이삭과 야곱의 열두 지파로 내려온다.

「야곱이 브엘세바에서 떠나 하란을 향해 가더니, 그가 어떤 곳에 도달하여 해가 져서 그곳에서 밤을 보내려 하여, 그곳의 돌들을 취하여 베개를 삼고 자려고 그곳에 누웠더라. 그가 꿈을 꾸었으니, 보라, 사다리가 땅에 섰는데 그 꼭대기가 하늘에 닿았고, 보라, 하나님의 천사들이 그 위에서 오르락내리락하며, 보라, 주께서 그 위에 서서 말씀하시기를 "나는 네 아비 아브라함의 주 하나님이요, 이삭의 하나님이라. 네가 누운 땅을 내가 너와 네 씨에게 주리라. 네 씨는 땅의 티끌같이 될 것이며, 너는 서쪽과 동쪽과 북쪽과 남쪽까지 멀리 퍼지리라. 땅의 모든 족속들이 너와 네 씨 안에서 복을 받으리라」(창 28:10-14).

아브라함의 언약은 이처럼 이삭과 야곱에게로 계속 이어지며, 야곱 이후 열 두 지파에게로 이어졌고 지금까지도 이어진다. 이렇게 하나님께서는 아브라함의 씨인 이 민족을 통해서 왕국을 이루시려 하지만 그들은 불순종하며 하나님을 대적했다. 그로 인해 하나님께서는 그들을 이방 나라에 포로로 잡혀가게 만드신다. 이후에 하나님께서는 메시아를 통해 왕국을 다시 세우려고 하시고 이들은 또 하나님을 대적했으니, 이러한 일이 이스라엘의 역사를 통해 되풀이된다.

이제 이스라엘은 미래에 회복이 될 수밖에 없다. 아브라함에게 주신 언약이 있기 때문이다. 그 언약이 아니었더라면 다른 아무 민족에게 다시 언약을 주실 수도 있었을 것이다. 그러나 하나님께서는 아브라함의 씨인 이스라엘 민족을 통해서 위대하신 하나님의 영광을 드러내심으로써 온 세상에 진리를 전파하시고 이방 민족들이 복을 받도록 계획하셨다. 그러나 그 민족이 빛을 드러내기는커녕 메시아를 처형하고 하나님을 대적했다. 이에 하나님께서는 일시적으로 그들을 심판하셨지만, 이스라엘을 완전히 끝내시지 않으셨으며, 앞으로 회복시키실 것이다.

카톨릭을 위시한 많은 사람들은 이스라엘이 하나님의 말씀에 불순종했기 때문에 하나님께서 이스라엘을 버리시고 대신 신약 교회를 통해서 주님의 왕국을 세우신다고 믿는다. 그래서 카톨릭은 유대인들을 박해했으며, 이슬람교도들도 그리스도인들뿐만 아니라 유대인들을 미워하고 박해한다. 그들의 행위는 하나님의 언약을 바꾸려 하는 인간의 시도이다. 그러나 하나님의 언약은 인간이 바꾸려 노력한다고 바꿀 수 있는 것이 아니다.

이삭의 아들 야곱으로부터 열 두 지파가 나오고, 그들은 이집트로 들어가게 된다. 이집트로 들어간 야곱의 자손들은 처음에는 좋은 대우를 받는데, 그들로부터 많은 후손들이 태어나 400여 년을 지내다가 이후 요셉을 모르는 새 왕이 나와(출 1:7-8) 막강하게 번성한 이스라엘 자손들은 핍박을 받게 된다. 이들을 불쌍히 여기신 하나님께서는 출애굽을 통해 민족을 이루셨는데, 이제 아브라함의 언약에서 모세의 언약으로 들어가게 된다. 개인과 맺은 언약에서 민족과의 언약으로 이어진 것이다.

다섯째 – 모세의 언약

「이스라엘 자손이 이집트 땅에서 나온 지 셋째 달이 되는 그 날 그들이 시내 광야에 이르렀으니, 그들이 르피딤을 떠나 시내 광야에 와서 그 광야에다 장막을 치고 거기서 이스라엘이 그 산 앞에 진을 이루니라. 모세가 하나님께 올라가니 주께서 산에서 그를 불러 말씀하시기를 "너는 이같이 야곱의 집에게 말하고 이스라엘 자손에게 고할지니라. '너희는 내가 이집트인들에게 어떻게 하였으며, 내가 어떻게 독수리들의 날개들로 너희를 실어 내게로 데려왔는지를 보았느니라」(출 19:1-4).

자신들을 불쌍히 여기시고 모세를 통해 이집트에서 이끌어내신 하나님께 이스라엘 백성은 끊임없이 불평함으로써 불순종한다. 이집트에서의 여러 가지 이적과 유월절, 홍해의 엄청난 기적을 통해 구속을 받는데도 계속해서 불평을 일삼는 그들을 하나님께서는 멸하실 수도 있었지만, 멸하지 않으시고 모세와 언약을 맺으신다.

「그러므로 이제 만일 너희가 참으로 내 음성에 복종하고 나의 언약을 지키면 너희는 모든 백성보다 나에게 독특한 보물이 되리니, 이는 온 땅이 내 것임이라. 너희는 나에게 제사장들의 왕국이 되며 거룩한 민족이 되리라.' 이것이 네가 이스라엘의 자손에게 고할 말이니라." 하시니라」(출 19:5,6).

하나님께서는 아브라함에게 약속하셨던 대로 몇백 년 후에 실질적으로 왕국과 민족을 만드셨다. 한편, 이전에 주신 아브라함의 언약은 무조건적이고 영원한 언약인 반면 모세에게 주시는 언약은 조건적이다. 하나님과의 조건적 언약을 지키지 않은 이스라엘 민족은 결국 이방의 포로가 되고 만다.

「모세가 와서 백성의 장로들을 소집하여 그들의 면전에 주께서 자기에게 명령하신 이 모든 말씀들을 제시하자 모든 백성이 다같이 대답하여 말하기를 "주께서 말씀하신 모든 것을 우리가 행하리이다." 하니, 모세가 백성의 말을 주께 고하니라」(출 19:7,8).

늘 불평만 하던 백성들은 주의 언약을 행하겠다고 약속을 한다.

「주께서 모세에게 말씀하시기를 "보라, 내가 짙은 구름 속에서 네게 오는 것은 내가 너와 말할 때 백성으로 듣게 하기 위함이요, 또 너를 영원히 믿게 하려 함이라." 하셨으며, 모세가 백성의 말을 주께 고하더라」(출 19:9).

백성들을 성결하게 하신 주님께서는 십계명을 주신다. 하나님께서는 아브라함의 언약을 통해서는 땅과 씨에 대해서 약속하셨다. 이제 민족을 만드신 하나님께서 법령을 제정하시는 것이다. 하나님께서는 점진적으로 계시하시는데 국가가 되었으니 모세의 언약에서는 법이 있어야 한다.

앞으로 올 천년 왕국 때에도 천년 왕국의 법이 있다. 지금 많은 사람들이 예수님의 산상 설교(마 5-7장)로 행위 구원을 가르치고 있는데, 산상 설교는 실제적인 천년 왕국의 법이다. 많은 사람들이 성경을 올바로 이해하지 못해서 어렵게 가르치면서 모두 지옥으로 인도하고 있다. 성경을 알면 쉽게 가르치고, 쉽게 구원받고, 쉽게 하나님의 말씀을 따르도록 할 수 있는 것인데, 성경에 무지한 사람들이 어렵게 가르치는 바람에 자신과 배우는 사람 모두 지옥으로 향하는 것이다. 어려운 것을 쉽게 가르치는 사람이 잘 가르치는 사람이다. 어떤 교수들이 어려운 말만 써가면서 가르치는 것은 자신도 제대로 알지 못하기 때문이다. 쉽게 풀어서 학생들의 수준에 맞추어 가르치면 되는 것을 어렵게 가르치면서 자신의 지적 수준이 매우 높다고 생각하니, 인간이 얼마나 어리석은가?

하나님께서는 출애굽기 20장에서 도덕법을 포함한 십계명을 주시고, 21장에서는 여러 가지 민법을 비롯한 국가법을 주신다.

「하나님께서 이 모든 말씀을 일러 말씀하시기를 "나는 이집트 땅, 종의 집에서 너를 데리고 나온 주 너의 하나님이라. 너는 내 앞에 다른 어떤 신들도 있게 하지 말지니라」(출 20:1-3).

「이제 네가 그들 앞에 세울 명령들은 이러하니라. 네가 한 히브리인 종을 사면 그가 육 년간을 섬길 것이요, 칠 년째는 아무 일도 하지 않아도 값없이 나갈 것이니라」(출 21:1-2).

이렇게 21-24장에서 계속 세세한 법을 주시고, 25장에서는 의식법을 주신다. 당시 이스라엘 백성은 율법을 지키고 하나님의 명령에 복종하면 하나님께 복을 받고, 지키지 않으면 저주와 심판을 받고 지옥에 갔다. 그러나 이 의식법에 속죄하는 방법을 주셨기 때문에 율법을 지키다가 죄를 지으면 동물의 피로 인해 용서받을 수 있었다. 이것이 주님의 자비이다.

「그들은 속죄용으로 쓰인 것들을 먹어 자기들을 성결하게 하고 거룩하게 할 것이나 타인은 그것을 먹지 못할지니 이는 그것들이 거룩함이라」(출 29:33).

하나님께서는 율법에 순종하면 축복받고, 순종하지 않으면 저주받는다고 하셨다. 이 후 계속해서 나오는 말씀은 제사장들, 희생제의 절차 등에 관한 것이다.

주께서는 한 민족을 일으키셔서 나라를 세우시고 그 나라에 법을 주셨다. 이 때는 종교와 정치가 분리되지 않은, 하나님의 신정 통치 기간이다. 만일 지금 시대에 종교와 정치가 분리되지 않았다면 어떻게 되었을까? 카톨릭 교황이 '거리설교자들을 죽여라' 하면 그냥 죽어야 한다. 오늘날 교회 시대는 철저히 종교와 정치가 분리되어야 하는 시대이다. (카톨릭 교회나 존 칼빈 같은 자들은 정교분리를 시키지 않으려고 하는 자들이었다.) 그러나 출애굽 당시에는 하나님께서 실질적으로 나라를 세우시고 법을 주셔서 신정 통치를 하셨다.

신명기 28장에는 카나안 땅에서 복을 받는 조건들이 나온다.

「그러나 만일 네가 주 너의 하나님의 음성에 경청하지 아니하고 내가 오늘 네게 명령하는 그분의 모든 계명들과 그분의 규례들을 지켜 행하지 아니하면 이 모든 저주가 네게 임하고 네게 미치리라」(신 28:15).

이후 우리가 잘 아는 대로 이스라엘 백성은 주님의 말씀, 율법,

명령을 지키지 않는다. 그래서 주께서는 29장에서 팔레스타인 언약을 주시는데, 이 팔레스타인 언약은 일곱 가지 언약 중 하나로 분류되지 않고 다섯 번째의 모세의 언약의 한 부분을 이룬다. 즉 모세의 언약으로 법률을 주시는데, 이때 땅에 대한 언약으로 팔레스타인 언약이 주어지는 것이다. 그 언약의 핵심은 이스라엘은 불복종으로 땅을 빼앗기지만, 회개하고 돌아오면 다시 그 땅을 찾으리라는 말씀이다.

「주께서 호렙에서 이스라엘 자손과 맺으신 언약 외에 그분께서 모압 땅에서 모세에게 명령하여 그들과 맺은 언약이 말씀들이 이러하니라…. 그러므로 너희는 이 언약의 말씀들을 지켜 행하라. 그리하면 너희가 행하는 모든 일에 너희가 번성하리라」(신 29:1,9).

「주의 진노가 이 땅에 일어나서 이 책에 기록된 모든 저주를 그 위에 가져오셨으며 또 주께서 성내심과 진노하심과 큰 분개하심으로 그들을 그들의 땅에서 뽑아 내셔서 그들을 다른 땅에다 던져 버리셨으니 그것이 오늘과 같으니라." 하리라. 감춰진 일들은 주 우리 하나님께 속하나 나타난 일들은 영원히 우리와 우리의 자손에게 속하나니 이는 우리로 이 율법의 모든 말씀을 행하게 하려 하심이라」(신 29:27-29).

「내가 네 앞에 둔 복과 저주, 즉 이 모든 것이 네게 임하므로 네가 주 너의 하나님께서 너를 쫓아내셨던 모든 민족들 가운데서 그것들이 마음에 생각나서 주 너의 하나님께 돌아와 내가 오늘 네게 명령하는 모든 것대로 너와 네 자손이 네 마음을 다하고 네 혼을 다하여 그분의 음성에 복종하면 그때는 주 너의 하나님께서 네 사로

잡힘을 돌이키시고 너를 긍휼히 여기시어 주 너희 하나님께서 너를 흩으셨던 모든 민족들로부터 너를 돌이켜 모으시리라」(신 30:1-3).

복과 저주에 대해서 말씀하신다. 모든 것을 미리 아시는 하나님께서 언약을 맺으시는 것이다. 모세의 언약을 지키면 복을 받고, 지키지 않으면 저주를 받을 것이며, 저주를 받았을 때 회개하면 다시 이 땅으로 데려와 회복시키신다고 말씀하신다. 모세의 언약 속에 땅에 대한 팔레스타인 언약이 포함되어 있다.

「너희 가운데 어떤 사람이 하늘 맨 끝까지 쫓겨갔을지라도 주 너의 하나님께서 거기로부터 너를 모으실 것이요, 또 거기서부터 그분께서 너를 데려오시리라. 주 너의 하나님께서는 네 조상들이 차지했던 땅으로 너를 데려오시리니 그리하면 네가 그것을 차지할 것이요, 그분께서는 네게 선을 행하시고 네 조상들보다 너를 더 번성케 하시리라」(신 30:4,5).

이것이 팔레스타인 언약이다. 하나님께서는 아브라함의 언약으로 한 민족을 이루셨고, 모세의 언약으로 땅과 법을 주셨다. 이스라엘은 그 법을 지키지 않았지만 그렇다고 해서 그것으로 하나님의 뜻이 무산되는 것이 아니다.

「이는 너로 주 너의 하나님을 사랑하게 하고 너로 그분의 음성에 복종하게 하며 또 그분께 밀착하게 하려 함이니, 그분은 너의 생명이시요 네 날들의 기한이시라. 이는 주께서 네 조상, 아브라함과 이삭과 야곱에게 주시기로 맹세하신 그 땅에서 너로 살게 하려 하심이라」(신 30:20).

주님께서 약속하신 팔레스타인 땅은 아랍 국가에게 속한 것이 아닌, 지금의 이스라엘 백성들의 땅이다. 유대인들이 다시 돌아와서 그 복을 차지할 것이다. 그때 팔레스타인 언약이 완성되는 것이다. 율법 시대에 결국 불순종으로 인해 이방 나라에 포로로 잡혀가는 것이 이스라엘의 운명이다.

다음 과에서는 다윗의 언약에 대해 살펴볼텐데, 하나님께서는 이 언약을 통해서 분명하게 보좌를 약속하신다. 하나님께서는 땅과 민족에 대해서 언약하시고, 법률을 제정하시며, 그 후에 죄를 심판하신다. 주님께서는 그 땅으로 그들을 다시 데려오시고, 직접 땅으로 내려오셔서 보좌에 앉으셔서 다스리실 것이다. 이것이 다윗의 언약이다.

5
다윗의 언약, 새 언약, 영원한 언약

아브라함의 언약에서 땅과 민족들을 정하신 하나님께서는 모세의 언약을 통해 법률을 정하셨다. 이스라엘 백성은 앞으로 들어갈 약속의 땅에서 그 법을 지키지 않으면 저주를 받게 된다. 그러나 그 저주는 영원한 것이 아니라 일시적인 것이며, 이스라엘은 후에 회복되어 약속의 땅으로 돌아올 수 있게 된다.

모세의 언약은 이스라엘의 불순종으로 인해서 예수님께서 오시고 난 뒤에 끝나지만, 영원히 끝난 것이 아니다. 주님께서는 교회 시대 끝에 재림하시고, 천년 왕국에서는 모세의 언약보다 더 높은 기준의 율법을 주시는데, 이것이 마태복음에 나오는 산상 설교이다. 하나님께서 이스라엘 백성과 맺으신 언약 관계는 이렇게 계속되는 것이다.

한편, 민수기 25장에 하나님께서 개인적으로 주신 언약이 나온다. 이것은 모세의 언약에 속한 것으로, 제사장에 대한 언약이다.

「제사장 아론의 손자, 엘르아살의 아들 피느하스가 그것을 보고 회중 가운데서 일어나 손에 창을 들고 그 이스라엘 남자를 따라 그의 장막으로 들어가서, 그 이스라엘 남자와 그 여인의 배를 꿰뚫었더니, 그 재앙이 이스라엘 자손에게서 멈추었더라」(민 25:7-8).

이스라엘 자손이 죄악에 빠졌을 때 그들로부터 성별한 피느하스의 행동를 보시고 주께서 영원한 제사장 직분의 언약을 주신다.

「그 재앙으로 죽은 자들이 이만 사천 명이었더라. 주께서 모세에게 일러 말씀하시기를 "제사장 아론의 손자, 엘르아살의 아들 피느하스가 그들 가운데서 나를 위해 열심을 내어, 이스라엘 자손으로부터 나의 진노를 돌이켰으니, 내가 나의 질투심으로 이스라엘 자손을 진멸하지 않았도다. 그러므로 말하라. 보라, 내가 그에게 나의 화평의 언약을 주리라. 그와 그 뒤를 잇는 그의 씨가 그것을 가지리니, 곧 영원한 제사장 직분의 언약이라. 이는 그가 그의 하나님을 위하여 열성이 있어, 이스라엘 자손을 속죄하였음이라." 하시니라」(민 25:9-13).

에스겔 46장은 천년 왕국 때 이루어지는 말씀인데, 이때 이스라엘 백성은 그들의 땅으로 들어가서 주님을 직접 섬기게 된다. 모세의 언약은 저주로 끝나지만, 주님께서 희생제와 안식일 등에 대해 말씀하시는 이유는 그것들이 미래에 다시 도래하기 때문이다. 오늘날 교회 시대에서 이스라엘 백성이 주께 드리는 제사와 절기들을 지키지 못하는 것은 일시적인 일이다. 그들의 땅에 들어가면 다시 율법 시대와 같은 방식으로 주님께 경배하게 될 것이다.

「주 하나님이 이같이 말하노라. 동쪽을 바라보는 안쪽 뜰의 대문은 일하는 육 일 동안은 닫아 둘 것이나, 안식일에는 열어 두고, 또 새 달의 날에도 열어 둘지니라. 통치자는 바깥 대문의 현관 길로 들어와서 대문의 문설주 옆에 설 것이요, 제사장들은 통치자의 번제물과 화목제물을 준비할 것이며 통치자는 대문의 문지방에서 경배한 후 나갈 것이라. 그러나 대문은 저녁까지 닫지 말지니라」 (겔 46:1,2).

천년 왕국 때 안식일이 다시 등장한다. 교회 시대가 끝나고 주님께서 재림하셔서 천년 왕국을 세우신 뒤에는 구약 율법 시대와 같은 방식으로 돌아가는 것이다. 주님께서 민수기 25장에서 하신 말씀대로 제사장직도 여기서 다시 등장한다.

실질적으로 모세의 언약에서는 모세가 왕(king)이다. 그러나 앞으로 천년 왕국에서는 다윗이 통치자(prince)가 되고 다윗은 성전에 계신 왕(king)이신 주 예수 그리스도께 경배드린다. 이스라엘은 모세의 언약에서는 저주를 받지만, 다시 회복되어 왕국에 들어가 주님께 경배드린다. 그러한 미래에 대한 예언이 에스겔 40장에서부터 48장에 기록되어 있다.

「이 땅의 백성도 마찬가지로 안식일들과 새 달들에 이 대문의 문간에서 주 앞에 경배할지니라. 통치자가 안식일에 주께 드리는 번제는 흠 없는 어린양 여섯 마리와 흠 없는 숫양 한 마리니라」(겔 46:3,4).

그때에 사용될 경배 방식에 대한 말씀인데, 제사법이 다시 등장하는 것을 알 수 있다. 많은 사람들은 오늘날 교회 시대에도 안식일을 지키려고 한다. 안식교인들이 그 대표적인 예이다. 그러나 그것이 저주받을 이단 교리인 것은 교회 시대에는 율법으로 구원받는 것이 아니라 믿음만으로 구원을 받기 때문이다. 하지만 천년 왕국 때 이스라엘 백성들은 에스겔에 기록된 대로 구약의 방법대로 경배 드린다.

여섯째 – 다윗의 언약

이제 여섯 번째 언약인 다윗의 언약이 등장한다. 다윗은 율법 시대에 살았던 인물로서, 율법 시대가 계속 이어지는 상황에서 주님께서는 다윗과 언약을 맺으신다. 이 언약의 핵심은 '다윗의 보좌'이다. 성경에는 다윗의 보좌, 다윗의 왕국이라는 말이 많이 나오는데, 이는 주님께서 다윗의 계보에서 왕을 주시기 때문이다.

이렇게 하나님의 언약들을 공부하면 약속들이 점차 세부적으로 되는 것을 볼 수 있다. 하나님께서는 아브라함을 통해서 모든 민족에게 복 주실 것을 약속하셨고, 그 민족들 중에서 이스라엘의 왕국에 대한 언약을 주셨으며, 이제 이스라엘 중에서도 다윗의 보좌에 대한 언약을 주고 계신다.

「그날 밤에 주의 말씀이 나단에게 임하여 말씀하시기를 "가서 내 종 다윗에게 말하라. '주가 이같이 말하노라. 네가 나를 위하여 내가 거할 집을 짓겠느냐?」(삼하 7:4,5).

다윗이 성전을 짓겠다고 했을 때 거절하신 주님께서는 솔로몬에게 성전 짓는 것을 허락하신다.

「또 내가 내 백성 이스라엘을 위하여 한 장소를 정하여 그들을 심으리니, 그들이 자기들의 장소에 거하여 다시는 옮기지 아니할 것이요, 악의 자손들도 전처럼 다시는 그들을 괴롭히지 못할 것이며, 또 내가 재판관들에게 명령하여 내 백성 이스라엘을 다스리게 하던 때 이후처럼 하지 못하리라. 또 내가 너를 네 모든 원수들로부터 쉬게 하였노라. 또 주가 네게 말하노니, 그가 너를 위하여 한 집을 이루리라. 네 날들이 차서 네가 네 조상들과 함께 잠들 때, 내가 네 몸에서 나올, 곧 네 뒤에 올 네 씨를 세우고, 내가 그의 왕국을 견고하게 하리라」(삼하 7:10-12).

위 구절에 의해 육신적으로는 다윗의 씨인 솔로몬이 왕이 되지만, 그 후에 다윗의 계보에서 나오셔서 영원한 보좌를 견고케 하시는 분은 예수 그리스도이시다.

「그가 내 이름을 위하여 한 집을 지을 것이요, 나는 그의 왕국의 보좌를 영원히 견고하게 하리라」(삼하 7:13).

솔로몬의 왕국은 이스라엘 백성의 죄들로 인해서 중단되지만, 예수 그리스도를 통해서 영원한 보좌가 다시 나오는 것이다.

「나는 그의 아버지가 되고 그는 나의 아들이 되리니, 만일 그가 죄악을 범하면 내가 사람들의 막대기로, 사람의 자식의 채찍으로 그를 징책하리라. 그러나 내가 네 앞에서 제거한 사울로부터 내 자비를 빼앗은 것과 같이 그것이 그에게서 떠나지는 아니하리니 네 집과 네 왕국이 네 앞에서 영원히 세워지리라. 네 보좌가 영원히 세워지리라.'" 하시더라」(삼하 7:14-16).

현재 이 왕국은 일시적인 부재 상태이다. 주님께서 초림 하셨을 때 왕국을 세우려 하셨으나 이스라엘 백성이 주님을 거절하고 십자가에 못 박았기 때문에 연기된 것이다. 이 왕국은 이스라엘의 불순종으로 인해서 일시적으로 중지됐지만, 주님께서 다윗의 보좌가 '영원히 세워지리라'고 분명하게 약속을 하셨기 때문에 재림 때 회복될 것이다.

다윗의 보좌에 대해서 더 살펴볼 곳은 예레미야 22장이다.

「오 땅이여, 땅이여, 땅이여, 주의 말을 들으라. 주가 이같이 말하노라. 너희는 이 사람이 자식이 없겠고 그의 평생에 번성치 못할 사람이라고 쓰라. 이는 그의 씨에서는 아무도 번성치 못하며 다윗의 보좌에 앉아 유다를 다스릴 자가 더 이상 없을 것임이라」(렘 22:29,30).

솔로몬의 계보에서 왕위를 이어오다가, 여기서 주님께서는 "그의 씨에서는 아무도 번성치 못하며 다윗의 보좌에 앉아 유다를 다스릴 자가 더 이상 없을 것임이라."고 하셨다. 유다에서 왕이 나와야 하는데 왕들의 죄악으로 인해서 그 씨에서 왕이 더 이상 나오지 않을 것이라고 선포하신 것이다. 예수님께서 다윗의 계보에서 탄생해야 하는데 솔로몬의 계보에서는 더 이상 왕이 나올 수 없다고 선언하셨기 때문에 주님은 마리아의 계통, 즉 다윗의 다른 아들인 나단(눅 3:31 - 마리아의 계보)의 계보에서 오시게 된다. 그래서 동정녀 탄생이 이뤄진 것이다. 주님께서 언약을 주신 사무엘하 7장과 예레미야 22장 사이에 모순이 없으려면 예수님께서 동정녀를 통해 탄생하셔야 했다. 그럼으로써 예수님을 통해 다윗의 보좌는 이어지게 된다.

동정녀 탄생을 통해 나타나신 주님을 유대인들은 왕으로 받아들이지 않는데, 마태복음 19장에서 주님께서는 다윗의 보좌에 대해 말씀하신다.

「그때에 베드로가 대답하여 말씀드리기를 "보소서, 우리는 모든 것을 버려 두고 주님을 따랐나이다. 그러므로 우리가 무엇을 갖게 되겠나이까?" 하고 하니, 예수께서 그들에게 말씀하시기를, "진실로 내가 너희에게 말하노니, 나를 따르는 너희들은 인자가 자기 영광의 보좌에 앉을 새 세대에, 너희도 열두 보좌에 앉아 이스라엘 열두 지파를 심판하리라」(마 19:27,28). 이 "새 세대"를 2천 년간 연기하신 것이다.

「인자가 그의 영광 중에 오고, 또 모든 거룩한 천사들이 그와 함께 오면 그때에 그가 그의 영광의 보좌에 앉으리니 그 앞에 모든 민족들을 모아 놓고 마치 목자가 양들을 염소들에서 갈라놓듯이 그들을 따로 갈라놓으리라」(마 25:31,32).

위 구절은 주님께서 재림에 대해 하신 말씀이다. 초림 때 부활하신 예수님께서 승천하신 후 사도 베드로는 사도행전 2장에서 다윗의 보좌에 대해서 다음과 같이 말했다.

「형제 여러분, 내가 족장 다윗에 관하여 너희에게 자유로이 말할 수 있는 것은, 그가 죽어 장사되어서 그의 묘가 오늘까지 우리 가운데 있음이라. 그러므로 그가 선지자가 되어 육신을 따라 그의 후손 중에서 그리스도를 일으키시어 그의 보좌에 앉게 하신다는 맹세를 하나님께서 자기에게 하신 것을 알고」(행 2:29,30).

베드로는 다윗이 시편에 예언한 것을 인용한 것인데, 여기서 "그의 보좌"는 다윗의 보좌를 말한다. 예수님의 탄생에 대해 말씀한 누가복음 1장에서도 다윗의 보좌가 언급된다.

「그 천사가 그녀에게 말하기를 "마리아야, 두려워 말라, 이는 네가 하나님의 은총을 받았음이니라. 보라, 네가 너의 태 안에 임신하여 한 아들을 낳으리니 그의 이름을 예수라 하라. 그는 위대하게 될 것이며, 가장 높으신 분의 아들이라 불릴 것이요, 또 주 하나님께서 그에게 그의 조상 다윗의 보좌를 주실 것이며, 그는 야곱의 집안을 영원히 통치할 것이요 그의 왕국은 무궁하리라."고 하니라」(눅 1:30-33).

이렇게 동정녀 탄생으로 다윗의 언약이 성취된다. 비록 이스라엘 백성이 불순종하고 메시아를 거절했기 때문에 지금은 다윗의 보좌가 연기되었지만, 주님께서는 결국 재림하셔서 영원히 다윗의 보좌에 앉아 통치하실 것이다.

누가복음 1:31,32은 표적인데, 당시 이것은 예언이었으며 그리스도의 초림으로 절반이 성취되었다. 야곱의 집안을 영원히 통치할 분이 나타났기 때문이다. 그러나 이스라엘이 이 왕을 받아들이지 않았기 때문에 예언의 완전한 성취는 연기되었으며, 현재 2천년 교회 시대 동안 다윗의 보좌를 통한 통치는 이루어지지 못하고 있다. 실제적인 다윗의 보좌는 재림하신 주님께서 차지하실 것이다.

일곱째 - 새 언약

다음 일곱 번째 언약은 "새 언약"(new testament)이다. 마태복음 26장의 주의 만찬으로 새 언약의 문이 열리게 되는데, 새 언약은 두 갈래로 나뉜다. 주님의 보혈로 인해 주께서는 두 가지를 이루시는데, 하나는 유대인들과 민족적으로 맺는 새 언약이고, 다른 하나는 모든 사람을 대상으로 개인적으로 맺는 새 언약이다.

어떤 사람들은 '새 언약'이 일차적으로 유대인과의 언약이기에 오직 유대인과 맺은 언약을 말하는 것으로 극단적으로 해석하지만, 실질적으로 주님의 십자가 사건으로 인한 언약은 두 가지를 성취한다. 예수님께서는 일차적으로 유대인들을 위해 오셨지만, 모든 민족들을 위해서도 오셨다. 주님은 복음서에서 유대인들에 대해 말씀하시지만 이방인들의 구원이나 교회에 대해서도 말씀하신다(마 16:18). 그리고 승천하시기 전에도 제자들에게 온 민족에게 복음을 전하라고 하셨다. 예수님께서는 일차적으로 유대인을 대상으로 사역하셨지만, 민족적으로는 유대인이, 그리고 개인적으로는 모든 사람이 구원받는 길을 열어 주셨다.

「그들이 먹고 있을 때에, 예수께서 빵을 가지고 축복하신 후 떼어 제자들에게 주시며 말씀하시기를 "받아 먹으라, 이것은 나의 몸이니라." 고 하시고 또 잔을 가지고 감사를 드린 후에 그들에게 주시며 말씀하시기를 "이것을 모두 마시라. 이는 이것이 죄들을 사하심으로 인하여 많은 사람을 위해 흘리는 나의 새 언약의 피이기 때문이라. 내가 너희에게 말하노니, 이제부터 내가 너희와 함께 나의 아버지의 왕국에서 새 것으로 마시는 그 날까지 이 포도 열매에서 난 것을 마시지 아니하리라." 고 하시더라」(마 26:26-29).

위에서 주님께서는 새 언약(new testament)을 말씀하셨는데, 유언(testament)이란 효력이 발생하려면 유언한 사람(testator)

이 죽어야만 한다. 그러므로 주님의 새 언약은 십자가 사건 이후에야 효력이 발생하게 되는 것이다. 앞서 말한 대로, 언약의 대상은 두 그룹인데, 하나는 민족(nation)인 이스라엘이고, 다른 하나는 개인적인(personal) 교회의 등장이다.

「만일 그 첫 번째 언약이 흠이 없었더라면 두 번째 것이 요구될 여지가 없었으리라. 그들에게서 허물을 발견하고 그가 말씀하시기를 "보라, 그 날들이 오리라. 주가 말하노라. 내가 이스라엘 집과 유다 집과 더불어 새 언약을 맺으리라. 그것은 내가 그들의 조상의 손을 잡아 이집트 땅에서 인도하여 내던 날에 그들과 세운 언약과 같지 아니하니, 이는 그들이 내 언약 속에 머물러 있지 아니하므로 내가 그들을 돌아보지 아니하였음이라. 주가 말하노라」(히 8:7-9).

히브리서 8장에서는 이스라엘 백성과의 새 언약(new testament)이 나온다. 구약에서 맺은 첫 번째 언약은 이스라엘의 죄악으로 인해 파기되었고, 이제 주님께서 다시 언약을 하시는 것이다. 이 언약은 다른 누구도 아닌 이스라엘 집과 유다의 열두 지파와의 언약이다. 하지만 S단체 L교주는 이 언약은 자신의 것이라고 하며 교회에 열두 지파를 만들었다. 많은 사람들은 하나님의 백성으로서의 이스라엘은 끝났다고 한다. 예수님을 거절한 후 이스라엘은 완전히 끝났고 교회가 이스라엘을 대신한다는 것이다. 그들은 육신적인 이스라엘과 영적인 이스라엘을 구별하지 못하기에 잘못된 교리로 사람들을 오도하고 있다.

여기서의 새 언약은 육신적인 이스라엘이 회개하고 돌아옴으로써 회복된다는 약속이다.

「그 날들 이후에 내가 이스라엘 집과 세울 언약이 이것이라. 주가 말하노라. 내가 내 율법들을 그들의 생각에 두고 그들의 마음에 그것들을 기록하리라」(히 8:10a). 이 새 언약이 이루어질 때에는 주님의 율법들이 "그들의 생각에 두고 마음에 기록된다"는 말씀이다. 이것이 아직 이루어지지 않았음은 명백한 일이다. 이는 새 언약 때에 성취될 것이다. 이스라엘 백성에게 그와 같은 특별한 역사가 일어나는 것이다.

「나는 그들에게 하나님이 되고 그들은 내게 백성이 되리라」(8:10b).

주님께서는 이스라엘을 다시 회복시키신다. 구약의 이스라엘은 하나님의 백성이었는데, 하나님을 대적하고 불순종했기 때문에 하나님께서 버리셨다. 그러나 영원히 버리신 것은 아니다. 하나님께서는 아브라함, 다윗과 맺으신 영원한 언약이 있기 때문에 다시 회복시키시는 것이다.

「그들이 자기 이웃이나 형제에게 일일이 가르쳐 주를 알라고 하지 아니하리니, 이는 그들이 가장 작은 자로부터 가장 큰 자에 이르기까지 다 나를 알게 될 것이기 때문이라」(히 8:11).

천년 왕국에서는 나가서 주님을 전하고 구령할 필요도 없고, 성경 공부를 하지 않아도 된다. 그것이 이스라엘과 맺으신 새 언약이다. 이 구절을 S단체 L교주는 어떻게 설명하는지 들어보고 싶다. 그는 이 말씀을 교회에게 주신 것이라고 주장하는데, 그의 주장이 맞다면 이 말씀대로 지금 교회 시대에 주를 가르칠 필요가 없는데 자신은 왜 가르치고 있는 것인가? 자신의 행동이 모순이라는 것을 모르고 있다.

「내가 그들의 불의에 대하여 자비를 베풀며 그들의 죄들과 불법들을 다시는 기억하지 아니할 것이라.」고 하셨느니라」(히 8:12).

육신적인 이스라엘 백성에게 민족적으로 말씀하신 것이다. 오순절부터 사도행전 15장까지는 아직 은혜로 구원받는 복음이 명확하게 정립되지 않은 시기였다. 특히 사도행전 2장에서의 오순절 때에는 개개인에게 복음을 전한 것이 아니라 이스라엘에게 민족적으로 전한 것이다. 이러한 이유로 사도행전 2장을 인용해 복음을 전하면 혼들을 지옥으로 보내게 된다.

여기서 무엇이라고 말씀하는가? 「그가 말씀하시기를 "새 언약이라." 고 하셨으니, 그가 먼저 것은 옛 것이 되게 하신 것이라. 이제 낡아지고 오래된 것은 사라져 가느니라」(히 8:13). 이것이 새 언약이다.

사도행전 2장에서 제자들은 부활하신 예수님께서 승천하신 다음에 바로 재림하셔서 통치하시는 것으로 알았다. 주의 재림이 2천 년이나 미뤄진다는 것은 생각지 못한 것이다. 그래서 사도행전 2장에서 계속적으로 민족적인 왕국에 대해서 말하고 있는 것이다.

「그러므로 이스라엘의 온 집이 분명히 알 것은, 너희가 십자가에 못박은 이 예수를 하나님께서 주와 그리스도가 되게 하신 것이라."고 하더라. 그들이 이 말을 듣고 마음에 찔림을 받아 베드로와 다른 사도들에게 말하기를 "형제 여러분, 우리가 어찌하여야 하리이까?"라고 하니」(행 2:36,37).

여기서 "형제"란 이스라엘 백성, 즉 "이스라엘의 온 집"을 말하는 것이다. 아브라함의 언약, 모세의 언약, 다윗의 언약을 소유한 육신적인 이스라엘에 대해서 말하는 것이기 때문에 이런 구절들이 '개인적인 구원'을 말하는 것으로 가르쳐서는 결코 안된다.

「베드로가 그들에게 답변하기를 "회개하라, 그리고 죄들을 사함받은 것으로 인하여 너희 각자는 예수 그리스도의 이름으로 침례를 받으라. 그리하면 너희가 성령의 선물을 받으리라」(행 2:38).

오늘날 많은 교회들이 이 말씀으로 구원론을 가르치려 하는 것이 문제다. 그런 교회들은 '회개하고, 예수의 이름으로 침례를 받고, 성령의 선물을 받는다'는 식으로 공식을 만들어 결국 '행위 구원'을 가르치고 있다. 위 구절에서 베드로는 메시아를 죽인 이스라엘 백성들에게 회개하라고 하는 것이다. 구약 때에는 동물의 피로써 죄들을 사함받았었다. 그것을 주님께서 완전히 처리해 주시기 위해서 오셨으니, 회개하고 죄들을 사함받은 것으로 인하여 각자 예수 그리스도 이름으로 침례를 받으라는 것이다.

그러나 사도행전 2:38을 들어 침례, 세례를 받아야 성령을 받는다고 하면 문제가 된다. 이것이 교회사 최초의 이단 교리이다. 이 구절을 잘못 이해한 카톨릭 교회나 개신교에서 자신들의 교회에서 세례받지 않은 사람들을 죽였을 뿐 아니라 세례를 구원의 조건으로 믿게 해 무수한 혼들을 지옥으로 보내온 것이다. 그러나 사도행전 2,3장은 오늘날 우리에게 해당되는 말씀이 아니다.

사도행전 3:12에서 베드로는 「… 너희 이스라엘 사람들아…」(12절)라고 함으로써 이스라엘 민족을 대상으로 설교를 시작하고 있다. 13절에서도 「아브라함과 이삭과 야곱의 하나님, 즉 우리 조상의 하나님께서 …」(13절)라고 하는 데서 역시 대상은 이방인들이 아님을 알 수 있다. 그럼에도 오늘날 많은 목사들은 이 구절이 교회에 해당되는 것처럼 설교를 하고 있다.

「너희가 거룩하신 분이며 의로우신 분을 부인하고 도리어 살인자를 놓아주기를 구하였도다. 너희가 생명의 통치자를 죽였으나 하나님께서는 그를 죽은 자들로부터 살리셨으니 우리가 이 일에 증인들이라. 그의 이름을 믿음으로 인하여 그 이름이 너희가 보고 아는 이 사람을 강건케 하였느니라. 정녕, 그를 통하여 나온 믿음이 이 사람을 너희 모든 사람 앞에서 온전하게 치유한 것이라. 이제 형제들아, 너희가 너희 관원들이 그리한 것과 마찬가지로 무지하여 그렇게 행한 줄을 내가 아노라」(행 3:14-17).

베드로는 무지로 인해 그런 것이니 주님께서 한 번 더 기회를 주시는 것이라고 이스라엘에게 설교하지만, 그들은 받아들이지 않았고, 결국 복음은 이방인들에게 넘어오게 된다.

「그러나 하나님께서는 그의 모든 선지자들의 입을 통하여 그리스도가 고난을 받아야 하리라고 미리 선포하신 것들을 이와 같이 이루셨느니라. 그러므로 너희는 회개하고 돌이키라. 그러면 주의 임재하심으로부터 새롭게 되는 때가 올 때 너희 죄들이 지워지리라」(행 3:18-19).

여러분들의 죄들이 앞으로 새롭게 오는 때, 즉 재림 때에 지워지는가? 그렇지 않다. 이 메시지는 오늘날 구원의 교리와 완전히 다르다. 이것은 이스라엘 백성과 맺은 언약을 말씀하는 것이며, 이것이 마태복음에 나오는 "새 세대", 히브리서 8장의 "새 언약"이다. '예수님께서 재림하실 때 여러분들의 죄가 용서받습니다'라고 설교하는 것은 완전히 이단 교리를 가르치는 것이다.

「또 하나님께서 전에 너희에게 전파된 예수 그리스도를 보내시리라」(20절). 예수님의 재림에 대한 말씀이다. 이렇게 이스라엘 백성들과의 언약과 개인적으로 모든 민족에게 주신 언약을 구분할 수 있어야 한다. 구약에서 예언된 그 시기 즉 새 언약을 맺는 때는 주님이 재림하셔서 새롭게 되는 때이다. 예레미야 31장에는 새 언약에 대한 예언이 나온다.

「주가 말하노라. 보라, 그 날들이 오면 내가 이스라엘 집과 유다 집과 더불어 새 언약을 맺으리니」(렘 31:31). 이것은 히브리서 8장의 말씀과 정확하게 일치한다. 사도 바울은 히브리서 8장에서 구약 예레미야의 말씀을 인용하면서 옛 언약보다 더 나은 새 언약에 대해서 설명했다.

「주가 말하노라. 내가 이집트 땅에서 손으로 그들을 인도하였던 날에 그들의 조상들과 맺은 언약에 따른 것이 아니니, 비록 내가 그들에게 남편이었지만 그들이 나의 언약을 파기하였도다」(렘 31:32). 출애굽 때 맺은 첫 번째 언약은 파기되었다고 하신다.

「주가 말하노라. 그러나 이것이 내가 이스라엘 집과 더불어 맺을 언약이 되리니 그 날들 이후로 나는 내 법을 그들 속에 두며 그들의 마음속에 기록하여 나는 그들의 하나님이 되고 그들은 나의 백성이 되리라」(33절). 교회 시대가 지나고 대환란이 끝나면 주께서 재림하셔서 새 언약을 맺으신다는 말씀이다.

「그러면 그들은 각기 자기 이웃과 각기 자기 형제에게 말하기를 "주를 알라."고 더 이상 가르치지 아니하리니 이는 그들 모두가, 즉 그들 가운데 작은 자로부터 큰 자에 이르기까지 나를 알게 될 것이기 때문이요, 내가 그들의 죄악을 용서할 것이며 그들의 죄를 더 이상 기억하지 아니할 것임이라. 주가 말하노라」(34절). 히브리서 8장의 말씀과 같다.

그러나 새 언약은 이스라엘과 맺는 부분이 전부가 아니라 모든 사람과 맺는 개인적인 부분도 있다. 이것을 'Christian covenant'라고 할 수도 있다.

히브리서 10장의 내용은 8장과 거의 같지만 조금 다른 부분이 있다. 주님께서는 이스라엘 백성의 회복과 개인적인 죄 사함, 두 가지를 모두 말씀하신 것이다. 8장에서는 이스라엘 백성과의 새 언약과 죄 사함에 대해서 말씀하시고, 10장에서는 동일한 문장을 조금 바꾸어서 개인적인 죄 사함에 대해서 말씀하신다.

「그때에 말씀하시기를 "오 하나님이여, 보소서, 주의 뜻을 행하려고 내가 왔나이다." 하셨으니 첫 번째 것을 폐하심은 두 번째 것을 세우려 하심이라. 그 뜻에 따라 한번 예수 그리스도의 몸을 드리심으로 우리가 거룩하게 된 것이라」(히 10:9,10). "모든 사람" 즉 누구나 혜택을 받는 것이다.

「제사장마다 매일 서서 섬기며, 똑같은 제사를 자주 드리지만 이것으로써는 결코 죄들을 제거할 수 없으나 이분은 한 번의 속죄제를 영원히 드린 후 하나님의 오른편에 앉으셔서 그후로는 그의 원수들을 자기 발판으로 삼으실 때까지 기다리시느니라. 이는 그가 한 번의 제사로써 거룩하게 된 자들을 영원히 온전케 하셨기 때문이라. 그것에 관하여 성령께서도 우리에게 증거자가 되셨으니, 이는 그후에 그가 미리 말씀하시기를 "그 날들 이후로 내가 그들과 세울 언약이 이것이라. 주가 말하노라. 내가 나의 법들을 그들의 마음들 속에 두고 그들의 생각에 그 법들을 기록하리라」(히 10:11-16).

히브리서 8장과 10장의 말씀이 동일하면서도 조금 다른 데에는 이유가 있다. 히브리서 8장에서는 예레미야 31장과 마찬가지로 '이스라엘 집과 유다 집과 세울 언약'이라는 말씀이 나온다. 하지만 히브리서 10장에서는 그 부분이 빠져 있다. 성경을 기록하신 성령님께서 일부러 빼고 기록하신 것이다. 10장에서는 개인적인 것을 말씀하는 반면 예레미야 31장과 히브리서 8장에서는 이스라엘 민족에 대해 말씀하시기 때문이다.

주님의 십자가의 보혈 사건으로 인해서 두 그룹 모두 혜택을 받는다. 이스라엘 백성은 회복되어서 죄 사함을 받게 되었고, 이방인인 우리들은 유대인들과 더불어 십자가 사건 이후부터 예수님의 보혈을 믿으면 죄 사함을 받게 되었다.

「또 그들의 죄들과 불법들을 다시는 기억하지 아니하리라." 고 하셨음이라. 이제 이것들을 용서하신 곳에는 더 이상 속죄제가 없느니라. 그러므로 형제들아, 우리가 예수의 피로 인하여 담대하게 지성소에 들어가나니, 그가 우리를 위해 바치신 새롭고 살아 있는 길로 휘장, 곧 그의 육체를 통하여 들어가느니라. 또한 하나님의 집을 다스리는 대제사장이 계시니, 우리가 믿음의 온전한 확신 가운데서 진실한 마음으로 다가가자. 이는 우리의 마음은 피뿌림을 받아 악한 양심으로부터 깨끗해졌고 우리의 몸은 순수한 물로 씻겨졌기 때문이라」(히 10:17-22).

마태복음 26장에서는 예수님께서 제자들과 마지막 만찬에서 새 언약(new testament)을 언급하셨다(마 26:26-29). 이스라엘은 미래에 민족적인 죄 사함을 받고, 오늘날 교회 시대에는 예수 그리스도를 믿음으로써 구원을 받고 영생을 얻는 것이다. 주님께서는 십자가 사건 전에 미리 아심으로 인해 이에 대해 말씀하셨다.

「그가 자기 백성에게 오셨으나 자기 백성이 그를 영접하지 아니하더라. 그러나 누구든지 그를 영접한 사람들에게는 하나님의 아들들이 되는 권세를 주셨으니, 즉 그의 이름을 믿는 사람들에게니라. 그들은 혈로나 육신의 뜻으로나 또한 사람의 뜻으로 나지 아니하였고 하나님에게서 난 사람들이라」(요 1:11-13).

이스라엘 백성만이 아니라 "누구든지"라고 하셨다. 이스라엘 백성은 주님을 영접하지 않았지만, 이제 누구든지 믿는 사람은 개인적으로 구원받을 수 있게 되었다.

「하나님께서 세상을 이처럼 사랑하셔서 그의 독생자를 주셨으니, 이는 그를 믿는 사람은 누구든지 멸망하지 않고 영생을 얻게 하려 하심이니라」(요 3:16).

이스라엘 백성만 멸망당하지 않게 하시는 것이 아니라, 이 세상 모든 사람, 누구든지 믿는 사람에게는 영생을 주신다고 하셨다. 로마서, 갈라디아서 등 성경의 많은 곳에서 믿음만으로 받는 구원, 개인적인 구원에 대해서 말씀하신다.

「하나님께서 자기 아들을 세상에 보내신 것은 세상을 정죄하려 하심이 아니요, 그를 통하여 세상이 구원받게 하려 하심이라」(요 3:17).

하나님께서는 새 언약으로 인하여 이스라엘뿐만 아니라 "세상"을 구원하시려는 두 갈래의 계획을 갖고 계신다. 주님께서 복음서의 많은 부분에서 이스라엘 백성들을 주로 말씀하시지만 이방인에 대해서도 종종 언급을 하시는 이유가 그것이다.

이렇게 해서 완전한 숫자인 일곱, 하나님의 숫자인 일곱 가지 언약에 대해서 살펴보았다.

여덟째 – 영원한 언약

다음은 여덟 번째 언약인데 '여덟'은 새로운 시작을 의미하며, 이 언약은 영원한 세계에 대한 영원한 언약이다. 영원한 언약은 요한계시록 21,22장에 나오는데, 주님이 통치하시는 천년 왕국을 통과한 뒤 그 왕국은 끝나지 않고 그대로 영원 세계로 들어간다. 아브라함의 언약, 다윗의 보좌와 이스라엘 백성들과의 언약을 언급할 때 '영원한 언약'이라고 이름하는 이유는 천년 왕국이 바로 영원 세계로 이어지기 때문이다.

요한계시록 21장을 보면 이 영원한 세계는 땅에 대해서만 주어지는 언약이 아닌 것을 알 수 있다. 그 전까지는 주님께서 땅에 대해서만 약속을 주셨지만, 이 때에는 전 우주를 주님께서 통치하실 것이며 우주에도 사람들이 거주하게 된다. 현재 인간들은 우주선을 만들어서 사람들을 보낸다고 하지만, 모두 소용없는 일이다.

「또 내가 새 하늘과 새 땅을 보니」(계 21:1a). 우리는 이 때 우주로 가는 것이다. 「처음 하늘과 처음 땅은 사라지고, 바다도 더 이상 있지 아니하더라」(21:1b).

「나 요한은 거룩한 도성 새 예루살렘이 하나님께로부터 하늘에서 내려오는 것을 보았는데 마치 신부가 자기 남편을 위하여 단장한 것같이 예비되었더라」(계 21:2).

이 영원 세계에서 주님께서 영원토록 통치하실 것이다. 만일 여러분이 현재와 같은 썩을 몸을 입고 고통받으면서 영원히 산다고 생각하면 얼마나 끔찍하겠는가? 그러나 주님께서는 마태복음 22장에서 우리가 부활한 몸을 입는다고 말씀하신다.

「부활 때에는 그들은 장가도 시집도 가지 아니하고 하늘에 있는 하나님의 천사들과 같으니라. 그러나 죽은 자들의 부활에 관하여 하나님께서 너희에게 말씀하신 것을 읽어 보지 못하였느냐? 말씀하시기를」(마 22:30,31).

그때에 우리는 영광된 몸, 예수 그리스도와 똑같은 몸으로 변하게 된다. 예수 그리스도께서는 부활하신 후에 변화된 몸을 입고 제자들에게 나타나셨다. 영원 세계에서 우리도 영원토록 완벽하고 영광된 몸, 죄 없는 몸을 입고, 영원히 주님과 함께할 것이다. 그리하여 아담에게 최초로 맡겨졌던 임무가 회복되고 모든 것은 새롭게 시작하게 된다. 인간은 번성하여 온 우주를 채우게 되고, 우리는 주님과 함께 통치할 것이다. 이 때 실질적으로 육신을 입고 계속 후손을 낳으면서 사는 사람들도 있을텐데, 그들은 천년 왕국을 통과해서 영원 세계에 들어가는 사람들이다. 반면 영광된 몸을 입은 우리는 천사와 같이 된다.

「하늘에 기록된 첫째로 난 자의 총회와 교회, 모든 것의 심판자이신 하나님과, 온전하게 된 의인들의 영들과, 새 언약의 중보자이신 예수와」(히 12:23,24a). 여기서 '온전하게 된 의인들의 영들'에 주목해 보면 이들이 누구인지 알 수 있다. 예수님과 같은 영광된 몸을 입은 우리가 완벽한 존재들이 되는 것이다. 이것이 영원한 언약, 즉 여덟 번째 언약이라 할 수 있다. 일곱 가지 언약은 주님께서 인간과 이 땅에서 맺은 언약이고, 여덟 번째 언약은 영원 세계라고 이해하면 된다.

언약에 대해서는 이것으로 마치고, 다음 과부터는 시대에 대해서 살펴볼 것이다. 앞서 말했듯이 하나님의 경륜과 시대는 동일한 것이 아니다. 많은 사람들은 '경륜'을 '시대'라고 하면서 하나님의 경륜을 '세대적 진리'라고 하지만, 하나님의 경륜이 시대에 따라 바뀌는 것이지 경륜 자체가 시대는 아니다. 언약들에 대해 알게 되면, 하나님의 경륜을 총괄적으로 볼 수 있기 때문에 여덟 가지 언약들을 통해서 하나님께서 어떻게 인간을 다루시는지를 먼저 살펴 보았다. 다음 과에서는 이 언약들로 인해서 하나님의 계획이 시대에 따라 바뀌는 것을 공부할 것이다.

시대들

시대에 따른 구원 방법

6
시대에 따른 구원 방법

앞에서 설명했듯이 하나님의 경륜이란 하나님께서 인간을 다루시는 방법이며, 그 방법은 시대에 따라 달라진다. 지금까지 언약을 공부하면서 하나님의 계획을 전체적으로 살펴보았는데, 이제는 보다 세부적으로 시대에 따라 변하는 하나님의 계획을 알아보려고 한다.

무죄 시대

첫 번째 시대는 무죄 시대이다. 아담의 창조부터 시작해서 타락으로 에덴에서 쫓겨나기 전까지가 이에 속한다. 시대별로 하나님의 특정한 성품을 볼 수 있는데, 무죄의 시대에 드러난 하나님의 성품은 '선하심'이다.

하나님께서 인간을 처음 창조하셨을 때 그들은 죄의식 없이 살았다. 어린아이처럼 벌거벗은 상태로 죄 없이 살다가 하나님의 명령을 어기고 선과 악의 지식의 나무의 열매를 먹음으로써 자의식(self-awareness)이 생기게 되었다.

「하나님께서 그들에게 복을 주시고 하나님께서 그들에게 말씀하시기를 "다산하고 번성하며 땅을 다시 채우고 그것을 정복하라. 그리고 바다의 고기와 공중의 새와 땅 위에서 움직이는 모든 생물을 다스리라." 하시니라. 하나님께서 말씀하시기를 "보라, 내가 온 지면 위에 씨 맺는 모든 채소와 씨를 내는 나무의 열매가 있는 모든 나무를 너희에게 주었노니, 그것이 너희에게 먹을 것이 되리라」(창 1:28,29).

무죄의 시대가 전개되고, 하나님께서는 인간에게 명령을 주신다.

「주 하나님께서 그 사람을 데려다가 에덴의 동산에 두시고 그것을 관리하고 지키게 하시더라. 주 하나님께서 그 사람에게 명령하여 말씀하시기를 "동산의 모든 나무에서 나는 것을 네가 마음대로 먹을 수 있으나 선과 악의 지식의 나무에서 나는 것은 먹지 말라. 네가 거기서 나는 것을 먹는 날에는 반드시 죽으리라." 하시니라」(창 2:15-17).

하나님께서 인간에게 지키라고 주신 명령은 단 하나, 선과 악의 지식의 나무에서 나는 열매를 먹지 말라는 것이었지만, 인간은 그 하나조차 지키지 못했다. 인간은 '우리에게 더 좋은 환경이 있었다면 죄를 짓지 않았을 것'이라며 환경 탓을 하지만 그것은 변명에 불과하다. 성경을 통해 무죄의 시대라는 완벽한 환경 속에서도 인간은 죄를 짓는다는 것을 알 수 있다. 죄 지은 인간은 결국 하나님의 심판인 저주를 받게 된다.

「주 하나님께서 그 뱀에게 말씀하시기를 "네가 이것을 행하였으니, 너는 모든 가축과 들의 모든 짐승보다 저주를 받아 네 배로 다닐 것이며 네 평생토록 흙을 먹을지니라. 내가 너와 여자 사이에, 또 네 씨와 그녀의 씨 사이에 적의를 두리니, 그녀의 씨는 너의 머리를 부술 것이요, 너는 그의 발꿈치를 부술 것이라." 하시고」(창 3:14,15).

이것은 메시아에 대한 예언이다. 하나님께서는 여자를 미혹한 뱀에게 저주를 내리시고, 그 다음에 여자, 남자, 그리고 모든 피조물에 대한 저주를 하신다. 결국 무죄의 시대는 이렇게 끝나고 만다. 에덴의 언약이라고도 불리는 이 무죄의 시대는 앞에서도 공부했듯이 실질적으로 현재에도 어린아이들에게 적용된다. 출애굽 때에도 선과 악의 지식이 없는 아이들은 죄 지은 부모들과 함께 광야에서 죽지 않고 약속의 땅에 들어갔다. 이와 마찬가지로, 아담의 타락으로 죄가 들어왔지만, 어린아이들은 선과 악의 지식이 형성되지 않은 상태에서 죽으면 지옥에 가지 않는다. 이렇듯 하나님의 경륜을 시대별로 나누는 데 있어서 시대가 바뀌면서 그 시대에서 끝나지 않고 이후의 시대로 이어지는 부분들이 있다.

양심 시대

무죄 시대 다음에는 바로 양심 시대로 이어진다. 선과 악의 지식의 나무의 열매를 먹음으로써 인간은 선과 악을 구별할 수 있게 되었다. 이 시대는 아담의 타락에서 시작해서 노아의 홍수까지, 약 1650-1656년 동안 지속되었다. 양심 시대의 시작은 창세기 3장이다.

「그러므로 주 하나님께서 에덴의 동산에서 그를 내어 보내어 그가 취함을 입은 그 땅을 갈게 하시니라. 그리하여 하나님께서 그 사람을 쫓아내시고 에덴의 동산 동편에 그룹들과 두루 도는 불타는 칼을 놓아 생명 나무의 길을 지키게 하시니라」(창 3:23,24).

이때부터 양심 시대가 시작된다.

「아담이 자기 아내 이브를 알았더니 그녀가 임신하여 카인을 낳고 말하기를 "내가 주로부터 남자를 얻었다." 하니라」(창 4:1).

역시 여기서도 우리가 공부했던 아담의 언약이 나온다. 이 시대에 드러난 주님의 성품은 '오래 참으심'이다. 한편 이 시대에 인간에게 주어진 책임은 창세기 4:7에 나온다.

「네가 바르게 행하면 받아들여지지 않겠느냐? 네가 바르게 행하지 아니하면 죄가 문 앞에 엎드리느니라. 죄의 욕망이 네게 있으니, 너는 죄를 다스릴지니라." 하시니라」(창 4:7).

인간이 양심에 따라 선과 악을 구별하게 되었으므로 이제 인간은 양심으로 죄를 다스려야 한다. 그러나 인간은 죄를 다스리지 못하고 엄청난 타락에 빠진다.

「하나님께서 사람의 사악함이 세상에 창대해짐과 그 마음의 생각의 모든 상상이 계속해서 악할 뿐임을 보시고 주께서 땅 위에 사람을 지으셨음을 후회하셨으니, 그 일이 그의 마음을 비통케 하였더라. 주께서 말씀하시기를 "내가 창조한 사람을 지면에서 멸망시키리니, 사람과 짐승과 기는 것과 공중의 새들 모두라. 이는 내가 그들을 지었음을 후회함이라." 하시니라」(창 6:5-7).

양심 시대가 열린 뒤 인간은 또다시 타락함으로써 하나님의 심판을 받게 되는데, 그것이 노아의 홍수이다.

「땅에 홍수가 사십 일 동안 있은지라. 물이 불어나서 방주를 띄우니 방주가 땅 위로 들리더라. 물이 널리 퍼져 땅 위에 크게 불어나니 방주가 수면을 떠다니더라. 물이 땅 위에 심히 널리 퍼지니 온 하늘 아래 모든 높은 산들이 잠기더라. … 지면에 있는 모든 생물이 멸망하였으니, 곧 사람과 가축과 기어다니는 것들과 하늘의 새들이라. 이들은 땅에서 멸절되었으나, 오직 노아와 그와 함께 방주에 있던 자들만이 살아남았더라」(창 7:17-19,23).

양심 시대에도 인간은 극심한 타락으로 심판을 받았다. 이처럼 인간은 양심을 가졌어도, 즉 선과 악을 구별할 수 있어도 죄를 다스릴 수 없다. 이 양심 시대의 양심은 현재에도 유효하다. 구약 시대에 이스라엘 백성들에게는 율법을 주셨지만 이방인들은 율법 없이 양심에 의해서 판단을 받는다. 양심 시대는 '아담의 언약' 때와 동일하다.

인간정부 시대

대홍수의 심판이 끝나고 '노아의 언약'과 일치하는 인간정부 시대가 시작된다.

「노아가 주께 제단을 쌓고 모든 정결한 짐승과 모든 정결한 새 가운데서 취하여 제단에 번제를 드리더라. 주께서 그 향기를 맡으시고 주께서 그 마음속으로 말씀하시기를 "내가 다시는 사람으로 인하여 땅을 저주하지 않으리니, 이는 사람의 마음의 상상이 어려서부터 악함이라. 내가 다시는 내가 행한 것과 같이, 살아 있는 모든 것을 죽이지는 아니하리라. 땅이 있는 동안에는 씨 뿌리는 시기와 추수하는 시기와 추위와 더위와 여름과 겨울과 낮과 밤이 그치지 아니하리라." 하시더라」(창 8:20-22).

노아의 가족을 통해서 인간이 번성하고 정부를 구성할 수 있게 되었으나, 사람들은 하나님을 대적하는 국가를 세우게 된다. 이것은 지금까지 계속되어온 일이다. 하나님을 섬기는 대신 하나님을 대적하는 민족들이 된 것이다. 인간정부 시대는 노아의 언약과 마찬가지로 아브라함 때까지이며, 이 기간은 428년 간 지속되었다. 이후로도 인간정부 시대는 계속되지만, 아브라함이 등장할 때까지의 기간이 428년이다.

「하나님께서 노아와 그의 아들들에게 복을 주시며 그들에게 말씀하시기를 "다산하고 번성하여 땅을 다시 채우라」(창 9:1). 여기서 인간정부 시대를 시작하시는 하나님께서는 아담에게 주신 것과 동일한 명령을 노아에게 주신다.

「너희를 두려워함과 너희를 무서워함이 땅의 모든 짐승들과 공중의 모든 새들과 땅 위에서 움직이는 모든 것들과 바다의 모든 고기들에게 미치리니, 그들이 너희 손에 넘겨졌음이라. 살아서 움직이는 모든 것은 너희에게 먹을 것이 되리라. 내가 모든 것을 푸른 채소같이 너희에게 주었느니라. 그러나 고기를 그 생명과 더불어, 즉 그 피째 먹지 말지니라」(창 9:2-4). 여기서의 말씀은 인간이 지켜야 할 책임이다.

「내가 반드시 너희 생명의 피를 찾으리니, 모든 짐승의 손과 사람의 손에서도 내가 그것을 찾을 것이며, 모든 사람의 형제의 손에서도 내가 그 사람의 생명을 찾으리라」(창 9:5). 즉 사형제도를 말씀하는 것이다.

「사람의 피를 흘리는 사람은 사람에 의해서 자기의 피도 흘려지게 되리니, 이는 주께서 하나님의 형상대로 사람을 지으셨음이라」(창 9:6).

여기서 드러난 주님의 성품은 '공정하심, 정당하심'이다. 한편 인간은 다시 한번 바벨탑 사건으로 하나님을 대적한다. 창세기 11장에서 노아의 후손들은 하나님의 뜻대로 온 세상에 흩어지는 대신 함께 모여 하나님을 대적하는 죄를 범한다. 이것은 인간정부의 실패이다.

「온 땅에 하나의 언어와 하나의 말만 있더라. 그들이 동쪽으로부터 이동하여 시날 땅에서 평원을 만나니 거기에서 거하였더라. 그들이 서로 말하기를 "가서 벽돌을 만들어 단단하게 굽자." 하고 그들은 벽돌로 돌을 대신하고 역청으로 회반죽을 대신하였으며, 또 그들이 말하기를 "가서 우리를 위하여 성읍과 탑을 세우되 탑 꼭대기가 하늘에 닿도록 하여 우리의 이름을 내자. 그리하여 우리가 온 지면에 멀리 흩어지지 않게 하자." 하더라」(창 11:1-4).

하나님께서는 자신을 대적하려는 인간들의 언어를 혼동시킴으로써 심판하신다.

「주께서는 사람의 자손들이 세우는 성읍과 탑을 보시려고 내려오셨더라. 주께서 말씀하시기를 "보라, 백성이 하나요 그들 모두가 한 언어를 가졌기에 이런 일을 시작하였으니, 이제는 그들이 하기로 구상한 일은 아무것도 막을 수 없을 것이라. 가자, 우리가 내려가서 거기에서 그들의 언어를 혼란시켜 그들이 서로의 말을 알아듣지 못하게 하자." 하시고 주께서 그들을 그곳에서 온 지면에 다 멀리 흩으시니, 그들이 성읍을 짓는 것을 그쳤더라. 그러므로 그것의 이름을 바벨이라 불렀으니, 이는 주께서 거기에서 온 땅의 언어를 혼란케 하셨음이라. 주께서는 거기서부터 그들을 온 지면에 멀리 흩으셨더라」(창 11:5-9).

이렇게 노아의 자손들로부터 태어난 후손들이 바벨탑 사건을 통한 하나님의 간섭으로 전 세계에 퍼지게 되었다. 우리 대한민국도 그렇게 이동한 후손들을 통해 이렇게 세워지게 된 것이다. 세계 각 나라가 세워진 그 뿌리는 노아의 자손들이다.

족장 시대

인간은 또다시 우상숭배로 돌아갔고, 이후 아브라함을 통해 족장시대가 열렸다. 족장 시대는 또한 약속 시대라고도 할 수 있다.

「주께서 아브람에게 말씀하셨는데 "너는 네 고향과 네 친족과 네 아비의 집을 떠나 내가 네게 보여 줄 땅으로 가라. 내가 너로 큰 민족을 이루게 할 것이며 네게 복을 주고 네 이름을 위대하게 하리니, 너는 복이 되리라」(창 12:1,2).

'아브라함의 언약'이라고 하는 이 시대는 창세기 12:1에서 아브라함을 부르심에서 시작해서 모세의 시내산까지 이어진다. 주님께서 아브라함에게 주신 약속 역시 후대에까지 지속된다. 이때에 드러난 주님의 성품은 '신실하심'이며, 주님의 신실하신 약속으로 인해 이 시대가 시작되었다. 이 시대에 인간에게 주어진 책임은 하나님의 말씀대로 약속된 땅으로 가는 것이었다. 그러나 기근이나 여러 가지 상황 속에서 아브라함의 자손들은 이집트로 들어가게 되며, 결국 그곳에서 노예생활을 하게 된다. 이것은 하나님의 명령을 듣지 않음으로 인한 심판이다. 심판 후에도 하나님께서는 계속해서 기회를 주시는데, 하나님의 시대들은 주님의 언약들과 맞물려 가지만 완전히 일치하지는 않는다.

「그리하여 그들이 이스라엘 백성들을 관장할 공사 감독자들을 세우고, 그들에게 짐을 지워 그들을 괴롭히니라. 그들은 파라오를 위하여 국고 성읍들로 피돔과 라암셋을 건축하더라. 그러나 그들이 이스라엘 백성들을 괴롭힐수록 그들은 더욱더 번성하고 늘어나니, 그들이 이스라엘 자손들로 인하여 괴로워하더라. 이집트인들이 이스라엘 자손들로 엄격하게 섬기게 하여 그들의 생활을 고된 노예 생활, 즉 흙 이기는 일과 벽돌 만드는 일과 들에서 섬기는 모든 일에서 더욱 힘들게 하더라. 그들이 이스라엘 백성들로 섬기도록 하는 모든 일이 엄격하더라」(출 1:11-14).

「그러므로 하나님께서 그 산파들을 선히 대하셨으며, 백성들은 번성하고 매우 강성해지더라. 산파들이 하나님을 두려워하였으므로 그분께서 그들의 집안을 융성케 하셨더라. 그러나 파라오는 그의 모든 백성에게 명하여 말하기를 "태어난 아들은 다 강에다 버리고 딸은 다 살려 주라." 하더라」(1:20-22).

노예생활의 고통 속에서 이스라엘 백성은 하나님께 부르짖게 되고, 하나님께서는 출애굽을 시키신다. 출애굽을 통해 이스라엘 민족이 탄생하고, 율법 시대가 열린다.

율법 시대

율법 시대는 모세로부터 시작해서 예수님의 탄생(엄밀히 말하면 십자가 사건)까지이다. 이 시대는 1524년간 지속된다. 하나님께서는 이스라엘에게 십계명을 주시는데, 이 율법을 지키는 것이 이스라엘 백성의 책임이며, 율법이 없는 이방인들은 지속적으로 양심에 의해서 판단받는다.

「하나님께서 이 모든 말씀을 일러 말씀하시기를 "나는 이집트 땅, 종의 집에서 너를 데리고 나온 주 너의 하나님이라. 너는 내 앞에 다른 어떤 신들도 있게 하지 말지니라. 너는 어떤 새긴 형상도 네게 만들지 말고 또한 위로 하늘에 있는 것이나 아래로 땅에 있는 것이나 땅 아래 물에 있는 것의 어떤 모습이든지 만들지 말며 너는 그것들에게 절하지 말고 그것들을 섬기지 말지니라. 이는 나 주 너의 하나님은 질투하는 하나님임이니, 나를 미워하는 자들의 삼사 대까지, 그 조상들의 죄악을 그 자손들에게 미치게 하고 나를 사랑하고 나의 계명들을 지키는 자들에게는 수천 대까지 자비를 베푸느니라」(출 20:1-6).

율법 시대에 드러난 하나님의 성품은 '거룩하심'이다. 이 율법 시대에 모세의 언약과 팔레스타인 언약, 다윗의 언약이 세워진다. 율법 시대는 이스라엘이 메시아를 거절함으로써 일시적으로 중단

되지만, 교회 시대가 끝난 뒤 다시 도래한다.

율법 시대는 실질적인 신정국가에서의 신정통치이다. 율법을 지켜야 이스라엘 백성은 살 수 있는 것이지만, 그들은 메시아를 거절하고 십자가 사건으로 인해 일시적으로 패망한다. 메시아를 십자가에 못 박고 복음을 거절한 대가로 A.D. 70년에 예루살렘이 완전히 파괴되고 이스라엘은 전세계에 뿔뿔이 흩어져 비참한 생활을 하게 된다.

마태복음에서 십자가 사건이 있기 전 주님께서는 새 언약에 대해 말씀하신다.

「이는 이것이 죄들을 사하심으로 인하여 많은 사람을 위해 흘리는 나의 새 언약의 피이기 때문이라」(마 26:28).

이 새 언약에 대해서는 앞에서 살펴보았다. 새 언약은 두 갈래, 즉 민족적으로는 이스라엘 백성에 대한 부분과 개인적으로는 모든 개인이 예수 그리스도를 믿음으로써 구원을 받는 교회 시대의 언약으로 이루어진다.

「내가 너희에게 말하노니, 이제부터 내가 너희와 함께 내 아버지의 왕국에서 새 것으로 마시는 그 날까지 이 포도 열매에서 난 것을 마시지 아니하리라."고 하시더라」(마 26:29).

은혜 시대

율법 시대가 끝난 뒤 교회 시대, 즉 은혜 시대가 열린다. 주님께서 십자가에서 죽으심으로써 은혜 시대가 시작되는데, 여기서 드러난 주님의 성품은 '은혜로우심'이며, 인간의 책임은 사도행전 15

장이 말씀하는 믿음이다.

「우리와 그들 사이에 어떤 차이도 두지 아니하셨으니 믿음으로 그들의 마음을 정결케 하셨느니라. 그런데 이제 너희가 어찌하여 하나님을 시험하여 우리의 조상이나 우리도 감당할 수 없었던 멍에를 제자들의 목에 걸려고 하느냐? 우리는 주 예수 그리스도의 은혜로 구원받는 것을 믿으며 그들도 마찬가지니라." 고 하더라」 (행 15:9-11).

즉 이제는 유대인과 이방인이 모두 주 예수 그리스도의 은혜로 구원받는다는 말씀이다. 이것이 은혜 시대이며, 이 시대는 십자가부터 시작되어 교회의 휴거로 끝난다.

「우리가 주의 말씀으로 너희에게 이것을 말하노니 주께서 오실 때까지 살아남아 있는 우리가 잠들어 있는 자들보다 결코 앞서지 못하리라. 주께서 호령과 천사장의 음성과 하나님의 나팔 소리와 함께 하늘로부터 친히 내려오시리니 그러면 그리스도 안에서 죽은 자들이 먼저 일어나고 그리고 나서 살아남아 있는 우리도 공중에서 주와 만나기 위하여 그들과 함께 구름 속으로 끌려 올라가리니, 그리하여 우리가 영원히 주와 함께 있으리라. 그러므로 이러한 말로 서로 위로하라」(살전 4:15-18).

대환란

은혜 시대는 교회의 휴거와 함께 끝이 나며, 그 후에는 하나님의 심판이 있다. 대환란 동안에는 하나님께서 말씀하신 진리를 거절하여 땅에 남아 있는 이방인들과 이스라엘 백성이 심판을 받는다.

많은 신학자들은 율법 시대, 교회 시대, 왕국 시대로 나누는데, 교회 시대와 왕국 시대 사이에 대환란이라는 심판이 있다. 대환란은 하나님의 심판으로, 예레미야 30장에서 이 기간을 "야곱의 고난의 때"라고 일컫는다.

「슬프도다! 그 날이 크므로 어떤 때도 그와 같지 않나니 그 날은 야곱의 고난의 때라. 그러나 그는 그 고난에서 구원을 받으리라. 만군의 주가 말하노라. 그 날에 내가 네 목에서 그의 멍에를 꺾고 네 결박을 끊으리니 타국인이 다시는 그로 하여금 그들을 섬기게 하지 아니할 것이며 오히려 그들로 주 그들의 하나님과 내가 그들에게 일으킨 그들의 왕 다윗을 섬기게 하리라」(렘 30:7-9).

위 구절은 야곱의 고난 기간 후에 왕국 시대가 도래한다는 것을 예언한 말씀이다. 이 대환란 시대는 실질적으로 하나님께서 공의로 심판하시는 것이다. 교회의 휴거 후 7년 동안 펼쳐질 대환란의 끝에는 주님의 지상 재림이 있다. 재림하신 주님께서 민족들을 심판하신 뒤에 일곱 번째 시대인 천년 왕국이 시작된다(계 20장).

첫째 무죄 시대, 둘째 양심 시대, 셋째 인간정부 시대, 넷째 족장 시대(또는 약속 시대), 다섯째 율법 시대, 여섯째 은혜 시대(또는 교회 시대), 그 후 대환란, 그리고 일곱째 왕국 시대로 이어진다.

왕국 시대

「또 내가 보좌들을 보니, 그들이 그 위에 앉았는데 심판이 그들에게 주어졌더라. 또 예수에 대한 증거와 하나님의 말씀으로 인하여 목베임을 당한 사람들의 혼들도 보았는데, 그들은 그 짐승에게

나 그 형상에게 경배하지 아니하였을 뿐만 아니라 그의 표를 그들의 이마 위에나 손에도 받지 아니하였더라. 그러므로 그들은 살아서 그리스도와 함께 천 년을 통치하더라. 그러나 죽은 자들 가운데서 그 나머지는 천 년이 끝날 때까지 다시 살지 못하리라. 이것이 첫 번째 부활이라. 첫 번째 부활에 참여하는 자는 복되고 거룩하도다. 둘째 사망이 그들을 다스리는 권세가 없고, 오히려 그들이 하나님과 그리스도의 제사장들이 되어 천 년 동안 그와 함께 통치하리라」(계 20:4-6).

이 시대에 드러나는 주님의 성품은 '의로우심'이다. 주님께서 의로 천 년 동안 통치하시는 이 때는 전적으로 행위에 의해 구원을 받으며 인간의 책임은 의로운 행위이다. 주님께서는 예루살렘에서 실질적으로 통치하시고 주님과 같은 몸을 입은 수많은 사람들이 주님과 함께 통치하게 된다. 이때 다스림을 받는 인간들은 마태복음 5,6,7장에서 말씀하신 산상 설교의 왕국 법령을 지켜 행해야 한다. 천년 왕국 시대에는 100퍼센트 행위에 의해 구원받는다. 그러나 그 끝에 또다시 배교가 일어나고, 주님의 심판이 뒤를 잇는다.

「그 천 년이 끝나면 사탄이 그의 감옥에서 풀려나, 땅의 사방에 있는 민족들, 곧 곡과 마곡을 미혹하려고 나가서 그들을 함께 모아 전쟁을 일으키니 그 수가 바다의 모래 같으리라. 그들이 땅의 넓은 데로 올라가서 성도들의 진영과 사랑하시는 도성을 포위하니, 하늘에서 불이 하나님께로부터 내려와 그들을 삼켜 버리더라」(계 20:7-9).

주님께서 직접 통치하시는데도 천 년 끝에 사탄이 잠시 풀려나

왔을 때 그를 따르는 자들이 있다. 이처럼 인간은 그 어떤 시대에서도 하나님을 대적하는 마음이 있는 것이다. 현재 우리가 믿음만으로 구원받은 것이 얼마나 큰 축복인지를 알아야 한다. 믿음에 의한 구원은 영원한 생명이 보장되는 것이고, 그 생명이 우리의 행함과 전혀 상관이 없는 것이다. 이 은혜 시대에 우리가 살고 있다는 것은 얼마나 큰 은혜인가.

주님께서 자신의 모든 성품을 보여주어도 인간은 지속적으로 하나님을 대적해 왔다. 큰 백보좌 심판에 서는 구원받지 못한 인간들은 심판하시는 하나님 앞에서 아무 변명도 할 수 없다. 그때 죄인들은 "우리가 하나님, 예수님을 직접 뵈었으면 죄짓지 않았을 것입니다"라고 변명할지 모르나, 주님께서 이 땅에 오셨을 때 그들은 주님을 거절했다. "우리가 율법이 있었으면 죄짓지 않았을 것입니다"라고 변명할지 모르나, 율법 시대의 사람들은 율법을 어기고 죄를 지었다. "무죄 시대에 살았다면 우리는 죄짓지 않았을 것입니다"라고 변명한다 할지라도 역시 통하지 않는다. 이 모든 시대를 통한 인간의 그 어떤 변명도 하나님께 통하지 않을 것이다.

하나님의 경륜을 공부하면서 하나님께서 인간을 통치하는 것에 대해 얼마나 세심하게 말씀을 주셨는지 잘 알 수 있다. 하지만 하나님 말씀에 무지한 사람들은 하나님을 계속 대적하고 있으며, 하나님의 경륜을 거절하는 한국 교회에는 진리가 들어설 자리가 없다. 교회는 많지만 하나님의 진리의 말씀을 제대로 나누지 않아 대부분 오히려 혼들을 지옥으로 보내고 있다. 전파되는 말씀을 고의적으로 거부하는 그들은 변명할 것이 없다.

「또 내가 큰 백보좌와 그 위에 앉으신 분을 보니, 그의 면전에서 땅과 하늘이 사라졌고 그들의 설 자리도 보이지 않더라. 또 내가 죽은 자들을 보니, 작은 자나 큰 자나 하나님 앞에 서 있는데, 책들이 펴져 있으며 또 다른 책도 펴져 있는데 그것은 생명의 책이라. 죽은 자들은 자기들의 행위에 따라 그 책들에 기록된 대로 심판을 받더라. 바다도 그 안에 있던 죽은 자들을 넘겨주고 또 사망과 지옥도 그들 안에 있던 죽은 자들을 넘겨주니 그들이 각자 자기들의 행위에 따라 심판을 받으며 사망과 지옥도 불못에 던져지니 이것이 둘째 사망이라. 누구든지 생명의 책에 기록되지 않은 자는 불못에 던져지더라」(계 20:11-15).

주님께서는 모든 시대에 걸쳐 주님의 모든 자비하심으로, 선하심으로 이끌어 주시며 기회를 주셨지만, 인간들은 지속적으로 죄를 짓고 불순종하며 대적하고, 결국 큰 백보좌 심판대 앞에 서게 되는 것이다.

영원 시대

천년 왕국이 끝나고 백보좌 심판 후에 영원 시대가 도래한다.

「또 내가 새 하늘과 새 땅을 보니, 처음 하늘과 처음 땅은 사라지고, 바다도 더 이상 있지 아니하더라. 나 요한은 거룩한 도성 새 예루살렘이 하나님께로부터 하늘에서 내려오는 것을 보았는데 마치 신부가 자기 남편을 위하여 단장한 것같이 예비되었더라」(계 21:1,2).

마지막 때에 영원한 시대가 열리고 하나님의 종들이 통치하는 시대가 올 것이다.

「거기에는 밤이 없겠고 그들에게는 촛불도 햇빛도 필요하지 아니하리니 이는 주 하나님께서 그들을 비추시기 때문이라. 그들이 영원무궁토록 통치하리라」(계 22:5).

이처럼 주님께서는 각 시대에 맞는 말씀과 진리를 주시며, 이를 받아들인 사람들을 자신의 백성으로 삼고 그들에게 통치권을 주신다.

구원들

- 무죄시대, 양심시대
- 인간정부시대, 족장시대
- 율법시대
- 전환기 : 사복음서
- 전환기 : 예수님 탄생 → 십자가 사건
- 전환기 : 십자가 사건 → 바울계시, 은혜복음
- 교회시대
- 교회시대
- 전환기 : 대환란 → 천년왕국 → 영원시대

7
무죄시대, 양심시대

　인간에게 가장 중요한 것은 구원이다. 지금까지 하나님의 경륜, 하나님께서 주신 언약들을 통해 하나님께서 총체적으로 어떻게 일하시는지에 대해서 알아보았다. 이번에는 하나님께서 인간에게 계시하신 구원들이 시대별로 다르다는 것을 살펴보려 한다.

　바이블 빌리버들 외에는 거의 모두가 '구원받는 방법은 시대와 상관없이 모두 같다'고 가르친다. 한쪽에서는 시대를 막론하고 믿음과 행위가 모두 있어야 구원받는다고 가르치는 무리가 있는가 하면, 또 한쪽에서는 어느 시대에서든 오직 믿음만으로 구원받는다고 가르치는 무리가 있다. 그러나 성경에 의하면 양쪽 모두 틀렸다.

　성경을 창세기부터 요한계시록까지 나누어 보면(딤후 2:15) 어떤 시대에는 믿음과 행위가 있어야 구원받고, 어떤 시대에는 믿음만으로, 또 어떤 시대에는 행위로만 구원받는 것을 알 수 있다.

신약 시대, 즉 교회 시대에는 믿음으로 구원받는다는 진영도 세 부류로 나뉠 수 있다. 첫 번째 부류는 모든 개신교들 그리고 일부 침례교회에서도 가르치는 것으로, 구약에 살았던 사람들은 '오실' 예수님을 믿어 구원받고, 십자가 이후에 살았던 사람들은 '오신' 예수님을 믿어 구원 받는다고 가르치는 것이다. 이것은 명백한 오류이다.

하나님의 경륜은 성경을 올바로 공부하면 쉽게 알 수 있고, 하나님께서 인간을 다루시는 방법이 시대별로 다르다는 것을 알 수 있다. 그러나 구원의 방법까지 달라진다는 것을 정확히 다루는 사람들이 없었다. 스코필드도 율법과 은혜에 대해서는 정확하게 나누어서 이야기하지만 구원론에 관해서는 구약과 신약이 다르다는 것을 정확하게 구분하지 못했다. 클라렌스 라킨도 마찬가지였다. 이 구원론에 대해 성경을 나누어 정확하게 가르친 사람은 닥터 럭크만이다.

초대 교회 시대부터 하나님의 경륜이 시대마다 달라진다고 가르치는 사람들은 있었다. 구약과 신약을 나누는 것은 성경을 조금만 공부해도 알 수 있기 때문이다. 그러나 무죄 시대, 양심 시대, 약속 시대를 구분할지라도 거기서 멈추었고, 그 시대마다 하나님께서 인간을 구원해 주시는 방법이 다르다는 것을 확고히 정립하지는 못했다. 스코필드나 라킨은 이것을 어느 정도 알고 그렇게 주해한 부분들도 있지만, 이를 명확하게 설명하지 못한 이유는 압박이 너무나 심했기 때문이다. 구약은 오실 예수님을 믿고, 신약은 오신 예수님을 믿었다는 오랜 통념을 완전히 깨야 하는 것이었고,

그렇게 하면 이단 취급을 받을 수 있었다.

이 부분에 대해 닥터 럭크만은 확실하게 "시대별로 구원의 방법이 다르다. 하나님께서 그 시대에 주신 말씀을 믿고 그에 순종하면 구원받는다"고 가르쳤다.

시대별로 구원의 방법이 다르지 않다면 어떻게 될까? 예를 들어, 하나님께서 아담과 이브에게 주신 명령은 "선과 악의 지식의 나무의 열매를 먹지 말라. 먹는 날에는 반드시 죽는다"는 것이었다. 그런데 아담이 자신에게 주신 명령을 믿고 순종하면 영생하고, 또 그에 추가해서 오실 예수님을 믿어 영생한다는 것인가? 최초의 인간 때로부터 하나님께서 주시는 계시가 오늘날 우리에게 주신 명령과 계시와는 다름이 명백하다. 분명한 것은, 영생하기 위해 아담이 해야 할 일은 선과 악의 지식의 나무의 열매를 먹지 않는 것이었다.

이처럼 하나님께서 당시에 어떤 계시를 하셨는지가 중요하다. 하나님의 계시가 무엇인가? 아담 당시에는 기록된 성경이 없었으며 하나님께서 직접 말씀하셨다. "그 열매를 먹지 말라. 먹는 날에는 반드시 죽으리라." 이것은 오늘날 우리에게 주시는 명령과 같지 않다. 인간은 주님께서 말씀하신 대로 믿고 순종하면 되는 것이다.

한편, 예수님의 십자가 후에 주님께서 인간에게 계시하신 것은 무엇인가? 이제는 행함으로 구원받을 수 없다는 것이다. 오직 구주 예수님을 믿음만으로 구원받으라는 말씀을 믿고 그 말씀에 순종하기만 하면 된다. 하나님의 복음의 말씀, 예수 그리스도의 죽음과 부활을 믿으면 구원을 받는다. 성경은 영생은 행함 없이 선물로 받아야 된다고(엡 2:8,9) 말씀하신다. 그러면 우리는 그 말씀을 믿고 순종하면 되는 것이다. 예수님을 자신의 구주로 믿어서 구원받는 것이지 거기에 무언가를 더하려 하면 지옥에 가는 것이다. 간단하지 않은가?

플로리다에서 목회하는 제임스 낙스라는 사람은 닥터 럭크만의 가르침을 베껴 책을 내면서 표절은 피하기 위해 내용을 조금씩 바꿨다. 이것을 J목사가 따라하는 것이다. 제임스 낙스 같은 사람들은 "닥터 럭크만이 틀렸다. 전 시대에 걸쳐 믿음만으로 구원을 받지만, 사람들이 말하는 것처럼 구약의 사람들은 오실 예수를 믿은 것이 아니라 그 당시에 주님이 말씀하신 것을 믿으면 된다. 그렇기 때문에 믿음만으로 구원받는다"라고 말하면서 닥터 럭크만과 자신들이 덧붙인 것과 함께 타협하여 엇비슷한 것을 가르친다.

주님께서 노아에게 "이제 심판이 있을테니 너는 방주를 지어라." 하셨을 때 노아는 말씀을 믿었다. 그러나 노아가 그것만으로 구원을 받는 것인가? 만일 그가 방주를 안 지었으면 어떻게 되었겠는가? 그들은 이 문제를 해결을 못한다. 그 두 그룹 모두 비성경적인 것이며, 우리는 닥터 럭크만이 가르치는 것, 즉 시대별로 구원이 다르고, 하나님께서 그때그때 계시하시는 대로 믿고 행하면(또는 믿으면) 된다고 가르친다.

왜 많은 사람들이 믿음에 행위를 더해야 한다고 가르치는가? 성경에는 믿음과 행위에 의해서 구원받는다고 하는 구절들이 있기 때문이다. 하지만 성경을 나누어서 공부하면 신약 교회 시대의 바른 성경적 교리는 예수님만 믿어야 한다는 것을 알 수 있다. 이것을 놓치기에 이단들이 나오는 것이다.

   은혜 복음이 전파되는 교회 시대 외에는 구원에 대한 보장이 있을 수가 없다. 교회 시대에만 자신이 구원을 받았는지 안받았는지를 명확하게 알 수 있고, 또 구원이 영원히 보장된 것을 확신할 수 있다. 교회 시대 외의 다른 시대에 살았던 사람들은 죽을 때까지 결코 알 수 없다. 한편, 지금은 구원의 영원한 보장이 주어진 교회 시대임에도 불구하고 카톨릭 신자들은 죽을 때까지 구원받았는지 스스로 알지 못하고, 죽은 후에도 장례 미사 때 기도 부대가 와서 구원해 주시라고 빌어야 하니, 안타깝기 그지없는 일이다.

   만일 믿음뿐 아니라 행함이 있어야 구원받는다면, 행함이 어느 수준까지 도달해야 하나님께서 받아 주시는가 하는 문제가 생기게 된다. 얼만큼의 행위가 하나님께 받아들여져서 영생을 얻을 수 있겠는가 말이다. 이 문제는 풀리지 않으며 풀릴 수가 없다. 의로운 행함을 한번도 놓치지 않고 끝까지 붙들 사람은 이 세상에 없다. 어느 정도까지 행해야 하는지가 문제가 되기에 구원의 영원한 보장을 가질 수 없는 것이다. 이것이 우리가 성경을 공부할 때 나오는 문제들이다. 하나님의 경륜 중 시대에 따른 구원에 대해 공부할 때 우선 그런 것들을 염두에 두어야 한다.

   문제는 성경을 전체적으로 올바로 알지 못하고 하나님의 경륜을 정확히 모르기 때문에 구원에 대해서 여러 가지 문제가 나오는 것이다. J목사는 "교회 시대에는 믿음만으로 구원받는다. 대환란 때는 믿음과 행함이 있어야 한다"는 우리의 가르침을 비성경적이라며 공격한다. 왜냐하면 그렇게 가르친 제임스 낙스의 책들을 J목사가 번역해서 출판했기 때문이다. 닥터 럭크만이 가르친 내용을 도용해서 제임스 낙스, J목사가 가르치기 때문에 어떻게 보면 바이블 빌리버와 비슷하게 보일 수 있지만 세부적인 내용에서는 실제적으로 큰 차이가 있다. 구원론에서 우리와 전혀 다르다. 교회 시대에 예수 그리스도를 믿음만으로 구원받는다는 것은 같을지 모르지만, 다른 시대들에 대한 구원론이 다르다.

주님께서는 영원한 보장에 대해서 사무엘하 7장에서 다윗에게 계시하셨다. 그 전까지는 영생, 구원에 대한 보장이 이해되지 않았다.

「네 날들이 차서 네가 네 조상들과 함께 잠들 때, 내가 네 몸에서 나올, 곧 네 뒤에 올 네 씨를 세우고, 내가 그의 왕국을 견고하게 하리라. 그가 내 이름을 위하여 한 집을 지을 것이요, 나는 그의 왕국의 보좌를 영원히 견고하게 하리라. 나는 그의 아버지가 되고 그는 나의 아들이 되리니, 만일 그가 죄악을 범하면 내가 사람들의 막대기로, 사람의 자식의 채찍으로 그를 징책하리라. 그러나 내가 네 앞에서 제거한 사울로부터 내 자비를 빼앗은 것과 같이 그것이 그에게서 떠나지는 아니하리니, 네 집과 네 왕국이 네 앞에서 영원히 세워지리라. 네 보좌가 영원히 세워지리라.” 하시더라」(삼하 7:12-16).

주님께서 역사적으로 "영원한" 왕국에 대해 말씀하시는데, 여기서 다윗에게 말씀하는 "네 씨"는 역사적으로 솔로몬이지만, 실질적으로는 예수 그리스도시다. 즉 주님께서는 예수 그리스도를 믿는 믿음에 대해 이야기하신 것이다. 여기서 예수 그리스도를 믿는 사람들에게 영원한 보장이 있다는 것, 영생이 있다는 것을 제시하신다. 그러나 다른 곳에는 없다. 결국 이 일은 주님께서 오심으로써 이루어진다.

그러면 그 이전에 살았던 사람들은 어떻게 되는가? 앞서 말한 대로 그때 당시에 주님께서 자신들에게 계시하신 것을 믿고 행하면 되는 것이다. 그래도 그 사람들은 죽을 때까지 자신의 구원을 확신할 수 없었다. 구원에 대한 보장을 몰랐던 것이다. 이제 이런 전제 하에 처음부터 다시 살펴보기로 하자.

무죄 시대

「남자와 그의 아내가 둘 다 벌거벗었으나 부끄러워 아니하더라」(창 2:25).

아담과 이브는 벌거벗었지만 부끄러운 줄 몰랐다. 처음에 주님께서는 인간을 그렇게 어린아이들과 같이 지으신 것이다. 옷을 입지 않았는데도 창피해하지 않던 그 시대를 우리는 무죄 시대라고 부른다. 이 때 주님께서 인간에게 원하신 것은 무엇인가?

「선과 악의 지식의 나무에서 나는 것은 먹지 말라. 네가 거기서 나는 것을 먹는 날에는 반드시 죽으리라." 하시니라」(창 2:17).

아담과 이브가 예수 그리스도의 죽음과 장사됨과 부활을 믿고 구원받았다고 가르치는 것은 잘못된 것이다. 아담과 이브는 그것을 알지 못했다. 당시에 그들에게 계시된 것은 영생을 하려면 선과 악의 지식의 나무의 열매를 먹지 말아야 하며, 그것을 먹는 날 반드시 죽으리라고 하신 것, 그 하나뿐이다. 그것이 이들이 영생하는 방법이었다.

오늘날 이 교회 시대에 영생하는 방법은 무엇인가? 예수 그리스도를 믿는 것이다. 이 둘이 어떻게 같을 수 있는가? 선과 악의 지식의 나무의 열매를 먹지 않으면 영생을 얻었을텐데 그들은 열매를 먹었고, 이로써 타락하게 되었다. 무죄 시대는 아담의 창조부터 아담의 타락까지를 말한다.

「그러자 그들의 눈이 둘 다 열려, 그들은 자기들이 벌거벗은 줄 알고 무화과나무 잎을 엮어 자기들의 치마를 만들더라」(창 3:7).

여기서 무화과나무는 인간의 행위의 모형이 된다. 전에는 벌거벗어도 부끄럽지 않았는데 열매를 먹고 나서 부끄러움을 알게 되었다. 선과 악의 지식을 갖게 되었기 때문이다. 선과 악을 구별할 수 있는 지식이 생긴 이때부터를 양심 시대라고 한다. 이렇게 무죄의 시대는 끝이 났고, 인간은 벌거벗으면 창피한 것도 알게 되었다. 오늘날 소위 나체족들이 나와서 창피한 줄도 모르고 다니는데, 하나님의 경륜을 모르는 이 무지한 자들은 자신들이 무죄의 시대에 살고 있는 줄 착각하고 있다.

양심 시대

「네가 바르게 행하면 받아들여지지 않겠느냐? 네가 바르게 행하지 아니하면 죄가 문 앞에 엎드리느니라. 죄의 욕망이 네게 있으니, 너는 죄를 다스릴지니라." 하시니라」(창 4:7).

"죄를 다스리라"고 카인에게 하신 말씀을 통해 알 수 있듯이, 이제는 양심에 의해서 선과 악을 구별하여 악을 행하면 안 되는 시대가 도래했다. 양심 시대는 아담의 타락부터 노아의 홍수까지, 그리고 그 뒤에도 계속되어 예수 그리스도께서 오시고 그리스도의 복음이 나올 때까지 이방인들에게 해당된다. 로마서 2장에서는 양심에 의해서 판단받는다고 말씀한다.

「그들의 양심도 증거하고 그들의 이성이 송사하거나 서로 변명하여 그들의 마음에 기록된 율법의 행위를 보여 주느니라」(롬 2:15).

아담과 이브는 죄를 지었기 때문에 이제는 영생을 얻을 수 없게 되었다. 여기서 주님께서는 피에 대해, 죄사함에 대해 그들에게 보여 주신다.

「또 주 하나님께서는 아담과 그 아내에게 가죽으로 옷들을 만들어 그들에게 입히시니라」(창 3:21).

하나님께서는 그들을 그대로 지옥으로 보내지 않으셨다. 이것이 하나님의 은혜이다. 창세기부터 요한계시록까지 하나님의 은혜가 없으면 그 어떤 인간도 구원받을 수 없다. 오늘날 교회 시대를 '은혜 시대'라고 표현하는 것은 오직 예수 그리스도를 믿음만으로 구원받는 그런 시대이기 때문이다. 그러나 실질적으로 하나님의 은혜가 아니고서는 창세기부터 요한계시록까지 모든 인간은 지옥으로 갈 수밖에 없다. 은혜는 어느 시대에서든 인간의 구원을 위해 반드시 필요하다.

「너희가 믿음으로 말미암아 은혜로 구원을 받았으니 이것은 너희에게서 난 것이 아니요, 하나님의 선물이라」(엡 2:8).

창세기 3:21에서 하나님께서는 은혜를 베풀어 주셨다. 아담과 이브는 자기 의를 상징하는 무화과나무 잎으로 옷을 만들었지만,

주님께서는 그들에게 가죽 옷을 입혀주셨다. 피를 흘려야 가죽 옷이 나오기 때문에 여기서 우리가 알 수 있는 것은 '피의 희생제사'이다. 주님께서는 죄를 사해주시는 방법으로 피 흘림에 대해서 보여주신 것이다. 그것이 없이는 아담과 이브 모두 지옥에 갈 수밖에 없었다. 또 우리가 알 수 있는 것은 양심 시대의 카인과 아벨에 대해서이다.

「아담이 자기 아내 이브를 알았더니 그녀가 임신하여 카인을 낳고 말하기를 "내가 주로부터 남자를 얻었다.' 하니라. 그녀가 또 카인의 아우 아벨을 낳았는데 아벨은 양 치는 자였으나 카인은 땅을 경작하는 자였더라. 시간이 흐른 후에 카인은 땅에서 나는 열매를 가져와서 주께 제물로 드렸고」(창 4:1-3).

위 구절에서 하나님께 희생제물을 드리는 것에 대해 말씀한다. 이것이 하나님께서 죄를 사해 주시는 하나의 방법이다. 그 당시 사람들이 받은 계시는 하나님께 제물을 드리는 것이었다. 하나님께서 당시의 사람들에게 어떤 계시를 주셨든 그것을 행하면 되는 것이다. 하나님께서 아담과 이브에게는 무화과나무 잎이 아닌 가죽으로 옷을 입히심으로써 피의 희생제를 보여 주셨다. 그들은 그 정도의 계시를 받았고, 그 후 카인과 아벨은 하나님께 제물을 드렸다. 이 중 어떤 제물을 주님께서 받아 주셨는지 다음 절에 답이 나온다.

「아벨도 자기 양떼 가운데서 첫 배 새끼들과 그 살진 것을 가져 왔더니, 주께서 아벨과 그의 제물은 받으셨으나, 카인과 그의 제물은 받지 아니하셨더라. 그러므로 카인이 몹시 격노하고 안색이 변하더라」(창 4:4,5).

주님께서 받으신 것은 피의 제사이다! 카인은 행함으로 구원받으려는 사람들의 모형이다. 자신이 열심히 일한 것을 하나님께 드리면 하나님께서 받아주실 줄 알았던 것이다. 땀 흘려 열심히 농사짓는 것 자체가 잘못된 것이 아니다. 문제는 하나님의 방법을 어긴 것이다. 지금 많은 사람들이 '열심히' 교회 다니며 믿음 생활을 한다. 하나님께서는 분명하게 신약 교회 시대에는 예수 그리스도를 믿음으로써만 의롭게 된다고 하셨는데도, 그들은 거짓 목사들에게 속아서 예수 그리스도도 믿고, 이것도 하고, 저것도 해서 구원받으려 하다가 결국 지옥으로 가는 것이다.

카인이 하나님을 안 믿었는가? 많은 사람들이 '저는 하나님 믿어요'라고 한다. 그것이 어떻다는 말인가? 마귀도 믿고 떤다. 인간이 구원을 받으려면 하나님께서 가르쳐 주신 방법을 믿어야만 한다. 신약 교회 시대에는 오직 믿음만으로 의롭게 되고 구원을 받는다. 영생은 선물이지 자신의 행위로써 대가를 치르는 것이 아니다.

카인은 열심히 일해서 제물을 드렸지만, 하나님께서는 이를 악하다 하시며 거절하셨다. 여기서 우리가 알 수 있는 것은, 하나님께서 원하시는 것은 피 제사라는 사실이다. 양심 시대에 인간은 선과 악을 구별하여 살면서, 피 제사를 드림으로써 죄사함을 받았다. 오늘날은 예수 그리스도의 보혈로 죄사함 받는다. 이와 같은 명백한 차이가 있다.

히브리서 11장은 많은 구원받은 사람들을 열거한다. 그들은 분명히 구원받았다는 말씀이기에 우리는 그들을 예로 들 수 있다. 반복하지만, 신약 교회 시대 외에는 누가 구원받고 안 받았는지 전혀 알 수 없고 하늘나라에 가 봐야 알 일이다. 은혜 복음 시대 외에는 하늘나라에 누가 올라가 있는지 모른다. 히브리서 11장에 언급된 믿음의 선진들을 살펴보자.

「믿음으로 아벨은 카인보다 더 나은 제사를 하나님께 드림으로써 의로운 자라고 증거를 받았으니, 하나님께서 그의 예물들을 인정하심이라. 그가 죽었으나 믿음으로 아직 말하고 있느니라」(히 11:4).

양심 시대가 열리자마자 주님께서 원하신 것은 '믿음으로 피의 희생제사를 지내라'는 것이었다. 히브리서 11장에서 아벨이 "믿음으로" 더 나은 제사를 드렸다고 하기에 어떤 이들은 "여기 아벨에 대해 '믿음으로'라고 하지 않았는가? 그는 믿음으로 구원받은 것이다"라고 하지만 그것은 맞지 않다. 하나님께서 "너는 피 제사를 드려라" 하실 때 그 말씀을 믿었다는 것이다. 그리고 피 제사를 드리는 행위를 한 것이다. 카인처럼, 피의 제사를 드리지 않으면 어떻게 되었겠는가? 사람들은 거기까지 생각을 하지 못한다. 아벨의 믿음은 우리가 믿는 믿음과 같은 것인가? 오늘날 동물의 피 제사를 드려서 구원받으려 하면 지옥에 간다. 우리는 예수 그리스도께서 우리를 위해 피 흘리신 것을 믿어야 한다. 아벨의 때와 현재는 이렇게 다르며, 무엇을 믿어야 하는지 그 대상 역시 다르다.

그 후 창세기 6장에서 노아의 시대가 시작된다. 결국 인간들은 타락의 길을 가는데, 그 와중에도 하나님께서는 의인들을 건져 주신다. 이 사람들을 통해 어떻게 의롭게 되는지 알 수 있다. 성경의 기록에 의하면 그들은 앞으로 오실 예수님을 믿고 구원받은 것이 아니다.

「주께서 말씀하시기를 "내가 창조한 사람을 지면에서 멸망시키리니, 사람과 짐승과 기는 것과 공중의 새들 모두라. 이는 내가 그들을 지었음을 후회함이라." 하시니라」(창 6:7).

땅에는 엄청난 타락이 있었다. 사람들이 지면에서 번성하기 시작했을 때, 하나님의 아들들인 타락한 천사들이 내려와 사람들의 딸들과 결혼해서 거인들을 낳았다. 이상한 종들이 생겨난 것이다. 인도에 가면 거대한 조각들이 많이 있는데, 인도뿐만 아니라 전세계적으로 반인반수 괴물들, 거인들, 신들의 형상이 있는 것을 볼 수 있다. 성경에는 계속적으로 거인들에 대한 언급이 나오는데, 바로 이 사건으로 인해서 나타난 현상이다. 각 나라에서는 창세기 6장에서 일어난 일로 인해서 우상숭배가 등장했다. 인간들은 자신들과 다르게 생긴 존재들을 신으로 섬긴 것이다. 그리스 신화도 여기서 생겨난 것이다. 마귀는 그것들이 단순히 '신화' 즉 이야기일 뿐이라고 속이지만, 모두 실제로 있었던 일이다. 신화는 좀 과장해서 서술하기는 하지만, 그런 희한한 일들은 이 땅에서 실제로 일어났다.

그런데 그 당시에 하나님께서 의인으로 여기신 사람이 있었다.

「그러나 노아는 주의 눈에서 은혜를 찾았더라. 이것이 노아의 내력이라. 노아는 의인이요 그 당대에 완전한 사람이었으며 하나님과 동행하였더라」(창 6:8,9).

노아는 어떤 사람이었는가? '노아는 앞으로 오실 예수님만 믿고 구원받았다'고 말하려는 것인가? 노아가 완전한 사람이며 의인이라고 하신 이유는 그가 하나님과 동행했기 때문, 즉 행함이 있었기 때문이다. 양심 시대 당시에 구원받는 방법을 이렇게 몇 인물들을 통해서 알 수 있다. 다시 히브리서 11장으로 가서 의인이 되는 방법, 죄사함 받는 방법이 무엇인지 살펴보면, 교회 시대를 사는 우리들과 같지 않음을 알 수 있다.

먼저 노아 전에 있었던 사람, 에녹을 보자.

「믿음으로 에녹은 죽음을 보지 않고 옮겨졌으니, 하나님께서 그를 옮기셨으므로 다시 보이지 아니하니라. 그는 옮기우기 전에 하나님을 기쁘시게 하였다는 이 증거를 지녔느니라」(히 11:5).

「에녹은 하나님과 동행하다가 없어졌더라. 이는 하나님께서 그를 데려가셨음이라」(창 5:24).

에녹은 노아와 마찬가지로 하나님과 동행했다고 기록되었다. 즉 믿음과 행위가 있었던 것이다. 따라서 노아와 에녹이 우리처럼 오직 예수 그리스도를 믿고 구원받았다고 가르치는 것은 비성경적이다.

물론 에녹은 현재 교회 시대에 살다가 대환란 전에 휴거되는 구원받은 성도들의 모형이다. 하나님께서 세상을 홍수로 심판하시기 전에 에녹을 살아있는 채로 데려가셨다. 일반적으로 모든 사람들은 죽지만 에녹은 죽지 않고 하나님께서 직접 데려가셨다. 교회 시대 성도들의 휴거의 모형으로 보여주신 것이다. 성경에서는 죽었다가 다시 살아나고, 다시 죽는 사람들이 나오는데, 바로 모세와 엘리야다. 그들은 대환란 때 다시 땅에 내려왔다가 다시 죽는다(계 11:3-12의 두 증인). 그러나 오직 에녹만은 단 한 번도 죽지 않는다. 에녹은 오늘날 살아 있는 우리들, 즉 주님께서 곧 오시면 살아서 휴거되는 성도들을 예표한다.

주님께서 우리 당대에 오셔서 우리가 살아서 하늘로 들림받는다면 성경의 말씀 중 '한 번 죽는 것은 사람들에게 정해진 것이고, 그 뒤에 심판이 있다'는 구절(히 9:27)이 우리에게 해당되지 않는 것이다. 마지막 때를 사는 우리들은 얼마나 큰 축복을 받았는가! 주님께서 곧 오시면 여러분은 에녹처럼 죽음을 맛보지 않고 부활된 몸을 입을 기회가 있기 때문이다.

주님께서는 에녹을 데려가신 이유는 그가 하나님을 기쁘시게 했기 때문이라고 분명하게 말씀한다. 노아도, 에녹도 하나님 말씀을 따라 행했기 때문에, 즉 하나님과 동행했기 때문에 의인이라 칭함을 받았다. 우리들은 하나님과 동행하지 않아도 예수 그리스도를 믿었을 때 구원받는 것이다. 구원받은 후에 주님과 동행을 하는지 하지 않는지는 하나님의 자녀로서 징계를 받을지 받지 않을지를 정할 뿐이다. 또한 그리스도의 심판석에서 받을 상과 벌이 결정된다. 그 시대에 주신 하나님의 계시에 따라 인간이 믿는 대상도, 믿음의 결과도 다르다. 성경의 진리는 이렇게 쉬운 것이다. 그런데 마귀는 신학자들의 신학 이론을 만들어 두어서 이런 진리를 받아들이지 못하게 연막을 쳐 두었다.

「믿음으로 노아는 아직 보지 못한 일들에 대해 하나님의 경고하심을 받고 두려움으로 행하여 방주를 예비함으로 자기 집안을 구원하였으니, 그것을 통하여 세상을 정죄하고 믿음에 의한 의의 상속자가 되었느니라」(히 11:7).

어느 시대에서든 오직 믿음으로만 구원받는다고 하는 사람들과 제임스 낙스 같은 사람들에게 문제가 되는 것이 결국 이런 구절이다. 그들은 이 구절이 '육신만의 죽음을 말하지, 영적인 죽음을 말하는 것이 아니다'라고 변개시킬 수밖에 없다. 이것이 얼마나 어리석은 해석인지 생각해 보라. 노아가 방주를 지어서 목숨만 건졌다고 가르치는 것이다. 그렇다면 그것이 영적인 죽음, 즉 혼이 지옥 가는 것과는 상관이 없다는 말이다. 그것이 맞다면, 그 당시에 노아의 가족 외에 모든 사람들이 저주받고 지옥에 갔다는 것이 성경적인데, 이를 영적 죽음이 아닌, 육신적 죽음만을 말하는 것이라고 풀게 된다. 그렇다면 '노아의 홍수 속에 죽은 그 악인들 중에 영적으로 구원받은 자가 많다'는 답이 나오게 된다. 그러나 성경은 당시의 악인들이 지옥에 갔다고 분명히 말씀한다(벧전 3:19,20, 벧후 2:5). 제임스 낙스, J목사 같은 사람들은 이런 함정에 빠지게 된다.

여기서는 육신의 죽음뿐 아니라 영적인 죽음도 말씀하는 것이다. 노아가 만일 방주를 안 지었더라면 결국 하나님의 심판인 홍수로 죽어서 지옥으로 가는 것이다. 그들은 닥터 럭크만을 반대하기 위해 '구약의 모든 사람들이 믿음만으로 구원받았다. 그 당시에 에스겔서(겔 3:19,21, 18:4,20,27, 22:27, 33:9 등)에서 말씀하는 혼의 죽음 모두 육신의 죽음이지, 실상은 다 구원받은 것이다'라고 하는 것이다. 그것이 맞다면 출애굽 할 때 모든 이스라엘 백성들은 유월절 양으로 구속을 받아서 나왔기 때문에 모두 다 구원받은 것이 된다. 얼마나 어리석은가. 닥터 럭크만은, '한번 하나님의 진리에 대적하고 나온 자들은 하나님께서 뇌를 엉망으로 만들어서 엉뚱한 것을 가르치게 만드신다'고 항상 말하곤 한다. 그것이 정확한 말이다.

「믿음으로 노아는 아직 보지 못한 일들에 대해 하나님의 경고하심을 받고 두려움으로 행하여 방주를 예비함으로 자기 집안을 구원하였으니, 그것을 통하여 세상을 정죄하고 믿음에 의한 의의 상속자가 되었느니라」(히 11:7).

위의 구절로 인해서 그들은 육신의 죽음만을 말하고, 영적 죽음은 아니라고 우길 수 없다. '그것을 통하여 세상을 정죄하고 믿음에 의한 의의 상속자가 되었다'는데도 불구하고, 그것은 육신적 죽음만을 의미한다는 것은 오류이다.

노아는 믿음으로 행했지만, 그 믿음은 우리의 믿음인 예수 그리스도만 믿고 구원 받는 믿음과 다른 것이다. 그 당시에 노아는 하나님 말씀을 믿고, '내가 방주를 짓지 않으면 나는 세상과 같이 정죄받는다'라고 믿은 것이다. 그래서 방주를 지었고, 그 결과 그와 그의 가족들은 구원받고, 세상은 심판을 받았다. 이렇듯 하나님 말씀은 받아들이기만 하면 쉽지만, 이를 대적하는 사람들에게는 어려운 것이다.

정리하면, 우리가 알아야 하는 것은 하나님께서 그 시기에 무엇을 계시하셨는지이다. 노아, 에녹 당시에는 성경이 없었고, 하나님께서 직접 계시를 주셨다. 그들은 그 계시의 말씀을 믿고, 그대로 행하면 되었다. 무죄 시대에서 양심 시대가 열리고, 이후 율법이 나오기 전까지 양심에 의해서 판단받지만, 이방인들은 율법 없이 계속해서 양심에 의해서 판단받는다.

8
인간정부시대, 족장시대

하나님께서 이스라엘 백성에게 율법을 주시기 전까지 인간은 양심에 의해서 선과 악을 분별했으며, 하나님께서 그때그때 주시는 계시를 믿을 뿐만 아니라 행동으로 옮겨 구원을 받았다. 그 시기를 우리는 인간정부 시대라고 하며, 이는 노아의 홍수부터 바벨탑 사건, 그리고 아브라함 다음인 약속 시대까지를 포함한다.

우선, 양심에 대해 살펴보자. 주님께서 율법을 주시기 이전에 인간은 양심에 의해서 판단을 받았다. 우리가 하나님의 경륜을 공부하는 이유는 하나님께서 인간을 구원하시는 방법이 실질적으로 시대별로 다르다는 것을 알기 위해서이다. 거의 모든 사람들은 하나님의 구원 방법이 다르지 않다고 주장한다. 그러나 시대별로 나누지 않으면 결국에는 이단 교리를 가르치게 된다.

아담과 이브가 선과 악의 지식의 나무의 열매를 먹고 난 이후부터 아담의 자손들은 로마서 2:6의 말씀대로 판단을 받는다.

「그분께서는 각 사람이 행한 대로 갚아 주시리니 참고 선을 행하여, 영광과 존귀와 썩지 아니함을 구하는 자들에게는 영원한 생명으로 하시고」(롬 2:6,7).

위 구절에서 분명한 것은 영원한 생명, 곧 영생을 얻는 방법에 대해 "참고 선을 행하여, 영광과 존귀와 썩지 아니함을 구하는 자들"이라는 말씀은 십자가 사건 후의 "믿음만으로 구원받는" 은혜복음과는 차이가 있다는 점이다. 이를 올바로 이해하지 않고 무조건 어느 시대에나 '예수 그리스도를 믿고' 구원받는다고 한다면 성경이 모순 덩어리가 되고 만다.

「다투고 진리에 복종하지 아니하며 불의에 복종하는 자들에게는 분개와 진노로 하시리라. 악을 행하는 각 사람의 혼에게 환란과 곤고가 있으리니 첫째는 유대인에게요, 또한 이방인에게며 선을 행하는 각 사람에게 영광과 존귀와 평강이 있으리니 첫째는 유대인에게요, 또한 이방인에게라. 이는 하나님께서 사람을 외모로 보지 않으시기 때문이라」(롬 2:8-11).

그 어떤 사람에 대하여도 선과 악을 나누는 잣대는 행함이라고 말씀한다.

「율법 없이 죄를 지은 사람들은 모두 율법 없이 멸망할 것이요, 율법 안에서 죄를 지은 사람들은 모두 율법에 의하여 심판받게 되리니」(롬 2:12).

율법이 이스라엘 백성에게 주어진 것이라고 해서 이스라엘 백성 이외의 사람들이 변명할 수 없다. 율법이 주어지지 않은 이방인들은 양심에 의해서 판단받기에 율법 없이 멸망하는 것이며, 율법 안에서 죄를 지은 유대인들은 율법에 의하여 심판을 받는다. 즉 모든 인간은 하나님 앞에 죄인인 것이다.

「(하나님 앞에서는 율법을 듣는 자들이 의인이 아니요, 율법을 행하는 자들만이 의롭게 될 것임이라」(롬 2:13).

여기서 의롭게 되는 방법이 무엇이라고 말씀하는가? 분명히 율법을 '행하는' 사람들만이 의롭게 될 것이라고 말씀한다. 오늘날 성경적으로 믿는 사람들을 제외하고는 모두 '믿음'만으로 구원받는다고 하기에 이런 구절들을 올바로 해석하지 못하고 성경을 변개시키든가 아니면 "성경에 이렇게 기록되긴 했지만 그 뜻은 그게 아니고 이러저러하다"며 뜻을 바꾸려 한다. 반면 성경적으로 믿는 목사들은 성경을 기록된 말씀 그대로 믿고, 그 말씀이 주님께서 어느 시대에 누구에게 주신 말씀인지를 가르친다.

여기서는 율법을 행하는 자들만이 의롭게 될 것이라고 하셨다. 그렇다면 십자가 사건 이후에는 어떻게 되는 것인가? 로마서 3:10은 「기록된 바와 같으니 "의인은 없나니 없도다, 한 사람도 없도다.」라고 말씀하면서 은혜 복음에 대해 설명하기 시작한다.

은혜 복음이 나오기 전까지는 모두 이와 같았다. 무지한 사람들은 은혜 복음이라는 틀에 모든 것을 맞추려고 말씀을 왜곡한다. 그러나 십자가 사건 이전에 살았던 사람들에 대해 성경은 분명하게 "율법을 행하는 사람들만이 의롭게 될 것"(롬 2:13)이라고 말씀한다.

율법 시대에 대해서 다음에 공부하게 되겠지만, 이 율법 시대에는 율법을 행하는 자들이 의인이 되는 것이다. 그래서 이것을 '율법의 의'라고 한다. 이것은 '교회 시대의 의'와는 다르다. 구약의 의인과 신약의 의인은 개념 자체가 다른데, 신약의 의인은 주 예수 그리스도를 구주로 믿은 사람들이다.

이것을 구분하지 못하고 성경에서 '의인'이라고 하면 모두 똑같은 의인이고, '믿음'도 모두 똑같은 믿음이라고 생각하는 것은 잘못된 것이다. 신약 교회의 믿음이 어떻게 구약의 믿음과 동일한가? 신약의 믿음은 예수 그리스도를 믿음으로 인한 믿음인데 구약 사람들은 그런 믿음을 가질 수 없었다.

그렇다면 율법이 주어지지 않았던 사람들은 어떻게 되는가? 율법 이전의 이방인들과 율법이 주어진 뒤의 이방인들은 다음의 말씀으로 판단을 받는다.

「율법이 없는 이방인들이 본성으로 율법에 있는 일들을 행할 때에는 율법이 없어도 이것들이 스스로에게 율법이 되나니 그들의 양심도 증거하고 그들의 이성이 송사하거나 서로 변명하여 그들의 마음에 기록된 율법의 행위를 보여 주느니라」(롬 2:14,15).

이 말씀의 의미는 사람들은 율법 없이도 안다는 말이다. 율법이 주어지기 전에도 이방인들은 예를 들면 도둑질하면 손을 자르는 처벌을 내렸다. 즉 비록 율법은 없더라도 선과 악을 알 수 있었던 것이다. 율법이 주어지기 전의 이방인들은 이렇게 양심에 근거한 법을 만들어 국가를 유지하고 살았다.

15절 말씀은 율법 없는 이방인들은 그렇게 판단을 받는다고 하는 것이며, 그래서 이것이 마음에 기록된 율법, 양심의 행위라고 한다. 그렇기 때문에 율법이 주어지지 않은 이방인이라고 해서 변명할 수 없는 것이다. 그들은 자신의 양심으로 선과 악을 구별할 수 있고 양심에 따라 행해야 했다.

예수님께서 오신 것이 우리에게 얼마나 큰 은혜인가? 십자가 전에는 영생에 대한 영원한 보장을 받을 수가 없었다. 죽는 날까지 하나님의 계시와 선과 악을 구별하는 양심에 의한 행위가 필요했다.

이렇게 해서 세 번째 인간정부의 시대에도 양심에 의해서 판단을 받았다. 예를 들어 노아를 의인이라고 하셨지만 노아에게 죄가 하나도 없었다는 뜻이 아니다. 창세기부터 요한계시록까지 단 한 번도 죄를 짓지 않고 산 사람은 예수님을 제외하고 이 세상에 한 명도 없다.

하나님께서 주신 계시를 따르는 인간의 책임

그렇다면 인간의 책임은 무엇인가? 창세기 8장을 보면 인간정부시대에 주님께서 인간들에게 지시한 '계시'가 나온다. 이 때 사람은 양심에 따라 죄를 통제해야 했다. 결국 인간정부 시대는 주님의 심판인 홍수로 끝이 난다.

「노아는 주께 제단을 쌓고 모든 정결한 짐승과 모든 정결한 새 가운데서 취하여 제단에 번제를 드리더라」(창 8:20).

이 피의 제사는 지속되어야 했다. 그 어떤 인간도 죄 없이 살 수 없기 때문이다. 구약에서 의인이라는 개념은 죄 없이 사는 것과는 완전히 다른 의미이다. 구약의 의인은 당시에 주어진 하나님의 말씀대로 행하는 사람이었다. 또한 죄를 지으면 그 죄의 대가로 피 제사를 드려야 했다. 그 당시는 믿음과 행함이 함께 있어서 죄를 지으면 용서를 받아야 했기 때문에 제사를 드림으로써 하나님께 자비를 구해야 했다. 그러나 신약 교회 시대에는 예수 그리스도를 믿을 때 모든 것이 해결되기 때문에 더이상 동물의 피 제사가 필요 없다.

「주께서 그 향기를 맡으시고 주께서 그 마음속으로 말씀하시기를 "내가 다시는 사람으로 인하여 땅을 저주하지 않으리니, 이는 사람의 마음의 상상이 어려서부터 악함이라. 내가 다시는 내가 행한 것과 같이, 살아 있는 모든 것을 죽이지 아니하리라. 땅이 있는 동안에는 씨 뿌리는 시기와 추수하는 시기와 추위와 더위와 여름과 겨울과 낮고 밤이 그치지 아니하리라." 하시더라」(창 8:21,22).

주님께서는 인간을 완전히 멸하실 수도 있었지만 노아의 가족 8명을 구해 주셨다. 당시 세상을 물로 심판하신 주님께서는 새로운 언약의 표시로서 무지개를 주시고 다시는 물로써 모든 살아있는 것을 멸망시키지 않겠다고 약속하셨다. 그 후로 물로는 심판하지 않으시지만 또 다른 심판을 내리실 것이다. 대환란이라는 심판 때에는 인류 전체로 본다면 여전히 소수이지만 노아의 홍수 때보다는 훨씬 더 많은 사람이 구원을 받게 된다.

「하나님께서 노아와 그의 아들들에게 복을 주시며 그들에게 말씀하시기를 "다산하고 번성하여 땅을 다시 채우라"」(창 9:1).

하나님의 명령을 지키는 것이 인간의 책임이다. 하나님께서 그 당시에 노아에게 계시하신 것은 '주 예수를 믿고 구원받으라'가 아니라 '다산하고 번성하여 땅을 다시 채우라'이다. 그러나 이 명령에도 불구하고 인간이 하나님을 대적하여 자기들끼리 뭉쳐서 바벨탑을 쌓는 사건이 일어난다. 이는 하나님께서 인간에게 계시하신 것을 완전히 대적하는 죄악이었다.

이 당시에는 이 말씀만 지키면 되는 것이었다. 「"다산하고 번성하여 땅을 다시 채우라. 너희를 두려워함과 너희를 무서워함이 땅의 모든 짐승들과 공중의 모든 새들과 땅 위에서 움직이는 모든 것들과 바다의 모든 고기들에게 미치리니, 그들이 너희 손에 넘겨졌음이라. 살아서 움직이는 모든 것은 너희에게 먹을 것이 되리라」(창 9:1b-3a).

이후부터는 사람들이 짐승들을 지배하게 되었다. 살아서 움직이는 모든 것이 음식이 되었다. 요즘 채식주의자들이 많이 생겼는데, 건강을 위해 채식을 하는 것이 나쁜 것은 아니지만 그렇다고 해서 성경적인 것은 아니다. 구약 때는 율법에 정해진 불결한 동물들을 먹지 말라고 하셨지만, 신약 시대에는 모든 것을 먹을 수 있다. 지금 이 시대에 율법에 정해진 것들을 지키려고 한다면 랍스터, 삼겹살 식당들은 모두 문을 닫아야 할 것이다. 그러나 창세기 9장에서만 하더라도 오늘날 교회 시대와 같이 모든 것을 먹을 수 있었다.

단 한 가지 주님께서 금하신 것이 있었다.

「그러나 그 고기를 그 생명과 더불어, 즉 그 피째 먹지 말지니라. 내가 반드시 너희 생명의 피를 찾으리니, 모든 짐승의 손과 사람의 손에서도 내가 그것을 찾을 것이며, 모든 사람의 형제의 손에서도 내가 그 사람의 생명을 찾으리라. 사람의 피를 흘리는 사람은 사람에 의해서 자기의 피도 흘려지게 되리니, 이는 주께서 하나님의 형상대로 사람을 지으셨음이라. 너희는 다산하고 번성하며 땅을 가득 채워 그 안에서 번성하라." 하시더라」(창 9:4-7).

그 당시에 계시한 이 말씀이 바로 하나님의 명령이었다. 인간은 그때그때 하나님께서 무어라 말씀하셨는지를 잘 알고 그 말씀대로 행하면 되는 것이다. 그 시대는 성경이 있었던 것도 아니다. 인간의 책임은 주님께서 직접적으로 계시하시고 말씀하시는 것, 즉 번성하라고 하셨으면 번성하면 되고, 사형제도를 말씀하시면 말씀대로 실행하면 되는 것이다.

우리가 성경을 시대별로 나누어서 공부하는 이유는 많은 사람들이 이단 교리들을 가르치기 때문이다. 오늘날 예수 그리스도를 믿음으로 구원받는다고 해서 노아 시대에도 예수 그리스도를 믿고 구원받았다고 하는 것은 명백한 거짓 교리이다. 그런 자들이 성경을 완전히 왜곡하고 훼손시키기에 많은 사람들이 성경을 믿지 않는 것이다.

오바마 대통령의 경우도 마찬가지다. 성경에 "불순종하는 자녀들은 죽이라"고 나온다며 성경을 배척하는 그를 내가 비판하는 이유는 그가 대통령이 되자마자 성경에 대해 불경한 말을 하기 때문이다. 하나님의 말씀을 쓰레기 취급하기 때문에 좋은 소리가 나올 수가 없는 것이다. 세상 정치가들은 대부분 부패했기 때문에 그들에게서 선한 열매를 기대할 수가 없다. 정치적 견해가 다른 것은 있을 수 있으며 그런 것에 대해 신랄하게 비판하지는 않는다. 그러나 하나님의 말씀을 쓰레기 취급하는 자들, 즉 거짓 목사들, 성경 변개자들, 하나님의 말씀을 우습게 여기는 그들은 지옥의 심판을 받을 것이다.

방주에서 나온 노아의 가족들을 통해 민족을 이루게 되었다.

「온 땅에 하나의 언어와 하나의 말만 있더라. 그들이 동쪽으로부터 이동하여 시날 땅에서 평원을 만나니 거기에서 거하였더라」(창 11:1,2).

하나님께서 말씀하신 대로 번성하여 땅을 채워야 하는데, 당시 인간들은 하나님 말씀에 대적하기 때문에 구원받지 못했다. 당시 하나님께서 사람에게 무엇을 요구하셨으며 어떠한 계시를 주셨는지, 그 계시를 지키는지 안 지키는지를 보면 구원 여부를 알 수 있다. 바벨탑 당시 사람들은 모두 하나가 되어 하나님의 말씀을 대적했다.

「그들이 서로 말하기를 "가서 벽돌을 만들어 단단하게 굽자." 하고 그들은 벽돌로 돌을 대신하고 역청으로 회반죽을 대신하였으며, 또 그들이 말하기를 "가서 우리를 위하여 성읍과 탑을 세우되 탑 꼭대기가 하늘에 닿도록 하여 우리의 이름을 내자. 그리하여 우리가 온 지면에 멀리 흩어지지 않게 하자." 하더라」(창 11:3,4).

하나님의 명령대로 사람들은 온 지면에 흩어져야 했지만 불순종했고, 이로 인해 하나님께서는 언어를 혼잡케 하심으로써 심판하신다.

「주께서는 사람의 자손들이 세우는 성읍과 탑을 보시려고 내려오셨더라. 주께서 말씀하시기를 "보라, 백성이 하나요 그들 모두가 한 언어를 가졌기에 이런 일을 시작하였으니, 이제는 그들이 하기로 구상한 일은 아무것도 막을 수 없을 것이라」(창 11:5,6).

인간이 구상한 악을 행하는 것을 막을 수 없기에 하나님께서는 심판을 내리셨다. 모두 진멸하실 수도 있지만 홍수 이후에 하신 약속을 지키기 위해 대신 이런 심판을 하신 것이다.

「가자, 우리가 내려가서 거기에서 그들의 언어를 혼란시켜 그들이 서로의 말을 알아듣지 못하게 하자." 하시고 주께서 그들을 그곳에서 온 지면에다 멀리 흩으시니, 그들이 성읍을 짓는 것을 그쳤더라」(창 11:7,8).

하나님께서 언어를 혼란시키시자 말이 서로 통하지 않으므로 협력해서 건물을 지을 수 없게 되었고, 결국 그들은 같은 언어를 구사하는 사람들끼리 모여 전 세계로 퍼지게 되었다. 즉 한국으로, 일본으로, 알래스카 너머 미국까지 먼 곳으로 흩어지게 되었던 것이다.

「그러므로 그것의 이름을 바벨이라 불렀으니, 이는 주께서 거기에서 온 땅의 언어를 혼란케 하셨음이라. 주께서는 거기서부터 그들을 온 지면에 멀리 흩으셨더라」(창 11:9).

아브라함의 예

노아의 아들 셈의 후대에서 아브라함이 나온다.

「주께서 아브람에게 말씀하셨는데 "너는 네 고향과 네 친족과 네 아비의 집을 떠나 내가 네게 보여 줄 땅으로 가라」(창 12:1).

시대별로 나누었을 때 아브라함 이전에는 '인간정부 시대'라고 하며, 하나님께서 아브라함을 불러내신 후부터는 '족장 시대' 또는 '약속 시대'라고 한다. 이때는 양심 시대, 노아의 시대에 계시한 것으로써 사람들이 살았으며, 아브라함, 이삭, 야곱, 즉 족장들을 통해 주님께서 똑같이 계시하신 것들이 있었다.

아브라함 시대에 구원받은 사람과 구원받지 못한 사람들을 보면, 실질적으로 사도행전 15장까지는 구원에 대해서 명확하게 단정할 수 없다. 최대한 성경적으로 그때그때 당시의 구원받은 사람들을 통해서 어떻게 구원받았는지 살펴봐야 한다.

사도행전 15장에서 드디어 예수 그리스도를 믿음으로써 유대인이나 이방인이 구원받는다는 것이 완전히 정립된다. 그러나 여기까지 공부하다 보면 모두 믿음과 행함이 있어야 하지만 조금 예외되는 경우들이 나온다. 율법 시대도 마찬가지이다. 우리는 은혜 복음 시대에 사는 것이 얼마나 감사한지 모른다. 우리들은 구원에 대해서 영원한 보장이 있기 때문에 내주하시는 성령님이 떠나실까 걱정할 필요가 없다.

주님께서는 우상숭배가 만연한 당시의 상황 속에서 한 사람을 불러내신다. 그는 아브람이고 그의 이름은 후에 아브라함이 된다. 많은 사람들이 아브라함이 예수 그리스도를 믿고 구원받은 것으로 잘못 생각하는데, 아브라함은 그렇게 구원을 받은 것이 아니다. 창세기 12:1 말씀에 순종했기 때문에 받았다. 만일 아브라함이 떠나지 않았다면 구원받지 못했을 텐데 아브라함의 구원이 우리와 같단 말인가?

「내가 너로 큰 민족을 이루게 할 것이며 네게 복을 주고 네 이름을 위대하게 하리니, 너는 복이 되리라. 너를 축복하는 자들에게 내가 복을 주고 너를 저주하는 자를 저주하리라. 네 안에서 땅의 모든 족속들이 복을 받을 것이라.」 하셨더라」(창 12:2,3).

이것이 아브라함의 언약이라고 앞서 공부했다.

인간은 심판으로 흩어져 살면서도 하나님을 대적하고 아브라함이 부르심을 받기 전까지도 여전히 우상숭배를 하면서 살고 있었다. 이제 하나님께서 아브라함이라는 한 개인을 선택하시고 그를 통해 모든 민족들이 복을 받는 언약을 주신다. 사실 지금까지 돌아보면 아브라함을 통해서 유대인들뿐만 아니라 이방인들도 복을 받는다는 것을 알 수 있다. 특히 교회 시대에는 아브라함을 통해서, 또 예수님께서 오심으로써 이방인이었던 우리들이 구원을 받을 기회가 생기게 되었다.

아브라함에 대해서 말할 때 야고보서 2장을 놓칠 수 없다. 로마서, 갈라디아서에서도 말씀하시지만 야고보서 2장을 통해 아브라함이 어떻게 의롭게 되었으며 또 무엇이 의로 여겨졌는지에 대해 알 수 있다.

「우리의 조상 아브라함이 자기 아들 이삭을 제단에 드렸을 때, 그가 행함으로 말미암아 의롭게 되지 아니하였느냐?」(약 2:21).

그는 행함으로 말미암아 의롭게 되었다. 반대로 만일 이삭을 바치지 않았으면 어떻게 되었겠는가? 의롭게 되지 않았을 것이다. 교회 시대에 천주교 등 행위 구원을 믿는 자들은 이 구절을 들어 행위 구원을 가르친다. 믿음뿐만 아니라 행함이 있어야 된다고 하며 행함이 없는 믿음은 죽은 믿음이라고 가르치는 것이다.

그러나 우리는 이 차이를 잘 알아야 한다. 아브라함은 결코 예수 그리스도를 믿고 구원받은 것이 아니다. 그는 하나님의 계시를 따라 고향을 떠나고, 언약을 믿고, 이삭을 바쳤기 때문에 의롭게 되었다. 교회 시대에 구원받은 사람은 예수 그리스도의 십자가 사건을 믿을 때 모든 것이 해결된다. 의로 여겨질 뿐만 아니라 의롭게 되고 성령을 받는 등 모든 것이 그 사건 하나로 해결이 되지만, 아브라함은 그렇지 않았다는 것이다.

「믿음이 어떻게 그 행함과 더불어 작용하였으며, 믿음이 행함으로 온전케 되었음을 네가 보느냐?」(약 2:22)

믿음뿐만이 아니라 그 믿음을 행함으로 증명해야 했다. 행함으로 증명하지 않았다면 '믿음은 죽은 것이다.' 반면 십자가 사건 후인 지금은 그렇지 않다. 십자가 사건 이후에는 오직 믿음만으로 구원을 받게 된다.

「그리하여 "아브라함이 하나님을 믿으니 그것이 그에게 의로 여겨졌느니라."는 성경이 이루어졌고, 그는 하나님의 친구라 불렸느니라. 이제 너희가 알거니와 사람이 행함으로써 의롭게 되는 것이요, 믿음만으로 되는 것이 아니니라」(약 2:23,24).

이 말씀을 오늘날 교회 시대의 구원 교리로 설교하면 결국 믿음뿐만 아니라 행함이 있어야 한다고 가르칠 수밖에 없다. 야고보서는 1:1에 기록된 대로 이스라엘의 열 두 지파에게 주시는 말씀이다. 앞으로 닥칠 대환란은 다시 믿음과 행함으로 돌아가는 시대이다. 대환란은 야곱의 고난기간이고 이스라엘 백성이 회복되는 시대로서, 그때는 믿음만으로 구원받는 것이 아니라 행함이 있어야 한다. 그래서 야고보서 2장에서는 아브라함의 예를 들어서 설명하고 있는 것이다.

「이런 일들 후에 주의 말씀이 환상 중에 아브람에게 임하여 말씀하시기를 "아브람아, 두려워 말라. 나는 너의 방패요, 너의 지극히 큰 상이니라." 하시니라. 아브람이 말씀드리기를 "나는 자식이 없사오며, 내 집의 청지기가 다마스커스의 엘리에셀이오니, 주 하나님이여, 나에게 무엇을 주시려나이까?" 하고, 아브람이 말씀드리기를 "보소서, 주께서 내게 씨를 주시지 않았으니, 보소서, 내 집에서 태어난 자가 내 상속자가 될 것이니이다." 하니」(창 15:1-3).

아직 자식이 없는 아브람이 이렇게 말하자 주님께서 대답하신다. 「보라, 주의 말씀이 그에게 임하여 말씀하시기를 "이 사람은 너의 상속자가 되지 않을 것이니, 네 자신의 몸에서 나올 자가 네 상속자가 되리라." 하시고」(창 15:4).

환상 중에 나타나신 주님께서는 이삭에 대해서 이렇게 계시하셨다. 그때 로마서가 있어서 그 말씀을 믿고 구원받았다는 것은 말이 되지 않는 것이고, 아브람은 당시에 하나님께서 계시한 것을 믿고 따르면 되는 것이었다. 아브람의 경우 그가 하나님의 계시를 믿었을 때 의로 여겨졌다고 말씀한다.

「그를 밖으로 데리고 나가 말씀하시기를 "이제 하늘을 쳐다보고 별들을 셀 수 있다면 그 별들을 세어 보아라." 또 그에게 말씀하시기를 "너의 씨가 이와 같으리라." 하시더라. 아브람이 주를 믿으니 주께서 그것을 그에게 의로 여기셨더라」(창 15:5,6).

아브람이 예수 그리스도의 십자가 사건을 믿고 의로 여겨진 것이 아니라 자신의 자손이 많이 나올 것이라는 하나님의 말씀을 믿었더니 그것이 의로 여겨진 것이다. 아브람의 믿음과 우리의 믿음의 차이점을 알아야 한다.

창세기 15장의 말씀이 야고보서 2장에서 '의로 여겨졌다'는 것에 대한 구절이고, 창세기 15장의 사건보다 한참 후인 창세기 22장에서 야고보서 2장의 '이삭을 제물로 바치라'는 장면이 나온다.

「이 일들 후에 하나님께서 아브라함을 시험하시며 그에게 말씀하시기를 "아브라함아," 하시니, 그가 말하기를 "보소서, 내가 여기 있나이다." 하더라. 하나님께서 말씀하시기를 "네 아들, 곧 네가 사랑하는 네 독자 이삭을 이제 데리고 모리야 땅으로 가서, 산들 중에서 내가 네게 알려 줄 한 산에서 그를 번제로 드리라." 하시더라」(창 22:1,2).

그리고 아브라함은 번제를 드리기 시작한다.

「그들이 하나님께서 그에게 말씀하신 그곳에 와서, 아브라함은 그곳에서 제단을 쌓고 나무를 가지런히 놓고 그의 아들 이삭을 묶어서 제단의 나무 위에 올려 놓고 아브라함이 그의 손을 내밀어 칼을 잡고 그의 아들을 죽이려 하는데」(창 22:9,10).

아브라함이 말씀대로 행했더니 의롭게 되었다. 이것이 야고보서 2:22의 말씀이다. 창세기 15장에서 의로 여겨진 것이 22장까지 시간이 지난 후에 의롭게 되었다. 이렇게 되면 야고보서 2장의 아브라함의 예는 맞는 것이다. 우리는 분명하게 아브라함의 구원과 우리의 구원, 아브라함이 의롭게 된 방법과 우리가 의롭게 된 방법이 다르다는 것을 알아야 한다.

사도 바울이 믿음의 조상으로서 아브라함을 언급한 것은 '믿음'에 대해서 설명하기 위해 창세기 15장의 사건을 비교하면서 하나의 예로 든 것일 뿐이다. 그렇다고 해서 사도 바울이 로마서 4장에서도, 다른 사람들도 아브라함처럼 '자식들이 별처럼 번성한다'는 하나님의 말씀을 믿고 구원받는다고 하는 것이 아니라 단지 '믿음으로' 의롭게 된다는 것을 설명하기 위해서 창세기 15장의 예를 든 것이다.

야고보서에서 말씀하는 믿음은 '의로 여겨졌다'는 것과 '의롭게 되었다'는 것 사이에는 어느 정도의 기간이 있었다. 이것을 무시한 채 성경에서 한 구절만을 들어서 가르치려 하면 거기서부터 이단 교리가 나오게 된다.

성경은 창세기에서부터 요한계시록까지 제대로 알아야 정확하게 가르칠 수 있다. 많은 목사들이 성경을 모르기에 올바로 가르치지 못한다. 한 구절만 보면 정확하지 않다. 성경은 보충 설명으로 다른 구절들을 통해 살펴보아야 한다. 예를 들어 성경의 어느 구절에서 "예수 그리스도를 믿어야 구원받는다"라고 했을 때 과연 "예수 그리스도를 믿는다는 것이 무슨 뜻인가?"를 설명하기 위해서는 다른 보충되는 구절들이 필요하다. 예수 그리스도를 믿는다는 것은, "예수님께서 육신으로 오신 하나님이시며 내 죄를 위해 십자가에서 피 흘려 죽으셨다가 부활하신 사실"을 믿는 것임을 보충되는 구절들을 통해 알 수 있다. 그렇지 않고 '예수 그리스도를 믿으라'는 구절 하나만을 가지고 그것이 무슨 뜻인지를 말하려 할 때 온갖 설명들이 난무하게 될 수밖에 없다. 따라서 성경은 전체적으로 보는 것이 필수적이며, 한 구절만을 보고서 이것이 구원에 관한 구절이라고 할 수 없는 것이다.

성경은 각 시대마다 의인이 되는 방법이 다르기 때문에 성경을 모르면 거짓 교리에 속게 된다. 사람들에게 성경 지식이 있다면 성경을 단편적으로만 보고 가르치는 이단들을 따라가지 않을 것이다. 하나님의 경륜에 근거해 창세기부터 요한계시록까지 공부한 적이 없기 때문에 누군가가 그저 한 구절, 예를 들어 야고보서 2장의 구절을 가지고 행위에 의한 구원을 가르치면 듣는 사람은 이를 그대로 믿고 지옥에 갈 수밖에 없다. 예수님을 믿는다고 고백하더라도 지옥에 가는 것이다.

성경을 공부하기 위해서는 성경을 전체적으로 알아야 하지만, 구원은 성경을 모두 알아야 받는 것은 아니다. 구원에 관해서는 십자가 사건을 알고, 믿고, 예수님을 주로 시인하면 되는 것이지만, 때로 복음을 전하다 보면 어떤 사람은 거절할 핑계로 '카인이 어디서 아내를 얻었냐'는 등 성경의 특정 구절을 들면서 주제를 돌린다. 우리가 복음을 전할 때 어린아이와 같이 순수하게 받아들이는 사람은 복 받은 사람이다. 그 외의 사람들은 하나님의 경륜을 정확하게 배워야만 자신이 속은 것을 알고 돌아올 것이다.

창세기를 계속해서 보면, 아브람은 주님이 자신에게 주신 계시와 함께 피의 제사를 드린 것을 알 수 있다.

「주께서 아브람에게 나타나시어 말씀하시기를 "내가 이 땅을 네 씨에게 주리라." 하시니, 그가 그곳에다 자기에게 나타나신 주께 제단을 쌓았더라」(창 12:7).

「아브람이 처음에 제단을 쌓았던 자리인 그곳에서 주의 이름을 부르니라」(창 13:4).

「그때 아브람이 장막을 옮겨 헤브론에 있는 마므레 평지에 와서 거하며, 그곳에서 주를 위하여 제단을 쌓았더라」(창 13:18).

아브람은 계속적으로 제단을 쌓는다. 그뿐만 아니라 아브람 때에 십일조를 드리는 장면이 나오는데, 이때는 율법 이전이었다.

「아브람이 크돌라오멜과 그와 함께한 왕들을 쳐부수고 돌아온 후, 소돔 왕이 왕의 골짜기인 사웨 골짜기에서 그를 맞이하러 나왔으며, 살렘 왕 멜키세덱이 빵과 포도주를 가지고 나왔으니, 그는 지극히 높으신 하나님의 제사장이었더라. 그가 아브람을 축복하며 말하기를 "하늘과 땅의 소유주이신 지극히 높으신 하나님의 아브람을 복 주시옵소서. 너의 원수들을 네 손에 넘겨주신 지극히 높으신 하나님을 송축하라." 하니, 아브람이 모든 것의 십일조를 그에게 드리더라」(창 14:17-20).

이렇게 해서 아브라함이 어떻게 의로 여겨짐을 받고 의롭게 되었는지 살펴보았다.

욥의 예

한편 아브라함과 이삭 당시에 유명한 사람이 있었는데, 바로 욥이다. 하나님께서 욥을 어떻게 인도해 주셨는지를 통해 아브라함과 다른 족속을 향한 하나님의 구원을 살펴볼 수 있다.

성경은 까다로운 책이다. 한 페이지에 아브라함까지는 이렇게, 욥부터 누구까지는 이렇게, 저렇게 구원받는다고 평이하게 적혀 있다면 얼마나 좋겠는가! 하지만 하나님께서는 그런 방법을 사용하지 않으셨다. 왜냐하면 인간이 머리로만 알고 성경을 제대로 공부하지 않았을 것이기 때문이다. 하나님께서는 사람들의 심리상태를 잘 아시기 때문에 한 페이지에 구원론을 모두 제시해 놓지 않으셨다. 하나님의 말씀은 인간의 구원에 관한 것만이 아니다. 구원은 인간이 죄를 지었기 때문에 반드시 받아야 하는 것이지만, 실질적으로 가장 중요한 하나님의 계시와 성경의 주제는 만왕의 왕이신 하나님, 그리고 그분이 인간을 통치하시는 왕국이다. 성경은 하나님의 왕국에 대한 계시인 것이다.

욥 역시 믿음과 행함이 필요했다. 지금 우리는 계속해서 양심에 의해서 판단받는 시대, 즉 하나님께서 이스라엘 백성에게 율법을 주시기 전 사건을 보고 있는데, 욥은 모세 이전 사람이기 때문에 욥기는 성경에서 가장 오래된 책이라고 할 수 있다. 모세가 창세기를 기록하기 몇 백 년 전에 욥기가 기록된 점으로 미루어 보면 아브라함, 이삭, 야곱 당대에 얼마나 엄청난 지식을 가졌는지를 알 수 있다. 그것은 아담의 시대에 인간의 수명이 900살 이상이었기 때문에 당연한 일이었다. 욥기에 기록된 하나님에 대한 위대한 계시와 지식을 보면 욥과 동시대에 살았던 사람들은 하나님에 관해 잘 알고 있었음을 알 수 있다. 천사, 하나님의 아들들 등 깊은 것들에 대해 말을 하는 것으로 보아 그들은 무지한 사람들이 결코 아니었다.

「우스 땅에 한 사람이 있었는데, 그의 이름은 욥이더라. 그 사람은 온전하고 정직하며, 하나님을 두려워하고 악을 피하는 사람이더라」(욥 1:1).

그 당시는 양심 시대로서, 사람들 가운데 하나님에 대한 두려움이 있었지만 그 누구도 예수 그리스도를 믿고 구원받았다는 말은 성경에 나오지 않는다.

「그에게 일곱 아들과 세 딸이 태어났으며 그의 재산도 양이 칠천이고 낙타가 삼천이며 소가 오백 겨리요, 암나귀가 오백이며 아주 많은 가족을 두었으니 이 사람은 동방의 모든 사람 가운데서 가장 큰 자더라. 그의 아들들이 각자 자기 생일에 가서 자기들의 집에서 잔치를 베풀고 사람을 보내어 그들의 세 누이도 불러서 함께 먹고 마시더라. 그 잔칫날들이 지나면 욥이 사람을 보내서 그들을 성결케 하였는데 아침 일찍 일어나 그들 모두의 수대로 번제를 드렸으니」(욥 1:2-5a).

당시에 그 정도의 하나님에 대한 지식이 있었다는 것인데, 비록 율법은 없었지만 욥은 그 행위에 있어 율법 시대, 교회 시대보다도 도덕적으로 더 높은 기준을 갖고 있었다. 또한 욥에게는 믿음뿐만 아니라 피의 제사를 드리는 행함이 있었다.

「이는 욥이 말하기를 "혹시 내 아들들이 죄를 짓고 그들의 마음속에 하나님을 저주하였을까 하노라." 함이더라. 욥은 계속해서 이같이 행하더라」(욥 1:5b).

하나님의 경륜을 정확하게 가르치는 것이 행위에 의한 구원을 가르치는 오늘날 한국교회를 살리는 길이다. 성경을 정확하게 나눔으로써 오늘날 오직 믿음만으로 구원받는 은혜 복음을 전해야 하건만 현실은 그렇지 못하니 참으로 안타까운 일이다. 그들이 믿음에 행위를 더한, 행위 구원을 가르칠 수밖에 없는 이유는 하나님의 경륜을 모르고 시대를 구분하지 않기 때문이다.

「비록 노아와 다니엘과 욥이 그 땅에 있다 할지라도 내가 살아 있는 한 그들은 아들이나 딸도 구해 내지 못하고 그들의 의로 말미암아 자신들의 혼들만 구해 내리라. 주 하나님이 말하노라」(겔 14:20).

분명하게 주님께서는 욥을 의인이라 하셨다. 당시의 의인이라는 것은 지금 교회 시대에 예수 그리스도를 믿음으로써 의인이 되는 것과 다르다. 욥은 자신이 알았던 그 계시, 즉 하나님을 두려워하며 자신의 양심에 따라 행함으로써 의인이 된 것이다.

그리고 욥은 하나님의 허락하심으로 있게 된 사탄의 공격으로 인해 우리가 이해할 수 없는 큰 시험을 받게 되는데, 욥은 자기의 의로써 해결해 나가려고 한다. 의로움 가운데 최선을 다해 하나님의 계시대로 믿고 행함으로 살았던 그는 시련이 오자 자신의 의로써 자신의 죄를 지적하는 친구들과 대결한다. 끝에 가서 하나님께서는 욥을 일대일로 상대하신다.

욥의 문제는 자기의 행위와 의로써 자신은 완전하다고 생각하는 것이었다. 주님께서 그 점을 지적하시는 것이 욥기 40장의 내용이다. 이를 깨달은 욥은 회개하고 이후 주님께로부터 이전의 배의 복을 받게 된다.

「또 주께서 욥에게 대답하여 말씀하시기를 "전능하신 분과 더불어 다투는 자가 그분을 가르치겠느냐? 하나님을 꾸짖는 자로 그것을 대답하게 하라." 하시더라. 그때 욥이 주께 대답하여 말씀드리기를" 보소서, 나는 악하오니」(욥 40:1-4a).

욥은 주님을 직접 뵙고 나서 바른 말을 하게 된다. 이전까지는 친구들이 죄 때문에 벌을 받는 것이라며 죄를 지적하자 자신의 의를 끝까지 붙들고 친구들을 대적했지만, 거룩하신 하나님 앞에서는 자신이 죄인임을 고백할 수밖에 없었다. 구원받기 위해서는 누구든지 자신이 죄 없이 살 수 없다는 것을 알아야 한다. 구약 때 아무리 행함으로 구원을 받는다 해도 그저 행함 자체만 필요한 것이 아니다.

「"보소서, 나는 악하오니 내가 무엇을 주께 대답하리이까? 내가 내 손으로 내 입을 가리겠나이다」(욥 40:4).

욥은 지금까지 자신의 의로 버텼다는 어리석음을 깨닫게 되었다. 욥은 결국 하나님의 의와 대결했던 것이다.

「그때 주께서 회오리바람 가운데서 욥에게 대답하여 말씀하시기를 "이제 너는 남자답게 네 허리를 동이라. 내가 네게 요구하리니 너는 내게 표명할지니라」(욥 40:6,7).

하나님께서는 '욥, 네가 그렇게 의롭다면 한 번 말해 보라'고 말씀하신다.

「네가 나의 심판을 무효화시키려느냐? 네가 나를 정죄함으로써 네가 의롭게 되려느냐? 네가 하나님과 같은 팔이 있느냐? 네가 그와 같이 음성을 천둥처럼 낼 수 있느냐? 이제 너는 위엄과 탁월함으로 스스로 꾸미고 영광과 아름다움으로 스스로 단장하라. 네 진노의 격정을 쏟아 버리고 모든 교만한 자를 보고 그를 낮출지니라」(욥 40:8-11).

하나님께서는 욥에게 자신의 의로운 행함으로 인해 스스로를 구원해 보라고 하시는 것이다. 예수 그리스도를 믿고 구원받으라고 말씀하는 것이 아니다.

「모든 교만한 자를 쳐다보고 그를 낮추며 악인을 그들의 자리에서 밟으라. 그들을 흙 속에 함께 감추고 그들의 얼굴을 몰래 싸맬지니라. 그리하면 나도 네 오른손이 너를 구원할 수 있다고 네게 말하리라」(욥 40:12-14).

이제 욥은 하나님의 직접적인 계시를 듣고 깨우쳤다.

「"주께서는 모든 것을 하실 수 있으며, 어떤 생각도 주께 알려지지 않을 수 없음을 내가 아나이다. 지식 없이 이치를 가리는 자가 누구니이까? 그러므로 나는 깨닫지 못한 것을 말하였으니 그것들은 내게 너무 경이로워서 내가 알지 못하였나이다」(욥 42:2,3).

이제 정신을 차린 욥은 회개한다.

「내가 주에 대하여 귀로만 들었사오나 이제는 내 눈으로 주를 보나이다. 그러므로 내가 나를 미워하고 티끌과 재 속에서 회개하나이다." 하더라. 주께서 욥에게 이런 말씀을 말씀하신 후에 주께서는 데만인 엘리파스에게도 말씀하시기를 "내 진노가 너와 네 두 친구를 향해 일어났나니, 이는 너희가 내 종 욥이 한 것같이 내게 옳은 것을 말하지 않았음이라. 그러므로 너희는 지금 수송아지 일곱과 숫양 일곱을 가지고 내 종 욥에게 가서 너희 자신을 위하여 번제를 드리라. 그리하면 내 종 욥이 너희를 위하여 기도하리라. 그를 내가 기뻐 받으리니 너희가 내 종 욥이 한것같이 내게 옳은 것을 말하지 아니한 것으로 인해 내가 너희의 우둔함대로 너희를 다루지 않겠노라." 하시니라」(욥 42:5-8).

주님은 욥의 친구들에게 욥에게 가서 번제를 드리라고 명령하셨고, 그들은 하나님의 계시대로 행함으로써 구원받게 된다. 이처럼 모든 시대의 사람들이 예수님만 믿고 구원받는 것이 아니라는 점을 말하는 것이다. 우리는 구약 때 살았던 사람들에게 연민을 갖게 된다. 구원에 대한 보장을 가질 수 없었기 때문이다. 욥도 만일 여기서 회개하지 않았다면 어떻게 되었겠는가? 비록 이전에 의롭게 살고 주님께 제물을 드렸어도 구원을 잃어버리거나 성령이 떠날 수도 있는 것이었다.

우리가 지금 알아야 하는 것은 당시에 주님께서 사람들에게 어떻게 계시하셨으며, 사람들은 그 계시를 따라 어떻게 행하는지에 근거해 구원을 받는다는 것이다.

「그리하여 테만인 엘리파스와 수하인 빌닷과 나아맛인 소팔이 가서 주께서 그들에게 명하신 대로 행하였더니 주께서도 욥을 기쁘게 받으셨더라. 욥이 그의 친구들을 위하여 기도하였더니 주께서 욥의 사로잡힘을 돌이키셨고 또 주께서는 욥에게 전에 소유했던 것의 두 배를 주시니라」(욥 42:9,10).

위 구절은 이스라엘 백성들이 사로잡힘에서 돌아오는 미래에 대한 예표이다. 회복된 후의 이스라엘 백성은 욥과 같이 두 배의 복을 받게 될 것이다. 욥의 고난은 이스라엘의 고난인 대환란을 예표하지만, 동시에 욥과 그 친구들을 통해 그 당시에는 사람들이 어떻게 행했는지를 알 수 있게 된다.

이렇게 해서 인간은 그 시대마다 주님께서 계시를 주시는 대로 따라가면 된다는 것을 살펴보았다. 모든 시대의 사람들이 교회 시대의 우리들처럼 예수님을 믿고 구원받는다고 하는 것은 잘못된 것이다.

9
율법시대

앞서 살펴본 대로, 율법 시대는 모세의 시내산 사건부터 예수님의 초림 때까지를 말한다. 주님께서 인간들에게 명하신 것들을 율법이라 부르는데, 특히 모세의 율법은 이스라엘 민족의 출애굽 당시 민족적으로 주신 법령을 말한다.

모세에게 율법을 주시기 전에도 주님의 명령은 있어 왔다.

「이는 아브라함이 내 음성에 복종하고, 내 명령과 내 계명들과 내 규례들과 내 법들을 지켰음이니라." 하시니라」(창 26:5).

이처럼 모세 이전에도 주님께서는 자신의 명령, 계명, 규례, 법들을 인간에게 계시하셨지만, 모세를 통한 출애굽 사건으로 주님께서는 이스라엘이라는 민족에게 율법을 주셨다. 뿐만 아니라 모세는 창세기부터 신명기까지 (소위 모세오경이라 불리는) 하나님의 말씀을 기록했다.

지금 구원들에 대해 살펴보고 있는데, 분명한 것은 신약 시대의 은혜 복음과 그 이전 구약 때의 구원 방법이 다르다는 것, 즉 구약 때에는 하나님의 말씀을 믿을 뿐 아니라 그에 따른 행위가 있어야 한다는 사실이다. 또한 앞으로 올 대환란 때 역시 구약 때와 마찬가지로 구원받으려면 하나님 말씀을 믿어야 하고 그 믿음은 행함을 동반해야 한다.

구약의 의와 신약의 의가 다른 점

하나님께서는 출애굽기 20장에서 십계명을 주셨는데, 신명기 6:25을 보면 현재 은혜 복음 시대의 의, 믿음과는 차이가 있다는 것을 명확히 알 수 있다.

「만일 우리가 주께서 우리에게 명령하신 대로 주 우리 하나님 앞에서 이 모든 계명들을 지켜 행하면, 그것이 우리의 의가 되리라." 할지니라」(신 6:25).

계명을 행하는 것이 의가 된다는 위 구절은 명백히 로마서, 갈라디아서에서 말씀하는 믿음에 의한 의와 차이가 있다. 또 에스겔서 18장을 보면 당시에 주님께서 어떤 사람들을 구원하시고 의롭게 하시는지를 잘 알 수 있다.

「보라, 모든 혼들은 내 것이라. 아비의 혼이 그렇듯이 자식의 혼도 내 것이라. 범죄하는 혼은 죽으리라. 그러나 만일 사람이 의로워서 합법적이고 옳은 것을 행하고」(겔 18:4,5).

범죄하는 혼은 죽으리라는 것은 죄 가운데 죽으면 육체의 죽음뿐 아니라 그 혼이 영원히 지옥의 형벌을 받는 것을 말씀한다. 많은 사람들이 이 말씀을 오해해서 죄에 대한 구약 시대의 형벌은 오직 육신의 죽음만을 의미하는 것이라고 하지만 그렇지 않다. 육신인 목숨을 잃을 뿐 아니라 죄 가운데 죽었다면 그 혼은 지옥에 가는 것이다.

「고리로 빌려주지 아니하고 이자도 취하지 아니하며 죄악으로부터 자기 손을 떼고 사람과 사람 사이에 진실한 심판을 내리며, 내 규례대로 행하고 내 명령을 지켜 진실하게 행한다면 그는 의인이니 그가 반드시 살리라. 주 하나님이 말하노라」(겔 18:8,9).

그렇다면 로마서 3:10에는 「기록된 바와 같으니 "의인은 없나니 없도다. 한 사람도 없도다."」라고 말씀하는데, 이는 에스겔서의 구절과 서로 모순된 것인가? 아니다. 이는 모순이 아니라 구약 때의 의인과 신약 십자가 사건 이후의 의인과의 확실한 차이를 보여주는 것이다.

에스겔서 18장은 '의인'을 말씀하는데, 어떻게 의인이 되는 것인가? 여기서는 예수 그리스도를 믿음으로써 의인이 되는 것이 아니라 "내 명령을 지켜 진실하게 행하면 그는 의인이니 그가 반드시 살리라."고 말씀하신다. 구약 때는 이처럼 믿음뿐 아니라 행함이 있어야 한다. 이렇듯 성경에서 확실하게 말씀해 주고 있는데도 구약 때의 구원 방법이 오늘날 은혜 시대와 같다고 가르치는 것은 잘못된 것이다.

주님께서는 죄지은 자들의 자녀들에 대해서도 말씀하신다.

「보라, 이제 그가 아들을 낳았는데 그 아비가 행한 그의 온갖 죄들을 보고 숙고하여 그 같은 일을 행하지 아니하고, 산들 위에서 먹지도 아니하며 이스라엘 집의 우상들에게 자기 눈을 들지도 아니하고 자기 이웃의 아내를 더럽히지도 아니하며 아무도 억압하지 아니하고 저당을 잡지도 아니하며 폭력으로 착취하지도 아니하나, 주린 자에게는 자기 빵을 주고 벌거벗은 자에게는 옷으로 입혀 주며 가난한 자에게서 자기 손을 떼어 고리나 이자를 받지 아니하며 내 명령을 실행하고 내 규례를 행하였으면 그는 자기 아비의 죄악으로 죽지 아니할 것이며 그는 반드시 살리라」(겔 18:14-17).

아들은 자기의 아버지의 죄악으로는 결코 지옥에 가지 않고 그 자녀 자신이 율법과 계명을 지키면 반드시 살 수 있다고 말씀하신다.

「그의 아비로 말하면 잔인하게 억압하고 폭력으로 그의 형제를 착취하며 그의 백성 가운데서 선하지 않은 일을 행하였으니, 보라, 그가 그의 죄악 가운데서 죽으리라」(겔 18:18).

그렇다면 죄악 가운데서 죽는다는 것은 무엇을 의미하는가? 이는 육체적인 생명이 끝나는 것만을 말하는 것이 아니라 죽어서 그 혼이 지옥에 감을 말한다. 구약에서는 혼과 몸이 분리되는 할례(신약에서 구원받을 때 일어나는 영적 할례)가 일어나지 않기에 몸과 혼이 동일시되는 경우들이 있지만, 누군가가 죄 가운데서 죽으면 그 혼은 몸을 떠나서 지옥에 가는 것이다.

이를 구별하지 못해 육체적인 죽음만 당한다는 뜻이지 지옥에 가지는 않는다고 한다면 문제가 생긴다. 그것이 맞다면 출애굽 할 때 나온 이스라엘 백성들은 모두 구원받았다는 결론에 도달하게 된다. 그들은 유월절 양 사건으로 이집트에서 나왔지만 그들 모두가 구원받은 것이 아니었다. 그들 중 많은 이들이 죄악을 범해 죄 가운데 죽어서 지옥에 갔으며, 또한 모든 이스라엘 백성 중에서 당시 어렸던 그들의 자녀들과 여호수아, 칼렙만 약속된 땅에 들어가게 되었다.

「그런데 너희는 말하기를 "왜 그 아들이 아비의 죄악을 담당하지 않겠느냐?" 하는도다. 아들이 합법적이고 옳은 것을 행하고 나의 모든 규례들을 지켜 그것들을 행하면 그는 반드시 살리라. 범죄하는 혼은 죽으리라. 아들이 아비의 죄악을 지지 아니할 것이며 아비도 아들의 죄악을 지지 아니할 것이니 의인의 의는 그에게 있고 악인의 악도 그에게 있으리라」(겔 18:19,20).

다시 말하면 아들은 아들대로, 아버지는 아버지대로 자기 자신이 지은 죄악 때문에 죽어 지옥에 가든지, 죄를 짓지 않으면 살고 영생을 얻었다. 반복하지만, 사도행전 15장의 상황 이전에는 누구도 구원의 확신을 가질 수 없었다.

예수님의 탄생 이후부터 사도행전 15장까지는 하나님의 경륜의 전환기이기 때문에 여러 가지 방법으로 구원받는 말씀이 나온다. 예수님 탄생 이전까지만 해도 여전히 구약 시대였으며, 그들 중 구원이 영원히 보장되었다는 확신을 가지고 살았던 사람은 한 사람도 없었다. 구약 성경에는 어느 누구도 구원의 영원한 보장을 확신하고 살았다는 구절이 나오지 않는다. 영원한 보장이 언급된 몇몇 사람들을 보면 그것은 개인적으로 주어졌거나 주님께서 특별하게 미래에 대해 말씀하신 경우들이었다. 아브라함과 다윗의 경우가 그것이다. 반면 솔로몬의 경우에는 어떻게 되었는지에 대해 성경에 구체적으로 설명되어 있지 않다. 히브리서 11장에 믿음의 선진 중에는 솔로몬의 이름이 빠져 있다.

우리가 하늘나라에 가서 구약의 인물들을 만난다면 그때에야 '이 사람이 하늘나라에 왔구나!' 하고 알 수 있게 될 것이다. 구원에 있어서 각 사람이 살다가 어떤 상태에서 죽었는지가 대단히 중요하다.

구약 인물들의 구원에 대해 살펴볼 때 일반적인 원칙은 그들이 양심과 율법에 의해 심판을 받았으며, 또한 각자 자신들이 하나님께 받은 말씀을 행했을 때 구원을 받았다는 것이다. 구약의 구원론은 오늘날 신약의 은혜 복음처럼 정확하게 말할 수가 없기에 일일이 사례별로 연구해야 한다. 그러나 일반적으로 구약 시대에는 양심과 율법으로 구원이 결정되었으며 구원의 영원한 보장을 갖지 못했다.

「범죄하는 혼은 죽으리라. 아들이 아비의 죄악을 지지 아니할 것이며 아비도 아들의 죄악을 지지 아니할 것이니 의인의 의는 그에게 있고 악인의 악도 그에게 있으리라. 그러나 만일 악인이 자기가 범한 모든 죄들로부터 돌이켜서 나의 모든 규례들을 지키고 합법적이고 옳은 것을 행하면 그는 반드시 살 것이며 죽지 아니하리라. 그가 범한 모든 행악들이 그에게 언급되지 아니하리니 그가 행한 의 가운데서 그는 살리라. 악인이 죽는 것을 내가 어찌 조금이라도 기뻐하겠느냐? 주 하나님이 말하노라. 그가 자기 행실에서 돌이켜 사는 것을 기뻐하지 아니하겠느냐? 그러나 의인이 돌이켜 자기 의에서 떠나 죄악을 범하여 악인이 행한 모든 가증함대로 행하면 그가 살겠느냐? 그가 행한 그의 모든 의는 언급되지 아니할 것이며 그가 범한 그의 허물과 그가 지은 그의 죄 가운데서 죽으리라」(겔 18:20-24).

오늘날은 예수 그리스도를 믿으면 의인이 된다. 그러나 구약 당시에는 "그러나 의인이 돌이켜 자기 의에서 떠나 죄악을 범하여…"라는 위 말씀대로 하나님의 의가 아닌 '자신'의 의로써, 즉 행함에 의해서 갖는 의로써 구원을 받았다. 따라서 구약의 구원은 죽을 때 어떤 상태에서 죽는지에 달린 것이었다.

이는 은혜 복음 시대에 예수 그리스도를 믿음으로써 의를 갖는 것과 다르다는 사실을 분명히 인지해야 한다. 성경적으로 믿는 사람들 외에는 대부분이 '구약 시대에도 예수님 믿고 구원받는다'라고 하거나, '교회 시대에도 예수님도 믿고 행함도 있어야 한다'고 한다. 이는 모두 구원에 관한 이단 교리이다. 우리는 구약과 신약을 구별해야 하며, 성경을 나누어서 공부해야 한다(딤후 2:15).

「의인이 돌이켜 자기 의에서 떠나 죄악을 범하여 그 안에서 죽을 때 그가 행한 그의 죄악으로 인하여 죽을 것이라. 또 악인이 돌이켜 그가 범한 악에서 떠나 합법적이고 옳은 것을 행할 때 그는 자기 혼을 구원하리라」(겔 18:26,27).

악하게 살았던 악인일지라도 언제든지 회개하고 하나님 말씀대로 행하면 살게 된다. 그래서 구약 때는 언제 어떻게 구원의 확신을 가질 수 있을지 알 수 없었다. 신약 교회시대에 사는 우리는 축복받은 것이나 구약 때에는 늘 불안해하며 살았다. 다윗이 죄를 지었을 때 성령님이 떠나실까 봐 불안해하고 걱정하며 주님께 간구한 것을 보면 이를 잘 알 수 있다(시 51:11). 오늘날 우리들은 죄 짓고 성령님이 떠나실까 봐 불안해하지 않는다.

누가복음에는 부자와 나사로의 비유가 나온다(눅 16:19-31). 많은 목사들은 부자가 예수님을 안 믿어서 지옥에 갔고, 나사로는 죽기 전에 예수님을 믿어 낙원에 갔다고 가르친다. 그러나 이는 십자가 사건 전 구약 시대의 일이며, 그 부자는 에스겔 18:18의 말씀처럼 가난한 자를 억압하고 폭력으로 착취한 자신의 죄로 인해서 지옥에 간 것이다.

주님이 오시기 전까지는 죄가 완전히 제거되지 않고 임시로 죄 사함을 받았다.

「자비를 수천 대까지 간직하며 죄악과 허물과 죄를 용서하나 범법자가 결코 깨끗하게 되지는 아니하리니 그 조상들의 죄악을 그 자손들과 그 자손들의 자손들 삼사 대까지 미치게 하느니라." 하시니라」(출 34:7).

율법과 율례를 지켜 죄를 용서는 받았다. 계명을 어기면 동물의 피로써 일시적인 죄사함을 받은 것이다. 출애굽기의 말씀은 오늘날 우리에게 해당되는 말씀이 아니다. 우리는 죄사함을 받기 위해 동물의 피가 필요하지 않으며, 무언가를 행함으로 즉 율례를 지킴으로써 용서를 받는 것이 아니기 때문이다.

히브리서 9장에서 이 진리를 명확하게 제시한다.

「그러므로 첫 언약도 피 없이 드려진 것이 아니니 모세가 율법대로 모든 계명을 온 백성에게 말한 후에 송아지와 염소의 피와 물과 주홍색 양털과 우슬초를 가져다가 그 책과 온 백성에게 뿌리며 말하기를 "이것은 하나님께서 너희에게 명하신 언약의 피라." 하였느니라. 더 나아가 그는 피를 가지고 성막과 섬기는 데에 쓰이는 모든 기명들에 뿌렸느니라. 율법에 따르면 거의 모든 것이 피로써 정결케 되나니, 피흘림이 없이는 죄사함이 없느니라」(히 9:18-22).

22절은 '율법에 따라'라고 말씀한다. 즉 이는 율법 시대에 해당되는 말씀인 것이다. 구약 때에는 동물의 피로 일시적인 죄사함을 받았을 뿐이고, 비로소 예수님이 오셔서 그분의 보혈로써 죄를 완전히 제거해 주셨다.

출애굽기 34장과 히브리서 9장을 통해서 알 수 있는 것은, 구약 때 죄의 용서함은 있었지만 완전한 죄의 제거는 없었다는 사실이다. 은혜 복음(신약)이 오기 전까지는 구약의 상태에서는 로마서 2장의 기준으로 판단을 받았다.

한편 율법을 받지 않은 이방인들은 어떻게 되는 것인가? 성경은 그들이 모두 죄에서 면죄되는 것이 아니라 율법없이 죄를 지으면 율법없이 멸망한다고 말씀한다.

「율법 없이 죄를 지은 사람들은 모두 율법 없이 멸망할 것이요, 율법 안에서 죄를 지은 사람들은 모두 율법에 의하여 심판받게 되리니 (하나님 앞에서는 율법을 듣는 자들이 의인이 아니요, 율법을 행하는 자들만이 의롭게 될 것임이라)」(롬 2:12,13).

이렇게 하나님께서는 의롭게 되는 방법으로 율법을 행할 것을 분명하게 명하셨다.

「따라서 하나님 앞에서 율법으로 의롭게 되는 사람은 아무도 없다는 것이 분명하니 이는 "의인은 믿음으로 말미암아 살리라."

고 하였음이니라」(갈 3:11).

이 말씀만 보면 '의인이 없다'고 한 구절과 모순처럼 보이지만, 그 다음 12절을 보면 모순이 아님을 알 수 있다.

「율법은 믿음에서 난 것이 아니니라. 그러나 "그것들을 행하는 사람은 그것들 안에서 살리라."고 하였느니라」(갈 3:12).

즉 신약 교회 시대에는 믿음으로 의롭게 되지만 구약 율법 시대에는 율법을 행함으로 사는 것이다. 로마서 2:13의 말씀 그대로이다.

문제는, 시대를 구분하지 못하고 모든 것을 같다고 보기 때문에 성경에 모순이 있다고 생각하는 것이다. 성경에는 모순이 없다. 사람들이 하나님의 말씀을 올바로 나누어 공부하지 못하는 것만이 문제다.

주님이 오시기 전까지는 로마서 2장에서 말씀하시는 그 상태로 살았다. 그래서 율법을 행하는 자들만이 의롭게 될 것이라고 로마서 2:13에 말씀하신 것이다.

「율법이 없는 이방인들이 본성으로 율법에 있는 일들을 행할 때에는 율법이 없어도 이것들이 스스로에게 율법이 되나니 그들의 양심도 증거하고 그들의 이성이 송사하거나 서로 변명하여 그들의 마음에 기록된 율법의 행위를 보여 주느니라)」(롬 2:14,15).

이방인들은 비록 율법을 받지는 않았지만 하나님께서 주신 양심과 이성으로 무엇이 선한 것이고 악한 것인지를 알 수 있기에 그것에 의해서 판단받는 것이다. 율법을 받지 않은 이방인들의 나라에서도 옳고 그름은 알았기 때문에 그에 근거해서 악을 징벌하는 법을 제정한 것이다.

구약 율법의 의 vs 신약 하나님의 의

구약의 믿음이 신약 교회 시대의 믿음과 다른 예를 몇 가지 더 살펴보자.

「보라, 마음이 교만한 사람은 그 안에 정직함이 없느니라. 그러나 의인은 자기 믿음으로 말미암아 살리라」(합 2:4).

여기서는 로마서에서처럼 "의인은 믿음으로 말미암아 살리라." 하지 않고 "의인은 자기 믿음으로 말미암아 살리라."고 하셨다. 로마서 1:17은 구약 하박국의 구절을 인용한 것인데, 사도 바울은 하박국의 "자기 믿음"에서 "자기"라는 단어를 빼고 인용함으로써 신약 교회 시대에는 구약과 다른 방법으로 의롭게 됨을 제시하고 있다.

「이 복음 안에는 믿음에서 믿음에 이르게 하는 하나님의 의가 계시되었으니 기록된 바 "의인은 믿음으로 말미암아 살리라." 함과 같으니라」(롬 1:17).

여기서 하나님의 의가 나오는데, 하나님의 의와 율법의 의와는 차이가 있다. 로마서 1:17의 믿음은 그 자신의 믿음이 아니라 예수 그리스도를 믿는 믿음을 말한다. 이 믿음과 하박국의 "자기 믿음"과는 큰 차이가 있는 것이다.

사도 바울이 구약을 인용하면서 성경을 변개한 것이 아니다. 성경을 기록할 때 성령님께서 사도 바울을 통해 신약 교회 시대의 구원론을 명확하게 보여주시려고 의도적으로 "자기"라는 한 단어를 빼고 인용하게 하신 것이다.

정리하면, 신약의 로마서는 의인이 "믿음"으로 산다고 말씀하고 구약의 하박국은 "자기 믿음"으로 산다고 말씀한다. 구약의 믿음은 행함을 동반하는 것이기 때문에 구약 성도들은 하나님께서 말씀하시는 것을 믿을 뿐만 아니라 자신에게 행하라고 명령하신 것을 행해야 했다.

율법의 의와 하나님의 의, 즉 구약과 신약의 차이를 보여주는 구절들을 더 살펴보자.

「그러므로 만일 무할례자가 율법의 의를 지킨다면 그의 무할례를 할례로 여길 것이 아니냐?」(롬 2:26)

'율법의 의'와 '하나님의 의' 중에서 로마서 1:17처럼 하나님의 의를 가질지, 율법의 의를 가질지가 문제이다.

「이는 율법의 의가 우리 안에서 이루어지게 하려 함이라. 우리는 육신을 따라 행하지 않고 성령을 따라 행하는 자들이라」(롬 8:4).

십자가 사건 이후에는 예수 그리스도를 믿음으로써 이제는 하나님의 의를 갖게 되고, 그것을 통해서 이제 율법의 의가 우리 안에서 이루어진다는 말씀이다.

「율법이 육신을 통하여서는 연약하여 할 수 없는 것이므로 하나님께서 죄 때문에 자신의 아들을 죄 있는 육신의 모양으로 보내 그 육신에 죄를 선고하셨으니」(롬 8:3).

구약 시대에는 율법의 의를 자기의 믿음으로써 행해야 했지만 율법은 결국 육신의 연약함으로 인해 지킬 수 없게 되었고, 이제 예수님의 보혈의 공로로 인해 성령님의 도움으로 주님의 명령을 지킬 수가 있게 되었다.

「이는 그리스도 예수 안에 있는 생명의 성령의 법이 죄와 사망의 법에서 나를 해방시켰기 때문이라」(롬 8:2).

하나님의 의와 율법의 의는 이러한 차이점이 있다. 이러한 차이에 대해서는 로마서 9장에서 더욱 확실하게 제시되는데, 예수 그리스도를 거절하고 율법의 행위에 매여 있는 이스라엘은 구원을 못 받는다고 사도 바울이 말한다.

「그런즉 우리가 무슨 말을 하리요? 의를 따르지 아니하던 이방인들이 의에 이르렀으니 곧 믿음에서 난 의라. 그러나 의의 법을 따르던 이스라엘은 의의 법에 이르지 못하였으니 어찌하여 그렇게 되었느냐? 이는 그들이 믿음으로 의를 구하지 아니하고 율법의 행위로 되는 것처럼 구하였기 때문이라. 그들이 그 걸려 넘어지게 하는 돌에 넘어진 것이라」(롬 9:30-32).

이 의는 믿음에서 난 의이며, 주님의 십자가 사건 이후부터는 믿음으로 의를 구해야 한다. 그 믿음은 예수 그리스도를 믿는 믿음이다. 반면 구약 때의 믿음은 율법의 의를 지키는 "자기 믿음"이다. 이것을 구분하지 못하면 오늘날 만연한 두 가지 이단, 즉 모든 시대 사람들이 다 예수님을 믿고 구원받는다는 이단 교리나, 모든 시대에 믿음과 동시에 행함이 있어야 구원받는다는 이단 교리를 가르치게 된다.

「이는 그들이 하나님의 의를 모르고 자기들의 의를 세우려 함으로써 그들 스스로 하나님의 의에 복종치 아니하였음이니라. 그리스도께서는 믿는 모든 사람에게 의가 되시고자 율법의 끝이 되셨느니라. 모세도 율법에서 난 의에 대해 기록하기를 "그것들을 행하는 사람은 그것들로 인하여 살리라."고 하였느니라」(롬 10:3-5).

모세 때 즉 율법 시대에는 율법을 행하는 것으로 인하여 산다, 즉 행함이 있어야 한다는 말씀이다.

「그러나 믿음에서 난 의는 이같이 말하기를 "네 마음에 '누가 하늘에 올라갈 것인가?' 하지 말라." 하였으니 (그것은 그리스도를 위로부터 모셔 내리려는 것이요,) 또한 "누가 깊은 곳으로 내려갈 것인가?' 하지 말라." 하였으니 (그것은 그리스도를 죽은 자들로부터 다시 모셔 올리려는 것이라.) 그러나 그것이 무엇을 말하느냐? "말씀이 네게 가까워 네 입에 있으며 네 마음에 있노라." 하였으니 곧 우리가 전파하는 믿음의 말씀이라」(롬 10:6-8).

이것이 율법 시대와는 다른 은혜 복음 시대의 구원론이다.

「네가 네 입으로 주 예수를 시인하고 또 하나님께서 그를 죽은 자들로부터 살리신 것을 네 마음에 믿으면 구원을 받으리라. 이는 사람이 마음으로 믿어 의에 이르고 입으로 고백하여 구원에 이르기 때문이라」(롬 10:9,10).

이제는 자기 믿음으로 율법의 의를 지키며 사는 것이 아니라 그리스도를 믿는 믿음으로 말미암아 의에 이르게 된다. 이렇듯 구약의 의인과 신약의 의인은 다르다.

「사람들 사이에 논쟁이 있어 그들이 재판을 받으러 오면, 재판관들은 그들을 재판하여 의로운 사람들은 의롭다 하고 악한 사람들은 정죄할지니라」(신 25:1).

로마서 3장에서는 "기록된 바와 같이 "의인은 없나니 없도다, 한 사람도 없도다."(롬 3:10) 라고 하시는데 구약에서는 악인이 있고 의인이 있다고 하니, 성경에 모순이 있는 것인가? 그렇지 않다.

성경을 공부할 때 하나님의 경륜을 모르면 결국에는 자신이 정말 구원받고 의롭게 되었는지조차 모르게 된다. 한국의 목사들은 구원에 대해서 오늘은 이렇게 해야 구원받는다고 했다가, 다음 주에는 저렇게 해야 구원받는다고 하고, 칼빈주의로 선택받은 사람들만 구원받는다고 했다가, 열성으로 구원받는다고 혼란스럽게 가르쳐 교인들을 멸망으로 인도한다.

'구약의 믿음, 구약의 의'와 '신약의 믿음'의 다른 점을 모르면 완전히 하나님의 말씀을 모순 덩어리로 여기고 성경을 신뢰하지 못하게 된다. 구약에는 자녀가 악을 행하면 돌로 쳐 죽이라는 하나님의 엄중한 말씀(신 13:6-11)이 있는데, 이를 가지고 성경과 하나님을 조롱하는 자들이 있다. 그런 어리석은 자들은 하나님의 경륜을 모르기 때문에 이 말씀도 오늘날 문자 그대로 실천해야 하느냐며 하나님의 말씀을 없애려는 시도를 하는 것이다.

「아브라함이 가까이 다가가서 말씀드리기를 "주께서 악인들과 함께 의인들도 멸하려 하시나이까? 혹시 그 성읍 안에 오십 명의 의인이 있다면, 주께서는 그곳을 멸하시고 거기에 있는 오십 명의 의인들을 위하여 남겨 두지 않으려 하시나이까?」(창 18:23,24).

하나님께서 소돔과 고모라를 심판하시려 할 때, 아브라함은 조카 롯을 위해 주님과 타협했다. 여기서도 분명하게 의인과 악인이 구별되고 있다.

「하물며 자기 집 침상에서 자고 있는 의로운 사람을 죽인 악인들에게는 얼마나 더하겠느냐? 내가 너희의 손에서 그의 피값을 요구하여 너희를 이 땅에서 없애지 아니하겠느냐?" 하고」(삼하 4:11).

성경에 의인은 없다면서(롬 3:10) 왜 의인을 언급하는 것인가? 신약에서는 의인이 없지만 구약 때는 자신의 행위로 인해 의롭게 되는 의인이 있었기 때문이다.

이제 몇 명의 구약 인물들의 예를 살펴보려 한다. 구약에서는 보편적으로 율법과 양심이라는 기준으로 구원이 정해졌지만, 이 예들에서 볼 수 있는 것같이 하나님께서 구원하신 방법이 개개인에 따라 달랐음을 알 수 있다.

구약 인물들과 의 – 다윗의 예

우선 다윗의 경우, 그는 사무엘하 12장에서 죄를 지었지만 하나님께서는 특별한 방법으로 그의 죄를 용서해 주셨다.

「다윗이 나단에게 말하기를 "내가 주를 거역하여 죄를 지었노라." 하더라. 나단이 다윗에게 말하기를 "주께서도 왕의 죄를 제하셨으니, 왕이 죽지 아니하리이다. 그러나 이 행실로 인하여 왕이 주의 원수들에게 하나님을 모독할 큰 구실을 주었으니, 왕에게 태어난 아이가 또한 반드시 죽으리이다." 하더라」(삼하 12:13,14).

다윗의 경우 예외적인 방법으로 죄의 용서를 받았는데, 이는 그가 받은 하나님의 자비는 무한한 자비이기 때문이다. 다윗이 받은 용서는 오늘날 신약 교회 시대에 구원받은 그리스도인에게 한 모형이 된다.

「내가 또 그를 나의 장자로 삼고 지상의 왕들보다 더 높게 하며, 그를 위하여 나의 자비를 영원무궁토록 간직하고 그와 더불어 나의 언약을 굳게 세우리라. 내가 또 그의 씨를 영원하게 할 것이며 그의 보좌도 하늘의 날들과 같게 하리라. 만일 그의 자손이 내 법을 버리고 나의 명령들대로 행하지 아니하며 그들이 내 규례들을 어기고 나의 계명들을 지키지 아니하면 내가 막대기로 그들의 죄과를 다스리며 채찍들로 그들의 죄악을 다스리리라. 그러나 내가 나의 자애를 그로부터 완전히 거두지는 아니할 것이요, 나의 신실함도 약해지지 아니하며 내 언약도 깨뜨리지 아니할 것이요, 내 입술에서 낸 것도 변경시키지 아니하리라. 내가 나의 거룩함으로 한 번 맹세한 것은 다윗에게 거짓말을 하지 아니하리라는 것이라. 그의 씨가 영원히 지속될 것이요, 그의 보좌는 내 앞에 태양 같으리니 그것이 달과 같이, 하늘에 있는 신실한 증인같이 영원히 견고하게 서리라.” 하셨나이다. 셀라」(시 89:27-37).

다윗에게 주신 언약을 통해 주님께서 약속하신 것이다. 다윗 당대에 그는 명백한 예외였는데, 다윗의 씨는 예수님께로 연결되고 예수님을 통해서 이전에는 없었던 구원의 영원한 보장이 주어진다.

이사야서 55장은 이를 일컬어 다윗의 확실한 자비라고 말씀한다.

「너희 귀를 기울이고 내게 와서 들으라. 그리하면 너희 혼이 살리라. 또 내가 너희와 영원한 언약을 맺으리니, 곧 다윗의 확실한 자비니라」(사 55:3).

한편 다윗이 죄 지은 후에 한 회개를 보면 그가 율법 하에 있었기 때문에 오늘날 우리와 완전히 다른 것을 알 수 있다.

「주의 면전에서 나를 내어쫓지 마시고 주의 거룩한 영을 내게서 거두어 가지 마소서」(시 51:11).

여러분은 죄에 대해 자백할 때 주의 영을 거두어가지 마시도록 기도하는가? 성경적으로 믿는 사람들 중 이렇게 기도하는 사람은 없다. 은사주의자들은 성령께 떠나지 마시라고 잘못된 기도를 하지만, 구원받은 사람은 몸이 구속되기까지 성령님이 인치시기 때문에 성령께서 떠나실까 걱정하지 않는다. 그러나 다윗은 당시가 율법 시대이기 때문에 이렇게 기도했던 것이다.

「주의 구원의 기쁨을 내게 회복시키시고 주의 자원하는 영으로 나를 붙드소서. 그리하면 내가 범법자들에게 주의 길을 가르치리니 죄인들이 주께로 돌아오리이다. 오 하나님이여, 피흘린 죄에서 나를 구해 주소서. 주는 나의 구원의 하나님이시니이다. 내 혀가 주의 의를 소리 높여 노래하리이다」(시 51:12-14).

이처럼 교회 시대 외의 구원론을 공부하는 방법은 성경 전체를 보면서 하나님께서 그 당시에 어떤 사람을 어떻게 구원해 주셨는지, 또는 멸망시키셨는지를 살펴보는 것이다.

사울의 예

사무엘상 10장을 통해 사울의 예를 살펴보자.

「그후에 네가 필리스티아인들의 거점이 있는 하나님의 산에 이르리니, 그쪽으로 가서 성읍에 이르면 솔터리와, 북과, 피리와, 하프를 앞세우고 산당에서 내려오는 선지자의 무리를 만나리니, 그들이 예언할 것이라. 그때 주의 영이 네게 임하시리니, 네가 그들과 더불어 예언하고 다른 사람으로 변하리라」(삼상 10:5,6).

이때는 오늘날과 같이 예수님을 믿을 때 성령께서 그 사람 안에 오시지 않았다.

「주의 영이 사울에게서 떠나고 주로부터 온 악령이 그를 괴롭히더라. 사울의 종들이 그에게 말하기를 "보소서, 하나님으로부터 온 악령이 왕을 괴롭히나이다"」(삼상 16:14,15).

위 구절은 이전에 사울에게 임하셨던 성령이 그로부터 떠나셨다고 말씀한다. 그러나 성령은 오늘날 구원받은 자로부터 떠나시지 않는다.

「그 아침에 하나님으로부터 온 악령이 사울에게 임하여 그가 집 한가운데서 예언하였고, 다윗은 여느 때와 마찬가지로 손으로 연주를 하고 있었는데, 그때 사울의 손에 창이 있더라」(삼상 18:10).

「사울이 그의 집에서 손에 창을 쥐고 앉아 있을 때 주께로부터 온 악령이 사울에게 임하였는데, 다윗은 손으로 연주를 하고 있었더라」(삼상 19:9).

이렇듯 우리가 성경을 통해서 알 수 있는 것은 당시 율법 시대에는 성령이 임했다가 떠나시고 악령이 임하기도 한다는 것이다. 만일 이것을 오늘날 신약 교회 시대에 가르치면 성령이 떠나실까 봐 걱정하느라 정신 이상이 생길지도 모른다.

피느하스의 예

율법 시대에 피느하스라는 인물이 있었는데, 하나님께서 이 사람에게 어떤 방법으로 영생을 보장해 주시는지 살펴보자.

「제사장 아론의 손자, 엘르아살의 아들 피느하스가 그것을 보고 회중 가운데서 일어나 손에 창을 들고 그 이스라엘 남자를 따라 그의 장막으로 들어가서, 그 이스라엘 남자와 그 여인의 배를 꿰뚫었더니, 그 재앙이 이스라엘 자손에게서 멈추었더라. 그 재앙으로 죽은 자들이 이만 사천 명이었더라. 주께서 모세에게 일러 말씀하시기를 "제사장 아론의 손자, 엘르아살의 아들 피느하스가 그들 가운데서 나를 위해 열심을 내어, 이스라엘 자손으로부터 나의 진노를 돌이켰으니, 내가 나의 질투심으로 이스라엘 자손을 진멸하지 않았도다. 그러므로 말하라. 보라, 내가 그에게 나의 화평의 언약을 주리라. 그와 그 뒤를 잇는 그의 씨가 그것을 가지리니, 곧 영원한 제사장 직분의 언약이라. 이는 그가 그의 하나님을 위하여 열성이 있어, 이스라엘 자손을 속죄하였음이라." 하시니라」(민 25:7-13).

발람의 계략에 의해서 모압의 딸들과 음행하기 시작한 이스라엘 백성들을 하나님께서 저주하시는데, 피느하스라는 사람이 주를 위한 열심으로 인한 의로운 분노로써 음행한 자를 죽이자 재앙이 멈췄다. 그리고 피느하스는 그의 의로운 행위로 인해 하나님으로부터 구원과 영원한 복과 제사장직을 받게 되었다. 이처럼 구약 때는 하나님께서 그때그때 명령하시는 것을 실행하면 되는 것이었으며 오늘날과 같이 예수님을 믿고 영원한 구원을 보장받는 것이 아니었다.

「그때 피느하스가 일어나 처벌하자 그 재앙이 그쳤으며 그 일이 모든 세대에 걸쳐 영원무궁토록 그에게 의로 여겨졌도다」(시 106:30,31).

피느하스의 행위가 그에게 '의로 여겨졌다'고 말씀한다. 오늘날 예수 그리스도를 믿음으로써 의롭게 되는 것과는 차이가 있다.

라합의 예

믿음의 장으로 불리는 히브리서 11장에는 구약 시대 이방인으로서 구원받은 창녀 라합에 대해 기록되어 있다. 라합은 예수 그리스도의 계보에까지 이름이 기록된 이방 여인이다.

「믿음으로 창녀 라합은 정탐꾼들을 평안히 영접함으로 믿지 아니한 자들과 더불어 멸망하지 아니하였도다」(히 11:31).

라합의 예로 그 당시의 믿음과 지금의 믿음, 즉 구약과 신약 시대의 믿음이 다르다는 것을 확인할 수 있다. 이방인들도 하나님의 백성을 돕거나 살려주면 하나님께서 구원해 주셨다. 라합은 믿음으로 이스라엘 정탐꾼들을 편안히 영접하는 행위로 구원받았다. 만일 정탐꾼들을 영접하지 않고 군사들에게 고발했다면 구원받지 못했을 것이다. 역시 예수 그리스도를 믿는 믿음으로 받는 구원과 구약의 행함으로 인한 구원이 다르다는 것이 여실히 드러난다.

「이와 같이 창녀 라합도 정탐꾼들을 영접하고 다른 길로 그들을 보냈을 때 행함으로써 의롭게 되지 아니하였느냐?」(약 2:25).

또다시 그녀가 행함으로써 의롭게 됐다고 한다. 이처럼 율법 시대와 지금의 교회 시대와는 다르다는 것을 알아야 한다.

시리아 왕의 군대 대장 나아만은 엘리사가 시키는 대로 행했기 때문에 문둥병을 치유받고 의롭게 되었으며(왕하 5:1-14), 니느웨 성읍은 요나의 설교로 성읍 전체가 회개하여 의롭게 되었다(욘 3장). 마태복음 12:42에서 주님께서는 이방인인 남방의 여왕도 솔로몬의 지혜를 들으려고 땅의 맨 끝에서 왔으며 이 시대의 사람들과 함께 심판할 것이라고 말씀하신다.

사람들이 율법 시대와 교회 시대를 혼동하는 이유는 의로운 것과 죄 없는 것의 차이를 이해하지 못하기 때문이다. 죄 없는 사람은 인간으로 오신 예수 그리스도 한 분뿐이시다. 구약 시대에는 자신의 믿음으로 행함을 동반했을 때 의롭게 되었고, 신약 교회 시대에는 예수 그리스도를 믿는 믿음으로 하나님의 의로써 의롭게 되는 것이다.

10
전환기 : 사복음서

구약에서 신약으로의 전환기적 구원
하나님의 경륜이 율법 시대에서 은혜 복음 시대로 옮겨가는 과정 중에 전환기 시대가 있다. 이 시기는 예수님의 탄생부터 십자가 사건까지, 즉 사복음서에 기록된 시기를 가리킨다.

예수님께서는 이 시기에 율법 아래 태어나셔서 율법을 지키셨으며, 의인으로서 죄인들을 위해 죽으심으로써 은혜 복음의 길을 열어주셨다. 이로써 십자가 사건 후에 예수 그리스도를 믿는 사람들은 율법의 저주에서 벗어나게 되었다. 히브리서 9장에 기록된 대로 주님의 구속의 효력은 십자가 사건 이후에야 발생하며, 이 전환기는 양 시대 사이에 놓여 있다.

이 시기에 살았던 인물들 중에는 우리가 오늘날 전파하는 것과 같은 확실한 은혜 복음을 믿고 구원받은 사람이 없다. 오늘날 우리가 전하는 은혜 복음은 육신으로 오신 하나님이신 예수 그리스도의 죽으심과 장사되심, 부활하심인데, 복음서에 나오는 인물들 중 그 당시에 그것을 믿고 구원받은 사람이 없다는 것이다.

전환기 때의 구원론은 오늘날과 다르다. 많은 사람들이 구원론에 대해 혼란 가운데 있지만, 인간은 그때그때 주신 하나님의 말씀과 계시를 믿고 그대로 행하면 된다. 예수님이 계셨던 당시에는 구약 성경만 있었으며 오늘날처럼 신약 성경이 완성되어 사람들이 그것을 읽고 하나님의 계시를 알 수 있는 것이 아니었다. 이 전환기 때에는 구약에 추가해서 주님께서 오셔서 계시하신 것들을 믿고 행하면 되는 것이었다.

많은 사람들이 사복음서를 읽으면서 그 당시나 지금이나 동일하게 예수님을 믿고 구원받는다고 잘못 가르친다. 그 당시에 오신 예수님을 믿고 구원받는 것과 현 시대에 예수님을 믿는 것은 다르다. 은혜 시대에 예수님을 믿는다는 것은 그분의 죽으심과 장사되심, 부활하심을 믿는 것이고, 그것이 우리가 구원받는 조건이다. 반면 사복음서를 보면 그 당시에 살았던 사람들, 즉 예수님과 함께 사역했던 사람들은 십자가에 대한 주님의 말씀을 받아들이지도 못하고 은혜의 복음을 이해하지도 못했었다. 그런데 어떻게 그들이 우리와 동일한 방법으로 구원받을 수 있었겠는가?

「유언이 있는 곳에는 유언한 자의 죽음도 필연코 따라와야 하리니 유언은 사람이 죽은 후에야 효력이 있으며 유언한 자가 살아 있는 동안에는 전혀 효력이 없느니라」(히 9:16,17).

그렇기 때문에 주님이 십자가에서 죽으신 다음에서야 그 말씀에 대한 효력이 발생하는 것이다. 주님께서 구속을 완성하신 십자가 사건 이전에 살았던 사람들은 완전한 구속을 받지 못했기 때문에 그 혼은 죽어서 아브라함의 품 속인 지하 낙원에 갔다. 주님께서 십자가에서 죽으신 후 그곳에 있는 사람들을 데리고 셋째 하늘로 올라가셨다.

누가복음에는 그 당시가 율법 시대였음을 알 수 있는 부분이 많이 제시되어 있는데, 우선 침례인 요한의 아버지 사카랴에 대해서 살펴보자. 이때는 오늘날 우리와는 달리 율법이 요구하는 것을 행하는 시대였다.

「유대왕 헤롯 때에 아비야의 계열에 사카랴라 하는 제사장이 있었는데, 그의 아내는 아론의 딸들 중 하나로 그 이름은 엘리사벳이더라. 그들 두 사람은 하나님 앞에 의로운지라, 주의 모든 계명과 율례를 흠 없이 행하더라. 그런데 그들에게는 아이가 없더라. 이는 엘리사벳이 잉태하지 못하며, 두 사람 모두 나이가 많기 때문이더라. 그때 그가 자기 계열의 순번이 되어 하나님 앞에 제사장 직분을 수행하게 되었는데 그가 제사장 직무의 관례에 따라 주의 성전에 들어가 향을 피우는 일에 뽑혔더라」(눅 1:5-9).

예수 그리스도께서 탄생하시기 직전이었던 당시는 여전히 구약 시대이기 때문에 제사장이 있었으며 율법에 따라 주님께 제사를 드렸다. 그리고 사카랴는 주의 모든 계명과 율례를 흠 없이 지키고 행함으로써 하나님 앞에 의롭다 칭함을 받았다. 그러나 오늘날 우리는 제사장에게 동물을 가져가 피 제사를 드리는 행위로 의로워지지 않는다.

「그후 아기의 할례를 위한 팔 일이 되니 그의 이름을 예수라 하더라. 이 이름은 그가 잉태되기 이전에 천사에 의하여 그렇게 일컬어진 것이라. 그후 모세의 율법에 따라 그녀의 정결례를 위한 날들이 차니, 그들은 아기를 주께 드리기 위하여 예루살렘으로 데려왔더라. (주의 율법에 기록된 바 "첫태생의 남자는 다 주께 거룩하다고 불리리라."고 한 것과 같으니) 주의 율법에 말씀하신 대로 제물을 드리는데 산비둘기 한 쌍이나 어린 집비둘기 두 마리더라」(눅 2:21-24).

예수님은 출생 후에 율법이 요구하는 대로 할례를 받으셨고, 마리아도 율법에 따라 제물을 드리고 정결례를 치렀다. 그러나 오늘날에는 아이를 낳았다고 해서 이렇게 하지 않는다.

「그런데 보라, 예루살렘에 시므온이라고 하는 사람이 있었는데 이 사람은 의롭고 경건하며 이스라엘의 위로를 기다리고 있더라. 그때에 성령께서 그에게 임하셨고 성령께서 그에게 계시로 알게 해주셨으니, 이는 그가 주의 그리스도를 보기 전에는 죽음을 보지 아니하리라는 것이라. 그가 성령에 의하여 성전으로 들어오는데 그때 그 부모가 아기 예수를 데려오니, 율법의 관례대로 그에게 행하고자 함이더라」(눅 2:25-27).

예루살렘의 시므온이라는 사람 역시 율법 아래서 의롭고 경건한 사람이었다. 예수 그리스도의 구속 사역을 믿고 의롭게 된 것이 아니라 율법을 행함으로 의로워진 것이다.

「아셀 지파 파누엘의 딸인 안나라고 하는 여선지자가 있었는데, 나이가 매우 많더라. 그녀가 결혼하여 칠 년을 남편과 함께 살았고,

과부가 된 지 약 팔십사 년이 되었으나, 성전을 떠나지 않고, 밤낮 금식과 기도로써 하나님을 섬기더라. 마침 같은 시간에 그녀가 와서 주께 감사를 드리고, 예루살렘에서 구속을 기다리는 모든 사람에게 그 아기에 관하여 말하더라. 그들이 주의 율법에 따라 모든 것을 마친 후, 그들의 성읍 갈릴리 나사렛으로 돌아오니라.… 해마다 유월절이면 그의 부모가 예루살렘에 가더라」(눅 2:36-39,41).

오늘날에는 선지자가 없다. 오늘날 교회에 주어진 직분은 목사이다. 사도들과 선지자들은 사도행전 시대 이후로 더 이상 나오지 않는다.

예수님 태어나신 당시에는 여선지자가 있었고, 여선지자 안나는 구약 성경에 예언된 메시아를 기다리고 있었다. 또한 예수님의 모친 마리아와 요셉은 율법 하에서 유월절과 절기들을 지켰다. 분명한 것은 예수님 탄생 당시는 율법 하인 구약 시대였으며, 사람들을 향한 하나님의 뜻은 율법을 지키는 것이었다.

복음서에 기록된 내용이라고 해서 모두 은혜 복음에 포함시켜서는 안 된다. 복음서는 십자가 사건을 준비하는 과정을 담고 있으며, 그것이 우리가 구원을 받을 수 있는 근간이 되었다. 그러나 당시 사람들은 신약 교회라는 것은 몰랐으며, 그들에게 계시되었던 것은 구약 성경에 예언된 대로 이스라엘의 메시아께서 오셔서 백성들을 구속해 주신다는 것뿐이었다. 그 구속은 영적인 것뿐만 아니라 물리적으로 민족적 차원에서 식민지 생활을 벗어날 수 있도록 메시아께서 오셔서 로마의 압제로부터 구원해 주시는 것이었다.

「그가 열두 살 되었을 때에, 그들이 그 명절의 관례에 따라 예루살렘에 올라갔다가」 (눅 2:42).

예수 그리스도께서는 12살 때도 율법을 지키셨다.

사도 바울이 명확하게 은혜 복음을 정립하기 전까지는 실질적으로 구원의 영원한 보장, 영생의 보장에 대한 교리들이 정립되지 않았었다. 지금까지 율법 시대 이전과 율법 시대의 구원에 대해 공부했는데, 이 시대들에 살았던 사람들은 우리처럼 구원의 확신을 가질 수가 없었다.

「그런데, 보라, 한 율법사가 일어서서, 주를 시험하여 말씀드리기를 "선생님, 내가 영생을 상속받으려면 어떻게 하여야 하리이까?"라고 하니 주께서 그에게 말씀하시기를 "율법에는 무엇이라고 기록되어 있으며 너는 어떻게 읽느냐?"고 하시더라. 그가 대답하여 말씀드리기를 "'너는 네 마음을 다하고, 혼을 다하고, 힘을 다하고, 생각을 다하여 주 너의 하나님을 사랑하라. 또 네 이웃을 네 자신과 같이 사랑하라.'고 하였나이다."라고 하니, 주께서 그에게 말씀하시기를 "네가 옳게 대답하였도다. 이것을 행하라. 그러면 네가 살리라."고 하시더라」(눅 10:25-28).

한 율법사가 예수님께 영생에 대해 질문했을 때 예수님께서는 십자가를 믿고 예수를 구주로 영접하라고 하지 않으셨다. 아직 예수님께서 돌아가시기 전이기 때문이었다. 율법을 지켜 행하면 되는 시대이기 때문에 율법에 기록된 대로 행하면 산다고 하신 것이다. 그 당시 사람들이 무엇을 알고 있었는지를 생각하면 된다. 신약 성경도 없고 은혜 복음이나 교회의 신비에 대해 전혀 계시되지 않았던 시대에 살았던 그들이 오늘날과 같은 구원에 대해서 어떻게 알 수 있었겠는가!

이 시대의 구원에 대한 혼란이 많은 이유는 이러한 문제들에 대해 잘못 배웠기 때문이다. 그 당시 사람들이 예수님께서 복음서에서 하신 말씀을 믿고 구원받았다고 가르치는 이들도 있지만, 그것은 맞지 않다. 당연히 메시아이신 예수님을 믿어야 하지만, 그 당시에는 십자가에서 돌아가시고 장사되고 부활하심을 믿어야 했던 것이 아니다. 당시 제자들은 주님이 부활하신 후에도 부활을 의심했는데 어떻게 그들이 부활을 믿고 구원받았다고 할 수 있는가? 그럼에도 불구하고 주님께서는 유다 이스카리옷을 제외하고는 그들 모두 구원을 받았다고 말씀하셨다. 제자들이 오늘날 우리와 같은 방법으로 구원받는다고 생각한다면 그 사람은 성경을 전혀 모르는 사람이다.

「어떤 관원이 주께 물어 말씀드리기를 "선한 선생님, 내가 영생을 상속받으려면 어떻게 하여야 하리이까?"라고 하니 예수께서 그에게 말씀하시기를 "어찌하여 네가 나를 선하다고 하느냐? 하나님 한 분 외에는 선한 이가 없느니라」(눅 18:18,19).

위 구절에서 주님께서는 자신이 바로 선한 이, 곧 하나님이심을 말씀하셨다.

「네가 계명들을 아나니, 간음하지 말라, 살인하지 말라, 도둑질하지 말라, 거짓 증거하지 말라, 네 아버지와 어머니를 공경하라."고 하시니 그가 말씀드리기를 "이 모든 것은 내가 어려서부터 지켜 왔나이다."라고 하니라. 예수께서 이 말을 들으시고 그에게 말씀하시기를 "아직 너에게 한 가지 부족한 것이 있느니라. 네가 가진 모든 것을 팔아 가난한 사람들에게 나누어 주라. 그리하면 하늘에 있는 보물을 가지게 되리니, 그런 후에 와서 나를 따르라."고 하시니라. 그가 이 말씀을 듣고 몹시 슬퍼하니, 이는 그가 큰 부자이기 때문이더라. 예수께서 그가 몹시 슬퍼하는 것을 보고 말씀하시기를 "재물을 가진 자들이 하나님의 나라에 들어가는 것이 얼마나 어려운 일인가! 낙타가 바늘귀로 들어가는 것이 부자가 하나님의 나라에 들어가는 것보다 더 쉬우니라."고 하시니라」(눅 18:20-25).

젊은 부자 관원이 예수님께 와서 영생을 얻기 위해서는 어떻게 해야 하는지 묻자 예수님께서는 위의 말씀과 같이 율법에 있는 대로 지켜 행하라고 하셨다. 빌립보 간수가 사도 바울에게 자신이 구원을 받으려면 어떻게 해야 하는가 하고 물었을 때 사도 바울이 말한 것처럼 "주 예수 그리스도를 믿으라."(행 16:30,31)고 하지 않으셨다. 아직은 율법 시대이기 때문이다.

「그러므로 사람들이 너희에게 해주기를 바라는 것은 무엇이든지 모두 너희도 그들에게 그렇게 해주라. 이것이 율법이요, 선지서들이니라」(마 7:12).

위 구절은 거짓 목사들이 항상 인용하는 '황금률'인데, 이것을 구원받는 방법으로 가르쳐 무수한 혼들을 지옥으로 보내고 있다. 그러나 이것은 마태복음에서 구약의 의에 대해 예수 그리스도께서 하신 말씀이다. 여기서도 주님께서는 예수 그리스도를 믿고 구원받은 뒤 성령을 따라 살라고 하지 않으셨다. 오히려 구약의 의에 대해서 가르치시면서 율법과 선지서들, 즉 구약 성경을 말씀하셨다.

이처럼 복음서 시대는 여전히 율법 하에 있었고, 주님께서는 율법 하에서 태어나시고 사역하셨으며, 십자가에서 죽으심으로 율법을 완성하셨다(요 19:30). 따라서 어느 시대든 관계없이 예수님을 믿고 구원받는다는 것은 잘못된 교리이다.

침례인 요한의 메시지

그렇다면 주의 길을 예비하기 위해 예수님에 앞서 먼저 나타난 침례인 요한의 사역에서 그의 설교가 우리에게 해당되는 것인지 살펴보자.

「그는 주의 목전에 위대한 자가 될 것이며, 포도주나 독주도 마시지 아니하며 모태에서부터 성령으로 충만하리라. 또 그는 많은 이스라엘의 자손을 그들의 하나님이신 주께로 돌아오게 하리라. 그는 엘리야의 영과 능력을 가지고 주 앞에 앞서 가서 아비들의 마음을 자식들에게로, 불순종한 자들을 의인들의 지혜로 돌아오게 하며, 주를 위하여 마련해 놓은 백성을 예비시키리라."고 하더라」(눅 1:15-17).

그 당시 침례인 요한의 사역은 위의 말씀처럼 예수 그리스도의 오심을 준비하는 것이었다. 마태복음 3장에서 침례인 요한의 설교는 우리처럼 은혜 복음을 전하는 것이 아니라 '왕국 복음'을 전하는 것이었다. 당시는 왕이 곧 오시며 왕국이 곧 도래할 상황이었다. 이때 침례인 요한은 오늘날 우리처럼 은혜 복음을 거리에서 외친 것이 아니라 메시아 왕이 오시기 전에 왕이 다스리실 그 왕국과 백성들을 예비시키는 사역을 했다.

「그 무렵에 침례인 요한이 와서 유대 광야에서 전파하여, 말하기를 "너희는 회개하라. 천국이 가까이 왔느니라."고 하니」(마 3:1,2).

우리는 이렇게 거리에서 설교하지 않는다.

「이 사람은 선지자 이사야가 말한 그 사람이라. 말하기를 "광야에서 외치는 자의 음성이 있어 '너희는 주의 길을 예비하고 그의 길들을 곧게 하라.'고 하는도다." 하였더라. 이 요한은 낙타털로 만든 옷을 입고, 허리에 가죽띠를 둘렀으며, 그의 음식은 메뚜기와 야생꿀이더라. 그때에 예루살렘과 온 유대와 요단 강 주위의 모든 지역에서 그에게 나아와, 자기들의 죄들을 자백하고 요단 강에서 그에게 침례를 받더라」(마 3:3-6).

당시 이스라엘에게 계시된 것이 무엇인가? 침례인 요한이 메시아를 소개하고 왕국 복음을 전할 때 그 말에 순종하고 죄들을 자백하고 침례를 받는 것이었다. 예수님께서는 그렇게 하지 않은 바리새인들을 책망하셨다(눅 7:29,30). 그들이 받았던 계시는 거기까지였다. 반면 바이블 빌리버들은 침례인 요한이 주는 침례인, 회개의 침례를 받지 않는다. 물침례를 받아야 구원받는다고 하는 거짓 목사들도 있기는 하지만 말이다.

「그러나 그가 많은 바리새인과 사두개인이 그의 침례 베푸는 데 오는 것을 보고 그들에게 말하기를 "오, 독사들의 세대야, 누가 너희에게 다가오는 진노에서 피하라고 경고하더냐? 그러므로 회개에 합당한 열매들을 맺고 '아브라함이 우리의 조상이라.'고 너희 속으로 말하려 생각지 말라. 내가 너희에게 말하노니, 하나님께서 이 돌들로도 아브라함의 자손이 되게 하실 수 있느니라」(마 3:7-9).

침례인 요한은 앞으로 올 일들에 대해서 말하고 있으며, 메시아이신 예수 그리스도를 영접하도록 백성들을 예비시키고 있다.

「나는 정녕 회개시키기 위하여 너희에게 물로 침례를 주거니와 내 뒤에 오시는 분은 나보다 더 능력이 많으시니, 나는 그분의 신을 들 만한 자격도 없느니라. 그분은 성령으로 또 불로 너희에게 침례를 주시리라. 그분은 손에 키를 들고 자기의 타작마당을 철저히 정결케 하시며, 자기의 알곡은 모아서 창고에 들이실 것이나, 쭉정이는 꺼지지 않는 불로 태우시리라."고 하더라」(마 3:11,12).

요한은 주님께서 오시면 성령을 주시고 (오순절에 이루어짐), 주님을 거절하는 사람에게는 지옥 불로 침례를 주신다고 말한다.

이때부터 예수님의 사역이 시작되었는데(눅 3:23), 30세에 시작하셔서 33세 반에 십자가에 달리시기까지 삼 년 반 동안 사역하시고 하늘로 올라가셨다. 예수 그리스도께서 하신 사역은 침례인 요한처럼 왕국 복음, 천국에 대해서 전파하시는 것이었다.

예수님께서 전파하신 왕국

「그 때부터 예수께서 전파하기 시작하여, 말씀하시기를 "회개하라, 천국이 가까이 왔느니라."고 하시더라」(마 4:17).

천국, 즉 문자적 왕국이 곧 도래할 것이며 이스라엘은 메시아를 받아들이면 되는 것이었다. 이것이 예수님의 설교인데, 오늘날 우리가 이것을 구원의 메시지로 전하면 사람들을 지옥으로 보내게 된다.

「그후에 예수께서 모든 성읍들과 마을들을 돌아다니시며 그들의 회당에서 가르치시고, 왕국 복음을 전파하시며, 또 백성 가운데서 모든 질병과 허약함을 고쳐 주시더라」(마 9:35).

왕국 복음에는 표적의 은사가 뒤따른다. 오늘날 거짓 목사들은 주님께서 이스라엘 백성에게 왕국 복음을 전할 때 동반되었던 표적의 은사들을 자신들이 가졌다고 속인다.

「주께서 자기 열두 제자들을 부르시어 그들에게 더러운 영들을 쫓아내며 모든 병과 모든 허약함을 치유하는 권세를 주시더라」(마 10:1).

예수님께서는 제자들에게 사역을 맡기고 떠나보내셨는데, 병들과 허약함을 치유하는 권세를 주시면서 다음과 같은 명령을 하셨다.

「예수께서 이 열둘을 보내시면서 그들에게 명령하여 말씀하시기를 "이방인들의 길로도 가지 말고, 또 사마리아인의 성읍에도 들어가지 말고, 다만 이스라엘 집의 잃어버린 양에게로 가라. 가서 전할 때, '천국이 가까이 왔다.'고 말하고, 병든 자들을 고쳐 주고, 문둥병자들을 깨끗게 하며, 죽은 자들을 살리고, 마귀들을 내어 쫓으라. 너희가 값없이 받았으니 값없이 주라」(마 10:5-8).

정리하면, 침례인 요한도 왕국 복음을 전했고, 예수 그리스도께서도 왕국 복음을 전했으며, 열두 제자들도 왕국 복음을 전했다. 교회 시대의 우리처럼 주님의 십자가의 구속 사역을 전파한 것이 아니다.

주님께서는 왕으로 오셨고, 왕국을 세우기 위해서 사역을 하셨는데, 마태복음 5,6,7장의 산상 설교는 바로 그 왕국에서 필요한 왕국 법령이다. 거짓 목사들은 산상 설교를 잘못 해석하고 믿음만으로 구원받을 수 있는 이 시대에 적용함으로써 많은 사람들을 지옥으로 보내고 있다.

「주께서 무리를 보시고 산에 올라가 앉으시니, 제자들이 주께 나아오더라. 주께서 입을 열어 그들을 가르치며 말씀하시기를 "영이 가난한 자들은 복이 있나니, 천국이 그들의 것임이요」(마 5:1-3).

여기서 천국(kingdom of heaven)은 주님께서 이 땅에 세우시는 실질적이고 물리적인 왕국(천년 왕국)을 말씀하시는 것이며, 이는 우리가 죽으면 가는 셋째 하늘, 즉 하늘나라가 아니다. 천국과 하늘나라를 혼동하면 안 된다. 'heaven'은 물리적인 공간이며, 지구도 하늘에 있는 한 행성이다. 위 구절에서 주님께서는 다윗의 보좌에 앉으셔서 왕국 법령으로 왕국을 다스리려고 하시는 것이다.

「애통하는 자들은 복이 있나니, 그들이 위로를 받을 것임이요, 온유한 자들은 복이 있나니, 그들이 땅을 유업으로 받을 것임이요」(마 5:4,5).

이 말씀은 오늘날 우리들과는 상관이 없다. 오늘날은 예수 그리스도의 십자가 사건을 믿으면 구원받아 영이 거듭나며, 죽으면 구원받은 혼이 셋째 하늘로 가기 때문이다.

「의에 굶주리고 목마른 자들은 복이 있나니, 그들이 배부를 것임이요, 자비로운 자들은 복이 있나니, 그들이 자비를 얻을 것임이요, 마음이 순결한 자들은 복이 있나니, 그들이 하나님을 볼 것임이요, 화평케 하는 자들은 복이 있나니, 그들이 하나님의 자녀라 불릴 것임이요」(마 5:6-9).

우리가 위의 말씀대로 행해야 하나님을 볼 수 있는 것인가? 여기서 화평케 하는 자들은 하나님의 자녀라 불릴 것이라고 하지만,

이 시대의 하나님의 자녀, 하나님의 아들들은 예수 그리스도를 영접하는 자, 즉 그의 이름을 믿는 자들이다(요 1:12).

화평케 하는 자에 대해서 교황, 대통령, UN 등은 화평, 평화, 세계 평화를 외치며 자신들이 하나님의 자녀들이라 말하지만 이것은 속임수다. 그들은 성경과는 전혀 다른 메시지로 사람들을 지옥에 보내는 것이다. 지금 우리에게 필요한 것은 회개하고 예수님을 믿는 것이다. 예수님의 십자가 사건을 믿고 구원받아 하나님의 아들이 되는 권세를 얻어야 한다.

「의로 인하여 박해를 받는 자들은 복이 있나니, 천국이 그들의 것임이라. 나로 인하여 사람들이 너희를 욕하고 박해하고, 거짓으로 꾸며 갖은 악한 말로 너희를 거슬러 말할 때에 너희에게 복이 있나니, 기뻐하고 크게 즐거워하라. 이는 하늘에서 너희의 상이 큼이라. 너희 앞서 있었던 선지자들도 그들이 이같이 박해하였느니라」(마 5:10-12).

「내가 율법이나 선지서들을 폐기하러 온 줄로 생각하지 말라. 폐기하러 온 것이 아니라 이루려고 왔노라. 진실로 내가 너희에게 말하노니, 하늘과 땅이 없어지기 전에는 율법의 일점 일획도 모든 것이 이루어질 때까지 결코 없어지지 아니하리라」(마 5:17,18).

역시 오늘날 우리가 전하는 메시지와 완전히 다르다.

「내가 너희에게 말하노니, 너희의 의가 서기관들과 바리새인들의 의보다 뛰어나지 못하면 결코 천국에 들어가지 못하리라. 너희는 옛사람들이 말했던 바 '너는 살인하지 말지니라. 살인한 자는 누구나 심판의 위험에 처하게 될 것이라.' 고 한 것을 들었으나, 내가 너희에게 말하노니, 까닭없이 자기 형제에게 노하는 자는 누구나 심판의 위험에 처하게 될 것이며, 자기 형제에게 라카라 하는 자는 누구나 공회의 위험에 처하게 될 것이요, 또 어리석은 자라 하는 자는 누구나 지옥불의 위험에 처하게 될 것이라」(마 5:20-22).

위의 말씀에 의하면 율법의 계명보다 마태복음 5,6,7장 왕국 법령의 기준이 더 엄격하고 지키기 어렵다. 이 말씀을 은혜 복음 시대에도 지켜야 하는 것이라면 사도 바울도 "너 어리석은 자야"라고 했기 때문에(고전 15:36) 지옥 불에 처해야 하는 것이 아닌가!

「그러므로 만일 네가 예물을 제단에 드리다가 거기서 네 형제가 네게 반감을 갖고 있다는 것이 생각나거든 네 예물을 거기 제단 앞에 놓아두고 가서 먼저 네 형제와 화해하고 그후에 와서 예물을 드리라」(마 5:23,24).

「너희는 옛사람들이 말했던 바 '너는 간음하지 말지니라.'고 한 것을 들었으나, 내가 너희에게 말하노니, 음욕을 품고 여자를 바라보는 자는 누구나 그의 마음으로 그녀와 더불어 이미 간음하였느니라. 또 만일 너의 오른쪽 눈이 너를 실족케 하거든 뽑아 던져 버리라. 네 지체 가운데 하나가 없어지는 것이 네 온몸이 지옥에 던져지는 것보다 나으니라. 또 만일 네 오른손이 너로 실족케 하거든 잘라 던져 버리라. 네 지체 가운데 하나가 없어지는 것이 네 온몸이 지옥에 던져지는 것보다 나으니라」(마 5:27-30).

내가 오늘날 만일 눈을 뽑아야 한다고 설교한다면 얼마나 이상한 설교가 되겠는가! 주님께서 하신 이 말씀으로는 믿음만으로 죄사함 받는다는 것을 알 수가 없다. 완전한 행함에 관한 것이기 때문이다. 미래의 천년 왕국에서는 구약 때보다 더 엄격한 행함이 요구된다.

「너희는 '눈은 눈으로, 이는 이로.' 라고 말한 것을 들었으나, 나는 너희에게 말하노니, 악에 저항하지 말라. 누구든지 네 오른뺨을 때리거든 다른 쪽도 돌려 대라」(마 5:38,39).

거짓 목사들은 이 말씀을 자신들도 지키지 못하면서 교인들에게 강요하는 설교를 많이 한다. 그러면서도 뺨을 맞으면 아마 가만있지 않을 것이다.

「또 만일 누가 너를 법에 고소하여 너의 웃옷을 빼앗으려 하거든 외투까지도 갖게 하라. 또 누구든지 너에게 억지로 일 미리오를 가자고 하거든 이 미리오를 동행해 주라. 너에게 구하는 자에게 주며 너에게 빌리고자 하는 자로부터 돌아서지 말라」(마 5:40-42).

지금 이 구절을 읽으면서 신약 시대에 이 말씀을 지켜야 구원받는다고 생각하면 곤란하다. 천년 왕국의 법령은 과거 율법 시대보다 그 기준이 더 엄격해서 지키기 어렵다. 그때는 예수님께서 직접 통치하실 뿐 아니라 자연을 회복시키고 사탄을 끝없는 구렁에 가두어 놓으셔서 사탄의 유혹이 없기 때문이다. 뿐만 아니라 예수님과 같이 변화된 모습의 우리들도 함께 통치하기 때문에 이러한 통치가 가능해진다.

마태복음 6장에 나오는 소위 '주기도문'도 사람들이 잘못 이해하고 있다(마 6:9-13). 이 기도는 앞으로 대환란 때 이스라엘 백성들이 실제적으로 구해야 할 것을 주님께서 제자들에게 알려주신 것인데, 많은 교회들은 이것을 주기도문이라고 이름 붙이고 속이며 매주 암송하고 있다.

「그러므로 너희는 이렇게 기도하라. '하늘에 계신 우리 아버지, 아버지의 이름이 거룩하게 되시옵고」(9절),

"우리 아버지"에서 우리란 이스라엘 백성을 말한다.

「아버지의 왕국이 임하시오며, 아버지의 뜻이 하늘에서와 같이 땅에서도 이루어지이다」(10절).

아버지의 왕국이란 이 땅에 세워질 천년 왕국을 말한다.

「오늘 우리에게 일용할 양식을 주시옵고」(11절).

그들은 천년 왕국이 도래하기 전 대환란 때 적그리스도를 피해 도망다녀야 하기 때문에 하나님의 도움을 구하는 것이다.

「우리가 우리에게 빚진 자들을 용서하는 것같이 우리의 빚진 것들도 용서해 주시오며, 우리를 시험에 들게 하지 마시옵고, 악에서 구하여 주시옵소서. 그 왕국과 권세와 영광이 영원토록 아버지의 것이옵니다. 아멘」(12,13절).

대환란 때 시험을 받아 악에서 구함을 받지 못하면, 즉 주님께서 도와주시지 않으면 적그리스도의 표를 받고 저주받아 멸망하게 된다. 오늘날의 구원과는 완전히 다르다.

마태복음 7장의 '황금률'도 마찬가지다.

「그러므로 사람들이 너희에게 해주기를 바라는 것은 무엇이든지 모두 너희도 그들에게 그렇게 해주라. 이것이 율법이요, 선지서니라」(마 7:12).

예수님께서 당시 전파하신 말씀은 오늘날 우리가 전하는 은혜 복음과는 확실히 다름을 알 수 있다.

「율법은 모세를 통하여 받았지만 은혜와 진리는 예수 그리스도를 통하여 온 것이라」(요 1:17).

주님께서는 은혜와 진리를 가지고 오셨다. 은혜 복음은 십자가 사건 이후 효력이 발생하는 것이며, 사복음서는 주님께서 은혜 복음을 준비하시는 단계라고 이해하면 된다.

우리는 성경을 창세기부터 읽어 내려가면서 그때그때 살았던 사람들이 어떤 계시를 받았는지를 살펴보면 된다. 하나님께서 무엇을 그 사람들에게 요구하셨는지를 이해해야 한다. 하나님께서 당시에 계시하시지도 않은 것을 당시 사람들이 믿을 수는 없는 것이다.

왕의 오심을 준비한 침례인 요한의 사역에 대해 성경은 「나는 그분을 알지 못하였지만, 그분을 이스라엘에게 알리려고, 내가 물로 침례를 주러 왔노라." 고 하더라.」(요 1:31) 고 말씀한다.

마태복음, 마가복음, 누가복음은 주님께서 오셔서 그 당시에 사역하시고 설교하신 말씀, 역사적으로 일어난 사건들을 거의 비슷하게 기록하고 있다. 그러나 요한복음은 조금 다르다. 처음부터 예수님이 하나님이시라고 제시한다.

「태초에 말씀이 계셨고, 그 말씀이 하나님과 함께 계셨으니, 그 말씀은 하나님이셨느니라」(요 1:1).

그런 이유로 우리가 요한복음을 읽을 때는 은혜 복음과 맞물려서 무리없이 이해할 수 있다. 하지만 마태, 마가, 누가복음을 읽을 때는 그 당시 사람들이 율법 아래 살고 있었기 때문에 어떻게 해야 구원을 받는지, 그 사람들이 어디까지 알고 있는지를 올바로 이해해야 한다. 그 구절들을 문자 그대로 오늘날 우리에게 적용되는 교리로 가르치다가는 행위 구원을 가르치게 될 수밖에 없다.

「너희는 내가 갔다가 너희에게 다시 온다고 한 말을 들었느니라. 너희가 나를 사랑하였으면 '내가 아버지께로 가노라.' 한 말을 기뻐하였으리라. 이는 나의 아버지께서 나보다 위대하심이라. 이제 그 일이 일어나기 전에 내가 너희에게 말한 것은 그 일이 일어날 때 너희로 하여금 믿게 하려는 것이라」(요 14:28,29).

이 말씀은 십자가 사건 전에 주님께서 제자들에게 미리 하신 말씀이다. 그 일이라 함은 십자가의 죽음과 부활을 말씀하는 것이다. 그 일이 일어날 때 제자들이 예수님께서 하신 말씀을 기억하게 될 것이라는 말씀이다. 요한복음에는 십자가 사건 뒤 제자들이 어떻게 해야 되는지에 대해 주님께서 하신 말씀이 나온다. 그래서 요한복음으로 은혜 복음을 전하는 데 무리가 없다.

「그때 먼저 무덤에 온 다른 제자도 들어가서 보고 믿더라. 이는 그들이 주께서 죽은 자들로부터 다시 살아나셔야 한다는 성경을 아직 알지 못하였기 때문이라. 그리고 나서 제자들은 자기들의 집으로 다시 돌아가니라」(요 20:8-10).

예수님께서 죽으시고 이미 부활까지 하셨는데도 제자들은 아직 잘 모르고 있는 상태였다. 그런데도 주님이 살아계시는 동안 제자들이 십자가 사건을 믿고 구원을 받았다고 할 수 있겠는가?

「이에 유대인들이 대답하여 주께 말하기를 "네가 이런 일을 행하니, 우리에게 무슨 표적을 보여주겠느냐?"고 하니 예수께서 대답하여 말씀하시기를 "이 성전을 헐라. 그러면 내가 삼 일 만에 이것을 다시 일으키리라."고 하시니라. 그러자 유대인들이 말하기를

"이 성전을 짓는 데 사십육 년이 걸렸는데 네가 이것을 삼 일 만에 세우겠단 말이냐?"고 하더라. 그러나 주께서는 성전 된 자기 몸에 관하여 말씀하신 것이라. 그후 주께서 죽은 자들로부터 살아나셨을 때 제자들은 주께서 그들에게 하신 이 말씀을 기억하고 성경과 예수께서 하신 말씀을 믿더라」(요 2:18-22).

위 구절들은 그 당시 제자들이 십자가 사건에 대해서 전혀 이해하지 못했음을 보여준다. 제자들은 주님께서 부활하신 후에야 주님께서 하신 말씀을 믿게 되었다.

「그 명절의 가장 큰 날인 마지막 날에 예수께서 서서 외쳐 말씀하시기를 "누구든지 목마르거든 내게로 와서 마시라. 나를 믿는 자는 성경이 말씀한 것과 같이, 그의 배에서 생수의 강들이 흐르리라."고 하시니 (이것은 주께서 자기를 믿는 사람들이 받게 될 성령을 말씀하신 것이라. 이는 예수께서 아직 영광을 받지 못하셨기 때문에 그들에게 아직 성령을 주지 아니하셨음이라)」(요 7:37-39).

제자들은 아직 성령을 받은 것이 아니었으며, 성령은 그보다 미래 시점인 오순절에 오셨다(행 2장). 아무리 요한복음이 미래에 대해서 말씀하시고 있다고 해도 (우리는 요한복음을 통해 은혜 복음에 대해서 어느 정도는 알 수 있지만,) 그 당시 사람들은 주님의 말씀을 이해조차 하지 못했다.

「내가 그들과 함께 세상에 있었을 때는 아버지의 이름으로 그들을 지켰나이다. 아버지께서 내게 주신 그들을 내가 지키었고 멸망의 아들 외에는 그들 중 아무도 잃어버리지 아니하였으니 이로써 성경이 이루어지게 한 것이옵니다」(요 17:12).

주님께서 기도하실 때 제자들에 대해서 언급하시는데, 당시 주님을 따르던 사람들은 비록 주님의 죽음과 장사됨과 부활에 대해서는 몰랐지만 주님의 말씀을 믿고, 주님이 메시아라고 믿고 있었다. 주님께서는 멸망의 아들인 유다 이스카리옷을 제외하고는 제자들 모두를 지켰다고 하셨다. 즉 그들이 구원받았다는 말씀이다.

「그분은 여기에 계시지 않고 살아나셨느니라. 주께서 갈릴리에 계셨을 때에 너희에게 어떻게 말씀하셨나 기억하라. 말씀하시기를 '인자가 죄인들의 손에 넘겨져야 하겠고, 십자가에 못박혀야 하며 셋째 날에 다시 살아나야만 하리라.' 고 하셨느니라."고 하더라. 그들이 주의 말씀을 기억하고 무덤에서 돌아와 이 모든 일을 열한 명과 나머지 모든 사람들에게 전하더라」(눅 24:6-9).

그들은 주님께서 부활하신 뒤에서야 무덤에서 주의 말씀을 기억했다.

「그들의 말이 사도들에게는 하찮은 이야기로 여겨져서 그들을 믿지 아니하였더라. 그때 베드로가 일어나 무덤으로 달려가서 몸을 구부리고 보니 그 세마포 옷들이 따로 놓여 있는지라, 그가 일어난 일들을 이상하게 생각하며 떠나니라」(눅 24:11,12).

무덤에 먼저 갔던 여인들이 제자들에게 말을 전했을 때 제자들은 그들의 말을 하찮게 여기고 믿지 않았다. 무덤을 확인한 베드로도 믿지 못하고 그 자리를 떠났다.

「또 그들에게 말씀하시기를 "이런 것이 내가 너희와 함께 있을 때 말했던 바 모세의 율법과 선지서들과 시편에 나에 관하여 기록된 모든 것이 이루어져야 한다던 그 말이니라."고 하시고 그때 그들의 지각을 열어 성경을 깨닫게 하시더라」(눅 24:44,45).

주님이 부활하시고 제자들과 함께 먹고 지내시면서, 그제서야 제자들은 알게 되었다. 따라서 그들과 우리가 똑같은 방법으로 구원받았다고 하는 것은 잘못된 것이다.

11
전환기 :
예수님 탄생 → 십자가 사건

　예수님의 탄생부터 십자가 사건까지의 기간을 기록한 복음서 시대는 구약에서 신약으로 전환하는 시기이다. 이 복음서에서 주님께서는 율법 하에서 왕국 복음을 전파하셨다.

　성경에는 'kingdom of God'과 'kingdom of heaven'이 나오는데, <한글킹제임스성경>에는 이 둘이 각각 하나님의 나라와 천국으로 번역되었다. 예수님께서 이 땅에 오셔서 이 두 가지 왕국 복음을 전하셨는데, 이 중 천국은 눈에 보이는 물리적인 왕국을 말한다. 메시아를 기다렸던 이스라엘은 메시아가 오셔서 자신들을 압제하고 있던 로마제국을 멸하시고 물리적인 왕국 즉 천국을 세우실 줄 알고 기다렸다. 그러나 그들은 영적인 왕국인 하나님의 나라를 간과했기 때문에 그 왕국을 받아들이지 못하고 결국 메시아를 죽이고 말았다.

하나님의 경륜을 공부하는 데 있어서 이 두 왕국을 잘 구분하는 것이 매우 중요하다. 자세한 것은 뒤에서 이 주제에 대해 다룰 때 살펴볼 텐데, 여기서는 두 왕국에서의 구원에 대한 차이만을 살펴보려 한다.

행위가 요구되는 천국 복음

마태복음은 주님께서 천국 복음을 전파하셨다고 기록하며, 마가복음은 주님께서 하나님의 나라의 복음을 전하셨다고 말씀한다.

「요한이 감옥에 갇힌 후, 예수께서 갈릴리로 오셔서 하나님의 나라의 복음을 전파하시며, 말씀하시기를 "그 때가 찼고 하나님의 나라가 가까이 왔도다. 너희는 회개하고 복음을 믿으라."고 하시니라」(막 1:14,15).

주님의 왕국에 대해 살펴볼 때 우리는 영적 왕국과 물리적 왕국을 동시에 생각해야 한다. 주님께서는 이 땅에 왕으로 오셨고 그분의 왕국은 곧 도래할 상황이었다. 영적인 왕국과 물리적인 왕국이 함께 왔어야 했지만 결국 메시아는 처형당하셨다.

「그후에 주께서 열두 제자를 모두 불러서 모든 마귀들을 다스리며 병을 고치는 권세와 권위를 그들에게 주시고, 그들을 보내시어 하나님의 나라를 전파하며 또 병든 자들을 치유케 하시니라」(눅 9:1,2).

「그들이 나가 고을마다 돌아다니며 복음을 전파하고 가는 곳마다 병을 고쳐 주니라」(눅 9:6).

왕국 복음에는 이런 치유의 표적들이 따라온다. 반면 오늘날 은혜 복음 시대에는 그런 표적들을 통해 복음을 전하지 않는다.

「그때 사도들이 돌아와서 자기들이 행한 일들을 모두 주께 말씀드리니, 주께서 그들을 따로 데리고 벳새다라고 하는 성읍의 외딴 곳으로 가시더라. 무리가 그것을 알고 주를 따라가니 주께서 그들을 맞이하신 후 하나님의 나라에 관하여 말씀하시고 또 병고침을 받아야 하는 사람들을 치유해 주시니라」(눅 9:10,11).

분명한 것은 복음서에는 주님께서 왕국 복음을 전하실 때 '오직 믿음으로 구원받는 은혜 복음'을 전하시지 않았다는 점이다. 은혜 복음은 어떠한 행위도 없이 주님의 죽으심과 장사됨과 부활하심을 믿음으로써 죄에서 구속받는 것이다. 교회시대인 현재 우리는 죄의 구속에 대해서 전하지만, 그것은 복음서에서 전파된 메시지가 아니다.

주님께서는 곧 도래할 왕국에 대해 설교하시는데, 이 왕국은 영적인 하나님의 나라와 물리적 왕국인 천국 두 가지 왕국으로 이루어져 있다. 하나님께서는 최초의 인간인 아담에게 만물의 통치를 맡기셨지만 그는 죄를 지음으로써 그 나라에 대한 통치권을 잃어버렸다. 따라서 주님께서 인자로 오셔서 잃어버린 나라를 회복하시고 이 땅에서 다윗의 보좌에 앉으셔서 왕으로서 물리적인 왕국을 치리하시는 것이 천국의 개념이다. 또한 아담이 죄를 지었을 때 그 영이 죽음으로써 하나님의 형상을 잃어버렸기에 예수님께서 하나님의 아들로 오셔서 그 형상을 회복시켜 주시는 것이다. 복음서의 한 곳에서는 주님께서 인자로 오셨다고 기록하고, 다른 곳에서는 하나님의 아들로 오셨다고 기록하는 이유는 이 두 왕국을 모두 보여주는 것이다. 주님께서는 이 두 왕국을 동시에 회복하기 위해 오셨다.

우리가 현재 전하는 은혜 복음과 복음서에서 전파된 왕국 복음은 이렇게 분명한 차이가 있다. 복음서를 읽으면서 예수님 지상 사역 당시의 사람들이 현재 우리들과 똑같이 '예수님을 구주로 믿음으로써' 구원받았다고 생각하는 것은 오류이다.

「그때 주와 함께 앉아 식사하던 사람들이 속으로 말하기를 "이 사람이 누구이기에 죄들도 용서하는가?"라고 하더라. 그러나 주께서 그 여인에게 말씀하시기를 "네 믿음이 너를 구원하였으니 평안히 가라." 고 하시더라」(눅 7:49,50).

사복음서 당시와 오늘날 요구되는 믿음의 차이

사복음서 당시의 믿음 또한 오늘날의 믿음과 다르다. 이때 예수님께서 하신 말씀을 잘 살펴보면, 여인은 자신의 믿음의 행위로 죄를 용서받았음을 알 수 있다. 이 여인의 믿음은 은혜 복음 시대의 믿음, 즉 예수 그리스도께서 죽으심으로 흘리신 보혈을 믿는 믿음이 아니다. 오늘날 구원은 하나님께서 선물로 주시는 믿음을 자신이 받아들이는지에 달렸다. 반면 구약의 믿음, 즉 율법 시대의 믿음은 자신이 하나님을 신뢰하는 믿음이다. 이 시대에는 율법을 지키는 행위와 의를 행하는 믿음으로 용서를 받았다.

이와 관련해서 우리에게 익숙한 하박국 2:4의 말씀을 살펴보자.
「보라, 마음이 교만한 사람은 그 안에 정직함이 없느니라. 그러나 의인은 자기 믿음으로 말미암아 살리라」(합 2:4).

사도 바울은 로마서 1:17에서 성령의 영감으로 이 구절을 인용할 때 '자기 믿음으로'에서 '자기'를 빼고 인용한다.

「이 복음 안에는 믿음에서 믿음에 이르게 하는 하나님의 의가 계시되었으니 기록된 바 "의인은 믿음으로 말미암아 살리라." 함과 같으니라」(롬 1:17).

성령께서 구약의 믿음과 신약의 믿음에 대해 다르게 말씀하신 것을 이해해야 한다. 구약의 믿음(합 2장의 "그의 믿음," 눅 7장의 "너의 믿음")과 오늘날 신약의 믿음은 완전히 다르다. 신약 때에 구원하는 믿음은 예수 그리스도의 믿음이며, 인간은 이를 선물로 값없이 받는다. 문제는 그것을 받느냐 거부하느냐에 달려 있다. 선물로 주시는 그 믿음을 받으면 구원을 받는다.

「너희가 믿음으로 말미암아 은혜로 구원을 받았으니 이것은 너희에게서 난 것이 아니요, 하나님의 선물이라」(엡 2:8).

그 믿음이 하나님의 선물이다. 칼빈주의자들은 하나님께서 선택받은 자들에게 저항할 수 없는 은혜를 주셔서 강제로 믿게 만든다고 가르친다. 그러나 하나님의 선물은 소위 '구원받도록 선택된' 사람들만을 위한 것이 아니라 모든 사람을 위한 것이다. 모두 가질 수 있도록 믿음을 선물로 주셨는데 어떤 이는 받아들이고 어떤 이는 거절하는 것뿐이다. 구약 시대에는 "그의 믿음," "너의 믿음"으로 사는 것이며, 신약 시대에는 예수 그리스도의 믿음(롬 1:17)으로 사는 것이다.

「그러나 그것이 무엇을 말하느냐? "말씀이 네게 가까워 네 입에 있으며 네 마음에 있노라." 하였으니 곧 우리가 전파하는 믿음의 말씀이라」(롬 10:8).

하나님의 말씀을 들었을 때 그 말씀을 자신의 마음으로 받아들이고 입으로 고백하면 되는 것이다. 이 믿음을 받아들이면 되는데도 사람들은 이를 거부하고 주님을 영접하지 않는다. 필요한 것은 단 하나, 즉 하나님의 말씀을 들었을 때 반응을 하고 받아들이는 것뿐이다.

「네가 네 입으로 주 예수를 시인하고 또 하나님께서 그를 죽은 자들로부터 살리신 것을 네 마음에 믿으면 구원을 받으리라. 이는 사람이 마음으로 믿어 의에 이르고 입으로 고백하여 구원에 이르기 때문이라. 성경이 말씀하시기를 "누구든지 그를 믿는 자는 부끄러움을 당하지 아니하리라."고 하였느니라. 유대인과 헬라인 사이에 차별이 없으니 이는 만민에게 동일한 주께서 그를 부르는 모든 사람에게 부요하심이라. 누구든지 주의 이름을 부르는 자는 구원을 받으리라. 그런즉 그들이 믿지 아니한 이를 어찌 부르리요? 듣지도 못한 이를 어찌 믿으리요? 전파하는 자가 없이 어찌 들으리요?」(롬 10:9-14).

복음을 전하는 자들이 주님의 말씀을 전했을 때 그것을 믿고 받아들이기만 하면 되는데도 그 복음을 받아들이는 이들보다는 거절하는 이들이 더 많다. 잘못된 교리를 전파하는 자들이 많은 것도 그 큰 이유 중 하나다.

사복음서와 은혜 복음의 차이점을 공부하는 데 있어 하나님의 나라와 천국을 구분하는 것이 필수적이다. 사람들은 천국이라고 하면 하늘나라로 이해하는데, 천국(kingdom of heaven)은 물리적으로 이 땅에 세워지는 나라를 말한다. 우리가 죽어서 가는 나라는 영어 킹제임스성경에서 'heavenly kingdom'이라고 하는데, 한글킹제임스성경에는 "하늘나라"로 번역되어 있다. 하나님의 나라와 천국, 하늘나라, 이 셋을 잘 구분해야 한다.

「주께서는 나를 모든 악한 일에서 구해 내시고, 그의 하늘나라에 이르기까지 나를 보호하시리니, 영광이 그분께 영원무궁토록 있기를 원하노라. 아멘」(딤후 4:18).

결코 용서받을 수 없는 성령 모독 죄

예수님과 열두 제자, 또 칠십 명의 제자들이 왕국 복음을 전했는데, 이스라엘은 이 복음을 받아들이지 않았다.

「그후에 마귀에게 사로잡혀 눈멀고 벙어리된 사람을 주께 데려오니, 주께서 그를 고쳐 주시니라. 그러므로 그 눈멀고 벙어리 된 사람이 말도 하고 보기도 하니, 무리가 다 놀라서 말하기를 "이분이 다윗의 아들이 아니냐?"고 하더라. 그러나 바리새인들은 이 말을 듣고 말하기를 "이 사람이 마귀들의 통치자인 비엘세붑을 힘입지 않고서는 마귀들을 쫓아낼 수 없느니라." 고 하더라. 그러나 예수께서 그들의 생각을 아시고 그들에게 말씀하시기를 "어떤 왕국이든지 서로 갈라지면 패망하는 것이요, 어떤 성읍이나 가정도 서로 갈라지면 서지 못하느니라. 그러므로 사탄이 사탄을 쫓아내면 그 자체가 갈라지는 것이니, 그러면 어떻게 그의 왕국이 서겠느냐?」(마 12:22-26)

주님께서 왕으로 오셔서 왕국 법령을 정하시고 많은 이적과 표적으로 왕국 복음을 전하셨는데 백성들은 주님을 영접하기는커녕 오히려 마귀가 들렸다며 배척했다. 그것은 용서받을 수 없는, 성령을 모독하는 죄이다.

「그러므로 내가 비엘세붑을 힘입어 마귀들을 쫓아낸다면, 너희 자식들은 누구를 힘입어 그들을 쫓아내느냐? 그러므로 그들이 너희의 재판관이 되리라. 그러나 내가 하나님의 영을 힘입어 마귀들을 쫓아내면, 그때는 하나님의 나라가 너희에게 임한 것이라. 사람이 먼저 강한 자를 결박하지 않고 어떻게 강한 자의 집에 들어가 물건을 약탈할 수 있겠느냐? 묶은 후에야 그 집을 약탈할 수 있느니라. 나와 함께하지 않는 자는 나를 반대하는 자요, 또 나와 함께 모으지 않는 자는 흩뜨리는 자니라. 그러므로 내가 너희에게 말하노니, 각종 죄와 모독은 사람들에게 용서가 되나, 성령을 거스르는 모독은 사람들에게 용서될 수 없느니라. 또 누구든지 인자를 거슬러 말하는 자는 용서받을 수 있어도 누구든지 성령을 거슬러 말하는 자는 용서받을 수 없느니라. 이는 이 세상에서나 오는 세상에서도 마찬가지니라」(마 12:27-32).

다른 죄들은 용서받을 수 있지만 성령 모독죄는 결코 용서받을 수 없는 죄이다. 오늘날 은사주의자들은 그들이 하는 '방언'이 마지막 때에 미혹의 영이 주는 마귀의 방언이라고 지적하면 그것이 성령을 모독하는 죄라고 한다. 하지만 그들은 잘 못 알고 있는 것이며, 예수님께서 지상에 계셨을 때 주님께 직접 '마귀 들렸다'고 말하는 것이 성령 모독죄이다.

마가복음 3장을 보면 이 죄에 대해 더 정확히 알 수 있다.

「진실로 내가 너희에게 말하노니, 사람의 아들들에게는 모든 죄들과, 그들이 모독하는 어떠한 불경도 용서되지만, 성령을 거슬러 모독하는 자는 결코 용서받지 못하고, 영원한 정죄의 위험에 처하리라."고 하시더라. 이는 그들이 말하기를 "그가 더러운 영을 지녔다."고 함이더라」(막 3:28-30).

오늘날 은사주의자들에게 미혹의 영에 속아 마귀의 종노릇을 하고 있다고 설교하면 '당신은 성령 모독죄를 지었기에 지옥에 간다'고 하는 이메일을 받곤 한다. 그러나 나는 마귀의 종들에게 더러운 영을 지녔다고 한 것이지 예수님께 그런 말을 한 것이 아니다. 예수님께 더러운 영을 지녔다고 말하는 자들이 성령 모독죄를 짓는 것이다.

2천 년 뒤로 연기된 천국

마태복음 12장에서 이스라엘이 메시아를 거절하자 주님께서는 마태복음 13장에서 신비의 상태로 감추어진 천국에 대해 말씀하신다. 이스라엘의 거부로 천국의 도래가 2천 년 뒤로 연기된 것이다. 따라서 주님께서는 천국의 신비들을 말씀하시면서 그 천국이 연기된다는 암시를 주신다. 바리새인들은 끝까지 표적을 요구하지만 주님께서는 마태복음 16장에서 이렇게 말씀하신다.

「악하고 음란한 세대가 표적을 구하나 선지자 요나의 표적밖에는 줄 표적이 없도다." 하시고 그들을 떠나가시니라」(마 16:4).

예수님께서 천국 복음을 전하시면서 계속해서 표적들을 보여주셨는데도 바리새인들은 또다시 표적을 요구했다. 이는 표적을 보지 못해서가 아니라 예수님을 거절할 핑계를 찾는 것이다.

우리가 복음을 전할 때도 거절하는 사람들은 여러 가지 구실을 댄다. 예수님만 믿으면 구원받을 수 있다고 하는데도 자신이 성경을 많이 아는체한다든지, 카인은 아내를 어디서 구했느냐고 하는 등 엉뚱한 질문들을 하면서 복음을 거절한다. 구원받지 못하면 지옥에 간다는데도 이상한 구실을 들어 빠져나가려 한다. 하나님의 말씀에 모순이 있다고 하는 그런 사람들에게 몇 시간씩 낭비하면서 설명하는 대신 지옥 설교를 10분만 해 주는 것이 훨씬 효과가 있다. 문득문득 지옥이 생각나게 만들면 구원받을 확률이 더 높아지기 때문이다.

대환란 시대에 다시 전파되는 왕국 복음

이스라엘이 왕국 복음을 거절함으로써 천국이 연기되자 주님께서는 신비 상태의 왕국에 대해 말씀하시고, 이제 왕국 복음은 앞으로 마지막 때에 다시 전파될 것이다. 이 마지막 때에 대해 마태복음 24장에서 제자들이 묻자 예수님께서는 대환란에 대해서 말씀하신다.

「주께서 올리브 산 위에 앉으셨을 때, 제자들이 조용히 나아와서 말씀드리기를 "언제 이런 일이 있겠으며, 주께서 오실 표적과, 세상 끝의 표적이 어떤 것인지 우리에게 말씀하여 주소서."라고 하니」(마 24:3).

예수님께서 십자가에서 돌아가시고 부활, 승천하신 후 2천 년 동안 교회 시대가 펼쳐졌다. 그리고 세상 끝에는 다음과 같다고 말씀하셨다.

「불법이 성행하므로 많은 사람의 사랑이 식어지리라. 그러나 끝까지 견디는 자는 구원을 받으리라」(마 24:12,13).

교회 시대 2천 년 동안 전파된 은혜 복음은 오직 예수 그리스도를 믿음으로써 영생을 얻고 구원의 영원한 보장을 받게 해 준다. 그런데 위 구절에서 예수님께서는 끝까지 견디는 사람이 구원을 받는다고 하신 것이다. 즉 한번 구원받으면 영원히 구원받은 것이 아니라는 뜻이다. 이 말씀은 문맥상 대환란 시대에 해당되는 것이며, 그때에는 왕국 복음이 다시 전해지게 된다. 복음서에서 전해지는 왕국복음이 교회 시대에는 잠시 끊어졌다가 교회 시대가 끝나고 대환란 때 다시 전파될 것이다. 이스라엘은 대환란의 고난을 겪으면서 주님께 하늘에 있는 왕국이 이 땅에 임하게 해달라고 기도할 것이다. 한국 교회에서 잘못 알고 헛되이 반복하는 주기도문은 대환란 때 그들이 할 기도이다.

「이 왕국 복음이 모든 민족에게 증거되기 위하여 온 세상에 전파되리니, 그런 후에야 끝이 오리라」(마 24:14).

많은 무지한 목사들은 이 구절이 은혜 복음의 전파를 의미하는 것으로 해석해서 아직 복음이 전해지지 않은 곳이 많으니 예수님이 오시려면 아직 멀었다고 한다. 그러나 주님께서는 여기서 은혜 복음이 아닌 왕국 복음에 대해 말씀하신 것이다.

「그러므로 너희가 선지자 다니엘을 통하여 말씀하신 멸망의 가증한 것이 거룩한 곳에 선 것을 보리니, (읽는 자는 깨달으라)」(마 24:15).

환란 기간 중의 적그리스도에 대한 말씀이다(살후 2:3,4). 적그리스도는 성전에 앉아 자신이 하나님이라고 할 뿐만 아니라 우상을 만들어서 말을 하게 한다.

「그때에 유대에 있는 자들은 산들로 도망하라. 지붕 위에 있는 사람은 집 안에 있는 물건을 가지러 내려가지 말고, 들에 있는 사람은 자기 옷을 가지러 돌아가지 말라」(마 24:16-18).

역시 현재가 아닌 대환란 때 적용될 말씀이다. 주님께서는 환란 때 유대에 있는 사람들은 잡히지 않도록 산으로 급히 도망하라고 경고하신다. 적그리스도의 왕국에 처한 그들은 만일 잡히게 되면 죽임을 당할 것이다.

「그 날들에는 아이를 밴 자들과 젖 먹이는 자들에게 화 있으리라!」(마 24:19).

적그리스도의 표를 받지 않으면 필요한 물건들을 사거나 팔 수 없기 때문에 마트에 가서 음식을 사지도 못한다. 그때 어린 아이가 있는 부모라면 아이들 때문에 그 마음이 변하지 않겠는가? 자신 혼자라면 죽음을 택할 수 있어도 아이들을 위해서 부모는 못 참는 법이다. 무지한 목사들은 대환란에 관한 이 구절로 인해 적그리스도의 표도 받지 말고, 결혼도 하지 말고, 아이도 낳지 말라고 한다. 이러한 무지로 인해 한국 교회는 심각한 혼동 속에 있다. (성경에 따르면 교회는 대환란 전에 휴거되기 때문에 대환란을 겪지 않는다.)

「이는 그때에 대환란이 있으리니, 그와 같은 것은 세상이 시작된 이후로 지금까지 없었으며, 또 결코 없을 것이기 때문이라」(마 24:21).

대환란은 예레미야 30장에 있는 야곱의 고난 기간이다. 주님께서는 이러한 대환란이 있은 후에 땅에 재림하신다.

「그 날들의 환란 후에 즉시 해가 어두워지며, 달이 그 빛을 내지 아니하며, 별들이 하늘에서 떨어지고, 또 하늘들의 권능들이 흔들릴 것이라. 그후에 하늘에 있는 인자의 표적이 나타나리니, 땅의 모든 지파들이 통곡할 것이며, 또 그들은 인자가 권세와 큰 영광으로 하늘의 구름을 타고 오는 것을 보리라. 또 주께서 큰 나팔 소리와 함께 천사들을 보내시리니, 그들이 하늘 이편 끝에서 저편 끝까지 사방에서 그의 택하신 사람들을 함께 모을 것이라」(마 24:29-31).

이 대환란 시대의 구원론은 뒤에서 더 자세히 살펴볼 것이다. 지금까지 하나님의 나라와 천국, 하늘나라의 차이점, 천국이 연기된 점, 시대에 따라 요구되는 믿음의 차이, 성령 모독죄 등에 대해 살펴보았다.

교회 – 감추어진 하나님의 지혜

교회 시대와 은혜 복음이 가려지지 않았더라면 예수님은 십자가에 못 박히지 않으셨을 것이다. 고린도전서 2장은 구약 시대 사람들이 은혜 복음에 대해서 정확히 알지 못했다고 말씀한다.

「다만 우리가 신비 속에 있는 하나님의 지혜를 말하노니 이는 하나님께서 세상 전에 우리의 영광을 위하여 미리 정하신 감추어진 지혜니라. 이 지혜는 이 세상의 통치자들 가운데서는 아무도 몰랐노라. 만일 그들이 알았더라면 영광의 주를 십자가에 못박지는 아니하였으리라. 그러나 기록된 바와 같으니 "하나님께서 자기를 사랑하는 자들을 위하여 예비하신 것들은 눈으로 보지도 못하였고 귀로 듣지도 못하였으며 인간의 마음 속에 들어온 적도 없었느니라." 한 것이라」(고전 2:7-9).

오늘날 우리가 전하는 은혜 복음이 전파되고 구원받는 이들이 생겨났을 때 하나님의 지혜가 밝혀졌다. 이스라엘 백성은 그것을 몰랐기 때문에 예수 그리스도를 못 박은 것이다.

하나님께서 인간에게 주신 계명과 계시를 이해하는 데 있어 당시 사람들은 하나님께서 자신들에게 계시하신 데까지 믿고 행하면 된다. 그러나 인간이 성경에 있는 모든 것을 자신에게 주신 말씀으로 여기는 것이 문제다. 우리에게 주신 것은 교리적으로는 교회 시대의 것이다. 물론 모든 성경은 우리에게 유익한 말씀이나 그 시대에 맞는 하나님의 교리를 받아들여야 하는데, 구약 시대의 사람들, 또는 대환란에 처할 사람들에게 말씀하신 구원 방법을 현시대에 적용하면 결국 구원받지 못하고 지옥에 가는 것이다.

예수님이 계셨던 시대의 사람들은 예수님께서 메시아이신 것을 믿고 천국 복음을 받아들이면 되고, 메시아가 하라는 대로 따라갔으면 되는 것이었다. 하나님의 경륜을 알면 성경이 전혀 어렵지 않다. 성경을 시대별로, 경륜별로, 언약별로 전체적으로 살펴보고 나면 성경 전체를 보는 안목이 생기고 성경을 이해하기가 쉬워질 것이다.

「또 예수 그리스도를 통하여 만물을 창조하신 하나님 안에서 세상이 시작될 때부터 감추어져 왔던 신비의 교제가 무엇인지 모든 사람에게 알게 하려는 것이니 이는 이제 교회를 통하여 천상에 있는 정사들과 권세들에게 하나님의 다양한 지혜를 알게 하려는 것이라」(엡 3:9,10).

이처럼 교회의 신비는 천상의 영적 존재들도 몰랐던 것인데 노아나 아브라함 때의 사람들이 예수 그리스도의 죽음과 장사됨과 부활을 믿고 죄 사함 받고, 예수 그리스도의 몸의 지체가 된다는 십자가의 계시를 알 수 있었다는 것은 말이 되지 않는다. 천상의 정사들과 권세들도 교회를 통해서야 알게 되었다. 사도 바울이 받은 교회에 대한 계시가 있기 전의 사람들은 누구도 이를 알지 못했다.

「이 구원에 관해서는, 너희에게 임할 은혜에 관하여 예언한 선지자들이 열심히 조사하고 살펴보던 것이며, 그들 안에 계셨던 그리스도의 영이 그리스도의 고난과 다가올 영광을 미리 증거하실 때, 그 영이 무엇을, 또 어떤 시기를 지시하시는지 탐구하던 것이니라」(벧전 1:10,11).

구약의 기록자들도 하나님의 영감으로 주님의 초림과 재림에 대해 선포하며 미리 증거했지만 정확하게는 알지 못했기 때문에 무엇을, 어떤 시기를 지시하신 것인지 열심히 조사하고 살펴보았던 것이다. 시편 등 구약 성경에는 주님의 초림과 재림이 동시에 언급된다. 그러나 구약 시대의 관점에서는 교회 시대가 보이지 않았다. 그들은 초림과 재림이라는 첫번째와 두번째 산봉우리를 연속 선상 위에 두고 보았으며 둘 사이에 놓여 있는 교회 시대라는 골짜기는 보지 못했다.

「그들이 행한 사역들은 자신들을 위한 것이 아니라 우리를 위한 것임이 그들에게 계시되었고 이것이 하늘로부터 보내신 성령으로 너희에게 복음을 전한 자들을 통하여 너희에게 이제 전해졌으며 천사들도 살펴보기를 간절히 바라는 것들이니라」(벧전 1:12).

예수님께서 제자들에게 자신의 죽음과 장사됨과 부활에 대해서 미리 말씀하셨지만, 예수님께서 부활하셔서 바로 눈 앞에 나타나셨는데도 이를 믿지 않는 사람도 있었다. 그들이 교회 시대 우리처럼 구원받았다고 하는 것은 잘못된 것이다.

구약 성도들이 간 곳 – 낙원

한편 구약 성도들은 죽어서 지하에 있는 아브라함 품인 낙원으로 갔다. 십자가 사건 전에는 구속을 받을 수 없었고 완전한 구속은 예수 그리스도의 보혈로써만 이룰 수 있는 것이기 때문이다. 주님께서 부활하셔서 승천하실 때 낙원에 있는 구약 성도들을 하늘나라로 데리고 올라가셨다.

「그러므로 말씀하시기를 "그가 위로 올라가실 때에 사로잡힌 자를 사로잡아갔고 사람들에게는 은사들을 주셨다."고 하셨느니라. (따라서 그가 올라가셨다는 것은 그가 땅의 더 낮은 부분들로 먼저 내려가셨다는 것이 아니고 무엇이냐?」(엡 4:8,9).

구약 성도들은 주님께서 내려가신 이 땅의 더 낮은 부분에서 머물고 있었는데, 그 곳이 낙원이다. 누가복음 16장의 나사로와 부자가 죽은 뒤 둘 다 그 몸은 무덤에 묻혔는데 그들의 혼은 한 사람은 지옥에 가고 다른 한 사람은 낙원, 즉 아브라함의 품으로 갔으며, 지옥과 아브라함의 품 사이에는 건널 수 없는 구렁이 있었다(눅 16:22-26). 주님께서 돌아가시기 전 십자가에서 주를 시인하고 회개한 강도는 주님과 함께 이 낙원에 갔다(눅 23:43). 땅의 심장에 내려가신 주님께서는 그 성도들에게 복음을 전파하신 뒤(벧전 4:6) 낙원에 있는 혼들을 데리고 셋째 하늘로 올라가셨다.

12
전환기 :
십자가 사건 → 바울계시, 은혜복음

전환기 시대에 대한 공부를 이어나가면서, 이번 시간에는 십자가 사건부터 사도 바울이 받은 계시까지의 전환기를 살펴보려 한다. 믿음으로 말미암아 은혜로 구원받는 은혜 복음이 완전하게 계시될 때까지는 아무리 십자가 이후 시점이라 할지라도 전환기적인 요소들이 있다. 오늘날 많은 교회들이 행위 구원을 가르치는 안타까운 현실은 사도행전에 나오는 구절들을 잘못 해석한 데 기인한다. 사도행전에는 구원받는 방법이 한 가지가 아니라 여러 가지가 나오는데, 성경을 공부할 때 당시 사람들에게 하나님께서 어디까지 계시하셨는지를 올바로 이해하면 잘못된 구원론에 빠지지 않는다.

전환기적 책인 사도행전의 올바른 해석
십자가 사건 이후 사도행전에 기록된 일련의 사건들은 아직 은혜 복음이 정확하게 계시되지 않은 상황에서 일어난 일들이었다. 아직 신약 성경이 완성되지 않았던 당시에 존재했던 하나님의 말씀은 구약 성경과 예수님께서 지상 사역 동안 계시하신 말씀들, 그리고 부활하신 후 40일 동안 제자들에게 하신 말씀들이 전부였다. 많은 이들이 가르치는 대로 당시 사람들이 은혜 복음이 계시된 오늘날 우리들과 같이 행위 없이 오직 은혜 복음만을 믿고 구원받았다고 하는 것은 오류이다.

「오 데오빌로여, 내가 이전에 쓴 글에서는 예수께서 행하시고 가르치시기를 시작하심부터 주께서 택하신 사도들에게 성령을 통하여 계명들을 주신 후 들려 올라가신 그 날까지의 모든 일을 기록하였노라」(행 1:1,2).

위 구절이 설명한 대로 사도행전의 저자인 누가를 포함하여 제자들이 기록한 복음서들은 예수님의 승천까지를 기록한다. 사도행전은 그 이후의 일들을 기록하고 있다. 오순절 당시 제자들은 후에 사도 바울에게 계시될 것들을 아직 전혀 알지 못하는 상태였다.

초림 때 예수님께서는 왕국 복음을 전하셨다. 당시 사람들은 구약에서 예언한 메시아를 기다리고 있었지만, 물리적 왕국이 도래하지 않자 메시아를 죽이고 말았다.

주님께서 승천하신 뒤에 일어날 일들에 대해서 예언하신 말씀은 요한복음에 기록되어 있다. 요한복음의 기록 시점은 주님의 부활과 승천이 있고 나서 한참 후인데, 이는 사도 바울에게 주어진 계시가 모두 끝나고 나서 가장 마지막으로 기록된 책이 요한복음과 요한계시록이기 때문이다. 이것으로 알 수 있는 것은, 요한복음에서 주님께서는 미래에 대한 말씀을 하셨지만 그들이 그것을 이해한 시점은 훨씬 뒤였다는 점이다. 제자들이 주님의 말씀을 나중에야 (십자가 사건 이후) 이해하리라는 것은 주님께서 미리 말씀하신 것이었다.

「예수께서 고난을 당하신 후 자신이 살아 계심을 그들에게 많은 무오한 증거들로 보여 주시고 사십 일 동안 그들에게 보이시며 하나님의 나라에 관한 일들을 말씀하셨노라. 또 사도들과 함께 모이셨을 때에 그들에게 예루살렘을 떠나지 말고 아버지의 약속을 기다려야 한다고 명령하셨으니 주께서 말씀하시기를 "그것은 너희가 내게서 들은 바니라. 요한은 정녕 물로 침례를 주었으나 너희는 여러 날이 지나지 않아 성령으로 침례를 받으리라." 고 하시더라」(행 1:3-5).

승천하시기 전에 남기신 주님의 말씀이 있었기에 제자들은 성령이 오신다는 것을 알고 있었다. 한편 주께서 이 말씀을 하실 때 그 자리에 모여 있던 사람들에게 즉시 성령이 임하시지 않았으니 이 역시 믿는 즉시 성령을 받는 오늘날의 그리스도인들과는 다른 점이다.

「그러므로 그들이 함께 모였을 때에 주께 물어 말씀드리기를 "주여, 이 때에 이스라엘에 그 왕국을 다시 회복하시겠나이까?" 하니」(행 1:6).

여기서 그들의 관심사는 아직까지 '왕국'이라는 점을 주목해야 한다. 이때까지도 전해지던 메시지는 왕국 복음이었으며, 그들의 관심은 여전히 왕국에 대한 것이었지 개인적 죄사함, 즉 혼이 지옥에 가지 않도록 회개하고 예수 그리스도의 보혈로 죄사함 받는 것이 아니었다. 그들은 여전히 유대들에게 약속하신 왕국을 기다리고 있었다. 그렇기 때문에 지금까지 왕국을 기다리고 있었는데 오지 않았으니 이 때에 오겠는지를 물었던 것이다. 그들의 질문에 주님께서는 다음과 같이 대답하신다.

「주께서 그들에게 말씀하시기를 "너희에게는 그 때나 시기를 알게 하신 것이 아니요, 아버지께서 자신의 권한에 두셨느니라. 그러나 성령께서 너희에게 임하시면 너희가 능력을 받으리니 그러면 예루살렘과 온 유대와 사마리아와 땅 끝까지 이르러 내게 증인이 되리라."고 하시니라」(행 1:7,8).

예수님께서는 이 답변을 하신 뒤 승천하셨다. 이제 당시 제자들이 해야 할 일은 주님께서 십자가에서 죽으셨다가 부활하시고 승천하신 것에 대한 증인이 되는 것이었다. 그 이상의 계시는 없었으며, 사도 바울 서신에 기록된 그리스도의 몸이나 영적 할례 등에 대한 지식은 그들에게 아직 주어지지 않았다.

그 후 제자들은 유다 이스카리옷을 대신할 새로운 사도를 임명하고, 오순절 날에 그들이 함께 모여 있을 때 주님께서 복음서에 약속하신 대로 성령님이 오시게 된다.

「그후 오순절 날이 되자 그들이 다 하나가 되어 한 장소에 모였는데 갑자기 하늘에서 거친 강풍 같은 소리가 나더니 그들이 앉아 있는 온 집안을 가득 채우더라. 거기에 불 같은 모양으로 갈라진 혀들이 나타나 그들 각 사람 위에 머물더니 그들 모두가 성령으로 충만하여 성령께서 그들에게 발설하게 하신 대로 다른 방언들로 말하기 시작하더라」(행 2:1-4).

당시 그들이 경험한 이 체험을 오늘날에도 하겠다며 뜨레스디아스 같은 데 가서 소위 '성령 체험'을 하려 하면 마귀에게 속는 것이다. 사도행전 2장에서는 하나님께서 성령님이 오시는 것을 가시적으로 체험하게 해 주셨다. 이렇게 보여주지 않으면 어떻게 그들이 성령님이 오셨는지 알았겠는가!

성경에서 방언은 외국어를 말함

여기서 강풍 같은 소리와 함께 '불 같은 모양'으로 갈라진 혀들이 나타났다고 성경은 기록하고 있다. 불 같은 모양으로 보이는 것이었지 실제 불이 아니었는데도 거짓 목사들은 변개된 성경을 가지고 '불'이 나타났다고 하며 성령 침례와 불 침례가 같은 것이라고 가르친다. 그러나 성령 침례는 구원받은 사람들이 받는 것이고, 불 침례는 구원받지 못한 사람들이 지옥 불에서 불타는 것을 말한다.

「그들 모두가 성령으로 충만하여 성령께서 그들에게 발설하게 하신 대로 다른 방언들로 말하기 시작하더라」(행 2:4).

위 구절의 방언은 표적이다. 표적은 믿는 사람들을 위해 준 것이 아니라 믿지 않는 사람들을 위해 주는 것이다(고전 14:22).

「그런데 어떻게 해서 우리 각 사람이 우리가 태어난 곳의 고유 언어로 말하는 것을 듣게 된단 말인가?」(행 2:8)

그 당시 예루살렘에는 신앙심이 깊은 유대인들이 천하 각국으로부터 와서 머물고 있었는데(행 2:5), 제자들이 하는 방언 즉 자신의 나라 고유 '언어로' 말하는 것을 들었다고 한다. 오늘날 교회들에서 하는, 알아들을 수 없는 마귀들의 소리가 아니다.

「이것은 선지자 요엘로 말씀하신 바니 '하나님께서 말씀하시기를, 마지막 날들에 내가 내 영을 모든 육체 위에 부으리라. 그러면 너희 아들들과 딸들이 예언할 것이요, 또 너희 젊은이들은 환상을 볼 것이며 너희 노인들은 꿈을 꾸리라. 또 그 날들에는 내가 내 남종들과 여종들 위에도 내 영을 부어 주리니 그들이 예언하리라」(행 2:16-18).

그 당시는 실질적으로 교회 시대 2천 년이 오지 않고서도 이 요엘의 예언이 이루어질 수 있는 상태였다. 그러나 사도들의 설교에도 불구하고 유대 민족이 받아들이지 않았기 때문에 왕국은 연기가 된다.

「그 위대하고 찬란한 주의 날이 오기 전에 해가 흑암으로, 달이 피로 변하리라」(행 2:20).

당시 사도 베드로가 설교한 요엘 선지자의 예언은 현재까지 아직 이루어지지 않았다. 해가 흑암으로, 달이 피로 변하는 일은 지난 2천 년 동안 역사적으로 일어나지 않았기 때문이다. 따라서 왕국은 연기된 것이 분명하다.

「너희 이스라엘 사람들아, 이 말씀들을 들으라. 너희 자신도 아는 바와 같이, 나사렛 예수는, 하나님께서 그를 통하여 너희 가운데서 행하신 기적들과 이적들과 표적들로 너희 중에서 하나님께 확증되신 분이니라」(행 2:22).

위 구절에서 보는 대로 베드로의 설교는 현재 그리스도인들이 전하는 은혜 복음과 같이 세상 모든 민족 개개인을 대상으로 하는 것이 아니라 오직 이스라엘 민족을 대상으로 한다.

한편 귀신론의 K목사를 비롯한 거짓 목사들은 이런 구절을 들어서 주 예수 그리스도가 아닌 "나사렛 예수의 이름으로 귀신아 물러가라!"고 하는데, 모두 사도행전을 잘못 해석해서 많은 사람들을 지옥으로 보내고 있는 것이다.

「이 예수를 하나님께서 살리셨으니 우리 모두가 그 일에 관한 증인이라」(행 2:32).

주님께서 십자가에서 돌아가신 것이 끝이 아니라 부활하시고 제자들에게 나타나셔서 40일 동안 그들과 교제하신 사실을 말하고 있다. 당시 제자들은 구약의 말씀과 승천하시기 전까지 예수님께서 말씀하신 것만을 알았을 뿐 아직 은혜 복음에 대한 계시를 받지 않았기 때문에 오늘날 우리들처럼 예수님의 보혈로 죄사함 받으라고 설교할 수 없었다.

「그러므로 그가 하나님의 오른손으로 높임을 받고, 또 아버지로부터 성령의 약속을 받아서, 지금 너희가 보고 듣는 이것을 부어주셨느니라. 다윗은 하늘들로 올라가지 못하였으나 스스로 말하기를 '주께서 내 주께 말씀하시기를」(행 2:33,34).

이 설교를 들은 이스라엘 백성들이 찔림을 받고 이렇게 묻는다.

「그들이 이 말을 듣고 마음에 찔림을 받아 베드로와 다른 사도들에게 말하기를 "형제 여러분, 우리가 어찌하여야 하리이까?" 라고 하니 베드로가 그들에게 답변하기를 "회개하라, 그리고 죄들을 사함 받은 것으로 인하여 너희 각자는 예수 그리스도의 이름으로 침례를 받으라. 그리하면 너희가 성령의 선물을 받으리라」(행 2:37,38).

침례에 의한 중생이라는 오류가 나온 구절

당시 유대인들은 오늘날 교회 시대에 해야 할 질문, 즉 구원을 받으려면 어떻게 해야 하는지를 묻는 것이 아니라 자신들이 메시아를 죽였으니 이제 어떻게 해야 하는지를 묻고 있다. 이에 대한 대답으로 베드로는 회개하고 침례를 받으라고 했다. 당시 그들에게 계시된 것은 회개하면 구원받는다는 것이다. 그러나 교회 시대인 오늘날에 이 말씀을 구원의 방법으로 전하면 침례(세례)에 의한 중생이라는 잘못된 교리가 된다.

많은 목사들이 하루는 예수 믿으면 구원받는다고 하고, 그 다음 주는 예수 믿고 침례 받아야 된다고 했다가, 또 그 다음 주는 예수 믿고 침례 받고 교회에 헌금하고 헌신해야 한다고 말한다. 그들이 구원론에 대해 혼란에 빠져 있는 이유는 이런 구절을 올바로 이해하지 못하기 때문이다.

당시 베드로가 받은 계시는 회개하고, 죄들을 '사함받은 것으로 인하여' 예수 그리스도의 이름으로 침례를 받으라는 것까지였다. 주목할 것은 죄를 '사함받기 위하여'가 아니라는 사실이다. 구약 율법 시대에는 죄를 지으면 동물의 피로 인하여 일시적으로 죄 사함을 받았다. 그래서 첫 언약 때의 사람들을 회복시키기 위해 예수님의 피가 필요했던 것이다(히 9:11-22).

베드로가 사도행전 2장에서 전한 구원론은 메시아를 받아들이지 않고 죽인 것을 회개하고, 율법 하에서 일시적으로 죄를 사해주셨는데 그 죄들을 사함받은 것으로 인하여 각자 '아버지와 아들과 성령의 이름으로'가 아닌 오직 '예수 그리스도의 이름'으로 침례를 받는 것이었다. 그러면 성령의 선물을 주신다고 하셨고 사도행전 2장까지의 사람들은 이 말씀으로 구원을 받는다.

「또 주께서 그들에게 말씀하시기를 "너희는 온 세상에 가서 모든 피조물에게 복음을 전파하라. 믿고 침례를 받는 자는 구원을 받을 것이나 믿지 않는 자는 정죄함을 받으리라. … 그후 제자들이 나가서 곳곳마다 전파하니, 주께서 그들과 함께 역사하시고, 또 따르는 표적들로 말씀을 확고하게 하시더라. 아멘」(막 16:15,16,20).

여기서 하신 말씀이 사도행전에서 성취되는데, 이 구절도 은사주의자들이 잘못 인용하여 사람들을 지옥으로 보내는 대표적인 구절이다. 현재 우리는 믿고 침례를 받아서 구원받으라고 전하지 않고 오직 믿음으로써 구원을 받으라고 전한다. 그러나 마가복음 16장에서는 믿고 침례를 받는 자들이 구원을 받는다고 말씀한다. 이 말씀을 잘못 이해하여 침례에 의한 중생이라는 거짓 교리가 나왔다. 성경을 읽을 때 그 당시에 하나님께서 사람들에게 어디까지 계시하셨는지를 알고 읽어야 하는데, 현재 우리가 성경을 다 안다고 해서 그 구절이 기록된 시기에 살았던 사람들도 우리처럼 알고 믿어 구원받았다고 하는 것은 성경을 잘못 해석하는 것이다.

「그러므로 너희는 회개하고 돌이키라. 그러면 주의 임재하심으로부터 새롭게 되는 때가 올 때 너희 죄들이 지워지리라. 또 하나님께서 전에 너희에게 전파된 예수 그리스도를 보내시리라」(행 3:19,20).

여기서 베드로는 히브리서 8장에 나오는 새 언약에 대해서 이스라엘 백성들에게 설교한다. 우리가 하는 것처럼 '지금 이 자리에서 예수 그리스도를 영접함으로써 죄사함을 받으라'고 전하는 것이 아니다. 당시 전환기 시대에 계시된 것은 여기까지였다. 아직까지 이스라엘에게 민족적으로 말씀을 전하는 것이다. 그렇기 때문에 전환기 시대의 말씀을 잘못 해석해서 적용하면 멸망에 이르게 된다.

또 베드로는 예수 그리스도의 재림에 대해서도 설교한다.

「하늘은 만물이 회복될 때까지 그분을 마땅히 받아들여야 하나니 이는 하나님께서 세상이 시작된 이래로 이 일에 관하여 그의 모든 거룩한 선지자들의 입을 통하여 말씀하신 바니라」(행 3:21).

사도들이 알았던 것은 여기까지였다. 그들은 주님의 죽으심과 장사됨, 부활에 대해서는 설교하지만, 우리처럼 보혈에 의한 구속과 개인적 구원에 대해서는 정확하게 말하지 않는다. 은혜 복음의 교리는 사도 바울이 이를 계시받은 뒤 예루살렘에 가서 베드로를 비롯한 사도들과 교제를 하면서 정확하게 알려진다.

사도행전 4장에서도 사도들은 예수 그리스도의 부활을 선포한다.

「그리하여 사도들이 큰 능력으로 주 예수의 부활을 증거하니 큰 은혜가 그들 모두에게 있더라」(행 4:33).

스테판의 순교

그 후 사도행전 7장에서 스테판의 설교를 들은 백성들이 그를 돌로 쳐서 죽이는 사건이 일어난다. 7장 전체에서 스테판은 출애굽 때부터 시작해서 끊임없이 하나님을 대적해 온 이스라엘의 역사를 말하고, 죄에 대한 지적을 들은 유대인들은 이에 분노한다.

스데판의 설교마저 거부한 이스라엘은 이제 돌이킬 기회를 모두 상실한다. 이제까지의 설교는 예루살렘에 있는 유대인들을 대상으로 한 것이었는데 그 후부터 설교가 변하기 시작하고, 8장부터는 복음이 다른 지역으로 퍼져나가게 된다.

「그들이 이런 말을 듣고 마음이 상하여 그를 향해 이를 갈더라. 그러나 그는 성령으로 충만하여 하늘을 주시하여 우러러보니 하나님의 영광과 예수께서 하나님의 오른편에 서신 것을 보고」(행 7:54,55).

이스라엘이 당시에 스데판의 설교를 듣고 회개하고 주님을 받아들였다면 휴거가 일어날 수도 있었을 것이다. 주님께서는 재림하시기 위해 하나님의 오른편에 앉아 계시지 않고 서 계셨기 때문이다.

「그때 그들이 큰 소리를 지르며 자기들의 귀를 막고 일제히 그에게 달려들어 그를 성읍 밖으로 끌어내어 돌로 치고 증인들은 겉옷을 벗어 사울이라고 하는 한 젊은이의 발 앞에 놓더라. 그들이 스데판을 돌로 치니 그가 하나님을 부르며 말하기를 "주 예수여, 나의 영을 받아 주소서." 하고 무릎을 꿇고 큰소리로 부르짖기를 "주여, 이 죄를 그들에게 돌리지 마옵소서."라는 이 말을 하고 잠드니라」(행 7:57-60).

주님께서는 이스라엘을 회복시켜 주실 수도 있었는데 그들이 스데판을 죽임으로써 왕국이 계속 연기되어 버렸다. 그럼에도 불구하고 사도행전을 전체적으로 보면 주님께서 유대인들에게 몇 번에 걸쳐 기회를 더 주신 것을 볼 수 있다. 사도 바울이 이방인들보다 유대인들에게 먼저 복음을 전했던 것도 같은 맥락에서 이해할 수 있다.

복음이 전해진 순서는 첫 번째가 유대인이고 그 다음이 이방인이다. 하나님께서 이렇게 하셨는데도 이스라엘 백성이 받아들이지 않자 사도행전 28장에 가서는 그들을 완전히 포기하신다. 그럼으로써 성령께서 역사하시는 방법도 달라지고 이스라엘을 대상으로 주어졌던 표적의 은사도 사라지게 된다. 이러한 전환기적인 일들이 사도행전에서 일어나기 때문에 사도행전의 구절을 들어 교회 시대의 구원론으로 설교하면 안 되는 것이다.

「사울은 그를 죽이는 것에 찬동하더라. 그 때에 예루살렘에 있는 교회에 큰 박해가 가해졌으니 사도들을 제외한 모든 사람이 유대와 사마리아 전 지역으로 흩어지더라」(행 8:1).

예루살렘에서 박해가 시작되고 결국 하나님께서는 믿는 무리들을 다른 곳으로 보내신다.

「그러므로 널리 흩어진 사람들이 가는 곳마다 말씀을 전하더라. 그때 빌립이 사마리아의 성읍에 내려가 사람들에게 그리스도를 전파하니 무리가 하나가 되어 빌립이 말한 것들을 경청하고 그가 행한 기적들을 듣고 보더라」(행 8:4-6).

사마리아인들의 구원

빌립이 사마리아에 가서 말씀을 전파한다.

「그러나 사람들은 빌립이 하나님의 나라와 예수 그리스도의 이름에 관한 일들을 전파하는 것을 믿었을 때 남녀가 모두 침례를 받으니라. 그때 시몬 자신도 믿고 침례를 받은 후에 빌립과 꾸준히 함께 지내며 기적들과 표적들이 행해짐을 보고 놀라더라」(행 8:12,13).

당시에는 아직 표적의 은사가 사라지지 않은 상태였다. 유대인들은 표적을 구하는 민족인데, 스테판의 중보기도로 아직까지는 유대인들에게 표적을 동반한 복음이 전해지고 있었기 때문이다.

「예루살렘에 있던 사도들이 사라미아가 하나님의 말씀을 받았다는 말을 듣고 그들이 베드로와 요한을 그 사람들에게 보내니라. 그들이 내려가서 사마리아인들이 성령을 받도록 기도하니」(행 8:14,15).

위 구절을 보면 사도행전 2장 때와는 다른 모양으로 성령이 임하신 것을 알 수 있다. 사라미아인들은 하나님의 말씀을 믿고 침례를 받았지만 아직 성령이 임하지 않은 상태였다. 믿고 침례를 받았는데 아직 성령을 받지 못한 그 사마리아인들은 사도들의 기도와 안수로 성령을 받았다. 이 구절을 잘못 해석해서 오늘날에도 상대방이 성령 받도록 안수하고 기도해 준다고 하는 목사들은 성경을 잘못 해석해서 혼들을 멸망시키는 것이다.

사마리아인들은 순수한 유대인들이 아닌 혼혈 민족이었으며, 하나님을 대적하여 자신들의 예배 장소를 산지에 따로 만든 자들이었다. 그래서 주님께서는 예루살렘의 순수한 유대인 사도들을 보내셔서 안수를 통해 사마리아인들이 성령을 받게 하신 것이다.

「(이는 성령께서 아직 그들 가운데 아무에게도 내리신 적이 없고 다만 주 예수의 이름으로 침례만 받았음이라)」(행 8:16).

이들은 사도행전 2장에서처럼 회개하고 침례받아 성령을 받은 것이 아니다. 사마리아인들은 여기까지 했는데도 성령을 받지 못했다. 이렇게 또 다른 구원론이 존재하는 것이다.

「그때 두 사도가 그들에게 안수하니 그들이 성령을 받으니라」(행 8:17).

오늘날 이것을 흉내내는 거짓 목사들에게 속지 않아야 한다.

「그러자 시몬이 사도들의 안수함으로 성령을 받는 것을 보고 그들에게 돈을 주며… 베드로가 그에게 말하기를 "너는 네 돈과 더불어 망하라. 이는 네가 하나님의 선물을 돈으로 살 수 있다고 생각하였기 때문이라」(행 8:18,20).

마술사 시몬은 성령을 돈으로 사려다가 돈과 더불어 망한다.

에디오피아 내시의 구원

이 일들 후에 에디오피아 내시가 나오는데, 이 이방인은 유대인과 사마리아인과도 또 다른 방법으로 구원을 받는다. 이는 실질적으로 오늘날 우리가 구원받는 것과 동일한 방법이다.

빌립은 이사야서 53장에 예언된 예수 그리스도의 고난에 대한 말씀을 설명해 주고 그를 구원으로 인도한다.

「돌아가는데 마차에 앉아서 선지자 이사야의 글을 읽고 있더라. 그때 성령께서 빌립에게 말씀하시기를 "가까이 가서 이 마차에 함께 타라." 하시더라. 그러므로 빌립이 거기로 달려가니 그가 선지자 이사야의 글을 읽고 있는 것을 듣고 말하기를 "당신이 읽고 있는 것을 이해하느뇨?" 하니 그가 말하기를 "나를 지도하는 이가 아무도 없으니 어찌 깨달을 수 있으리요?" 하며 빌립을 청하여 마차에 올라 자기와 함께 앉게 하더라. 그가 읽고 있는 성경 구절은 이것이니 즉 "그는 도살할 양처럼 끌려갔고, 또 털 깎는 자 앞에 잠잠한 어린양 같이 그의 입을 열지 아니하더라」(행 8:28-32).

32절은 예수님에 대한 구절이었는데 이 내시는 그것이 이사야 자신에 대한 말씀인지 다른 이에 대한 것인지 알지 못했다.

「그가 굴욕 중에 부당한 재판을 받았으니 누가 그의 세대를 선포하리요? 이는 그의 생명이 이 땅에서 끊어졌음이로다." 이었더라. 그 내시가 빌립에게 대답하여 말하기를 "당신에게 부탁하노니 선지자의 이 말은 누구에 관한 것이뇨? 자신이뇨?, 아니면 다른 사람이뇨?" 하니 빌립이 입을 열어 이 성경에서 시작하여 그에게 예수를 전하니라」(행 8:33-35).

빌립은 이사야서의 이 구절들을 통해서 예수 그리스도를 전했다. 이분이 메시아이신데 이스라엘이 처형한 그분이 부활 승천하셨음을 전한 것이다. 빌립이 알고 있던 것은 거기까지가 전부였다.

「그리하여 그들이 길을 따라가다가 물이 있는 곳에 이르자 그 내시가 말하기를 "보라, 여기 물이 있도다. 내가 침례를 받는 데 무슨 거침이 있느뇨?" 하고 하니 빌립이 말하기를 "만일 당신이 마음을 다하며 믿으면 합당하니라."고 하니 그가 대답하여 말하기를 "나는 예수 그리스도가 하나님의 아들이신 것을 믿나이다."라고 하더라」(행 8:36,37).

주님을 믿은 에디오피아 내시는 침례 받기를 청하고, 빌립은 그의 믿음을 확인한 뒤 침례를 베푼다. 한편 이렇게 믿음을 확인하는 장면은 킹제임스성경 외의 모든 변개된 카톨릭 사본과 성경에서 삭제되었다. 이 구절이 삭제되어 있어야 카톨릭에서 주장하는 침례(세례)에 의한 중생을 가르칠 수 있기 때문이다.

마음을 다하여 믿으면 침례 받기에 합당하기 때문에 빌립은 내시가 마음을 다해 믿었는지를 확인했다. 우리는 예수 그리스도를 믿고 나서 침례를 받으며, 침례는 구원을 이루는 조건이 아니다. 또한 이 구절은 예수님의 신성을 고백하는 구절이다.
　「그리고 나서 그가 마차를 세우라고 명한 다음 빌립과 내시가 둘 다 물로 내려가서 빌립이 그에게 침례를 주니라. 그들이 물 속에서 올라오자 주의 영이 빌립을 데려가시니 그 내시가 그를 다시 보지 못하더라. 그러나 그는 기뻐하며 자기 길을 가더라」(행 8:38,39).
　사도행전 8장에서 일어난 일은 앞서 유대인들을 대상으로 한 설교나 사마리아인들에게 한 설교 및 성령 받는 방법과 완전히 다르다는 데 주목해야 한다.

사울의 구원

　다음 9장에서 사울이 구원을 받고, 주님께서는 사울을 부르셔서 그를 통해 복음을 전하신다.
　「그가 길을 떠나 다마스커스에 가까이 왔을 때 갑자기 하늘로부터 한 줄기 빛이 그를 둘러 비추는지라」(행 9:3).
　사도 바울이 구원받는 장면대로 오늘날 구원받으려면 빛을 보아야 한다는 자들이 있다. 실제로 기도원에 가서 빛을 보고 예수님 만났다고 하기도 하는데, 오늘날 빛을 보았다고 하는 자들이 본 것은 빛의 천사인 마귀이다. 오늘날 주님께서는 누군가를 구원하시기 위해 그런 방식으로 역사하시지 않는다. 필요한 모든 계시는 기록된 하나님의 말씀을 통해 다 주셨기 때문이다.

「그가 땅에 엎드려 그에게 말하는 음성을 들으니 "사울아, 사울아, 네가 왜 나를 박해하느냐?"고 하시더라」(행 9:4).

위 구절의 바울처럼 오늘날에도 어떤 음성을 듣는 것이 영적인 체험인 양 착각하는 자들 때문에 오늘날 한국 교회들은 혼란에 빠져 있다.

「그러자 그가 말하기를 "주여, 당신은 누구시니이까?"라고 하니 주께서 말씀하시기를 "나는 네가 박해하는 예수라. 가시채를 걷어차는 것이 네게 고통이라."고 하시더라. 그가 떨며 놀라서 말하기를 "주여, 내가 어떻게 하기를 원하시나이까?"라고 하니 주께서 그에게 말씀하시기를 "일어나서 성읍으로 들어가라. 그러면 네가 행해야 할 일을 네게 일러주리라."고 하시더라」(행 9:5,6).

여기서 바울은 예수님을 주로 시인한다. 그가 "주여, 당신은 누구시니이까?"라고 묻는 장면에서 처음에는 예수님께서 하나님이라는 것을 정확하게 몰랐음을 알 수 있다. 그러자 주님께서는 자신이 그가 박해하는 예수라는 것을 확실히 알려 주셨다.

그 후 바울은 아나니아를 만나게 된다. 과거에 성도들을 박해하던 그를 주님께서는 구원해 주셨고, 그는 즉시 그리스도를 전파하기 시작한다.

「그가 곧바로 회당에서 그리스도를 전파하여 그분이 하나님의 아들이라고 하더라」(행 9:20).

그리스도께서 하나님의 아들이심을 증거한 것은 그분이 메시아 되심 즉 주님의 신성을 증거한 것이다. 그후 사도 바울은 박해를 피해 예루살렘으로 간다.

이방인 코넬료의 구원

그 뒤 10장에서 코넬료라 하는 이방인이 구원받는 장면이 나온다. 지금까지 우리는 유대인들의 구원과 사마리아인들의 구원을 살펴보았고, 이제 10장에서는 이방인들의 구원이 나온다.

「카이사랴에 코넬료라는 어떤 사람이 있었는데 이탈리아 부대라고 하는 부대의 백부장이더라. 그는 경건한 사람으로 온 집안과 더불어 하나님을 두려워하고 백성을 많이 구제하며 하나님께 항상 기도하더라」(행 10:1,2).

주목할 것은, 그 당시 코넬료가 받았던 계시가 여기까지였다는 점이다. 그는 하나님을 두려워하며 백성들을 많이 구제하고 하나님께 항상 기도하는 등 의로운 행위로써 경건하게 살던 사람이었는데, 어느 날 환상 속에서 하나님의 천사를 만나게 된다.

「그가 그 날 제구시경에 환상 속에서 분명하게 보니 하나님의 천사가 그에게 와서 말하기를 "코넬료야." 하더라. 그러나 그가 그 천사를 쳐다보고 두려워서 말하기를 "주여, 무슨 일이니이까?" 하니 천사가 그에게 말하기를 "너의 기도와 구제가 하나님 앞에 이르러 기억함이 되었노라」(행 10:3,4).

그는 천사가 시키는 대로 베드로를 청한다(행 10:5-8). 이때 베드로는 무엇을 하고 있었는지 살펴보자.

「그 다음날 그들이 계속 길을 가다가 그 성읍에 가까이 왔을 때 베드로가 제 육시경에 기도하려고 지붕 위로 올라갔는데 몹시 시장하여 먹고자 하더니 집 사람들이 음식을 준비하는 동안 그가 무아지경에 빠져 하늘이 열리고 어떤 그릇이 그에게로 내려오는 것을 보니, 마치 네 귀를 맨 큰 보자기 같은 것이 땅 위에 내려오는데 그 안에는 땅에 있는 갖가지 네 발 짐승들과 들짐승들과 기어다니는 것들과 공중의 새들이 있더라. 그런데 한 음성이 그에게 들리기를 "베드로야, 일어나서 잡아먹으라." 하더라」(행 10:9-13).

하지만 베드로는 이를 거절한다.

「베드로가 말하기를 "주여, 그럴 수 없나이다. 나는 결코 속되거나 불결한 것을 먹은 적이 없나이다."라고 하니」(행 10:14).

앞서 예수님의 부활을 설교했던 베드로가 아닌가? 그러나 그는 아직도 유대인의 율법을 지켜야 한다는 생각을 갖고 있었던 것이다. 이런 상황을 우리는 올바로 이해해야 한다. 이처럼 당시 베드로가 가졌던 지식과 오늘날 우리가 갖고 있는 지식은 달랐다. 그는 유대인으로서 율법 하에 금지된 더러운 짐승을 먹을 수 없다고 생각했다.

「음성이 다시 두 번째 그에게 이르기를 "하나님께서 깨끗하게 하신 것을 네가 속되다고 하지 말라." 하더라. 이런 일이 세 번 있은 후에 그 그릇이 다시 하늘로 올리어가더라」(행 10:15,16).

율법 하에서 속된 것을 먹는 죄를 지으면 지옥에 갈 수 있었지만 이제는 그렇지 않다고 하나님께서 계시하시는 것이다. 이처럼 하나님께서는 인간에게 점진적으로 계시를 주시는데, 이것은 더러운 이방인들도 구원을 받을 수 있게 되었음을 보여주시는 것이다.

결국 베드로는 하나님께서 이방인들에게 복음을 주셨다는 것을 깨닫고 말씀을 전하기 위해 코넬료에게 가게 된다.

「그들이 말하기를 "백부장 코넬료는 의인이요 하나님을 두려워하는 사람이며 또 온 유대 민족에게 좋은 평판이 나 있는 사람인데 하나님께로부터 거룩한 천사를 통하여 당신을 그의 집으로 청하여 말씀을 들으라는 지시를 받았나이다." 라고 하더라」(행 10:22).

여기서의 '의인'도 여전히 구약적 개념에서의 의인을 말한다. 사도행전 10장에서는 아직도 율법하에서 행위로써 의인이 되는 것을 말하고 있으며, 코넬료는 아직 구원을 못 받았지만 그래도 의인이라 불리는 점을 유념해야 한다.

「그때 베드로가 입을 열어 말하기를 "참으로 내가 깨달은 것은 하나님께서는 사람을 외모로 취하지 않으시고 어느 민족에서나 자기를 두려워하고 의를 행하는 사람은 받아 주신다는 것이라」(행 10:34,35).

베드로는 '어느 민족에게나' 하나님께서 기회를 주신다는 것을 이제 깨닫게 되었다. 그 당시에 하나님께서 계시하신 것을 지키고, 하나님의 말씀대로 살려고 하는 사람들에게 기회를 주셔서 복음을 듣고 구원을 받게 해 주시는 것이다. 그때그때 그 사람들에게 하나님이 어디까지 주셨는지를 알면 이해하기 쉽다. 코넬료는 그때까지 구약의 말씀과 하나님의 뜻대로 경건하게 살려는 사람이었기에 복음을 들을 기회를 주셨다.

「그리하여 주께서 우리에게 명령하사 사람들에게 전파하게 하시고, 또 하나님께서 산 자와 죽은 자의 심판자로 지정하신 분이 바로 그분임을 증거하게 하셨느니라. 그분에 대하여 모든 선지자도 증거하기를 "누구든지 그를 믿는 자는 그의 이름으로 말미암아 죄들의 사함을 받으리라."고 하였느니라」(행 10:42,43).

앞에서 죄들을 사함받은 것으로 인하여 침례를 받으라고 했던 메시지와, 여기서 주님의 이름으로 말미암아 죄들을 사함받는다는 것은 완전히 다른 메시지이다.

「베드로가 아직 이런 말을 하고 있을 때 성령께서 그 말씀을 듣는 모든 사람에게 임하시더라」(행 10:44).

이들 중 아무도 안수를 받거나 침례를 받지 않았는데도 성령께서 그들 모두에게 임하셨다. 이처럼 각 장면마다 성령 받는 방법이 다르고 구원에 대한 계시가 다르다. 사도행전의 구절들로 구원론을 가르치면 혼란에 빠지는 이유가 여기 있는 것이다. 위 구절에서는 그들이 설교를 듣는 중에 믿었기 때문에 설교가 끝나기도 전에 성령께서 임하셨다.

「그러므로 베드로와 함께 온 모든 할례받은 믿는 자들이 성령의 선물을 이방인들에게도 부어 주심을 보고 놀라니」(행 10:45).

함께 온 유대인들은 이방인들이 방언을 하고 성령을 받는 것을 보고 놀랐다. 주님께서는 이방인들이 유대인들을 위한 표적인 방언을 함으로써 성령 받은 것을 보여 주셨다.

「이는 그들이 방언으로 말하며 하나님을 높이는 것을 들음이라. 그때 베드로가 대답하기를 "이 사람들이 우리와 마찬가지로 성령을 받았으니 어느 누가 물로 침례받는 것을 금하리요?" 하며」(행 10:46,47).

이제 그의 메시지는 사도행전 2장과 완전히 달라졌다. 유대인에게는 침례를 받아야 성령을 받는다고 말했던 그가 여기서는 듣는 이들에게 성령이 임한 뒤에 침례를 베풀고 있다.

「주의 이름으로 침례를 받으라고 그들에게 명하더라. 그들은 베드로에게 며칠간 더 머물기를 간청하더라」(행 10:48).

또한 앞에서는 예수 그리스도의 이름으로 침례를 받으라고 설교했지만 이제는 주의 이름(아버지, 아들, 성령)으로 침례를 받으라고 말한다. 이처럼 성령님께서 베드로를 통해 주신 말씀은 시간이 지남에 따라 달라졌다.

13
교회시대

사도행전 10장에서 베드로가 이방인 백부장 코넬료의 집에서 설교했을 때 듣던 자들 중에 믿은 이들 모두에게 성령이 임하시는 장면을 앞에서 살펴보았다. 이제 사도행전 11장에서는 유대인들이 예루살렘에 온 베드로와 이방인들에게 복음을 전하는 것에 대해 논쟁하기 시작한다.

「유대에 있는 사도들과 형제들이 이방인들도 하나님의 말씀을 받았다는 것을 들으니라. 그후 베드로가 예루살렘에 올라가니 할례자들에 속한 자들이 그와 다투며 말하기를 "당신은 할례받지 않은 사람들에게 들어가서 그들과 함께 먹었도다." 하니」(행 11:1-3).

위의 상황에 대해, 현재 교회 시대에 전하는 은혜 복음의 환경이 당시 아직 조성되지 않았음을 기억해야 한다. 이러한 시대적 배경을 확실히 알아야 하기 때문에 구원론에 대해서 하나하나 확실히 짚고 넘어가는 것이 필요하다.

베드로는 자신의 사역의 정당성에 대해 설명하기 시작한다. 앞에 있었던 일들을 모두 설명하면서 자신이 하나님으로부터 계시를 받고 이방인에게 말씀을 전하게 된 간증을 한다.

「그가 네게 말씀을 전해 주리니 그 말씀으로 너와 너의 온 집안이 구원받으리라.' 하였다는 것이라. 그리하여 내가 말하기 시작하니 성령께서 처음에 우리에게 임하신 것과 똑같이 그들에게 임하더라. 그때에 내가 주의 말씀, 곧 '요한은 정녕 물로 침례를 주었으나 너희는 성령으로 침례를 받으리라.'고 말씀하신 것을 기억했노라」(행 11:14-16).

베드로는 오순절 날 유대인들에게 임했던 성령을 이제 이방인들에게도 부어 주시는 것을 보았다고 증언한다. 그는 이때 주님께서 십자가 사건 전에 성령 침례에 대해 하신 말씀을 기억하게 되었다.

「그러므로 하나님께서 주 예수 그리스도를 믿은 우리에게 주신 것과 똑같은 선물을 그들에게도 주셨다면 내가 누구이기에 하나님을 거역할 수 있겠는가?"라고 하니 그들이 이런 말을 듣고 잠잠하더라. 그리고 하나님께 영광을 돌리며 말하기를 "그러면 하나님께서 이방인들에게도 생명에 이르는 회개를 주셨도다."라고 하니라」(행 11:17,18).

이렇듯 점진적으로 은혜 복음으로 나아가는 것을 볼 수 있다. 그러나 이때까지도 유대인들에게 복음을 전했던 사도들은 사도 바울에게 맡겨진 하나님의 계시에 대해서는 알 수 없었다. 베드로는 단지 하나님께서 이방인들에게도 성령을 주시고 구원해 주심을 자신이 경험한 대로 증거했을 뿐이다.

「그때에 스데반에게 일어난 박해로 인하여 널리 흩어진 사람들이 멀리 페니케와 쿠프로와 안티옥까지 가서 오직 유대인들에게만 말씀을 전파하더라」(행 11:19).

이때까지도 아직 유대인들에게만 말씀이 전파되었다.

「그때 예루살렘에 있는 교회가 이런 일에 관한 소식을 듣고 바나바를 멀리 안티옥까지 가도록 보내니라」(행 11:22).

성경에서 안티옥은 매우 중요한 위치를 차지한다. 이곳에서 성경 말씀을 있는 그대로 믿는 바이블 빌리버들이 나왔기 때문이다. 제자들이 그리스도인이라는 이름으로 처음 불린 안티옥은 바른 성경의 뿌리가 된 곳이며, 반대로 이집트는 변개된 성경의 뿌리가 된 곳이다.

「그후에 바나바가 사울을 찾으러 타소에 가서 그를 만나 안티옥으로 데리고 오니라. 그리하여 그들이 일 년 내내 교회와 함께 있으면서 많은 무리를 가르치니 안티옥에서 제자들이 처음으로 '그리스도인'이라고 불리더라」(행 11:25,26).

점진적으로 계시된 은혜 복음

우리가 은혜 시대에 갖는 믿음의 모형은 사도행전 2장에서 드러나기 시작했으며, 그 후 행위 없이 믿음으로만 받는 확실한 은혜 복음이 어떤 방식으로 점진적으로 전개되는지를 살펴보고 있다. 주님께서 주시는 계시가 점진적이었다는 사실을 무시하고 성경의 한 구절, 한 문맥만으로 구원론을 가르쳐서는 안 된다. 사도행전 2:38 한 구절을 가지고 침례를 받아야 성령 받는다고 하거나, 또 다른 구절로 성령 받으면 방언을 한다든지, 안수를 받아야 성령을 받는다고 가르치는 무지한 목사들이 있다. 그들은 성경을 전체적으로 보지 못하기 때문에 올바른 지식을 가질 수 없어 사람들을 멸망으로 인도하는 것이다(호 4:6).

그 후 사도행전 12장에서는 헤롯이 일으킨 박해로 요한의 형제 야고보가 순교당하고, 베드로는 감옥에 갇히지만 하나님께서 보내신 천사의 손에 구출된다. 이후 헤롯이 죽고 13장에서는 성령님께서 바울과 바나바를 부르신다.

「당시 안티옥에 있는 교회에는 몇 명의 선지자들과 교사들이 있었는데 즉 바나바와 니겔이라고 하는 시므온과 쿠레네 사람 루키오와 영주 헤롯과 함께 자란 마나엔과 사울이라. 그들이 주를 섬기며 금식하고 있을 때 성령께서 말씀하시기를 "내가 불러 시키는 일을 위하여 바나바와 사울을 내게 따로 구별해 놓으라." 하시니라. 그러므로 그들이 금식하고 기도한 후에 그들에게 안수하여 떠나 보내니라」(행 13:1-3).

위 구절이 말씀하는 대로 선교사는 지역 교회에 의해 파송을 받는다. 한국 교회들이 하는 것처럼 선교회나 단체에서 파송하는 것이 아니다.

「그러므로 형제들아, 너희가 알 것은 이분을 통하여 너희에게 죄들의 사함이 선포되었으며 너희가 모세의 율법으로는 의롭게 되지 못하였던 그 모든 일에 있어서도 믿는 자는 모두 그분을 통하여 의롭게 된다는 것이니라」(행 13:38,39).

이제 점점 은혜 복음이 명확해지는 것을 알 수 있다. 사도 바울은 초자연적인, 특별한 방법으로 구원을 받고 은혜 복음의 전파자가 되었다. 오늘날 많은 거짓 목사들이 자신도 사도 바울과 같은 방법으로 구원받았다는 말을 한다. 그들은 꿈이나 환상 중에 주님을 만났다거나 빛을 보았다고 하는데, 그들은 사실상 빛의 천사로 나타난 사탄을 본 것이다(고후 11:14). 전환기 때인 사도행전 시대에 특별한 방법으로 구원받은 사도 바울과 동일한 방법으로 구원받았다고 하는 자들은 마귀에게 속은 것이다.

그러나 앞으로 펼쳐질 대환란 때에는 그런 초자연적인 방법으로 구원받는 유대인들이 나와서 이방인들에게 복음을 전파할 것이다. 대환란 때에도 구원을 받아 휴거되는 이방인들이 있음을 요한계시록에서 볼 수 있다(계 7,14장). 이들은 유대인들이 전파한 복음으로 기적적으로 구원받는 이들이다. 전무후무한 재앙의 시기인 대환란 때에도 14만4천 명의 유대인들이 특별한 방법으로 하는 복음 전파가 재개되는 것이다.

사도행전 14장에서 유대인들은 사도 바울의 복음 전파를 지속적으로 거절한다.

성경에는 여러 가지 모형이 나오는데, 하나님께서는 이런 모형을 통해 위대한 진리를 계시하신다. 예를 들어 에녹과 엘리야는 각각 교회의 모형, 대환란 성도들의 모형이다. 에녹(창 5:24)은 죽음을 보지 않고 살아서 하늘로 들림받은 교회의 휴거를 예표한다. 또한 엘리야(왕하 2:11)는 살아서 하늘로 올라갔지만 대환란 때 두 증인 중 하나로 땅에 내려와서 죽임을 당했다가 다시 부활해서 하늘로 올라간다. 이는 대환란 때 순교당하고 죽은 사람들이 휴거되는 모형을 보여 주는 것이다. 성경은 이처럼 전체적으로 유기적으로 연결되어 있기 때문에 아무 데서나 한 구절을 떼 내어 자의적으로 가르쳐서는 안 되고 전체를 정확하게 공부해서 가르쳐야 한다.

한편 사도행전 13:39은 칼빈주의자들이 주장하는 것처럼 선택된 자들만이 아니라 믿는 모든 자가 의롭게 된다고 분명히 말씀하고 있다.

그 후 14,15장에서는 유대에서 온 사람들이 은혜 복음 전파를 방해하는 사건이 일어난다.

「유대에서 내려온 어떤 사람들이 형제들을 가르치며 말하기를 "너희가 모세의 율례에 따라 할례받지 않으면 구원을 받을 수 없노라."고 하더라」(행 15:1).

당시는 십자가 사건으로 말미암아 모세의 율법에서 은혜 복음으로 넘어가는 전환기적인 시대이며 하나님의 경륜이 유대인에게서 이방인으로 넘어가고 있었음을 기억해야 한다. 단번에 '바로 이 시점부터 은혜 복음이 적용된다' 하고 바뀐 것이 아니라 시간이 흐르면서 사람들이 점진적으로 알아가게 된 것이다.

15장에서 바울과 바나바가 전하는 은혜 복음을 믿지 않고 아직도 모세의 율례에 따라 할례받지 않으면 구원을 받을 수 없다는 행위 구원을 주장하는 자들이 있었기에 이런 논쟁이 생기게 되었다. 현재 은혜 복음 시대의 많은 교회들도 침례(세례)를 받고, 성찬식에 참여하고, 이런저런 행위가 있어야 구원받는다고 가르치고 있으니, 그때나 지금이나 마귀의 속임수는 동일한 것을 알 수 있다.

「그러므로 바울과 바나바와 그들 사이에 적지 않은 의견 차이와 논쟁이 일어나니 형제들이 바울과 바나바와 그들 중에서 몇 사람을 더 선정하여 이 문제를 규명하기 위하여 예루살렘에 있는 사도들과 장로들에게 올라가도록 하니라. 이들이 교회의 전송을 받고 페니케와 사마리아를 경유하며 이방인들의 개종을 설명하니 모든 형제가 크게 기뻐하더라. 예루살렘에 도착하여 교회와 사도들과 장로들의 영접을 받고 하나님께서 그들과 함께 행하신 모든 일을 설명하니라」(행 15:2-4).

사실 관계를 규명하기 위해 바울과 바나바가 간 예루살렘에는 권위 있는 사도들이 있었다.

「그러나 바리새파에서 믿는 몇 사람이 일어나서 말하기를 "그들에게 할례를 주는 것이 필요하니 모세의 율법을 지키도록 권고하라."고 하더라. 그때에 사도들과 장로들이 이 문제를 논의하려고 함께 모였는데 많은 논의가 있은 후에 베드로가 일어나서 그들에게 말하기를 "형제 여러분, 당신들이 아는 대로 하나님께서 오래전부터 우리 가운데 택하시어 나의 입을 통하여 이방인들이 복음의 말씀을 듣고 믿게 하셨느니라」(행 15:5-7).

베드로의 설교

베드로는 사도행전 10장에서 있었던 코넬료의 구원 사건을 통해 이방인들도 복음의 말씀을 받게 되었다고 설명하면서 믿음만으로 구원받음을 증거한다. 이때 베드로는 사도 바울과 교제를 나누는데, 이는 갈라디아서에도 기록되어 있다(갈 1:18).

「마음을 아시는 하나님께서는 우리에게 행하신 것과 마찬가지로 그들에게도 증거하시어 성령을 주셨으며 우리와 그들 사이에 어떤 차이도 두지 아니하셨으니 믿음으로 그들의 마음을 정결케 하셨느니라」(행 15:8,9).

베드로는 코넬료 사건이 있은 후인 15장에 와서 유대인이나 이방인 모두 믿음으로 받는 구원에 대해 확실하게 증거한다.

「그런데 이제 너희가 어찌하여 하나님을 시험하여 우리의 조상이나 우리도 감당할 수 없었던 멍에를 제자들의 목에 걸려고 하느냐? 우리는 주 예수 그리스도의 은혜로 구원받는 것을 믿으며 그들도 마찬가지니라."고 하더라」(행 15:10,11).

여기서 사도 베드로는 오늘날 우리가 전하는 것과 동일한 은혜 복음을 말하는 것이다. 모세의 율례에 대해서 혼동에 빠진 유대인들 중 바리새파는 이방인들에게 믿은 후에 할례주는 것이 필요하니 모세의 율법을 지키도록 권고하라고 했지만, 베드로는 구원의 조건으로의 할례 즉 행위 구원을 가르치는 자들이 잘못 가르치는 것이라고 단언한다.

「그들이 잠잠해진 후에 야고보가 대답하여 말하기를 "형제 여러분, 내게 경청하라. 하나님께서 그의 이름을 위하여 이방인들 가운데서 한 백성을 취하시려고 처음에 어떻게 그들을 찾으셨는가를 시므온이 설명하였으니」(행 15:13,14).

당시 지도자였던 예수님의 동생 야고보는 베드로의 말이 실질적으로 하나님의 말씀과 동일하다고 하며 이 상황을 정리한다. 한편 사도행전 15장은 교회의 모든 일들이 하나님의 말씀으로 판단되어야 함을 잘 보여 준다.

「이것은 선지자들의 말과 일치된 것이라. 기록된 바 '이 일 후에 내가 다시 돌아와서 쓰러진 다윗의 장막을 다시 세울 것이며 또 거기에 파괴된 것들을 다시 세워 일으키리라. 그리하여 남은 자들로 주를 찾게 할 것이며 또 내 이름으로 불리는 모든 이방인들도 그러하리라. 이 모든 일을 행하시는 주가 말하노라. 세상의 시작부터 그의 모든 역사가 하나님께 알려졌느니라.'고 함과 같으니라. 그러므로 내 판단은 이방인들 가운데서 하나님께로 돌아온 사람들을 우리가 괴롭히지 말고 다만 그들에게 글을 보내어 우상으로 더럽혀진 것과 음행과 목매어 죽인 것과 피를 삼가게 하자는 것이라」 (행 15:15-20).

20절에 나열된 것들은 좋은 간증을 유지하는 데 방해가 되는 것일 뿐 구원의 조건이 아니다. 이방인들에게도 복음을 전하기는 하지만 그 당시 믿음이 약한 사람들이 실족하지 않도록 다만 우상과 음행과 피에 관한 것은 삼가하게 하자는 것이다. 아무리 이방인 성도라 하더라도 율법에서도 금한 것을 행함으로 인해 경건한 유대인들을 실족시켜서는 안 되기 때문이다.

마찬가지로 구원받은 우리도 모든 것을 믿음으로 할 수 있지만, 우리는 사람들 앞에서 좋은 간증을 지켜야 한다. 믿음이 약한 사람이나 구원받지 못한 사람들은 어떠한 이유로든 실족하거나 구원을 받지 못할 수도 있기 때문이다. 당시는 율법 하에서 은혜 복음으로 넘어오는 상황이었기 때문에 혼동 상태에 있었고, 굳이 우상으로 더럽혀진 음식 등의 문제를 가지고 그들에게 짐을 지울 필요가 없다는 것이었다.

「이는 예로부터 각 성읍에서 모세를 전파하는 자들이 있어 안식일마다 회당에서 그 글이 읽혔음이라." 고 하더라」(행 15:21).

15장에서 이렇게 결정된 후 복음은 계속해서 전파된다. 이후부터 베드로는 등장하지 않으며, 바울은 계속 선교 여행을 떠남으로써 복음 전파에 박차를 가한다. 유대인들의 계속적인 거절이 이어지자 사도행전 28장에서 바울은 네 번에 걸쳐서 이방인들에게로 돌이킬 것을 이야기한다.

「서로 의견이 맞지 않아 자리를 뜰 때 바울이 한 마디 부언하기를 "성령께서 선지자 이사야를 통하여 우리 조상에게 잘 말씀하셨도다. 말씀하시기를 '이 백성에게 가서 말하되 너희가 듣기는 들어도 깨닫지 못할 것이요, 보기는 보아도 알지 못하리라 하라. 이 백성의 마음이 무디어지고, 그들의 귀는 듣는 데 둔하고, 그들은 자기들의 눈을 감았으니, 이는 눈으로 보지도 못하고 귀로 듣지도 못하며 마음으로 깨닫지도 못하고 회심하지도 못하게 되어 나로 그들을 치유하지 못하게 하려 함이라.'고 하셨느니라. 그러므로 하나님의 구원을 이방인들에게 보낸 것과 그들이 그것을 들을 것을 너희가 알라."고 하더라」(행 28:25-28).

이후 사도행전 28장을 끝으로 이방인들에게 복음이 전파되면서 유대인들을 위한 표적의 은사는 사라진다. 지금까지 사도행전에서 발견되는 율법 시대에서 은혜 복음 시대로의 변천 과정을 살펴보았고, 다시 사도행전 18장으로 돌아가자.

「그런데 알렉산드리아 태생인 아폴로라고 하는 어떤 유대인이 에베소에 왔는데 언변이 유창하고 성경에 밝은 자더라」(행 18:24).

이집트에서 태어난 유대인 아폴로는 성경을 잘 알았던 사람인데, 여러 번 언급한 대로 당시에는 구약 성경만 있을 뿐 아직 신약 성경은 없었기 때문에 이 사람은 유대인으로서 요한의 회개의 침례까지만 알고 있었다.

「이 사람이 주의 도를 배웠으며 영 안에서 열심을 내었고 주의 일들을 정확하게 말하고 가르치나 요한의 침례만 알고 있더라」(행 18:25).

'주의 도'를 구약 체계 하에서 배우고 열심을 냈던 그였지만 요한의 침례까지밖에 몰랐고 후에 진리를 더 자세히 배우게 된다.

「그가 회당에서 담대하게 말씀을 전하기 시작할 때 아퀼라와 프리스킬라가 그의 말을 듣고 그를 형제들에게 데려가서 그에게 하나님의 도를 더욱 정확하게 설명해 주니라」(행 18:26).

주님에 관해 불완전한 지식만을 가졌던 아폴로는 바울과 함께 지냈던 신실한 성도인 아퀼라 부부(행 18:1-3, 롬 16:3)로부터 더 정확한 가르침을 받게 된다.

「그후 아폴로가 아카야를 지나고자 하므로 형제들이 제자들에게 편지를 써서 그를 영접하라고 부탁하니라. 그가 도착하여 은혜로 말미암아 믿은 사람들에게 많은 도움이 되니 이는 그가 성경으로 예수가 그리스도이심을 공개적으로 증거함으로, 유대인들을 강력하게 논박함이더라」(행 18:27,28).

정확한 하나님의 계시를 알고 성도가 된 아폴로는 유대인들에게 예수 그리스도를 증거하는 강력한 복음 전파자가 된다. 이렇게 사도들로부터 배운 것을 사람들이 다시 가르치고 배워가면서 진리가 전파되었다.

침례와 안수로 성령을 받은 예외적 경우

「아폴로가 고린도에 있을 때 바울이 북부 지방을 경유하여 에베소로 와서 어떤 제자들을 만나」(행 19:1).

위 구절에서 그리스도인이 아니라 "어떤 제자들"이라고 말씀한다. 많은 사람들은 그리스도인을 사도행전이나 복음서에 나오는 제자들(사도로 불리는 12제자를 제외하고)과 동일하게 생각하는데, 그렇지 않다.

「그들에게 말하기를 "너희가 믿은 후에 성령을 받았느냐?"라고 하니 그들이 말하기를 "우리는 성령이 있다는 것조차 듣지 못했나이다."라고 하니라. 그가 그들에게 말하기를 "그러면 무슨 침례를 받았느냐?" 라고 하니 그들이 말하기를 "요한의 침례니이다."고 하더라」(행 19:2,3).

성령께서 있다는 것조차 듣지 못한 사람들이 있었는데, 이들도 예전의 아폴로처럼 요한의 침례까지만 알고 있었다.

「그러자 바울이 말하기를 "요한은 정녕 회개의 침례로 침례를 주면서 백성들에게 자기 뒤에 오실 이, 곧 그리스도 예수를 믿어야 한다고 말하였노라." 고 하니 그들이 이 말을 듣고 주 예수의 이름으로 침례를 받더라」(행 19:4,5).

여기까지는 사도행전 2:38과 같은 상황이다.

「그리하여 바울이 그들에게 안수하니 성령께서 그들 위에 임하시어 그들이 방언들로 말하며 예언하니 그들은 모두 열두 명쯤 되니라」(행 19:6,7).

이때는 침례만 받고서 성령을 받은 것이 아니라 침례받고 안수받은 뒤에 성령께서 임하셨다. 이런 식으로 성령을 받는 방법이 매번 달라지는데 그 이유는 아직 이때까지 전환기 시대이고, 복음이 유대인에게만 전해졌으며, 유대인들은 아직까지 표적을 필요로 했기 때문이다. 그들은 방언의 은사가 있어야 성령 받았음을 알았다. 초대 교회 때에는 이러한 일들이 많이 있었다.

이제 하나님의 특별한 계시를 받은 사도 바울이 등장하고, 베드로는 유대인들에게로 가면서 사도행전에서 점점 등장하지 않게 된다.

「내가 이제 사람들에게 호감을 사랴? 아니면 하나님께 사랴? 아니면 내가 사람들을 기쁘게 하려고 하겠느냐? 내가 아직도 사람들을 기쁘게 하려고 한다면 나는 그리스도의 종이 아니니라. 그러나 형제들아, 내가 너희에게 알게 하노니 내가 전한 복음은 사람을 따른 것이 아니니라」(갈 1:10,11).

사도 바울이 전하는 은혜 복음은 사람들에게서 배운 것이 아니다. 「나는 그것을 사람에게서 받지도 않았고 배우지도 않았으며 오직 예수 그리스도의 계시를 통하여 된 것이라」(12절). 예수 그리스도의 계시를 통해서 직접 받은 것이다. 바울 서신이 우리에게 매우 중요한 이유는 교회 시대의 교리가 모두 바울 서신에 의해서 정립되기 때문이다.

바울과 베드로

「너희는 내가 유대교에 있었을 때의 내 행실을 들었거니와 나는 하나님의 교회를 몹시 박해하였으며 황폐시켰고 나의 동족 가운데 많은 동년배들보다도 유대교를 믿는 일에 앞서 있었으며 내 조상들의 전통을 지키는 데 더욱더 열성을 내었느니라. 그러나 나의 어머니의 태로부터 나를 선별하시고 그의 은혜로 나를 부르신 하나님께서 나로 하여금 이방 가운데 그를 전파하도록 내 안에 그의 아들을 계시하시기를 기뻐하셨을 때에 내가 즉시 혈과 육에 의논하지 아니하고 또 나보다 먼저 사도가 된 그들을 만나려고 예루살렘으로 올라가지도 아니하고 다만 아라비아로 갔다가 다시 다마스커스로 돌아갔노라. 그리고 나서 삼 년 후에 내가 베드로를 보고자 예루살렘으로 올라가서 그와 함께 십오 일간을 지냈으며」(갈 1:13-18).

이 15일 동안 두 사람은 무엇을 했을까? 바울은 하나님께서 자신에게 보여주신 계시들을 전했을 것이고, 베드로는 이방인 코넬료의 구원을 보면서 자신도 이제 이방인들에게 복음을 전하게 되었다는 것을 말하며 서로 교제했을 것이다.

「그리고 나서 십사 년 후에 내가 바나바와 함께 다시 예루살렘에 올라갔는데 디도도 데리고 갔느니라. 내가 계시를 따라 올라가서 이방인들 가운데서 전파한 복음을 그들 앞에 제시하였으되 유명한 사람들에게 따로 전한 것은 어떻게 하든지 내가 달려가야 할 일과 달려갔던 일들이 헛되지 않게 하려 함이라」(갈 2:1,2).

바울은 자신이 전한 그 복음에서 율법으로 돌아가려 하는 이들을 설득시켜 자신이 한 일이 헛되지 않도록 하겠다고 말한다.

「그러나 나와 함께 있던 헬라인 디도까지도 억지로 할례를 받게 하지 아니하였으니 이는 거짓 형제들이 몰래 들어온 까닭이라. 그들은 우리가 그리스도 예수 안에서 가진 우리의 자유를 엿보려고 비밀리에 들어와 우리를 노예로 삼고자 함이더라」(갈 2:3,4).

믿음으로 자유함을 얻었는데도 거짓 형제들이 계속해서 행위를 강조하기 때문에 간증을 위해 이방인 디도조차도 억지로 할례받지 않게 했다는 것이다.

「우리가 단 한 시간도 그들에게 복종하지 아니하였던 것은 복음의 진리가 너희와 함께 지속되게 하려는 것이라」(갈 2:5).

바울이 말한 것처럼 우리도 은혜의 복음을 지키며 행위 구원이라는 거짓 교리에 굴복하지 않는 이유는 이 진리가 계속 지속되게 하기 위해서다. 우리가 만일 사람을 더 모으기 위해 조금이라도 타협한다면 교회가 더 커질 수 있을지 몰라도 진리는 지속되지 않고 변질될 것이다.

「오히려 그들은 베드로가 할례자들에게 복음 전함을 맡음과 같이 내가 무할례자들에게 복음 전함을 맡은 것을 알았을 때 (베드로에게 효과적으로 역사하셔서 할례자들의 사도 직분을 주신 그분께서 나에게도 강력하게 역사하셔서 이방인들을 위한 직분을 주셨느니라)」(갈 2:7,8).

일차적으로 베드로는 유대인들에게, 사도 바울은 이방인들에게 복음을 전하게 되었다. 그 전까지는 유대인들을 대상으로 사역했지만 유대인들이 계속해서 거절하자 사도행전 뒷부분에 와서는 이런 식으로 베드로와 바울이 갈라져서 복음을 전하게 되었다. 이후 사도 바울은 아시아로 가려고 했으나 주님께서는 이를 막으시고 대신 유럽으로 보내신다. 따라서 복음이 아시아와 유럽으로 나뉘어 전해졌으며, 그 경로는 유럽에서 미국으로 이어졌다가 다시 아시아로 향하게 되었다.

갈라디아서 1장에서 바울은 계속적으로 베드로와 자신의 사역이 다르다는 것을 말하고 있는데, 한편 카톨릭 교회는 로마에 한 번도 가본 적이 없는 베드로를 초대 로마 교황으로 받들고 있으니, 우습지 않은가?

「기둥같이 여기는 야고보와 게바와 요한도 내게 주신 은혜를 알고서 나와 바나바에게 친교의 악수를 하였으니 이는 우리가 이방인들에게로 가고 그들은 할례자들에게로 감이라」(갈 2:9).

사도행전 15장에서는 예루살렘 공회를 통해 은혜 복음의 교리가 정립되고, 16장에서는 아시아로 가려는 바울을 성령께서 막으시고 대신 마케도니아로 향하게 하신다. 유럽에서 루디아라는 여인이 구원받음으로써 유럽에서의 복음 전파가 첫 번째 열매를 맺게 된다.

「거기에 루디아라고 하는 여인이 있었는데 두아디라 성읍의 자주 옷감 장수로 하나님을 경배하는 여인이었으며 우리의 말을 듣더라. 주께서 그녀의 마음을 열어 바울이 말한 것에 주의를 기울이게 하시니라」(행 16:14).

당시 하나님을 경배하고 의롭게 살던 사람들도 이 복음을 거절하면 지옥에 가는 것이다. 마찬가지로 성경적 복음을 전파하면 듣고 받아들여야 하는데 이단이라고 정죄하며 거부하면 그것이 바로 저주의 길이 된다. 마음을 열고 받아들인 루디아는 복 받은 여인이다.

「그리하여 그녀와 그녀의 집안이 침례를 받자 그녀가 간청하여 말하기를 "당신들이 저를 주께 신실한 자로 여기신다면 저의 집에 와서 머무소서." 라고 하며 우리를 강하게 붙들더라」(행 16:15).

빌립보 간수의 구원

믿음으로 구원받았기 때문에 침례를 받은 위 구절은 현 시대에 우리의 믿음 및 실행과 동일하다. 그 뒤 빌립보 간수가 회심한 사건이 일어난다. 어떤 소녀에게 들어간 마귀를 쫓아냈다고 해서 사도 바울과 실라가 감옥에 갇혔을 때 하나님께서 지진을 일으키셔서 감옥 문이 열렸는데, 죄수가 모두 도망한 것으로 짐작한 간수가 자살하려고 하자 바울이 그를 말린다.

「바울이 큰 소리로 외쳐 말하기를 "네 몸을 해치지 말라. 우리가 다 여기 있노라." 하니 그가 등불을 요청한 후, 달려들어와 떨며 바울과 실라 앞에 엎드리더라. 그리하여 그들을 데리고 나와서 말하기를 "선생님들이여, 내가 구원을 받으려면 어떻게 해야 하나이까?" 라고 하니」(행 16:28-30).

이 간수의 질문은 사도행전 2장에서 유대인들이 했던 질문, 즉 자신들이 어떻게 해야 하는지 물었던 것과는 완전히 다르다. 유대인들은 예수님을 죽인 것에 대해 찔림을 받고 물어본 것이고, 이 간수는 자신의 구원에 대해서 물어본 것이다.

현재 교회 시대에 구원에 대한 질문을 하는 것은 지극히 당연한 것인데, 오늘날 대다수 한국 교회들은 '구원받으셨습니까?' 하고 물어보면 '구원파이신가요?'라고 되묻는다. 구원받는 것에 대해 모르기 때문에 이렇게 물어보는 것만으로도 이단으로 정죄한다. 이것은 소위 기독교 역사 백 년이 넘도록 한국 교회에 복음이 잘 못 전해졌기 때문이다.

빌립보 간수가 이렇게 물었을 때 사도 바울은 사도행전 2:38에서처럼 침례받고 성령 받으라고 말하지 않았다.

「그들이 말하기를 "주 예수 그리스도를 믿으라. 그리하면 너와 네 집안이 구원을 받으리라." 고 하니라」(행 16:31).

사도 바울은 은혜 복음을 전해서 그들이 믿음으로 구원받은 다음 침례를 베푼다.

「그리고 그들이 주의 말씀을 그와 그의 집 안에 있는 모든 사람에게 전하니라. 그리하여 그가 그날 밤 같은 시간에 그들을 데리고 가서 그들의 상처를 씻겨 주며 또 그와 그의 온 가족이 곧바로 침례를 받더라」(행 16:32,33).

이것이 현재 교회 시대와 동일하게 복음 전파와 믿음만으로 받는 구원이다. 이렇게 해서 강성한 빌립보 교회가 생겨나고, 그 후 데살로니가 교회가 세워지고, 사도행전은 이렇게 계속해서 전개된다. 이 사도행전을 전환기 시대의 책으로 보지 않고 사도행전의 구절들로 구원론을 가르친다면 아마 수십 가지의 구원론이 나오게 될 것이다. 그리고 그렇게 가르치는 자는 거짓 목사이다.

구원들에 대해 조금은 지루할 정도로 천천히 반복해서 공부하는 이유는, 이것에 대해 확실히 알아야만 정확한 은혜 복음을 바르게 전파할 수 있기 때문이다. 구원받는 것은 쉽다. 예수님께서 육신으로 오신 하나님이신 것과, 예수님의 십자가에서 이루신 그 사역을 마음으로 믿고 입으로 시인하기만 하면 구원을 받는다. 그러나 오늘날 혼동되는 이론들을 가르치는 사람들이 많기 때문에 이렇게 쉬운 구원이 막혀 버렸다. 이러한 것들을 자세하게 일일이 가르쳐주지 않으면 100% 마음으로 믿고 구원받을 수가 없다. 머리 속에 잘못 배운 것들이 너무 많기 때문에 쉽고 정확한 은혜 복음이 들어갈 수가 없는 것이다. 교회를 그렇게 오래 다녀도 실질적으로 구원에 대해서는 알지 못한 채 이것저것 머리로만 알고 있는 사람들이 많은 이유가 여기 있다. 이러한 상태에 있는 많은 사람들이 성경적 구원론에 대해서 정확하게 알고 구원받기를 간절히 바란다.

14
교회시대

지금까지 사도행전에 나온 구원에 대해서 공부했다. 전환기적 책인 사도행전을 통해 하나님께서 주신 계시와 사도 바울의 구원, 그가 받은 은혜 복음에 대한 계시 등을 살펴보았다.

바울이 정립한 은혜 복음

사도 바울은 세 번의 전도여행을 다니면서 복음을 전했는데, 사도행전 28장(AD 62-63년 경)에서 대부분의 유대인들이 복음을 거절하자 이후 이방인들에게 복음을 전파하기 시작한다. 그전 사도행전 15장에서는 예루살렘 교회에서 은혜 복음에 대한 논의가 있었고, 이 시기에 사도 바울은 하나님으로부터 받은 계시와 말씀을 성도들과 함께 나누었다. 그가 기록한 로마서부터 빌레몬서에 우리가 살고 있는 교회 시대의 교리가 제시된다.

바울은 어디를 가든 항상 복음을 전했는데, 그가 기록한 로마서는 특히 이방인들에게 교리적으로 매우 중요한 책이다. 로마서 1장은 모든 사람이 하나님의 말씀을 대적하는 것, 그리고 2장은 유대인들이 이방인들을 정죄하지만 그들 자신도 결국 죄인인 것을 말씀한다. 3장은 과거 구약 때와 달리 모든 사람들이 죄인이라고 말씀하며, 로마서 3:10은 「기록된 바와 같으니 "의인은 없나니 없도다, 한 사람도 없도다.."라고 결론내린다.

구약 때의 의인은 주님의 말씀을 믿고 또 이를 행하는 사람들이었으며, 그러한 기준으로 구약 성경은 여러 명의 의인들을 언급한다. 그러나 의인은 한 명도 없다고 기록한 로마서 3장을 통해 우리는 구약과 신약이 어떻게 다른지 확인하게 된다.

「이제 율법이 말하는 것은 무엇이나 율법 아래 있는 사람들에게 말하는 것인 줄 우리가 아노니 이는 모든 입을 막고 온 세상이 하나님 앞에 죄가 있게 하려 함이니라」(롬 3:19).

하나님께서는 구약 때에 이스라엘에게 율법을 일시적으로 사용하셨는데, 그 목적은 십자가 뒤에 올 모든 인간이 율법으로 인해 하나님 앞에서 모두 죄인임을 알게 하는 것이었다.

「그러므로 율법의 행위로는 그분 앞에 의롭게 될 육체가 없나니 이는 율법을 통해서는 죄의 깨달음이 있음이니라. 그러나 이제는 율법 없이 하나님의 의가 나타났으니 율법과 선지서들을 통해 증거된 것이니라」(롬 3:20,21).

이제 하나님의 의가 나타났으며, 그 하나님의 의를 가진 사람들만이 의인이 되는 것이다. 이처럼 구약과는 완전히 상황이 달라진 것을 알 수 있다.

전환기가 지나고 은혜 복음이 계시된 뒤, 성경에 기록된 여러 교회들 앞으로 보내는 바울의 서신서에서는 모두 믿음으로만 구원을 받는다는 가르침이 선명하게 드러난다.

이 또한 그 당시 인간에게 계시된 말씀이며, 구원을 받으려면 당시에 살았던 사람들이 자신들에게 주어진 말씀대로 믿으면 된다는 원칙에 부합된다. 말씀에 기록된 대로 하나님의 의를 받기만 하면 되는 것이다. 로마서 3:21, 즉 율법 없이 하나님의 의만으로 구원받는다는 교리는 교회 시대에 사는 현재 우리들에게까지 적용된다.

「곧 하나님의 의는 예수 그리스도를 믿음으로 인한 것으로 모든 자와 믿는 모든 자에게 미치나니 차별이 없느니라. 이는 모든 사람이 죄를 지었으므로 하나님의 영광에 이르지 못하다가 그리스도 예수 안에 있는 구속을 통하여 그의 은혜로 값없이 의롭게 되었음이라」(롬 3:22-24).

구약 때와는 완전히 달라졌으며, 심지어 복음서, 사도행전의 전반부와도 다르다.

이제 은혜 복음에 대해서는 로마서에서 구체적이고도 확실하게 정립되었다. 구약 때의 일시적으로 죄 사함을 받는 것이 아닌, 죄의 완전한 제거를 말한다. 주님께서는 십자가에서 구속을 완전하게 이루셨으며, 이 구속은 우리가 값없이 받는 것이다.

「하나님께서는 그의 피를 믿는 믿음을 통하여 그를 화목제물로 세우셨으니 이는 하나님의 오래 참으심 가운데서 이전에 지은 죄들을 사하심으로 인하여 그의 의를 선포하려 하심이요, 곧 이때에 자기의 의를 선포하심은 자신도 의롭게 되시고 또한 예수를 믿는 자도 의롭다 하려 하심이니라」(롬 3:25,26).

구약 때는 용서할 수 있는 근거가 없었기 때문에 일시적으로 동물의 피를 통해 죄 사함은 받았지만 하늘나라에는 가지 못했다. 그러나 이제는 이전에 지은 죄들을 사해 주실 수 있다. 십자가에서 의로우신 분이 대신 지불하셨기 때문이다.

「그러므로 자랑할 데가 어디 있느냐? 있을 수 없느니라. 무슨 법으로냐? 행위의 법으로냐? 아니라, 오직 믿음의 법에 의해서니라. 그러므로 우리는 사람이 율법의 행위들이 없이 믿음으로 의롭게 된다고 단정하노라」(롬 3:27,28).

믿음으로 받는 구원은 로마서에 분명하게 기록되어 있으며, 또한 로마서 10:9,10은 신약 교회 시대, 은혜 복음 시대의 구원론을 한 마디로 말해 주고 있다.

「네가 네 입으로 주 예수를 시인하고 또 하나님께서 그를 죽은 자들로부터 살리신 것을 네 마음에 믿으면 구원을 받으리라. 이는 사람이 마음으로 믿어 의에 이르고 입으로 고백하여 구원에 이르기 때문이라」(롬 10:9,10).

우리는 이 말씀대로 예수 그리스도의 죽음과 장사됨과 부활하심을 마음으로 믿고 입으로 주를 시인하여 구원을 받았다.

은혜 복음 시대의 기간과 메시지

이 은혜의 복음은 언제까지 이방인들에게 적용되는 것인가? 로마서 11장은 이스라엘 백성들은 영원히 믿지 않는 가운데 머물러 있지 않고 회복될 것을 말씀한다.

「형제들아, 너희가 스스로 지혜 있는 체하지 않게 하기 위하여 이 신비를 너희가 모르기를 내가 원치 아니하노니 이는 이방인들의 충만함이 차기까지는 이스라엘의 일부가 완고하게 된 것이라」(롬 11:25).

이방인들의 충만함이 차기까지 이방인들이 지속적으로 은혜 복음을 믿고 구원을 받게 된다. 바울 서신을 보면 지속적으로 믿음만으로 구원을 받는다는 것을 강조하고 있다. 무엇을 믿어야 하는가? 고린도전서 15장에 복음의 정의가 나온다.

「형제들아, 내가 너희에게 전한 복음을 이제 너희로 알게 하노니 이는 너희가 받았고 그 안에 선 것이라. 만일 너희가 내가 전한 복음을 굳게 잡고 헛되이 믿지 아니하였다면 복음을 통하여 너희도 구원받은 것이라. 내가 받은 것을 먼저 너희에게 전달하였나니 이는 성경대로 그리스도께서 우리의 죄들로 인하여 죽으시고 장사되셨다가 성경대로 셋째 날에 다시 살아나셔서 게바에게 보이시고 그 후에 열두 사도에게 보이신 것이라. 그후에는 오백 명이 넘는 형제들에게 일시에 보이셨는데 그들 중 대부분은 지금도 살아 있으나 더러는 잠들었느니라」(고전 15:1-6).

갈라디아서에서 바울은 이 은혜 복음을 주님께로부터 직접 계시 받았음을 말하고 있다.

「그러나 형제들아, 내가 너희에게 알게 하노니 내가 전한 복음은 사람을 따른 것이 아니니라. 나는 그것을 사람에게서 받지도 않았고 배우지도 않았으며 오직 예수 그리스도의 계시를 통하여 된 것이라」(갈 1:11,12).

은혜 복음은 주님께서 사도 바울에게 밝혀주셨으며, 우리는 메신저인 바울을 통해 전해진 하나님의 계시를 믿으면 된다. 그것은 믿음만으로 하나님의 의를 얻으라는 것이다.

「사람이 율법의 행위로 의롭게 되는 것이 아니요, 예수 그리스도를 믿음으로 인하여 되는 줄 알고 우리도 예수 그리스도를 믿었나니, 이는 우리가 율법의 행위로써가 아니라 그리스도를 믿음으로 인하여 의로워지고자 함이라. 이는 율법의 행위로는 아무 육체도 의롭게 될 수 없음이라」(갈 2:16).

「너희가 믿음으로 말미암아 은혜로 구원을 받았으니 이것은 너희에게서 난 것이 아니요, 하나님의 선물이라. 행위에서 난 것이 아니니 아무도 자랑하지 못하게 하려 하심이라. 우리는 그분의 작품이니 그리스도 예수 안에서 선한 일들을 위하여 창조되었느니라. 이 일들은 하나님께서 미리 정하시어 우리로 그것들 가운데서 행하게 하려 하신 것이라」(엡 2:8-10).

「또 그 안에서 발견되고자 함이니 나의 의는 율법에서 나온 것이 아니요, 그리스도를 믿음으로 말미암아 나온 것이니 곧 믿음에 의해서 하나님께로부터 나온 의라」(빌 3:9).

우리는 위의 말씀대로 "믿음으로 말미암아 은혜로" 구원받았다. 한편 바울 서신은 구원만을 말하는 데서 그치지 않고, 상당 부분을 할애해 구원받은 사람들이 어떻게 성도로서 살아야 하는지에 대해 기록하고 있다. 구원 이후의 삶이 그만큼 중요하기 때문이다.

계속해서, 골로새서 2장에서는 중요한 교리인 그리스도의 할례를 다루고 있다. 위에 나열한 서신서들은 모두 바울이 기록한 것으로 은혜 복음의 교리를 가르친다.

「또한 너희가 그의 안에서 손으로 하지 아니한 할례를 받았으니 곧 그리스도의 할례로 육신의 죄들의 몸을 벗어 버린 것이라」(골 2:11).

우리는 예수 그리스도를 믿었을 때 이 그리스도의 할례를 받음으로써 육신의 죄들의 몸을 벗어버리게 되었다.

「너희가 침례로 그와 함께 장사되었고 또 하나님께서 그를 죽은 자들로부터 살리신 역사를 믿음으로 말미암아 너희도 그와 함께 살아났느니라」(골 2:12).

이 침례는 물이 아니라 성령으로 받는 침례이다. 우리는 믿음으로 말미암아 주님과 함께 살아났다. 사도 바울의 은혜 복음 메시지는 교회 시대에 계속되는 지속적인 메시지이며, 오늘날 우리도 이 말씀을 믿고 구원을 받았다.

「너희 죄들과 너희의 육체의 무할례 가운데서 죽었던 너희를 하나님께서 그와 함께 살리셔서 너희의 모든 허물을 용서하셨으니 우리를 거스르고 우리를 대적한 손으로 쓴 법령을 지워 버리고 또 그것을 그의 십자가에 못박아 없애셨으며 정사들과 권세들을 벗겨 내어 그것들을 공개적으로 나타내시고 십자가로 그들을 이기셨느니라」(골 2:13-15).

그렇기 때문에 구약 때처럼 율례나 음식, 새 달이나 안식일 같은 것으로 판단하지 말라는 것이다(골 2:16). 구원은 그것을 지켰는지 여부로 결정되는 것이 아니다. 이것이 은혜 복음 시대에 전해지는 메시지이다.

은혜복음 시대의 끝을 알리는 휴거

「그들이 우리에 관하여 스스로 말하는 것은, 우리가 어떤 방법으로 너희에게 들어갔으며, 또 너희가 어떻게 우상으로부터 하나님께로 돌아서서 살아 계시며 참되신 하나님을 섬기는지와, 또 하나님께서 죽은 자들로부터 살리신 그분의 아들, 즉 다가올 진노로부터 우리를 구해 내신 예수께서 하늘로부터 오심을 기다린다는 것이니라」(살전 1:9,10).

또한 데살로니가전후서는 우리의 휴거에 대해 말씀한다. 이 휴거까지가 신약 교회 시대에 해당된다.

데살로니가전서 4장에서는 교회의 휴거가 나오는데, 당시 주님께서는 사도 바울을 통해서 그러한 계시를 주셨고, 이제 우리는 그것을 믿기만 하면 된다.

「형제들아, 잠든 자들에 관해서는 너희가 모르게 되는 것을 원치 아니하노니 이는 너희가 소망이 없는 다른 사람들과 같이 슬퍼하지 않게 하려는 것이라. 예수께서 죽었다가 다시 살아나신 것을 우리가 믿는다면 그와 같이 하나님께서는 예수 안에서 잠든 자들도 그와 함께 데리고 오시리라」(살전 4:13,14).

구원받고 죽은 사람들의 혼은 현재 예수님이 계신 곳에 가 있으며, 주님께서 다시 오실 때 그들은 육체로 부활하여 주님과 함께 올 것이다.

「우리가 주의 말씀으로 너희에게 이것을 말하노니 주께서 오실 때까지 살아남아 있는 우리가 잠들어 있는 자들보다 결코 앞서지 못하리라. 주께서 호령과 천사장의 음성과 하나님의 나팔 소리와 함께 하늘로부터 친히 내려오시리니 그러면 그리스도 안에서 죽은 자들이 먼저 일어나고 그리고 나서 살아남아 있는 우리도 공중에서 주와 만나기 위하여 그들과 함께 구름 속으로 끌려 올라가리니, 그리하여 우리가 영원히 주와 함께 있으리라」(살전 4:15-17).

주님께서 오실 때 살아남아 있는 구원받은 사람들은 공중에서 주님을 만나는데, 이것이 휴거이다. 여기까지가 교회 시대이다.

휴거 이후에 오는 대환란에 대해 말씀하는 데살로니가후서 2장에서는 적그리스도에 관한 내용이 나오며, 진리의 사랑을 받아들이지 않는 사람들은 강력한 미혹으로 거짓을 믿고 멸망한다고 경고한다.

멸망의 아들이 나타나고 사탄의 역사에 따라서 능력과 표적과 거짓 이적들이 펼쳐지게 된다(살후 2:9-12).

「그러나 주께 사랑받는 형제들아, 우리가 너희에 대하여 하나님께 항상 감사를 드림이 마땅함은 하나님께서 처음부터 너희를 택하시어 성령의 거룩케 하심과 진리를 믿음으로 구원을 받게 하심이니 이를 위하여 하나님께서 우리가 전한 복음으로 너희를 부르시어 우리 주 예수 그리스도의 영광을 얻게 하셨느니라」(살후 2:13,14).

이렇게 성경은 지속적으로 교회 시대에 믿음만으로 구원받는 구원론을 가르친다. 이것이 오늘날 우리에게 주신 계시이며 우리는 이를 받아들이기만 하면 된다.

「믿음 안에서 나의 아들 된 디모데에게 편지하노니, 하나님 우리 아버지와 예수 그리스도 우리 주로부터 은혜와 자비와 평강이 있을지어다」(딤전 1:2).

디모데후서는 사도 바울의 마지막 서신으로 AD 68년 경에 기록되었는데, 바울은 AD 35년 경에 구원을 받고 사도행전에 기록된 대로 사역을 하였고, AD 62-63년 경에 이른 때가 사도행전의 끝인 28장이다. 그 후 로마로 잡혀가 그곳 감옥에서 옥중서신을 썼으며, 풀려난 후 디모데전후서를 기록했다. 디모데후서는 사도 바울이 죽기 전에 쓴 마지막 서신으로 그의 유언과 같다고 할 수 있다.

그는 이 디모데후서에서도 예수 안에서 구원받는 것에 대해 계속해서 기록하고 있으며, 마지막 날들에 대해서도 기록했다.

「내가 이미 제물로 드려질 준비가 되어 있고, 떠날 때가 이르렀도다. 내가 선한 싸움을 싸우고 달려갈 길을 마치고 믿음을 지켰으니」(딤후 4:6,7).

사도 바울은 자신이 죽는다는 것을 알았다. 그 다음 디도서에서도 같은 가르침을 기록했다.

「우리가 행한 의로운 행위에 의하지 않고 그의 자비하심에 따라 중생의 씻음과 성령의 새롭게 하심으로 우리를 구원하셨으니 이 성령을 예수 그리스도 우리 구주를 통하여 우리에게 풍성히 부어 주셨느니라」(딛 3:5,6).

믿음만으로 구원을 받는다는 것은 성경의 배열상 빌레몬서가 마지막이다. 여기서도 교회 시대의 우리에게 적용되는 구원론에 대해 말씀한다.

주님께서 계시하신 것을 우리는 그대로 믿으면 된다. 하나님의 말씀은 믿음만으로 구원받으라는 것이며, 여기에 행위를 더하면 구원받지 못한다는 것이다. 이것은 하나님의 명령이며, 우리는 하나님의 명령을 믿고 따르면 된다.

빌레몬서는 빌레몬의 노예였던 오네시모에 대해서 사도 바울이 부탁하는 서신이다.

이렇게 해서 교회 시대는 그 끝인 교회의 휴거까지 이어진다. 우리는 아직 교회의 휴거를 기다리고 있는데, 마지막 때를 살고 있는 우리는 살아서 주님께 들림받을 가능성이 매우 높은 시기에 살고 있다. 은혜 복음 시대, 즉 신약 교회 시대는 데살로니가전서 4장의 휴거로 끝난다.

야곱의 고난의 때인 대환란

교회 시대 다음은 대환란 시대이다. 휴거와 대환란 사이에 어느 정도의 기간이 있을 수도 있는데, 이것에 대해서는 성경에 명확하게 나와 있지 않다. 교회가 휴거되자마자 곧바로 대환란이 온다는 것은 성경에 나오지 않는다.

빌레몬서 다음에 나오는 히브리서는 히브리인들에게 주시는 말씀이다. 사도행전이 유대인으로부터 이방인으로 넘어오는 전환기적 책인 것처럼, 히브리서는 이방인으로부터 유대인으로 다시 넘어가는 전환기적 책이다. 마태복음은 구약에서 신약으로 넘어가는 전환기적 책이다. 마태복음, 사도행전, 히브리서 이 세 가지 전환기적 책에서 오늘날 교회 시대를 위한 교리를 정립하려 하다가 수많은 이단들이 나오게 되었다. 따라서 우리는 이 책들을 공부할 때 정확하게 교리적으로 어떤 구절이 누구에게 적용되는지 잘 알아야 한다.

「전에는 선지자들을 통하여 조상들에게 여러 번에 걸쳐 다양한 방법으로 말씀하신 하나님께서 이 마지막 날들에 그의 아들을 통하여 우리에게 말씀하셨으니, 이 아들을 만물의 상속자로 세우시고, 또 그를 통하여 그분께서 세상들을 지으셨느니라」(히 1:1,2).

이 마지막 날들이란 재림 직전을 말한다. 교회 시대의 마지막, 디모데전후서에서 말하는 그 마지막이 아니다. 히브리서는 이스라엘 백성들이 이 마지막 날들에 어떻게 구원받고 어떻게 살아야 하는지에 대한 교리를 기록하고 있다.

마지막 날들은 또한 예레미야 30장에 예언된 야곱의 고난 기간이다. 하나님께서는 이스라엘 백성에게 "야곱의 고난의 때"를 허락하시는데, 그 목적은 이스라엘 백성을 정죄하고 심판하며 정결케 하신 뒤 다시 회복시켜 주시는 것이다.

「슬프도다! 그 날이 크므로 어떤 때도 그와 같지 않나니 그 날은 야곱의 고난의 때라. 그러나 그는 그 고난에서 구원을 받으리라」(렘 30:7).

이 고난의 때는 다니엘 9:27에 언급된 한 주다. 다니엘 9장에서 주님께서는 포로가 된 유대인들에게 70주라는 기간을 정하시는데, 이는 이스라엘의 허물을 끝내고 죄를 종결시키며 회복시키는 기간이라고 말씀한다.

「칠십 주가 네 백성과 네 거룩한 도성에 정해졌나니, 허물을 끝내고 죄들을 종결시키며 죄악에 화해를 이루고 영원한 의를 가져오며 그 환상과 예언을 봉인하고 지극히 거룩한 이에게 기름부으려 함이라」(단 9:24).

그 후 주님의 오심에 대한 예언이 이어진다. 여기서 '네 백성'이라고 하신 것으로 이 70주가 모든 민족이 아닌 이스라엘 백성, 즉 유대인들에 대한 말씀인 것을 알 수 있다.

「그러므로 알고 깨달으라. 예루살렘을 복원하고 건축하라는 그 명령이 나오는 때부터 메시아 통치자까지 칠 주와 육십이 주가 될 것이요, 그 거리와 그 성벽이 재건되리니, 곧 고난스런 때들이라」 (단 9:25).

메시아 통치자가 오셨을 때 69주가 지난 것이다. 69주는 한 주를 7년으로 해서 따지면 483년인데, 이것을 계산해 보면 주님의 탄생 연도를 가늠해 볼 수 있다.

그 뒤에 주님의 십자가 사건이 나온다.

「육십이 주 후에는 메시아가 끊어질 것이나 자신을 위해서가 아니요, 또 장차 올 그 통치자의 백성이 도성과 성소를 파괴하리니 그 끝은 홍수로 뒤덮일 것이요 그 전쟁의 끝에는 황폐함이 정해졌느니라」(단 9:26).

주님께서 끊어지신 것은 자신을 위해서가 아니라 우리를 위한 것이었다. 주님의 십자가 사건으로 69주가 끝났고 이제 한 주가 남았는데, 그것이 야곱의 고난 기간 즉 대환란 기간이다.

「그가 많은 사람들과 더불어 한 주 동안 언약을 확정하고, 그 주의 중간에 그가 희생제와 예물을 금지시킬 것이요, 그는 가증함을 확산시킴으로 황폐케 하리니 진멸할 때까지 할 것이며, 정해진 것이 황폐케 한 자에게 쏟아지리라." 하더라」(단 9:27).

교회 시대가 끝난 후 이스라엘의 회복을 위해 이 한 주를 주님께서 사용하시는 것이다. 이 기간 동안 이스라엘 백성은 회개하고 주님께 돌아온다.

「"그때에 미카엘이 일어서리니, 이는 네 백성의 자손을 위하여 일어서는 위대한 통치자라. 또 고난의 때가 있으리니, 그것은 민족이 생긴 이래로 그 때까지 결코 없었던 것이라. 그 때에 네 백성이 구제될 것이니, 곧 그 책에 기록되어 발견될 모든 자들이라」(단 12:1).

대환란 시대의 구원

예레미야서와 다니엘서를 통해 이 야곱의 고난의 기간에 대해 자세히 알 수 있는데, 이것이 주님께서 마태복음 24장에서 말씀하신 것이다. 휴거가 일어나면서 교회 시대가 끝나고 대환란 시대가 열리는데, 대환란 때는 은혜 복음 시대처럼 믿음만으로 구원받는 것이 아니다.

「그러나 끝까지 견디는 자는 구원을 받으리라」(마 24:13).

대환란 시대에는 끝까지 견뎌야 구원을 받을 수 있고, 그 이전인 교회 시대에는 예수 그리스도를 믿을 때 완전하고 영원한 구원을 받는다.

마지막 때에 대해 제자들이 주님께 물었다.

「주께서 올리브 산 위에 앉으셨을 때, 제자들이 조용히 나아와서 말씀드리기를 "언제 이런 일이 있겠으며, 주께서 오실 표적과,

세상 끝의 표적이 어떤 것인지 우리에게 말씀하여 주소서." 라고 하니」(마 24:3).

주께서는 마지막 때, 즉 세상 끝을 대환란 때라고 하셨으며 끝까지 견디는 자는 구원을 받는다고 말씀하셨다. 그리고「이 왕국 복음이 모든 민족에게 증거되기 위하여 온 세상에 전파되리니, 그런 후에야 끝이 오리라.」(마 24:14)고 하셨다.

대환란의 끝에는 은혜 복음이 아닌 왕국 복음이 다시 등장한다. 주님께서는 초림 때 오셔서 왕국 복음에 대해서 전파하셨지만 이스라엘이 그 왕국을 거절함으로써 왕국이 연기되었다. 대환란 때 하나님께서는 그들에게 다시 한 번의 기회를 주신다.

대환란 때 등장하는 14만 4천 명의 유대인들은 전세계를 다니며 복음을 전한 뒤에 휴거(환란 성도들의 휴거)된다(계 14:1-4).

「그러므로 너희가 선지자 다니엘을 통하여 말씀하신 멸망의 가증한 것이 거룩한 곳에 선 것을 보리니, (읽는 자는 깨달으라)」(마 24:15).

이는 데살로니가후서에 나오는 멸망의 가증한 것을 말한다. 멸망의 아들이 마지막 때에 다시 등장한다.

「이는 그때에 대환란이 있으리니, 그와 같은 것은 세상이 시작된 이후로 지금까지 없었으며, 또 결코 없을 것이기 때문이라」(21절).

적그리스도가 등장할 때 유대에 있는 사람은 빨리 피해야 한다.

「지붕 위에 있는 사람은 집 안에 있는 물건을 가지러 내려가지 말고」(17절).

그조차 할 시간이 없을 정도로 긴박한 상황이며, 잡히면 죽임을 당하기 때문에 빨리 도망가야 한다.

「그때에 유대에 있는 자들은 산들로 도망하라.…들에 있는 사람은 자기 옷을 가지러 돌아가지 말라. 그 날들에는 아이를 밴 자들과 젖먹이는 자들에게 화 있으리라! 너희는 피난하는 일이 겨울에나 안식일에 일어나지 않도록 기도하라」(마 24:16,18,19,20).

안식일이나 겨울에는 도망가기 힘든 이유는 유대인들은 안식일에 모든 일을 멈추어야 하기 때문이다. 이는 오늘날도 마찬가지다. 그래서 겨울과 안식일에 일어나지 않도록 기도하라고 하신 것이다.

또 하나의 전환기적 책인 히브리서

대환란에 들어가는 전환기적 책인 히브리서로 다시 돌아와서, 6장을 보면 구원을 잃어버리는 것에 대한 말씀이 나온다. '마지막 때', '끝까지' 등의 말들이 히브리서에 많이 나온다.

「그러므로 우리가 그리스도에 대한 교리의 기초를 떠나 온전함을 향해 나아가야 하리니, 죽은 행실들에서 회개함과 하나님을 향한 믿음과 침례들과 안수함과 죽은 자들의 부활과 영원한 심판에 관한 교리의 기초를 다시 놓지 말지니라. 실로 하나님께서 허락하시면 우리가 이것을 하리라. 한 번 깨우침을 받고 하늘의 선물을 맛보며, 성령의 동참자가 되고」(히 6:1-4).

여기서의 말씀은 구원을 받았어도 그 구원을 잃어버릴 수 있다는 것이다. 이 구절을 교회 시대에 적용하면 한 번 받은 구원을 잃어버릴 수 있다는 알미니안주의가 나오게 된다. 요한 웨슬리 등 이렇게 해석하는 사람들은 이런 구절을 올바로 해석하지 못해 걸려 넘어진 것이다.

히브리서는 전환기적 책이며 대환란에 해당되는 내용을 많이 담고 있지만 그 내용이 100% 모두 대환란에 관한 교리라는 말은 아니다. 성경을 읽을 때 가장 중요한 것은, 마태복음부터 요한계시록까지 읽으면서 접하게 되는, 신약 교회의 은혜 복음과 일치하지 않는 구절들은 교회 시대의 교리가 아니라는 사실이다. 이 점만 잘 알면 성경을 공부할 때 어려운 점은 없을 것이다.

성경을 읽을 때 구원을 잃어버린다든지, 행함이 있어야 한다고 말씀하는 구절들은 은혜 복음의 교회 시대가 아니라 그 뒤에 올 시대의 교리라는 것만 알면 안전하다. 성경을 억지로 꿰맞출 필요가 없이 있는 그대로 '나누어서' 보면 되는 것이다.

행위 없이 오직 믿음만으로 구원받는다고 가르치는 근본주의자들도 이런 구절들은 해결할 수가 없다. 그들은 구원을 잃어버리지 않는다고 믿기는 하지만 이런 구절들에 대해서는 '말로는 자신이 구원받았다고 고백하나 실제로는 구원을 받지 못한 사람'이라고 가르친다.

그러나 이 구절에서 "성령의 동참자가 되고, 한번 깨우침을 받고, 하늘의 선물을 맛보며"라는 말씀은 구원을 받았던 사람을 말하는 것이다. 어떤 방식으로도 히브리서를 교회 시대의 교리로 만들어서는 안 되는 이유가 여기 있다. 근본주의를 표방하는 성서침례교회는 히브리서를 그렇게 가르치는 그룹의 대표적인 예다. 그러나 히브리서의 많은 구절들은 대환란 시대의 구원 교리라는 것을 알면 문제가 없다.

「하나님의 선한 말씀과 오는 세상의 능력을 맛본 자들이 만약 떨어져 나간다면 다시 새롭게 하여 회개시킬 수 없나니, 이는 그들이 스스로 하나님의 아들을 다시 십자가에 못박아 공개적으로 조롱함이라」(히 6:5,6).

이런 구절을 보고 알미니안주의자들은 구원을 받아도 떨어져나갈 수 있다고 가르친다. 문제는 이를 적용하는 시대를 나누어야 하는데 그렇게 하지 않고 무조건 교회 시대에 적용시키려 하는 데 있다.

「이는 땅이 그 위에 자주 내리는 비를 흡수하여 밭 가는 자들에게 적합한 농작물을 내면 하나님께 복을 받으나, 만일 가시와 엉겅퀴를 내면 버림을 당하고 저주함에 가까워서 그 마지막은 불사름이 되기 때문이라」(히 6:7,8).

이 말씀은 마지막 때인 대환란의 교리를 말씀하는 것이지 교회 시대에 이렇게 된다고 하는 것이 아니다.

「우리는 너희 각자가 끝까지 소망의 온전한 확신을 향하여 같은 부지런함을 보여 주기를 바라노니」(히 6:11).

'끝까지'라는 말이 계속 나온다.

「이는 너희가 게으른 자가 되지 아니하고 믿음과 인내를 통하여 그 약속들을 유업으로 받는 사람들을 따르는 자들이 되게 하려는 것이라」(히 6:12).

믿음에서 끝나는 것이 아니라 인내를 통하여 그렇게 된다는 말씀이다.

히브리서 뒤에는 야고보서, 베드로전후서, 요한일이삼서, 유다서, 그리고 성경의 마지막 책인 요한계시록이 나온다. 요한계시록은 교리적으로 모두 미래에 있을 대환란 때에 적용된다.

「이 예언의 말씀을 읽는 자와 듣는 자들과 거기에 기록된 것들을 지키는 자들은 복이 있나니 이는 그 때가 가까움이니라」(계 1:3).

말씀을 지키는 자들이 복이 있다고 한다. 요한계시록을 읽다 보면 복을 받는 기준이 믿음만이 아니라 행함이 있는 사람들라고 하는 구절이 상당히 많이 나온다. 요한계시록 2장부터 대환란 때의 일곱 교회가 등장하는데, 여기서도 행위 구원에 대해서 말씀한다.

「내가 너의 행위와 수고와 인내를 알며, 또 네가 어떻게 악한 자들을 용납지 아니한 것과 자칭 사도라 하지만 아닌 자들을 시험하여 그들이 거짓말쟁이임을 찾아낸 것과 또 네가 참고 인내하며 내 이름을 위하여 수고하고, 지치지 않은 것을 아노라」(계 2:2,3).

「귀 있는 자는 성령께서 교회들에게 말씀하시는 것을 들을지어다. 이기는 자에게는 내가 하나님의 낙원 가운데 있는 생명 나무를 주어서 먹게 하리라」(계 2:7).

이런 구절들로 이미 교회 시대가 아닌 것을 분명하게 알 수 있다. 교회 시대에 영생을 얻은 사람은 예수 그리스도를 믿고 영생을 얻은 것이기 때문에 생명 나무와 상관이 없다.

여기에 등장하는 일곱 교회는 반드시 행함이 있어야만 생명 나무에 대한 권리를 갖게 된다. 이것을 읽으면서 오늘날 교회 시대의 교리라고 생각하면 안 된다.

11절은 이기는 자가 불못으로 가지 않는다고 말씀한다. 믿음을 끝까지 간직해야 한다는 것인데, 이 말씀은 마태복음 24장에서 예수님께서 하신 말씀과 연결된다.

「이기는 자는 흰 옷을 입을 것이요, 내가 그의 이름을 생명의 책에서 지워 버리지 아니할 것이며, 또 그의 이름을 내 아버지 앞과 그의 천사들 앞에서 시인할 것이니라」(계 3:5).

이들은 행함에 따라 그 이름이 생명책에서 지워질 수가 있다.

대환란 때 일어날 또 하나의 휴거

요한계시록 7장에서 대환란 기간에 구원받은 사람들이 하늘나라에 올라가 있는 것을 볼 수 있다. 이것으로 교회 시대의 끝에만 휴거가 있는 것이 아니라 대환란 시대에도 휴거가 있음을 알 수 있다.

많은 사람들은 마태복음 25장의 열 처녀 비유를 가지고 교회 시대 성도들이 깨어 있지 않으면 들림받지 못한다고 가르친다. 그러나 마태복음 25장의 열 처녀 비유는 교회 시대 끝의 휴거를 말하는 것이 아니라 대환란 때 믿음과 행함을 가지고 깨어있는 자들이 휴거되는 것을 말씀한다.

「이 일 후에 내가 보니, 보라, 모든 민족들과 족속들과 백성들과 언어들에서 온 아무도 셀 수 없는 큰 무리가 흰 옷을 입고 그들의 손에는 종려나무 가지를 들고 보좌 앞과 어린양 앞에 서서 큰 음성으로 소리질러 말하기를 "구원이 보좌에 앉으신 우리 하나님과 어린양에게 있도다." 라고 하더라. 또 그 보좌와 장로들과 네 짐승 주위에 둘러선 모든 천사가 그 보좌 앞에 얼굴을 대고 엎드려 하나님께 경배드리며 말하기를 "아멘. 찬송과 영광과 지혜와 감사와 존귀와 권세와 능력이 우리 하나님께 영원무궁토록 있나이다. 아멘." 하더라. 그때 장로 가운데 한 사람이 대답하여 나에게 말하기를 "흰 옷을 입은 이 사람들이 누구며, 어디서 왔느냐?" 하기에 내가 그에게 말씀드리기를 "주여, 당신이 아시나이다." 하니 그가 내게 말하기를 "이들은 대환란에서 나온 사람들이며 자기들의 옷을 씻어 어린양의 피로 희게 하였느니라」(계 7:9-14).

대환란에서 나온 사람들이 대환란 중에 휴거된 사람들을 본 것이다. 그러므로 대환란 때도 휴거가 있다.

「또 내가 쳐다보니, 보라, 어린양이 시온 산 위에 서있고 그와 함께 십사만 사천 명이 있는데 그들의 이마에는 그의 아버지의 이름이 쓰여 있더라」(계 14:1).

「이들은 여자들과 더불어 더럽혀지지 아니한 자들이니 이는 그들이 동정들임이라. 이들은 어린양이 어디로 가든지 따라가는 자들로 하나님과 어린양께 첫열매들이 되어 사람들 가운데서 구속을 받았느니라. 그들의 입에서 교활함을 찾아볼 수 없는 것은 그들이 하나님의 보좌 앞에서 흠이 없기 때문이라」(계 14:4,5).

이들이 누군인지는 다음 구절로 알 수 있다.

「그들이 보좌 앞과 네 짐승과 장로들 앞에서 새 노래 같은 것을 불렀는데, 땅에서 구속을 받은 십사만 사천 명 외에는 그 노래를 배울 사람이 없더라」(계 14:3).

3절에 의하면 이들은 요한계시록 7장에 나오는, 지파별로 1만 2천 명씩 해서 열두 지파에서 나온 14만 4천 명이다. 사도 바울이 기적적인 방법으로 예수님을 만나서 구원받고 이방인들에게 복음을 전파한 것처럼 이들도 기적적인 방법으로 변화받고 전세계로 나가서 왕국 복음을 전하는 자들이다.

또한 요한계시록 11장에는 두 증인의 휴거에 대한 말씀도 나온다(계 11:12).

「그러자 그 용이 여인에게 분노하여 여인의 씨 가운데 남은 자들, 즉 하나님의 계명들을 지키며 예수 그리스도의 증거를 가진 자들과 싸우려고 나가더라」(계 12:17).

이처럼 대환란 때의 구원론은 예수 그리스도를 믿을 뿐만 아니라 하나님의 계명들을 지키는 행위가 요구된다.

「그들이 하나님의 종 모세의 노래와 어린양의 노래를 부르며 말하기를 "전능하신 주 하나님, 주의 행하신 일이 위대하고 놀라우니, 성도들의 왕이여, 주의 길은 의롭고도 진실하나이다"」(계 15:3).

모세는 하나님께 율법을 받은 사람이며, 어린양은 예수님이기에 율법과 믿음, 즉 행함과 믿음을 언급하는 것이다. 믿음만으로 구원받은 우리와는 다르다.

이제 계시록 19장에서는 주님께서 내려오셔서 아마겟돈 전쟁으로 심판하신다. 심판 후 20장에서 천년 왕국이 등장하며 21장에서는 새 하늘과 새 땅이 나온다.

15
전환기 :
대환란 → 천년왕국 → 영원시대

구약은 많은 부분에서 주님께서 이스라엘을 어떻게 다루시는지에 대해 말씀하고 있다. 미래에 하나님께서는 새 언약에 의해 이스라엘을 회복하실 텐데, 그 전에 그들로 하여금 대환란을 통과하게 하실 것이다. 야곱의 고난의 때라고 일컫는 이 기간은 이스라엘이 정결케 되는 기간이다. 그러면 이스라엘의 회복에 대한 주님의 약속이 무엇인지 살펴보자.

「만일 그 첫 번째 언약이 흠이 없었더라면 두 번째 것이 요구될 여지가 없었으리라. 그들에게서 허물을 발견하고 그가 말씀하시기를 "보라, 그 날들이 오리라. 주가 말하노라. 내가 이스라엘 집과 유다 집과 더불어 새 언약을 맺으리라」(히 8:7,8).

이 새 언약은 이스라엘을 회복하신다는 약속이다. 하나님께서는 불순종하는 이스라엘을 멸망시키고 이방의 포로가 되게 하셨으며,

포로 생활에서 다시 돌아온 뒤에도 그들은 로마의 식민지가 되었다. 그 상태에서 메시아가 오셨으나 백성들의 거절로 인해 죽임을 당하셨고, 그로 인해 왕국은 2천 년 동안 연기되었다. 그럼에도 불구하고 하나님의 약속은 새 언약을 통해 다시 실현될 것이다. 이 언약은 하나님께서 이스라엘과 맺으신 두 번째 언약이며, 교회는 이 언약의 대상이 아니다.

「그것은 내가 그들의 조상의 손을 잡아 이집트 땅에서 인도하여 내던 날에 그들과 세운 언약과 같지 아니하니, 이는 그들이 내 언약 속에 머물러 있지 아니하므로 내가 그들을 돌아보지 아니하였음이라. 주가 말하노라. 그 날들 이후에 내가 이스라엘 집과 세울 언약이 이것이라. 주가 말하노라. 내가 내 율법들을 그들의 생각에 두고 그들의 마음에 그것들을 기록하리라. 나는 그들에게 하나님이 되고 그들은 내게 백성이 되리라」(히 8:9,10).

구약의 율법이 그들의 생각과 마음에 기록된 적이 지금까지 없었기 때문에 이 말씀이 아직 성취되지 않은 미래의 일임을 알 수 있다. 위 구절의 "백성"을 이스라엘이 아닌 교회와 연결시키는 것은 성경을 잘못 해석하는 것이다.

「그들이 자기 이웃이나 형제에게 일일이 가르쳐 주를 알라고 하지 아니하리니, 이는 그들이 가장 작은 자로부터 가장 큰 자에 이르기까지 다 나를 알게 될 것이기 때문이라」(히 8:11).

이 말씀은 교회 시대에 적용할 수 없다. 구원받은 후 우리는 진리를 전파하고 예수 그리스도를 증거하기 때문이다. 이 구절이 말씀하는 대로 주님을 알라고 하지 않는 이유는, 이 때가 주님께서 실질적으로 이 땅에서 왕으로 통치하시며 모든 사람들이 주님을 직접 뵙게 되는 천년 왕국 때이기 때문이다.

「내가 그들의 불의에 대하여 자비를 베풀며 그들의 죄들과 불법들을 다시는 기억하지 아니할 것이라."고 하셨느니라. 그가 말씀하시기를 "새 언약이라."고 하셨으니, 그가 먼저 것은 옛 것이 되게 하신 것이라. 이제 낡아지고 오래된 것은 사라져 가느니라」(히 8:12-13).

주님은 이 천년 왕국을 세우시기 이전에 대환란이라는 고난을 통해 이스라엘 백성을 단련시키고 정련시키신다(사 48:10, 슥 13:9). 한편 대환란 시대에 적그리스도의 왕국이 세워졌을 때 적그리스도의 표를 받는 자들은 멸망하게 된다.

「또 그가 짐승의 형상에게 생명을 주는 권세를 받아 그 짐승의 형상으로 말도 하게 하고, 그 짐승의 형상에게 경배하지 아니하는 자는 다 죽이도록 하니라」(계 13:15).

대환란 때 필요한 행위

대환란 때는 교회 시대처럼 믿음만으로 구원받는 것이 아니다. 이 때는 믿을 뿐 아니라 행함으로써 끝까지 믿음을 지켜야 하는데, 적그리스도의 표를 받고 짐승의 형상에 경배하는 것은 믿음을 지키는 일이 아니다. 형상에게 경배하면 저주받아 지옥에 가고, 경배를 안 하면 순교당하게 된다.

대환란 때는 현재 교회 시대의 미지근한 그리스도인처럼 살 수 없다. 예수 그리스도의 편이 될지 적그리스도의 편이 될지를 택해야 한다. 한 쪽은 영원한 죽음이 기다리는 것이고 다른 쪽은 육신의 죽음을 당해야 한다. 어느 쪽을 택해도 죽기는 하지만, 분명한 것은 둘 중 하나를 선택해야 한다는 사실이다. 적그리스도에게 경배하면 지옥에 가고 순교를 당하면 영생을 얻는 것이니 오히려 선택 자체는 쉬울 수도 있다. 그래서 어떤 면에서는 교회 시대의 끝 즉 배교 시대인 오늘날이 보이지 않는 치열한 영적 싸움(엡 6:12)으로 인해 믿음 생활이 더 어려운 때라고 말할 수 있다.

요한 1,2서 등 성경 여러 곳에서 적그리스도, 미혹하는 자, 악한 일꾼, 우상 등에 대해 언급하는데, 이 말씀들은 마지막 때에 대한 경고이다. 우상이 다시 등장하는 대환란 때에 대부분의 사람들은 우상에게 경배할 것이다. 이 우상이 생명을 받아 말도 하고 거짓 표적과 이적을 행하여 사람들을 미혹하기 때문이다.

「그가 모든 자, 즉 작은 자나 큰 자, 부자나 가난한 자, 자유자나 종이나 그들의 오른손이나 이마에 표를 받게 하고 그 표나 그 짐승의 이름이나 그의 이름의 숫자를 지닌 사람을 제외하고는 아무도 사거나 팔 수 없게 하더라. 지혜가 여기에 있으니 지각이 있는 자는 그 짐승의 숫자를 헤아려 보라. 그것은 한 사람의 숫자이니, 그의 숫자는 육백육십육이니라」(계 13:16-18).

대환란의 후반부에 적그리스도의 표가 등장한다. 이것은 현재 교회 시대에 등장하는 것이 아닌데도 많은 거짓 목사들은 현재 적그리스도의 표를 받지 않아야 구원을 받는다는 행위 구원을 가르쳐 무지한 사람들을 지옥으로 보내고 있다.

계시록 14장에는 휴거가 나온다. 앞서 살펴본 대로, 휴거에는 교회 시대 끝에 있을 교회의 휴거만 있는 것이 아니다. 대환란 때에도 휴거가 일어난다.

「또 내가 쳐다보니, 보라, 흰 구름이라. 그 구름 위에 인자와 같은 이가 앉았는데 그분의 머리에는 금 면류관을 썼고 손에는 예리한 낫을 가졌더라. 그때 다른 천사가 성전에서 나와 구름 위에 앉으신 그분께 큰 음성으로 부르짖기를 "주의 낫을 대어 곡식을 거두소서. 주께서 거두실 때가 되었으니 이는 땅의 곡식이 익었음이니이다." 라고 하더라. 그러자 구름 위에 앉으신 이가 그의 낫을 땅에 대어 땅에서 곡식을 거두시더라」(계 14:14-16).

이것은 환란 성도의 휴거를 말하는 것이다.

영원한 복음

계시록 14:6에는 또 하나의 복음이 나오는데 이것은 환란 기간에 전파될 되는 영원한 복음이다.

「또 내가 보니, 다른 천사가 하늘 한가운데로 날아가는데 그가 땅에 사는 자들과 모든 민족과 족속과 언어와 백성에게 전할 영원한 복음을 가지고」(계 14:6).

대환란은 천년 왕국에 들어가기 위한 일종의 준비 기간이다. 천년 왕국에 들어가기 위해서는 영원한 복음과 왕국 복음(천국 복음)을 믿고 끝까지 견뎌야 한다. 교회 시대처럼 예수 그리스도만 믿으면 구원의 영원한 보장을 받는 것이 아니라 그 믿음을 끝까지 행위로써 지켜야 한다. 그래서 인내가 필요하다. 성경에서 '끝까지 인내하라'는 말씀은 모두 대환란의 교리로 보면 무방하다. 예수 그리스도를 믿음만으로 구원받는 것과, 그 믿음을 행위로써 끝까지 지키는 것은 완전히 다르다.

「큰 음성으로 말하기를 "하나님을 두려워하며 그분께 영광을 돌리라. 이는 그분의 심판의 때가 이르렀음이라. 하늘과 땅과 바다와 물의 원천들을 지으신 그분께 경배드리라." 고 하더라」(계 14:7).

주님께서 심판에 대해서 강력하게 경고하신다. 많은 사람들은 천국 복음과 영원한 복음을 거절하고 멸망하지만 그 와중에도 구원받는 사람들이 있다. 대환란이 끝나고 주님께서 땅에 오셔서 천년왕국을 세우시기 전에 먼저 심판이 있는데, 이를 예언한 것이 마태복음 25장이다.

「인자가 그의 영광 중에 오고, 또 모든 거룩한 천사들이 그와 함께 오면 그때에 그가 그의 영광의 보좌에 앉으리니」(마 25:31).

주님께서 재림하셔서 영광의 보좌, 즉 구약에 예언된 다윗의 보좌에 직접 앉으셔서 민족들을 심판하실 것이다.

「그 앞에 모든 민족들을 모아 놓고 마치 목자가 양들을 염소들에서 갈라놓듯이 그들을 따로 갈라놓으리라. 그리하여 양들은 그의 오른편에, 염소들은 그의 왼편에 세워 두고 왕이 그의 오른편에 있는 사람들에게 말하기를 '오라, 나의 아버지의 복을 받은 자들아, 세상의 기초가 놓인 이래로 너희를 위하여 준비한 그 왕국을 이어받으라. 이는 내가 굶주렸을 때에 너희가 먹을 것을 주었으며, 내가 목마를 때에 마실 것을 주었고, 내가 나그네였을 때에 대접하였고, 또 내가 헐벗었을 때에 입혀 주었으며, 내가 병들었을 때에 문안해 주었고, 내가 감옥에 갇혔을 때에 찾아와 주었음이라.' 하리라」(마 25:32-36).

대환란을 거쳐 천국에 들어가는 이들

주님께서는 대환란을 통과한 민족들을 향해 의인의 자격에 대해 말씀하시는데, 역시 교회 시대의 은혜 복음과는 완전히 다른 것을 알 수 있다. 한국 교회들 중에는 정작 구원의 복음은 전하지 않으면서 노숙자들을 위해 소위 사회 복음을 실행하는 목사들이 있다. 이들은 자신을 비롯한 많은 사람들을 지옥으로 보내고 있는 것이다. 그들은 오늘날 이 구절을 실행하려 하지만, 이 말씀은 현재 교회 시대에 의인이 되는 방법이 아니다.

「그때에 의인들이 주께 대답하여 말씀드리기를 '주여, 언제 우리가 주께서 굶주리신 것을 보고 잡수실 것을 드렸으며 목마르실 때에 마실 것을 드렸나이까? 언제 우리가 주께서 나그네 되신 것을 보고 대접해 드렸으며, 헐벗으셨을 때 입을 것을 드렸나이까? 언제 우리가 주께서 병드신 것을 보았으며, 또 감옥에 갇히셨을 때 찾아뵈었나이까?' 라고 하리라」(마 25:37-39).

이들은 주님을 본 적도 없기 때문에 주님의 말씀에 의문을 제기한다. 그러자 주께님서는 「그러나 왕이 대답하여 그들에게 말하기를 '진실로 내가 너희에게 말하노니, 여기 내 형제들 가운데 가장 작은 자 하나에게 한 것이 곧 나에게 한 것이니라' 하리라.」(40절)고 답하신다.

그들이 주님께 직접 한 일이 아니라 주님의 형제, 곧 대환란 때 야곱의 고난기간을 통과하는 이스라엘 백성을 도운 일을 말씀하시는 것이다. 그러나 내 생각에 그런 사람들의 수는 얼마 되지 않을 것 같다. 한국에서도 얼마 나오지 않을 것 같다. 현재 한국인들은 유대인들보다 이스라엘을 대적하는 팔레스타인 사람들을 더 선대한다. 아랍, 팔레스타인 사람들이 불쌍하다고 하면서 이스라엘의 편은 들지 않는 것이다. 나는 성경적으로 믿는 바이블 빌리버들 외에는 이스라엘을 위하는 사람들을 거의 보지 못했다. 이 심판의 때에 한국인들은 거의 모두 염소로 분류될 것이다.

「그때에 왕이 왼편에 있는 자들에게도 말하기를 '너희 저주받은 자들아, 내게서 떠나 마귀와 그의 천사들을 위하여 준비한 영원한 불 속으로 들어가라」(마 25:41).

그들은 유대인들을 돌보지 않았기 때문에 영원한 불 속으로 들어가게 된다. 이 심판 때 의인과 악인을 가르는 기준은 대환란 동안에 엄청난 고난과 핍박을 당하는 이스라엘을 도왔는지 여부이다.

한편 20세기 초, 세계대전 당시 독일의 히틀러에게 박해받는 유대인들을 도망시키고 숨겨준 이방인들이 있는데, 그 사람들은 그 일로 인해 구원받는 것이 아니다. 그 때도 교회 시대이기 때문에 역시 예수님을 믿고 구원받는 것이지 유대인을 살려주었다고 구원받는 것이 아니다. 마태복음의 이 구절은 대환란 때 적용되는 말씀이다.

천년 왕국의 도래

이렇게 심판이 끝나고, 요한계시록 20장은 주님의 천 년 통치에 대해서 말씀한다.

「또 내가 보니, 한 천사가 하늘에서 내려오는데, 그의 손에는 끝없이 깊은 구렁의 열쇠와 큰 사슬을 가졌더라. 그가 그 용을 잡으니, 곧 마귀요 사탄인 옛 뱀이라. 그를 천 년 동안 묶어 두니 그를 끝없이 깊은 구렁에 던져서 가두고 그 위에 봉인하여 천 년이 찰 때까지는 민족들을 다시는 미혹하지 못하게 하더라. 그후에는 그가 반드시 잠시 동안 풀려나게 되리라」(계 20:1-3).

자연까지도 모두 회복되는 천년 왕국 때에는 사탄도 끝없이 깊은 구렁에 던져져서 갇혀 있기 때문에 사람들을 미혹하지 못한다.

천년 왕국 때 구원의 방법은 100% 행위에 의한 것이다. 현재 교회 시대의 믿음은 보이지 않는 것들을 믿는 것이다. 그러나 천년 왕국 때에는 이 땅에 계신 주님을 눈으로 볼 수 있기에 구원에 요구되는 것은 믿음이 아닌 의로운 행위이다. 마태복음 5-7장의 산상 설교는 바로 천년 왕국의 법령이며, 그 법을 행함에 따라서 구원을 받는다. 대환란 때처럼 믿음과 행위가 필요한 것이 아니라 오직 행위로만 구원받는다.

주께서는 사탄은 천 년 동안 가두어 놓으셔서 사람들을 미혹하지 못하게 하심으로써 그들이 의를 행할 수 있는 조건을 만드신다. 이사야 11장에 따르면 그때는 아이들이 독사 굴에서 장난하고 사자를 애완동물처럼 데리고 다니기도 할 것이다. 창세기에 저주받은 자연이 모두 회복되기 때문이다(사 11:6-8).

「또 내가 보좌들을 보니, 그들이 그 위에 앉았는데 심판이 그들에게 주어졌더라. 또 예수에 대한 증거와 하나님의 말씀으로 인하여 목베임을 당한 사람들의 혼들도 보았는데, 그들은 그 짐승에게

나 그 형상에게 경배하지 아니하였을 뿐만 아니라 그의 표를 그들의 이마 위에나 손에도 받지 아니하였더라…」(계 20:4).

적그리스도의 표를 받지 않아서 목베임을 당한 사람들은 죽기까지 믿음을 지키고 영생을 얻게 되는 사람들이다. 천년 왕국 때 이들도 통치권을 가지고 백성들을 다스리게 된다.

「그러므로 그들은 살아서 그리스도와 함께 천 년을 통치하더라」(계 20:4).

그리스도의 심판석을 통과하고 왕국에 들어온 교회 시대 성도들, 그리고 대환란 때 목베임을 당했던 환란 성도들, 이 두 그룹이 통치권을 갖고 그리스도와 함께 천 년을 통치한다.

「그러나 죽은 자들 가운데서 그 나머지는 천 년이 끝날 때까지 다시 살지 못하리라. 이것이 첫 번째 부활이라. 첫 번째 부활에 참여하는 자는 복되고 거룩하도다. 둘째 사망이 그들을 다스리는 권세가 없고, 오히려 그들이 하나님과 그리스도의 제사장들이 되어 천 년 동안 그와 함께 통치하리라」(계 20:5,6).

이렇게 천년 왕국이 성경에 분명하게 기록되어 있는데도 한국 목사들은 천년 왕국에 대해서 가르치지 않는다. 많은 후천년주의 목사들이 천년 왕국을 현재 이 땅에서 이루어가고 있다고 말하는 것은 성경을 잘못 해석한 것이다.

「그 천 년이 끝나면 사탄이 그의 감옥에서 풀려나」(7절).

천년 왕국이라는 완벽한 조건 속에서 사는데도 불구하고 인간은 그 끝에 반란을 일으킨다. 자연도 회복되고, 사탄도 갇혀 있고, 주님께서 화평과 의로 통치하시는데도 천년왕국 끝에 풀려난 사탄에게 합세하여 반란을 일으키는 자들이 있는 것이다.

「땅의 사방에 있는 민족들, 곧 곡과 마곡을 미혹하려고 나가서 그들을 함께 모아 전쟁을 일으키니 그 수가 바다의 모래 같으리라」(8절).

엄청난 수의 사람들이 하나님을 대적한다. 천 년의 기간 동안 하나님의 통치를 맛본 사람들이 어떻게 그럴 수 있을까 의아스러울지 모르나 이것이 인간의 본성이다. 이 반란을 하나님께서는 신속하고도 확실하게 처리하신다.

「그들이 땅의 넓은 데로 올라가서 성도들의 진영과 사랑하시는 도성을 포위하니, 하늘에서 불이 하나님께로부터 내려와 그들을 삼켜 버리더라. 그들을 미혹하던 마귀가 불과 유황 못에 던져지니 그곳에는 그 짐승과 거짓 선지자도 있어 영원무궁토록 밤낮 고통을 받으리라」(9,10절).

짐승과 거짓 선지자, 그리고 사탄은 마귀의 삼위일체이다. 짐승과 거짓 선지자는 주님께서 재림하실 때 불못에 던져지고, 사탄은 감옥에 천 년 동안 갇혀 있다가 풀려나 반란을 일으키며 끝에 가서 짐승과 거짓 선지자가 있는 불못에 던져진다. 구원받지 못한 사람들은 사탄의 삼위일체와 함께 불못에서 영원 무궁토록 고통을 받게 된다. 이것이 천년 왕국 끝에 일어날 일이며, 그 후에는 백보좌 심판이 펼쳐진다.

천년 왕국 – 주님의 통치

백보좌 심판을 공부하기에 앞서, 주님께서는 천년 왕국 때 이스라엘 민족을 어떻게 다스리시는지 살펴보자. 사도행전 3장에서 베드로는 이렇게 말한다.

「그러므로 너희는 회개하고 돌이키라. 그러면 주의 임재하심으로부터 새롭게 되는 때가 올 때 너희 죄들이 지워지리라」(행 3:19).

메시아를 죽인 유대인들은 사도들로부터 이러한 말씀을 듣는데, 이 말씀은 현재 교회 시대에 우리들을 위한 메시지와는 전혀 다르다. 이것은 히브리서 8장에 언급된, 이스라엘 백성들을 위한 새 언약이며, 새롭게 되는 때란 주님께서 재림하시고 민족적인 죄들을 용서하시고 회복시키시는 때를 말한다. 이렇게 회복된 후에 천년왕국의 백성으로서 어떻게 살아야 되는지에 대해 에스겔서 43장에 기록되어 있다.

「그가 내게 말씀하시니라. 인자야, 주 하나님이 이같이 말하노라. 그들이 그 제단을 만드는 날에 그 위에 번제물을 드리고 피를 뿌리는 제단의 율례가 이러하니라. 나에게 다가와서 나를 섬기는 사독의 씨 레위인 제사장들에게 너는 어린 수송아지 한 마리를 속죄제물로 줄지니라. 주 하나님이 말하노라」(겔 43:18,19).

주님은 이스라엘 백성에게 희생제와 속죄제물을 요구하신다. 이것이 이스라엘 백성들이 천년 왕국에서 주님을 섬기기 위해 해야 할 일이다.

「이스라엘의 기름진 초장에 있는 이백 마리의 양떼 중에서 어린 양 한 마리를 백성을 위한 화해를 이루기 위하여 음식제물과 번제물과 화목제물로 드릴지니라. 주 하나님이 말하노라. 그 땅의 모든 백성은 이스라엘에 있는 통치자를 위하여 이 예물을 드릴지니

라. 또 명절들과 새 달들과 안식일들과 이스라엘 집의 모든 정한 절기에 번제물과 음식제물과 술붓는 제물을 드리는 것은 통치자의 몫이 될지니라. 그는 이스라엘 집을 위한 화해를 이루기 위하여 속죄제물과 음식제물과 번제물과 화목제물을 예비할지니라」(겔 45:15-17).

희생제가 부활하고 명절이 돌아오며, 새 달과 안식일이 지켜지게 된다.

「주 하나님이 이같이 말하노라. 동쪽을 바라보는 안쪽 뜰의 대문은 일하는 육 일 동안은 닫아 둘 것이나, 안식일에는 열어 두고, 또 새 달의 날에도 열어 둘지니라. 통치자는 바깥 대문의 현관 길로 들어와서 대문의 문설주 옆에 설 것이요, 제사장들은 통치자의 번제물과 화목제물을 준비할 것이며 통치자는 대문의 문지방에서 경배한 후 나갈 것이라. 그러나 대문은 저녁까지 닫지 말지니라」(겔 46:1,2).

이 통치자(prince)는 다름 아닌 다윗이다. 다윗이 통치자가 되고 예수님이 왕(King)으로 보좌에 앉으신 상태에서 이스라엘 민족은 예루살렘에서 예수 그리스도를 섬기게 될 것이다. 성전 예배가 다시 시작되어 통치자도 주님께 경배드리고, 이스라엘 백성도 안식일을 지키며 주님을 경배하게 된다.

「이 땅의 백성도 마찬가지로 안식일들과 새 달들에 이 대문의 문간에서 주 앞에 경배할지니라. 통치자가 안식일에 주께 드리는 번제는 흠 없는 어린 양 여섯 마리와 흠 없는 숫양 한 마리니라」(겔 46:3,4).

에스겔 48장에는 이 도성의 규격이 나오는데, 이것이 미래의 도성임을 알 수 있는 것은 그 규격들이 오늘날까지 이스라엘에 없었던 것이기 때문이다. 이는 앞으로 천년 왕국 때 세워질 도성과 성전에 대한 예언이다.

「북편에 있는 성읍에서 나가는 곳이 이러하니, 규격이 사천 오백이라.」(겔 48:30)고 하며, 다음 절에서는 동, 서, 남으로 계속해서 사면의 도성과 성전의 크기가 나열된다. 「그 사면의 규격이 일만 팔천이며 그 날로부터 그 성읍의 이름이 '주께서 거기 계시다.' 가 될 것이라.」(겔 48:35)는 말씀으로 에스겔서는 끝이 난다.

천년 왕국에 세워질 도성과 성전은 지금까지는 없었던 규격을 갖고 있다. 에스겔 40-48장에는 천년 왕국에 세워질 이스라엘의 도성과 성전, 성전 제사에 대해 자세히 말씀하고 있다. 그때 이방인들이 해야 할 일은 스카랴서에 예언되어 있다.

「예루살렘을 치러 온 모든 민족들 가운데서 남아 있는 자도 각기 그 왕, 만군의 주께 경배하러, 또 장막절을 지키려고 해마다 올라올 것이라」(슥 14:16).

전 세계에 있는 이방인들이 주님께 경배드리기 위해 예루살렘으로 와야 한다.

「땅의 모든 족속 중에서 그 왕, 만군의 주를 경배하려고 예루살렘에 올라오지 아니하는 자들에게는 비가 내리지 아니하리라. 만일 이집트의 족속이 올라오지 아니하면, 비가 없을 것이며, 재앙이 있으리니 그 재앙으로 주께서 장막절을 지키려고 올라오지 아니하는 그 이방을 치시리라」(17,18절).

이방인들이 보여야 하는 행위에는 주님께 경배드리고 장막절을 지키기 위해 예루살렘으로 오는 것이 포함된다. 그들 중에는 반란을 일으키는 족속도 있다.

「이것이 이집트의 벌이 될 것이요, 장막절을 지키려고 올라오지 아니하는 모든 민족들의 벌이 되리라. 그 날에는 말들의 방울들 위에 '주께 거룩함' 이 있을 것이요, 주의 집에 있는 솥들도 제단 앞에 있는 대접들과 같게 되리라. 정녕, 예루살렘과 유다에 있는 모든 솥이 만군의 주께 거룩함이 될 것이요, 희생제를 드리는 자들이 모두 와서 솥들을 가져다가 거기에 삶으리라. 또 그 날에는 만군의 주의 집에 카나안인이 더 이상 있지 아니하리라」(19-21절).

천년 왕국 때 흑인들(카나안인)은 주의 집에 들어가지 못한다. 오늘날 미국에서 이런 '인종차별적' 발언을 했다가는 폭동이 나고 그 말을 한 사람은 감옥에 갈지도 모른다.

천년 왕국 – 왕국 법령

왕국 법령에 대해서는 앞에서도 공부한 바 있지만 이것은 천년 왕국에서의 중요한 법령이기 때문에 다시 한번 살펴보기로 하자. 천년 왕국 백성들은 실질적으로 이 법을 지키지 못하면 지상에 있는 불못에서 바로 심판을 받게 된다. 마태복음 5장의 산상 설교에 나오는 말씀을 예로 들면 사람들에게 화만 내도 심판의 위험에 처하게 된다.

「너희는 옛사람들이 말했던 바 '너는 살인하지 말지니라. 살인한 자는 누구나 심판의 위험에 처하게 될 것이라.'고 한 것을 들었으나, 내가 너희에게 말하노니, 까닭없이 자기 형제에게 노하는 자는 누구나 심판의 위험에 처하게 될 것이며, 형제에게 라카라 하는 자는 누구나 공회의 위험에 처하게 될 것이요, 또 어리석은 자라 하는 자는 누구나 지옥불의 위험에 처하게 될 것이라」(마 5:21,22).

율법 시대보다 훨씬 엄한 법으로 다스림을 받는 것이다. 살인 같은 큰 죄로만 심판에 처하게 되는 것이 아니라 '바보, 멍청이'라는 말을 하는 것만으로도 공회와 지옥불의 위험에 처하게 된다.

「그러므로 만일 네가 예물을 제단에 드리다가 거기서 네 형제가 네게 반감을 갖고 있다는 것이 생각나거든 네 예물을 제단 앞에 놓아두고 가서 네 형제와 먼저 화해하고 와서 예물을 드리라」(마 5:23,24).

「또 '눈은 눈으로, 이는 이로.' 라고 말한 것을 너희가 들었으나, 나는 너희에게 말하노니, 악에 저항하지 말라. 누구든지 네 오른뺨을 때리거든 다른 쪽도 돌려 대라」(마 5:38-39).

만약 오늘날 여러분이 악한 자에게 저항하지 않으면 어떻게 되겠는가? 현재 교회 시대를 사는 성도가 자신과 가족이 위험한 상황에 처하게 되었는데 자기 가족을 돌보고 지키지 않는다면 그는 불신자보다 못한 사람이 된다. 특히 남자 성도들은 이런 일에 대해 확실하게 처신해야 한다. 만일 강도가 총을 가지고 집에 침입해서 가족을 위협한다면 여러분은 강력하게 방어하고 대항해야 한다. 그러나 마태복음 5장은 그 정반대의 일을 하라고 말씀한다.

「또 만일 누가 너를 법에 고소하여 너의 웃옷을 빼앗으려 하거든 외투까지도 갖게 하라. 너에게 구하는 자에게 주며 너에게 빌리고자 하는 자로부터 돌아서지 말라」(마 5:40,42).

이 말씀을 지금 지켜야 한다면 여러분의 통장에는 돈이 한 푼도 남지 않을 것이다. 만일 도박을 하기 위해 돈을 빌려달라고 하는 사람의 요청을 거절한다면 거절한 사람이 법에 걸리는 것이다. 이것은 교회 시대의 법령이 아니다. 구약의 율법보다도 더 엄격한 천년 왕국 법령인 것이다. 주님께서 직접 왕으로서 다스리시고, 사탄은 천 년 동안 묶여 있어서 사람들을 죄를 짓도록 미혹하지 않을 것이며, 자연의 저주는 풀어져 살기가 너무 좋은 세상이 되었는데, 어떻게 죄를 지을 수 있겠는가?

「네 손이 너를 실족케 하거든 잘라 버리라. 두 손을 가지고 결코 꺼지지 않는 불 속인 지옥에 들어가는 것보다 불구자로 생명에 들어가는 것이 더 나으니라」(막 9:43).

그때는 철저하게 행위에 의해 구원받기 때문에 만일 손이 죄를 지으면 잘라 버리는 것이 더 나은 일이다. (성경변개자 오리겐은 이 말씀을 잘못 이해해서 스스로 거세를 했다.)

교회 시대에 죽은 성도들은 실제적인 두 손을 가지고 하늘나라에 들어가는 것이 아니다. 우리의 몸은 흙에서 왔기 때문에 죽으면 몸은 흙으로 돌아가고 혼이 하늘나라로 간다. 그러나 이 구절이 문자적으로 이루어지는 천년 왕국 때에는 행위로 구원받는 시대이기 때문에 죄 지은 사람은 바로 불못에 떨어지게 된다.

「그곳에는 그들의 벌레도 죽지 않고, 불도 꺼지지 아니하느니라. 네 발이 너를 실족케 하거든 잘라 버리라. 두 발을 가지고 결코 꺼지지 않는 불 속인 지옥에 던져지는 것보다 절름발이로 생명에 들어가는 것이 더 나으니라. 그곳에는 그들의 벌레도 죽지 않고, 불도 꺼지지 아니하느니라」(막 9:44-46).

만일 여러분이 구원받지 않았다면, 죽어서 혼이 멸망하게 된다면 어떻게 되는지 아는가? 그 아비인 사탄처럼 벌레(worm) 즉 구더기 같은 모습이 된다. 그 아비인 뱀을 닮게 되는 것이다. 큰 뱀인 사탄에게 그 벌레들이 달라붙어 있는 모습이 얼마나 징그럽겠는가? 구원받지 못한 혼은 그러한 모습이 되어 불 속에서 타 죽지도 않고 영원히 고통을 당하게 된다.

「둑 위에 강가로 이편과 저편에는 양식이 될 모든 나무가 자라고 그 잎사귀들은 시들지 아니하며, 그 과실도 다하지 아니하고 달마다 새로운 과실을 내리니 이는 그 물이 성소에서 나옴이라. 또 과실은 양식이 되고 그 잎사귀는 약이 될 것이라」(겔 47:12).

천년 왕국 때 주님께서 통치하시는 곳에 도성과 성전이 있고, 성소에서 흐르는 강이 있을 것이다. 그런데 에스겔 47장은 다른 곳은 모두 풍성한데 그렇지 않은 곳이 한 군데 있다고 말씀한다.

「그러나 거기 진흙 구덩이와 늪은 치유되지 못하고 소금이 주어지게 될 것이라」(겔 47:11).

모든 곳이 치유되지만 그 진흙 구덩이와 늪은 치유되지 못하고 소금이 주어지게 된다. 이것은 마가복음 9장에서 불로 소금치듯함을 받는다는 말씀과 연관된다(막 9:49).

「이는 주의 보복의 날이요, 시온의 논쟁에 대한 보상의 해라. 그곳의 시내들은 역청으로 변하게 될 것이요, 그곳의 흙은 유황으로 변하고, 그곳의 땅은 불타는 역청이 되리라. 그것은 밤낮 꺼지지 않을 것이며, 그 연기들은 영원히 올라가리라. 대대로 그것은 황폐하게 남아, 그곳을 통과하는 자가 영원무궁토록 아무도 없으리라」(사 34:8-10).

천년 왕국에서 주님께서 통치하실 때 이 지상에 지옥 같은 곳, 불못이 있다는 말씀이다. 그 곳은 왕국 법령을 지키지 않은 죄 지은 자들을 잡아 넣어 심판을 하는 곳이다. 천년 왕국에는 이렇게 무시무시한 곳도 있다. 회복된 땅인데도 주님께서는 그 땅에 불을 남겨 놓으신다. 그 일을 집행하는 자들은 주님과 함께 통치하는 우리들이다. 그때 우리들은 섬기는 영인(히 1:14) 천사들처럼 변화된 몸을 입고 있을 것이다.

백보좌 심판

천년 왕국은 사탄의 반란과 이에 대한 하나님의 심판으로 끝나고, 그 후 백보좌 심판이 펼쳐진다.

「또 내가 큰 백보좌와 그 위에 앉으신 분을 보니, 그의 면전에서 땅과 하늘이 사라졌고 그들의 설 자리도 보이지 않더라. 또 내가 죽은 자들을 보니, 작은 자나 큰 자나 하나님 앞에 서 있는데, 책들이 펴져 있으며 또 다른 책도 펴져 있는데 그것은 생명의 책이라. 죽은 자들은 자기들의 행위에 따라 그 책들에 기록된 대로 심판을 받더라」(계 20:11,12).

사람은 누구나 언젠가는 심판을 받는다. 이 백보좌 심판 때에는 죽은 자들이 다시 일으켜져(요 5:29, 저주의 부활) 마지막 심판을 받는다. 교회 시대에 구원받은 사람들은 이 백보좌 심판대 앞에 설

이유가 없다. 우리는 그보다 천 년 전에 이미 심판을 받는다. 이 세상이 대환란을 겪고 있을 동안 우리는 하늘에서 그리스도의 심판석에서 심판을 받은 뒤 어린양의 혼인식을 치르고 대환란의 끝에 주님과 함께 지상으로 내려온다. 그로부터 천 년이 지난 후에 죽은 자들 모두 백보좌 심판대에서 하나님 앞에 나오게 되는 것이다.

「바다도 그 안에 있던 죽은 자들을 넘겨주고 또 사망과 지옥도 그들 안에 있던 죽은 자들을 넘겨주니 그들이 각자 자기들의 행위에 따라 심판을 받으며 사망과 지옥도 불못에 던져지니 이것이 둘째 사망이라」(계 20:13,14).

엄밀히 따지면 둘째 사망은 불못이다. 결국 지옥도 불못에 던져진다.

「누구든지 생명의 책에 기록되지 않은 자는 불못에 던져지더라」(15절).

영원 시대

교회 시대에는 믿음만으로 구원받았기 때문에 면죄가 되지만, 나머지 모든 시대들에는 행함에 따라서 심판을 받아야 한다. 큰 백보좌 심판 후에 영원 시대가 시작된다.

「또 내가 새 하늘과 새 땅을 보니, 처음 하늘과 처음 땅은 사라지고, 바다도 더 이상 있지 아니하더라」(계 21:1).

현재 우리가 살고 있는 이 땅은 사라지고 새 하늘과 새 땅이 열린다.

「나 요한은 거룩한 도성 새 예루살렘이 하나님께로부터 하늘에서 내려오는 것을 보았는데 마치 신부가 자기 남편을 위하여 단장한 것같이 예비되었더라」(계 21:2).

영원 시대에는 새 하늘과 새 땅과 새 예루살렘이 있다. 새 예루살렘은 교회 시대에 구원받은 그리스도의 신부인 우리들의 거처이다. 새 하늘과 새 땅과 새 예루살렘, 그리고 계시록 20:15의 불못이 영원 시대에 펼쳐진다. 많은 사람들은 이 진리에 대해 모르기 때문에 거짓 목사들이 가르치는 거짓 교리를 좇아 가장 나쁜 곳으로 가게 된다.

「내가 보니, 성 안에는 성전이 없더라. 이는 전능하신 주 하나님과 그 어린 양이 그곳의 성전임이라」(계 21:22).

이 구절 앞에서는 다양한 보석들로 장식된 새 예루살렘 도성의 아름다움이 묘사된다. 한편 그곳에는 성전이 없다.

「그 도성은 해나 달이 그 안에서 비칠 필요가 없으니, 이는 하나님의 영광이 그곳을 비추고 어린 양이 그곳의 빛이 됨이라. 그리하여 구원받은 자들의 민족들이 그 도성의 빛 가운데서 걷겠으며 땅의 왕들이 그들의 영광과 존귀를 그곳으로 가져오리라. 또 그곳의 성문들을 낮에는 결코 닫지 아니하리니 이는 그곳에 밤이 없음이라. 그들이 민족들의 영광과 존귀를 그곳으로 가져오리라」(계 21:23-26).

영원 세계에도 구원받은 자들의 민족들이 있다. 그 민족들, 즉 땅의 왕들은 새 예루살렘으로 그들의 귀한 것들을 가지고 온다.

「무엇이든지 더럽게 하는 것이나 가증한 일을 행하는 자나 거짓말하는 자는 결코 그곳에 들어오지 못할 것이며, 다만 어린양의 생명의 책에 기록된 자들만이라」(27절).

생명의 책에 기록되지 못한 자들은 영원 세계에서도 불못에 들어간다.

「또 그가 나에게 하나님과 어린 양의 보좌에서 흘러 나오는 수정처럼 맑은 생명수의 정결한 강을 보여 주더라. 그 도성의 거리 한가운데와 그 강의 양편에는 생명 나무가 있어 열두 가지 과실을 맺으며 달마다 과실을 내더라. 그리고 그 나무의 잎사귀들은 민족들을 치유하기 위한 것이더라」(계 22:1,2).

영원 세계에서 우리에게는 영생의 보장이 있다. 이 영생은 우리가 예수 그리스도를 믿었고 예수 그리스도를 소유했기 때문에 얻은 것이다. 그렇지 않은 시대에 태어난 사람들이 사는 것은 생명 나무와 연관이 있다. 아담이 죄를 짓고 에덴에서 쫓겨났을 때 생명 나무의 과실을 먹지 못하도록 주님께서 막으셨다. 생명 나무의 과실을 먹어야 치유가 되고 영생을 할 수 있는데, 타락해서 영이 죽은 아담이 만일 생명 나무를 먹고 그 몸이 계속 살아 있으면 안 되기 때문이다.

「다시는 저주가 없고 하나님과 어린 양의 보좌가 그 안에 있을 것이며 그의 종들이 그를 섬기리니 그들은 그의 얼굴을 볼 것이며 그의 이름이 그들의 이마 위에 있으리라. 거기에는 밤이 없겠고 그들에게는 촛불도 햇빛도 필요하지 아니하리니 이는 주 하나님께서 그들을 비추시기 때문이라. 그들이 영원무궁토록 통치하리라」(계 22:3-5).

온 세계가 열두 민족으로 나뉘어 생명 나무의 과실을 얻고, 민족들은 주님께 영광을 돌려드리는 그런 시대이다. 생명 나무가 열 두 가지 과실을 맺으며, 나무의 잎사귀는 민족들을 치유하기 위한 것이다.

「나는 알파와 오메가요 시작과 끝이며, 처음과 마지막이라. 그의 계명들을 행하는 자들은 복이 있나니, 이는 그들이 생명 나무에 대한 권리를 가지며 또 그 문들을 통하여 도성 안으로 들어가게 하려 함이니라」(계 22:13,14).

영원 시대에서 이 사람들은 믿음과 행함으로 구원받은 자들이다. 영생을 얻으려면 지속적으로 생명 나무에 대한 권리가 있어야 한다. 교회 시대에 구원받은 우리들만 생명 나무와 관계 없이 영생을 누리니, 얼마나 큰 축복인가?

「나 예수는 교회들에 관한 이런 일을 너희에게 증거하기 위하여 나의 천사를 보내었노라. 나는 다윗의 뿌리요 자손이며, 또 빛나는 새벽별이라." 하시니라」(16절). 우리는 다음 17절에 속한다. 「또 성령과 신부가 말하기를 "오라." 하더라. 듣는 자도 "오라." 말하게 하고, 또 목마른 자도 오게 하며 원하는 자는 누구든지 생명수를 값없이 마시게 할지어다」(17절).

여기서 신부는 그리스도의 신부를 말하며 이는 교회 시대에 구원받은 사람들, 즉 교회를 말한다. 우리는 생명수를 값없이 선물로 받은 구원받은 사람들이다(요 4:14, 7:38). 계시록 22:14에서 말씀하는 사람들은 우리 외에 믿음과 행함으로 구원받은 자들이다.

이것이 앞으로 영원 세계에 펼쳐지는 장면이다. 이렇게 해서 이사야서 9장의 예언이 이루어진다.

「이는 우리에게 한 아이가 태어났고 우리에게 한 아들이 주어졌음이니, 정부가 그의 어깨 위에 있을 것이요, 그의 이름은 경이로운 분이라, 상담자라, 능하신 하나님이라, 영원하신 아버지라, 화평의 통치자라 불리리라. 그의 정부와 화평의 증가함이 다윗의 보좌와 그의 왕국 위에 바르게 세워지고, 지금부터 영원까지 공의와 정의로 그것을 굳게 세우는 데 끝이 없으리라. 만군의 주의 열성이 이것을 실행하시리라」(사 9:6,7).

이것은 예수님에 대한 말씀이다. 주님의 정부가 증가(increase)하는데 질적으로만이 아니라 양적으로도 증가할 것이다. 천년 왕국에는 대환란에서 살아남아 구원받은 사람들이 육신을 가지고 왕국에 들어와 살게 되는데, 그들은 창세기의 아담과 이브가 살던 때의 상황처럼 생명 나무에 의해 영생을 한다. 아담은 930년까지 살면서 후손들을 낳았지만, 이들은 영원히 살면서 인구를 증가시킬 것이다. 이렇게 증가된 사람들은 이 시대의 인간들이 그렇게도 진출하고자 애쓰는 우주로 뻗어나갈 것이다. 무수한 별들로 흩어져서 지구 같은 곳을 만들고 살게 된다. 지구도 결국 하나의 별이지 않은가! 한편 우리는 계속적으로 주님과 함께 통치하고 주님을 섬길 것이다.

「천사들은 모두 구원의 상속자가 될 자들을 위하여 섬기도록 보내심을 받은 섬기는 영들이 아니냐?」(히 1:14)

부활된 몸을 입은 우리들은 하나님의 아들들, 즉 천사와 같은 몸이 된다. 우리는 예수 그리스도를 닮은 자들이 되는데, 구약에서 예수 그리스도는 주의 천사로 표현된다.

하나님께서 창조하신 영적 존재들이 타락해서 반란을 일으켜 불못으로 떨어졌는데, 나는 그 존재들의 자리를 구원받은 우리들이 대신하게 되지 않나 생각한다. 이것은 내가 확고한 교리로 가르치는 것이 아니라 개인적인 생각으로 말하는 것이다. 앞에서 말한 것처럼 영원 세계에서 계속 인구가 늘어나는데 그들은 구원을 상속으로 받는 자들이고, 그때 천사처럼 된 우리가 구원의 상속자가 될 자들을 위하여 섬기는 영들이 되는 것이다.

지금까지 성경이 말씀하는 하나님의 언약들, 시대들, 구원들을 통해 세 번에 걸쳐 창세기부터 요한계시록까지를 개략적으로 살펴보았다. 이를 잘 공부하면 하나님께서 성경에서 계시하신 말씀의 주요 맥락을 이해할 수 있을 것이다.

세 부류

- 이방인
- 유대인
- 교회

16
이방인

　이제부터는 성경에 나타난 인간의 세 부류에 대해 살펴보려 한다. 하나님께서는 성경 말씀으로 인간에게 가르침을 주셨다. 이 성경은 어떤 특정 부류만이 아니라 모든 인간에게 주신 것이며, 각 부류마다 다른 말씀이 주어졌다.

　주님은 유대인들에게 율법을 주셨으며, 유대인들을 통해 다른 모든 민족들도 주님의 빛을 깨닫게 하셨다. 그러나 앞에서 살펴본 대로, 교회 시대에는 교회에게 주신 말씀과 유대인에게 주어진 율법을 구분하지 못하면 잘못된 구원론을 가르치게 된다.

　성경 66권은 인간의 세 부류 모두에게 주신 하나님의 말씀이다. 유대인에게만 주신 것도, 교회에게만 주신 것도 아니다. 성경 66권 전부가 모든 인간에게 필요한 말씀이다. 그러나 교리적으로는 성경을 나누어서, 즉 시대별로 구분해서 적용해야 하며, 교리적 차이를 구분하지 못하면 가장 중요한 구원론에서 문제가 생기게 된다.

그러면 성경이 말씀하는 인간의 세 부류가 무엇인지 살펴보자.

첫째 부류 – 이방인

최초의 인류인 아담과 이브 이후 아브라함이 등장할 때까지의 모든 인간은 이방인이라 칭한다. 우선 아담과 이브부터 아브라함까지를 살펴볼텐데, 창세기 4장에서 아담과 이브의 자손 카인이 등장한다.

「아담이 자기 아내 이브를 알았더니 그녀가 임신하여 카인을 낳고 말하기를 "내가 주로부터 남자를 얻었다." 하니라」(창 4:1).

아벨을 죽이고 주님의 면전에서 쫓겨난 카인은 도피자, 유랑자가 되었다. 그는 다른 이들이 자신을 해칠 것을 두려워했다.

「주께서 그에게 말씀하시기를 "카인을 죽이는 자는 누구라도 앙갚음을 칠 배나 받으리라." 하시고 주께서 카인에게 표를 하여 그를 만나는 어떤 사람도 그를 죽이지 못하게 하시니라」(창 4:15).

이에 카인은 주를 떠나 도성을 세우고 거기에 기거한다.

「카인이 주의 면전에서 떠나가서 에덴의 동쪽 놋 땅에 거하였더라. 카인이 그의 아내를 알았더니, 그녀가 임신하여 에녹을 낳은지라. 카인이 성읍을 세우고 그 성읍의 이름을 자기 아들의 이름을 따라 에녹이라 하였더라」(창 4:16,17).

하나님께서는 아벨이 죽자 카인을 쫓아내신 후 아담과 이브에게 셋이라는 이름의 다른 아들을 주신다.

「아담이 일백삼십 년을 살며 자기 모습대로 자기의 형상을 따라 아들을 낳아 그의 이름을 셋이라 불렀더라」(창 5:3).

이렇게 해서 카인의 족보와 셋의 족보가 등장한다. 아브라함 때까지 이런 식으로 계속 유지되는데, 이들은 여전히 유대인이 아닌 이방인이다.

창세기 6장에서는 셋을 통해 우리가 잘 아는 에녹이 태어나고, 그 후 노아의 때가 온다. 카인의 자손과 셋의 자손이 지면에서 번성하기 시작한 그 때, 하나님의 아들들이 땅으로 내려와 사람의 딸들과 관계를 맺고 거인들이 태어났으며 기괴한 족속들이 등장하게 되었다. 온 땅이 타락으로 치닫자 결국 주님께서는 온 땅을 홍수로 심판하신다.

그 후 노아의 세 아들, 셈과 함과 야펫의 자손들이 이 세상을 지배하고 땅에서 번성하는데, 이들 역시 아직은 이방인들이다.

10장에서 이방의 섬들이 그들의 영토에서 나뉘어지는데, 여기서 함의 아들들 중 특이한 인물이 나온다.

「이것이 노아의 아들들 셈과 함과 야펫의 후대라. 홍수 후에 그들에게 아들들이 태어났으니, … 함의 아들들은 쿠스와 미스라임과 풋과 카나안이요, 쿠스의 아들들은 스바와 하윌라와 삽타와 라아마와 삽트카며, 라아마의 아들들은 시바와 드단이며, 쿠스가 또 님롯을 낳았으니, 그가 세상에서 처음으로 힘센 자가 되었더라」(창 10:1, 6-8).

당시 사람들 중에는 하나님을 대적하는 지도자가 있었고 여러 우상들도 생겨났는데, 그 주축이 된 인물이 바로 적그리스도의 모형인 님롯이다.

「그가 주 앞에서 힘센 사냥꾼이었으므로, 사람들이 말하기를 "주 앞에 님롯 같은 힘센 사냥꾼이라." 하더라」(창 10:9).

「그 땅에서 앗수르가 나아가 니느웨와 르호봇 성읍과 칼라와 니느웨와 칼라 사이의 레센을 세웠더니, 이는 큰 성읍이더라」(창 10:11,12).

노아의 홍수 이후 사람들은 각 나라와 영토로 나뉘어져 흩어졌어야 했다. 그러나 인간은 그렇게 하지 않고 님롯이 지배하는 지역에서부터 시작해서 엄청난 배교를 저질렀다. 모든 민족이 하나님의 말씀을 거역하고 하나로 뭉쳐 하나님을 대적한 것이다.

「온 땅에 하나의 언어와 하나의 말만 있더라」(창 11:1). 그 때까지 인간의 언어는 하나였는데, 노아의 세 아들의 후손들은 다른 영토로 퍼져 나가지 않고 모여서 바벨탑을 쌓게 된다.

「그들이 동쪽으로부터 이동하여 시날 땅에서 평원을 만나니 거기에서 거하였더라. 그들이 서로 말하기를 "가서 벽돌을 만들어 단단하게 굽자." 하고 그들은 벽돌로 돌을 대신하고 역청으로 회반죽을 대신하였으며, 또 그들이 말하기를 "가서 우리를 위하여 성읍과 탑을 세우되 탑 꼭대기가 하늘에 닿도록 하여 우리의 이름을 내자. 그리하여 우리가 온 지면에 멀리 흩어지지 않게 하자." 하더라」(창 11:2-4).

이에 주님은 심판을 통해 그들 모두를 흩으셨다.

「주께서는 사람의 자손들이 세우는 성읍과 탑을 보시려고 내려오셨더라. 주께서 말씀하시기를 "보라, 백성이 하나요 그들 모두가 한 언어를 가졌기에 이런 일을 시작하였으니, 이제는 그들이 하기로 구상한 일은 아무것도 막을 수 없을 것이라. 가자, 우리가 내려가서 거기에서 그들의 언어를 혼란시켜 그들이 서로의 말을 알아듣지 못하게 하자." 하시고 주께서 그들을 그곳에서 온 지면에다 멀리 흩으시니, 그들이 성읍을 짓는 것을 그쳤더라. 그러므로 그것의 이름을 바벨이라 불렀으니, 이는 주께서 거기에서 온 땅의 언어를 혼란케 하셨음이라. 주께서는 거기서부터 그들을 온 지면에 멀리 흩으셨더라」(창 11:5-9).

그리하여 모든 족속 즉 셈, 함, 야펫의 자손들이 온 세상으로 퍼지게 되었다. 이제 여기서 아브라함이 등장한다. 아브라함 이전까지 인간은 계속적으로 타락을 거듭했고 주님께서는 이들을 심판하고 흩으셨으며, 인간은 또다시 타락하고 우상을 숭배했다.

하나님께서는 아브라함을 성별해서 그를 통해 자신을 온 민족에게 알리는 방법을 택하신다. 타락한 온 인류를 그대로 두었다가는 공의의 하나님께서 필연적으로 온 세상을 다시 멸망시키셔야 했기 때문이다.

「테라는 칠십 년을 살고 아브람과 나홀과 하란을 낳았더라」(창 11:26).

하나님께서는 창세기 12:1에서 아브라함에게 명령을 주시는데, 주님께서 아브라함과 맺으신 언약은 아브라함, 이삭, 야곱을 통해 내려온다. 이때부터 히브리인(창 11:14의 에벨이 히브리인의 조상)이 등장하고, 이들이 후에 유대인이 된다. 이 전까지는 모두가 이방인이라는 하나의 부류에 속했다.

「주께서 아브람에게 말씀하셨는데 "너는 네 고향과 네 친족과 네 아비의 집을 떠나 내가 네게 보여 줄 땅으로 가라. 내가 너로 큰 민족을 이루게 할 것이며 네게 복을 주고 네 이름을 위대하게 하리니, 너는 복이 되리라. 너를 축복하는 자들에게 내가 복을 주고 너를 저주하는 자를 저주하리라. 네 안에서 땅의 모든 족속들이 복을 받을 것이라." 하셨더라」(창 12:1-3).

주님께서는 아브라함과 무조건적인 언약을 맺으시고 유대 민족을 형성하시는데, 이들 외의 다른 모든 민족은 이방인이다. 한국인도 이방인이다. 오늘날 많은 사람들이 한국인은 특별한 민족이라고 착각하는 기현상을 본다. 그러나 성경적으로 특별한 민족은 이스라엘이며, 이들 외의 모든 민족 즉 셈족, 야펫족, 함족 모두는 이방인이다. 모든 인간이 하나님을 떠나 우상을 숭배하는 상태에서 하나님께서는 아브라함을 선택하셨다. 여기서부터 히브리인과 이방인들이 갈라져서 오늘날까지 이어져왔다.

이 정도로 개요를 마치고 이제 이방인들에 대해 살펴보려 한다.

하나님께서는 아브라함에게서 태어난 아들 중 이스마엘이 아닌, 약속의 아들 이삭을 택하신다. 이스마엘의 자손들은 현재의 모슬렘인데, 그들은 자신들이 하나님의 진짜 자손이라고 주장한다. 그러나 하나님께서는 이스마엘이 아니라 이삭을 통해 야곱과 열두 지파를 선택하셨다.

아브라함은 자신의 여종을 취하라는 아내 사라의 말을 따르는 죄를 짓게 된다. 그의 씨를 없애기 위한 사탄의 계략에 빠진 것이다. 그는 믿음 없음으로 인하여 이스마엘을 먼저 낳았는데, 이스마엘의 후예로 인해 유대인들은 약 4천 년 동안 많은 박해와 괴로움을 당해 왔으며, 지금도 중동에서 엄청난 고난을 당하고 있다.

히브리인들이었던 이스라엘 열 두 지파의 자손들은 이집트로 들어가 400여 년을 살았는데, 주님께서 그들을 이집트에서 불러내셔서 큰 민족을 이루게 하셨다. 출애굽기 3장에는 이스라엘을 이집트에서 불러내는 일에 이집트 파라오의 집안에서 성장한 히브리인 모세를 택하시는 장면이 나온다.

모세는 자신의 동족인 어떤 히브리인을 도우려다가 그만 살인을 저지르게 되고, 그 후 이집트 왕궁에서 도망친다. 이방인 여인과 결혼해 광야에서 살던 그는 어느 날 불타는 가시덤불에서 주님을 만나게 된다.

「이제 모세가 그의 장인 미디안 제사장 이드로의 양떼를 치는데, 그가 그 양떼를 광야의 뒤편으로 인도하여 하나님의 산 호렙이 이르렀더니, 주의 천사가 가시덤불 가운데서 나온 불꽃 속에서 그에게 나타나시니라. 그가 보니, 보라, 가시덤불이 불로 타나 가시덤불은 소멸되지 않더라」(출 3:1,2).

소멸되지 않는 불타는 가시덤불은 고난당하나 소멸하지 않는 이스라엘 백성을 나타낸다. 모세 당시 약 B.C. 1500-1600년 경부터 오늘날까지 약 3500년 동안 이스라엘 민족은 지속적으로 박해받고 유랑했지만 지상에서 사라지지 않았다. 인류 역사상 이런 민족은 없었다. 다른 민족이 이 정도 기간 동안 식민지 생활이나 포로 생활을 했다면 이미 멸절되고도 남았을 것이다. 그러나 주님께서는 소멸되지 않는 불타는 가시덤불처럼 불사조 같은 민족을 만드셨다. 이스라엘 백성은 다시 회복되어 아직까지 존재하고 있으며, 성경에서 예언하는 마지막 때에 관한 하나님의 모든 약속은 이스라엘을 통해 이루어질 것이다.

이스라엘 외의 모든 민족은 이방인에 속한다. 카나안 땅의 이방 민족들, 롯의 자손들인 모압, 암몬 족속은 모두 유대인들을 대적한다. 사실 그들은 유대인들을 대적하기 위해 존재하는 것이다.

이집트에서 나온 유대인들은 재판관들의 통치를 받다가 사울, 다윗, 솔로몬왕 등의 통치를 받았다. 후에 북지파와 남지파로 갈라진 이들은 결국 이방 나라들에게 정복당해 포로생활을 하게 된다. 이스라엘 역사에 대한 내용은 유대인에 대해 공부할 때 더 자세히 살펴보려 한다.

북지파(북왕국 이스라엘)는 앗시리아에 의해 멸망해서 포로로 끌려가고, 남지파 (남왕국 유다)는 바빌론에 의해 포로가 된다. 이스라엘 민족은 B.C. 606-587년 경에 바빌론의 침공을 계속 받다가 결국 멸망해서 포로 생활을 하게 되는데, 이 시기가 '이방인의 때'의 시작이다(눅 21장).

하나님께서는 모세를 통해 한 민족을 형성하셨고, 그들이 하나님의 명령에 복종하면 복을 받고 약속한 땅에 살 것을 약속하셨다. 그러나 이들은 그 땅에 들어가서도 하나님이 명령하신 대로 그 이방 땅의 사람들을 진멸시키지 않고, 결국 타협하고 우상을 숭배하며 이방인들과 함께 하나님을 대적했다. 이에 하나님의 심판이 임했으며, 유다가 바빌론에 멸망당한 이후부터 이방인의 때가 시작되었다.

이방인의 때

「또 그들은 칼날에 쓰러질 것이며, 모든 민족들에게 사로잡혀갈 것이요, 또 예루살렘은 이방인들의 때가 찰 때까지 이방인들에게 짓밟히리라」(눅 21:24).

이방인의 때는 이스라엘의 바빌론 포로 생활부터 주님의 재림까지를 말한다.

하나님께서는 다니엘서에서 느부캇넷살왕의 꿈을 통해 이방인들의 미래에 대해서 말씀하신다. 다니엘서는 이방인들에 대한 예언을 주로 다루고 있으며, 유대인들에 대한 말씀도 계시되어 있다. 이방인의 때에 유대인들의 심판이 있고 결국 성경의 초점이 다시 이방인들에게 맞춰지면서 이스라엘에 대한 관심은 점점 약해진다.

「오 왕이여, 왕께서 보셨나니 한 큰 형상을 보심이라. 이 큰 형상은 그의 광채가 찬란하며 왕 앞에 섰는데 그 용모가 무서웠나이다. 이 형상의 머리는 정금이요, 그의 가슴과 양 팔은 은이요, 그의 배와 넓적다리는 놋이요, 그의 다리는 철이요, 그의 발의 일부는 철이며, 일부는 진흙이었나이다」(단 2:31-33).

이것은 앞으로 미래에 펼쳐질 이방인의 때에 대한 예언이다. 이방인의 왕국들이 등장하고 이스라엘 백성은 결국 주님이 재림하실 때까지 비참한 상태에 머물게 된다. 주님께서 약속된 메시아로 오셨으나 이스라엘이 그분을 거절했기에 교회 시대가 시작되었고, 이스라엘이 대환란을 통과한 뒤에야 비로소 주님이 재림하셔서 이스라엘을 회복시키실 것이다.

「왕께서 보셨는데, 손으로 다듬지 아니한 돌이 철과 진흙으로 된 그 형상의 발을 쳐서 산산이 부수니, 그 철과 진흙과 놋과 은과 금이 함께 산산이 부서져서 여름 타작마당의 쭉정이같이 되어 바람에 날려 사라져 간 곳이 없어졌으며, 그 형상을 친 돌은 태산을 이루어서 온 세상을 가득 채웠나이다」(단 2:34,35).

이방 왕국들은 이 돌에 의해 완전히 부서지고, 주님께서는 지상에 재림하셔서 왕국을 세우실 것이다. 이 돌은 예수님이시다. 예수님께서 오셔서 이방 왕국들을 모두 산산조각 내시는 것이며, 이것이 이방인들의 최후이다. 아담으로부터 시작되었던 것은 이방인들이 심판받음으로써 마지막을 장식하고, 온 세상은 주님의 왕국이 된다.

이 꿈에 대해서 다니엘은 다음과 같이 해석한다.

「오 왕이여, 왕은 왕 중의 왕이시라. 하늘의 하나님께서 왕께 왕국과 권세와 능력과 영광을 주셨나이다. 또 사람의 자손들과 들의 짐승들과 하늘의 새들이 살고 있는 모든 곳들을 하나님께서 왕의 손에 주셔서 왕으로 그들 모두를 다스리는 자가 되게 하셨나니, 왕은 곧 이 금 머리니이다」(단 2:37,38).

금으로 된 머리는 바빌론이고, 바빌론 이후에는 느부캇넷살왕보다 못한 다른 왕국이 온다. 즉 은으로 된 가슴과 양팔은 메데 페르시아이며, 놋으로 된 배와 넓적다리는 그리스, 철로 된 두 다리는 로마를 가리킨다. 로마는 동로마, 서로마로 갈라진다. 바빌론 이후 등장하는 왕국들은 순서적으로 정확하게 성취되었다.

이 형상의 발은 철과 진흙으로 되어 있다. 로마의 뿌리에서 열 발가락으로 표시된 열 왕국이 마지막 때에 적그리스도의 왕국이 된다. 이 왕국은 재림하신 주님에 의해 산산조각으로 부서질 것이다. 하나님의 예언은 빠짐없이 성취되며, 우리는 하나님의 말씀을 통해 미래를 알 수 있다.

「넷째 왕국은 철같이 강한 왕국이 될 것이니, 철은 모든 것을 산산조각내며 이기는 것이라. 철이 모든 것을 부수는 것같이 그 왕국이 산산조각을 내고 깨뜨릴 것이니이다」(단 2:40).

주님의 초림 때는 로마가 권력을 장악하고 있었다. 느부갓네살 때부터 이방인의 때가 시작되고, 이 때부터 유대인들은 점차적으로 비참하게 되며 이방인들이 주도하는 시대가 되는 것이다. 우리도 이방인이지만, 이방인들을 생각해보면 복받을 일이 전혀 없다. 감사하게도 우리는 은혜 복음 시대에 살기 때문에 그나마 구원받을 기회가 있는 것이다. 이방인들은 마귀에게 속아 마귀의 세력이 되어 유대인들을 대적하게 된다. 사람들이 유대인들을 미워하는 이유는 하나님께서 특별하게 그 민족을 선택하셨기 때문이다.

적그리스도의 왕국

「그 일부는 토기장이의 진흙이며 일부는 철인 발과 발가락을 왕께서 보셨으니 그 왕국이 나뉘어질 것이며, 왕께서 철과 차진 진흙이 섞인 것을 보셨으니 그 왕국에는 철의 강함이 있을 것이니이다. 또한 그 발가락의 일부는 철이요 일부는 진흙이므로 그 왕국이 부분적으로 튼튼하고 부분적으로 부서질 것이니이다. 왕께서 철과 차진 진흙이 섞인 것을 보셨으니 그들은 사람들의 씨와 섞일 것이나 그들이 서로 합하지 못하는 것이 철이 진흙과 섞이지 못함과 같으리이다. 이들 왕들의 때에 하늘의 하나님께서 결코 멸망하지 않는 한 왕국을 세우시리니, 그 왕국은 다른 백성에게 넘겨지지 않을 것이요, 도리어 그 왕국이 이 모든 왕국들을 쳐부수고 멸하여 영원히 설 것이니이다」(단 2:41-44).

"그들은 사람들의 씨와 섞일 것이나"라는 구절에서 창세기 6장의 사건이 반복되는 것을 알 수 있다. 적그리스도의 왕국 때에 어느 한 돌이 모든 것을 산산조각 내고 난 뒤 하나님께서는 다른 백성에게 넘겨지지 않을 그리스도의 왕국을 세우실 것이다.

유대인들을 제외한 모든 나라가 산산조각으로 부서진다. 어떤 한국인들은 자신들이 선택된 민족이라 착각하는데 이것은 성경에 대한 무지에서 나오는 말이다. 카톨릭 교회를 비롯한 일부 교단이나 이단들도 자신들이 영적 유대인 또는 진정한 유대인이라 주장하지만, 하나님께서는 아니라고 하신다. 모든 민족은 하나님의 백성인 이스라엘을 박해하고 대적하다가 결국 모두 멸망할 것이다.

한편 다니엘서 7장에는 또 하나의 환상이 나온다. 우리는 지금 이방인의 때에 이방인들이 처할 운명에 대해서 살펴보고 있다. 아래 구절은 바빌론의 벨사살왕 원년에 다니엘이 본 환상을 설명한다.

「큰 짐승들 넷이 그 바다에서 올라오는데 서로 다르더라. 첫째는 사자 같고 독수리의 날개가 있는데, 내가 보니 그 날개가 뽑혔고 또 땅에서 들려서 사람처럼 발로 서 있게 되었으며, 또 사람의 마음을 받았더라. 또 다른 짐승을 보니, 둘째는 곰과 같고 그것이 몸 한 쪽 편을 들어올렸는데, 그 입의 잇사이에 갈비뼈 세 대가 물려 있으며 그들이 그 짐승에게 이렇게 말하기를 "일어나서 많은 고기를 먹으라." 하더라. 이 일 후에 내가 보았더니, 보라, 또 하나는 표범과 같은데, 그 등에는 새의 날개 넷이 있고 그 짐승은 머리도 네 개가 있으며 권세를 받았더라. 이 일 후에 내가 밤에 환상들을 보았고 넷째 짐승을 보았는데, 두렵고 무서우며 힘이 매우 세고 또 철로 된 큰 이빨을 가졌더라. 그 짐승이 집어삼키고 산산이 부수며 그 나머지는 발로 밟더라. 그 짐승은 먼저 있었던 모든 짐승들과 다르며 또 그 짐승은 열 뿔을 가졌더라」(단 7:3-7).

넷째 짐승이 적그리스도의 왕국이 되는 것이다. 이는 우리가 앞에서 본 다니엘서 2장의 환상과 정확히 맞아 들어가는 것이며, 또한 요한계시록의 열 뿔, 열 왕과도 일치한다. 「내가 그 뿔들을 살펴보았더니, 보라, 그것들 가운데서 또 다른 작은 뿔이 나오더니, 먼저 나온 뿔 세 개가 그 앞에서 뿌리째 뽑혔더라. 또 보라, 이 뿔에는 사람의 눈 같은 눈이 있고 또 큰 일들을 말하는 입이 있더라」(단 7:8).

대환란 때 하나님을 모독하고 하나님의 성전에 들어가 스스로를 하나님이라고 선언하는 자가 나온다(살후 2:4, 계 13:5-7).

주님께서는 다니엘서 2장, 7장에서 이방인들에 대해 말씀하신다. 첫째 짐승은 사자이고 독수리의 날개를 가졌는데, 이 짐승은 영국을 나타낸다. 둘째 짐승인 곰은 공산주의인 러시아를 상징하는데, 고기가 이빨 사이에 끼여 있을 정도로 고기를 많이 먹었다. 이는 주변 국가를 다 잡아먹은 것을 의미한다. 다음 셋째 짐승인 표범은 미국을 의미하는데, 하양, 노랑, 검정이 섞여 있는 표범은 여러 인종이 섞여 있는 상태를 나타낸다. 이 짐승에게 필요도 없는 새의 날개가 있다는 것은 미국도 결국 점점 쇠퇴해져 끝난다는 것이다.

그 뒤에 넷째 짐승, 즉 적그리스도가 등장하는데, 그의 앞에 나왔던 모든 짐승들이 적그리스도가 나오게 되는 토대를 이룬다.

다니엘서 10장에 의하면 이 모든 것이 이방인들이 전개하는 역사이다. 시편 2편은 이방인들이 끝까지 하나님께 대적함으로써 멸망한다고 말씀한다.

지금 우리가 공부하는 것들을 세상 사람들이나 정치가들이 알았더라면 유엔을 세우는 등 하나님을 반역하는 비성경적인 일을 하지 않았을 것이다. 성경에 무지한 이 세상은 역사가 성경에 예언된 그대로 흘러간다는 것을 모르는 채, 유엔을 필두로 유대인들을 지속적으로 박해하고 있다.

「어찌하여 이방이 분노하며, 백성들이 헛된 일을 꾀하는가? 땅의 왕들이 나서고 치리자들이 서로 의논하여 주와 그의 기름부음 받은 이를 대적하여 말하기를 "우리가 그들의 결박을 끊고 그들의 멍에를 벗어 버리자." 하는도다. 하늘들에 앉으신 분이 웃으실 것이요, 주께서 그들을 조롱하시리로다」(시 2:1-4).

그 이방인들이 하나님을 대적할 때 하나님께서는 이를 지켜보고 웃으시며 조롱하신다.

「그때 그가 진노 가운데 그들에게 말씀하시고 심히 불쾌하여 그들에게 화내시기를 "내가 나의 거룩한 산 시온 위에 내 왕을 세웠도다." 하시리라」(시 2:5,6).

예수 그리스도께서 이제 시온에서 왕으로 통치하실 것이다.

「내가 칙령을 선포하리라. 주께서 내게 말씀하시기를 "너는 내 아들이라. 오늘 내가 너를 낳았노라. 내게 구하라. 그러면 내가 너에게 이방을 네 유업으로, 땅의 맨 끝을 네 소유로 주리라. 네가 그들을 철장으로 깨뜨릴 것이며, 토기장이의 질그릇같이 산산이 부수리라." 하셨도다. 그러므로, 오 너희 왕들아, 이제 현명해지라. 너희 땅의 재판관들아, 교훈을 받을지어다. 두려움으로 주를 섬기고 떨림으로 즐거워하라. 그 아들에게 입맞추라. 그렇지 않으면 그가 노하실 것이요, 그가 조금만 격분하셔도 너희가 그 길에서 망하리라. 그를 신뢰하는 모든 사람은 복이 있도다」(시 2:7-12).

시편 2편은 주님께서 이방 민족들에게 주시는 경고이다. 하나님의 아들, 예수 그리스도를 섬기지 않고 무시하는 자들은 모두 하나님께서 심판하시고 멸망시키실 것이다.

이스라엘의 고난의 70주

마지막에 주님께서 이스라엘을 회복시키시지만 회복은 고난을 통과한 후에 오게 된다. 불복종으로 인해 그들에게 70주라는 고난의 기간이 정해졌으며, 그 70주가 지난 뒤에야 회복될 것이다.

「칠십 주가 네 백성과 네 거룩한 도성에 정해졌나니, 허물을 끝내고 죄들을 종결시키며 죄악에 화해를 이루고 영원한 의를 가져오며 그 환상과 예언을 봉인하고 지극히 거룩한 이에게 기름부으려 함이라」(단 9:24).

그 당시 포로생활하는 유대인들에게 희망이 되는 예언이 주어지는데, 이는 이스라엘 백성이 70주를 통과한 후에 회복되리라는 말씀이다.

「그러므로 알고 깨달으라. 예루살렘을 복원하고 건축하라는 그 명령이 나오는 때부터 메시아 통치자까지 칠 주와 육십이 주가 될 것이요, 그 거리와 그 성벽이 재건되리니, 곧 고난스런 때들이라」(단 9:25).

이 때는 아탁세르세스왕 제이십년 니산월이다(느 2:1).

다음은 하루를 1년으로 보는 것에 대한 근거 구절이다.

「너희가 그 땅을 탐지한 날수를 따라, 곧 사십 일의 하루를 일 년으로 하여 사십 년간 너희가 죄악을 질지니, 그리하여 너희가 나의 약속의 파기를 알리라.' 하라」(민 14:34).

「네가 그 날수를 채우거든 너는 다시 네 오른편으로 누워서 너는 사십 일 동안 유다 집의 죄악을 담당할지니라. 내가 네게 하루를 일 년으로 정하였느니라」(겔 4:6).

이러한 근거로 하루를 1년으로 계산해서 70주라는 말씀은 490년이 정해진 것이다. 69주는 '69 x 7 = 483년'이다. 이 계산에 의해 예수님의 탄생 시기를 알 수 있다. 예수님이 탄생하실 때를 기다리던 사람들은 그 날짜를 대략은 알고 있었기에 많은 사람들이 성전에 모여 함께 기다리곤 했던 것을 누가복음을 보면 알 수 있다. 실제적으로도 날짜까지 정확하게 주님의 탄생을 계산해 볼 수 있다.

「육십이 주 후에는 메시아가 끊어질 것이나 자신을 위해서가 아니요, 또 장차 올 그 통치자의 백성이 도성과 성소를 파괴하리니 그 끝은 홍수로 뒤덮일 것이요 그 전쟁의 끝에는 황폐함이 정해졌느니라」(단 9:26).

클라렌스 라킨은 그의 <세대적 진리>에서 느헤미야 2:1의 아탁세르세스왕 제이십년 니산월을 B.C. 445년 3월 14일로 잡고, 주님의 예루살렘 입성(마 21:9-11, 막 11:9-11, 요 12:12-16) 시기를 A.D. 30년 4월 2일로 해서 정확하게 69주를 계산했다.

이것을 계산해보면 '445 + 30 = 475년'이다. 그렇다면 69주에 7을 곱한 483년과 차이가 난다. 성경에서는 1년을 360일로 계산하는데 태양력으로는 1년이 365일이며 4년마다 윤년이 있다. 이것을 고려해서 계산하면 이러한 불일치가 해결된다. 클라렌스 라킨이 정한 느헤미야 2:1이 그 날이라고 해서 계산하면 정확하게 맞는다. 이렇게 성경이 예수님의 탄생을 정확하게 말씀한 것을 알 수 있다.

성경에서 490년마다 큰 사건들이 생기는 것을 볼 수 있다. 클라렌스 라킨의 연도 계산법이 맞다는 전제 하에 살펴보면, 하나님께서 일하시는 방법에 70주가 적용됨을 알 수 있다. 클라렌스 라킨은 아브라함의 탄생을 B.C. 2111년으로 계산해서 그때부터 출애굽 B.C. 1606년까지(이스마엘에게 빼앗긴 15년은 제외), 또 출애굽으로부터 B.C. 1005년 솔로몬 성전 건축까지(이방인에게 포로생활한 시간은 제외)를 나눈다. 즉 아브라함으로부터 출애굽까지 490년, 출애굽으로부터 솔로몬 성전 건축까지 490년, 그리고 솔로몬 성전 건축으로부터 아탁세르세스 칙령(B.C. 445년)까지 490년이 지난 후, 69째 주와 70째 주 사이에 교회 시대가 등장한다. 결국 69주가 지난 후에 한 주를 남긴 채 왕국이 연기되어 70째 주가 오기 전까지 교회 시대가 펼쳐지는 것이다.

69주에서 70주가 되기 전 마지막 한 주에 대해 하루를 1년으로 계산해서 7년으로 잡으면, 요한계시록에 나오는 7년 대환란 사건

이 일어나는 것이다.

이렇게 이방인들이 대환란 때 심판을 받고, 이스라엘의 남은 자들이 천년 왕국에 들어가게 된다. 천년 왕국에는 물론 유대인들도 있고 이방인들도 있다. 마태복음의 양과 염소의 심판이 여기서 나오는데(마 25:31-46), 양으로 분류된 이방인들은 천년 왕국에 들어간다.

천년 왕국은 대환란을 통과한 사람들만 들어가는 것이다. 염소로 분류된 사람들은 결국 불못에 가는 것이고 대환란을 거쳐 천년 왕국에 들어가는 민족들은 양으로서 들어가는 것이다.

그 후 천년 왕국이 끝나면 백보좌 심판이 오고, 이때 주님께서 죄인들을 최후로 심판하신 뒤 영원 세계가 펼쳐진다. 이것이 이방인들의 운명이다.

17
유대인

인간을 창조하신 하나님께서는 인간을 세 부류로 나누셨다. 지금까지는 그 중 한 부류인 이방인에 대해, 아담과 이브에서부터 시작해서 이방인의 마지막 때까지 살펴보았다. 에덴에서 쫓겨난 아담으로부터 번성한 인간의 죄는 대홍수의 심판을 불러 왔으며, 또다시 번성한 인류는 바벨탑 사건으로 심판을 받았다. 그 후 모든 민족이 우상숭배로 타락한 상태에서 하나님께서는 아브라함이라는 한 히브리인을 선택하시는데, 여기서부터 유대인의 역사가 시작된다.

둘째 부류 – 유대인

클라렌스 라킨의 연도에 의하면 아브라함은 B.C. 2111년에 탄생했다. 그때부터 지금까지 지구상의 그 어떤 민족도 이스라엘처럼 4천 년 동안 살면서 2천5백 년가량 나라를 빼앗긴 채 포로 생활을 한 뒤에도 지속된 나라는 없다. 그들이 마치 불사조처럼 소멸되지 않은 이유는 하나님께서 그들의 손을 놓지 않으시고 계속해서 역사하시기 때문이다.

창세기 12장에는 아브라함의 언약이 나오는데, 이 언약은 율법 이전에 주어진 것이다.「주께서 아브람에게 말씀하셨는데 "너는 네 고향과 네 친족과 네 아비의 집을 떠나 내가 네게 보여 줄 땅으로 가라. 내가 너로 큰 민족을 이루게 할 것이며 네게 복을 주고 네 이름을 위대하게 하리니, 너는 복이 되리라」(창 12:1,2).

당시 아브라함 시대에 온 세상에는 우상숭배가 만연해 있었다. 만일 하나님께서 이를 그냥 두셨다면 어떻게 되었을까? 공의의 하나님께서 불로 심판하셔서 모든 인간은 죽을 수밖에 없었을 것이다. 그러나 하나님께서는 아브라함을 선택하셔서 그를 통해 인간의 타락과 우상숭배를 정죄하고, 오직 하나님만이 유일하신 주임을 가르치고자 하셨다. 아브라함과 그의 자손뿐만 아니라 모든 민족에게 하나님을 알리고자 하신 것이다. 하나님께서 유대인을 하나의 민족으로 부르신 목적이 여기에 있다.

만일 하나님께서 아브라함을 부르지 않으셨다면 인간은 모두 완전한 타락으로 치달았을 것이다. 오늘날 구원받은 우리들도 멸망해가는 세상에서 성별하지 않으면 세상에 물들어 결국 타락하게 된다. 이것이 우리가 계속해서 성별을 강조하는 이유이다.

죄와 거짓 교리의 누룩을 막는 방법은 분리뿐이다. 인간들은 계속해서 서로 연합해서 하나님을 대적하기 때문에 하나님께서는 인간을 계속 분리시키신다. 인간이 성경을 증오하는 이유는 지속적으로 인간을 성별하고 분리하시는 하나님의 방식이 자신들의 생각과는 완전히 다르기 때문이다. 사람들은 늘 선과 악을 혼합해서 하나가 되기를 원하지만 악을 미워하시는 하나님께서는 선을 악으로부터 완전히 가르신다. 그래야만 순수성이 유지되는 것이다. 주님께서 아브라함을 부르신 첫 번째 목적은 그를 통해 자신의 영원한 계획, 즉 경륜을 실현하시기 위함이다.

아브라함을 부르신 두 번째 목적은 유대인을 통해 성경을 기록하고, 보존하고, 전파하기 위해서이다. 하나님께서는 인간에게 자신의 말씀을 계시하기를 원하셨다. 인간이 어떻게 살고 어떻게 구원을 받아야 하는지에 대한 하나님의 계획을 알리고자 하셨다. 하나님께서는 우상숭배자가 아닌 히브리인 아브라함을 부르셔서 그가 이룰 민족에게 자신의 말씀을 주실 것을 정하셨다.

누군가는 '왜 유대인이 필요한 것인가? 이방인인 우리도 잘할 수 있는데'라고 말할지 모르나, 유대인이 없었다면 인류는 벌써 종말을 맞이했을 것이다. 모두 불로 심판받고 소돔과 고모라처럼 되었을 것이다. 하나님께서는 한 씨를 남기셔서 그 씨를 보존하신다(롬 9:29, 사 1:9).

「그렇다면 유대인의 나은 점이 무엇이며 할례의 유익이 무엇이냐?」(롬 3:1)

로마서 1장은 모든 이방인들은 타락했고, 2장은 그 이방인들을 판단하는 유대인들도 모두 죄를 지었으며, 3장은 유대인들도 결국 정죄를 받는다고 말씀한다. 그럼에도 불구하고 주님께서는 유대인들의 나은 점을 말씀하신다.

「모든 면에서 많으니 무엇보다도 그들에게 하나님의 말씀들이 맡겨졌음이니라」(롬 3:2).

이방인보다 유대인들이 모든 면에서 낫다고 말씀한다. 그들에게 하나님의 말씀들이 맡겨졌기 때문이다.

세 번째 목적은 유대인들을 통해서 메시아이신 예수 그리스도께서 오시는 것이다. 예수 그리스도께서는 이 세상을 구하기 위해 아브라함, 야곱의 열두 지파, 그리고 다윗왕의 자손으로 오셨다.

구원은 유대인에게서

네 번째 목적은 유대인이 이 세상의 타락을 막기 위한 민족이 되는 것이다. 구원은 유대인에게서 나오는 것이며, 유대인은 이렇게 중요한 역할을 맡은 민족이다.

「너희는 너희가 알지 못하는 것을 경배하고, 우리는 우리가 경배하는 것을 아노니 이는 구원이 유대인에게서 나오기 때문이라」(요 4:22).

구원이 누구에게서 나온다고 하는가? 한국인이나 M교주, L교주에게서 나오는 것이 아니다. 많은 이들이 자신이 구세주라고 한다. 성경을 망가뜨리고 변개시키면 이렇게 이단들이 나오게 되어 있다.

성경 말씀대로 구원은 한국인이 아니라 유대인에게서 나온다. 유대인은 땅의 소금 같은 역할을 한다. 유대인이 사라지면 이 세상은 완전히 지옥과 같이 될 것이다. 「그들이 잠잠해진 후에 야고보가 대답하여 말하기를 "형제 여러분, 내게 경청하라. 하나님께서 그의 이름을 위하여 이방인들 가운데서 한 백성을 취하시려고 처음에 어떻게 그들을 찾으셨는가를 시므온이 설명하였으니 이것은 선지자들의 말과 일치된 것이라. 기록된 바 '이 일 후에 내가 다시 돌아와서 쓰러진 다윗의 장막을 다시 세울 것이며 또 거기에 파괴된 것들을 다시 세워 일으키리라. 그리하여 남은 자들로 주를 찾게 할 것이며 또 내 이름으로 불리는 모든 이방인들도 그러하리라. 이 모든 일을 행하시는 주가 말하노라」(행 15:13-17).

이 말씀은 이방인들의 구원에 있어 유대인들이 어떤 역할을 하는지를 설명해 준다. 남은 자들도, 모든 이방인들도 궁극적으로 주를 찾게 하는 것이 주님의 목적이다.

이처럼 중요한 역할을 하는 유대인은 솔로몬이 타락의 길을 가기 시작한 이후 그 왕국이 분열되고 만다.

하나님께서 택한 백성의 왕들이 타락하고, 솔로몬이 죽은 후 B.C. 975년에 왕국이 분열되어 유다와 베냐민 두 지파는 솔로몬의 아들 르호보암이 예루살렘에서 통치하는 반면, 나머지 열 지파는 솔로몬의 신하였던 느밧의 아들 여로보암이 사마리아를 중심으로 통치하기 시작한다. 여기서 비극이 시작된다. 계속 서로 싸우고, 이방인들에게 패배하고, 하나님을 대적하고, 이렇게 반복하다가 결국 이방 나라에 의해 멸망당해 포로생활로 들어가게 된다.

「이는 이스라엘 자손들이 많은 날들 동안 왕도 없고 통치자도 없고 희생제도 없고 형상도 없고 에봇도 없고 트라빔도 없이 거하다가」(호 3:4).

이스라엘 민족은 호세아의 예언대로 많은 날들 동안 그런 상태로 있다가 후에 서서히 본토로 돌아와서 1948년에 다시 나라로 세워졌다. 「그후에 이스라엘 자손들이 돌아와서, 주 그들의 하나님과 그들의 왕 다윗을 찾아서, 훗날들에 주와 그의 선하심을 두려워할 것임이라」(호 3:5).

호세아의 예언처럼 왕들은 끝이 났다. B.C. 721년에 북지파 이스라엘이 먼저 앗시리아에 의해 멸망당해 포로 생활에 들어가고, 남지파 유다는 B.C. 606년부터 B.C. 597년까지 여러 번 침공을 받다가 예루살렘이 바빌론에게 멸망당하고 포로 생활을 시작하면서 이방인의 때가 시작된다.

그리고 다니엘서에 기록된 대로 70년 포로생활을 끝으로 B.C. 536년에 4만 명 정도의 유대인이 본토로 돌아와 예루살렘에서 성전을 재건해서 20년 만에 완성시킨다. 그러나 예루살렘 성벽 외곽 등의 보수는 70년 뒤인 B.C. 445년에야 완성된다. 그 상태로 B.C. 168년 시리아 왕 안티오쿠스가 예루살렘을 침공해서 성전을 완전히 황폐하게 만들고 제사를 금지시키며 백성을 학살함으로써 이스라엘 백성은 완전한 수치를 당하게 된다.

그러던 중 유대인들 중에 마카비 형제가 폭동을 일으킨다. B.C. 166년부터 B.C. 140년까지의 폭동으로써 일시적 해방을 맛보지만 B.C. 63년에 다시 로마의 지배를 받게 된다. 지금까지 유대인의 역사를 간략하게 요약했는데, 여기까지가 메시아께서 오기 전까지 유대인들의 상황이다.

로마의 지배를 받는 상태에서 B.C. 4년 9월에 예수님, 즉 메시아께서 탄생하신다. 사복음서에서 예수님께서는 왕국복음을 전하시지만 유대인들에게 거절당하셨으며, 주님께서는 미래에 대한 예언들을 하시고 결국 십자가에서 처형당하신다. 그때 유대인들은 예수님의 피를 자신들과 자신들의 자손에게 돌리라고(마 27장) 외쳤으며, 그들의 외침대로 나라가 황폐해지고 2000년 동안 나라 없이 지내게 되었다.

「모든 백성이 대답하여 말하기를 "그의 피를 우리와 우리 자손에게 돌리라." 고 하더라」(마 27:25).

이 구절이 결정적인 말이 되었다. 빌라도는 예수님을 놓아주려고 세 번이나 무죄를 선고했지만 결국 백성들의 요구에 굴복하고 만다. 「빌라도가 그들에게 말하기를 "그러면 내가 그리스도라 하는 예수는 어떻게 하랴?"고 하니, 그들 모두가 말하기를 "그를 십자가에 못박으소서."라고 하더라」(마 27:22).

빌라도는 오히려 예수님을 풀어주려고 했으나 그렇게 하지 못한 것은 유대인 메시아이신 예수님에 대한 일이 결국 유대인들의 문제였기 때문이다.

이 일로 복음의 문이 이방인들에게 열리게 되었다. 주님께서는 스데판을 통해 유대인들에게 다시 한 번의 기회를 주시지만, 그들은 스데판마저도 돌로 쳐서 죽이고 만다. 주님의 열두 제자 중 하나였던 유다는 주님을 배신하고 죽었기에 그 후에 다시 한 명의 사도(행 1:26, 맛디아)를 뽑아 열두 사도들이 복음을 전파하기 시작한다. 후에 등장한 사도 바울은 유대인들에게 복음을 전했지만 그들이 지속적으로 거절하자 이방인들에게 복음을 전파한다.

「선지자들 가운데서 너희 조상이 박해하지 아니한 사람이 어디 있었느냐? 또 그들은 의로우신 분의 오심에 관하여 미리 말한 그들을 죽였고 이제 너희는 그 의로우신 분을 배반한 자요 살인한 자가 되었으니 … 그들이 이런 말을 듣고 마음이 상하여 그를 향해 이를 갈더라」(행 7:52,54).

스데반은 '너희 조상들은 그 메시아에 대해 예언한 자들을 죽였으며, 이제 너희는 그 의로운 분을 배반한 살인한 자가 되었다'고 말했고, 이 말을 들은 유대인들은 분노로 가득찼다. 「그러나 그는 성령으로 충만하여 하늘을 주시하여 우러러보니 하나님의 영광과 예수께서 하나님의 오른편에 서신 것을 보고 말하기를 "보라, 하늘들이 열리고 인자가 하나님의 오른편에 서신 것을 보노라." 하니」(행 7:55,56).

이때 주님께서 다시 오실 기회가 있었다. 이스라엘의 민족적인 회개가 있었다면 역사는 달라졌을 것이다. 하나님의 오른편에 서 계셨던 주님께서는 준비가 되셨었다. 「그때 그들이 큰 소리를 지르며 자기들의 귀를 막고 일제히 그에게 달려들어 그를 성읍 밖으로 끌어내어 돌로 치고 증인들은 겉옷을 벗어 사울이라고 하는 한 젊은이의 발 앞에 놓더라. 그들이 스데반을 돌로 치니 그가 하나님을 부르며 말하기를 "주 예수여, 나의 영을 받아 주소서." 하고 무릎을 꿇고 큰소리로 부르짖기를 "주여, 이 죄를 그들에게 돌리지 마옵소서."라는 이 말을 하고 잠드니라」(행 7:57-60).

결국 메시아를 죽인 것에 대한 민족적인 회개는 이루어지지 않았고, 그들은 그 메시지를 전한 스데반마저 죽여버렸다. 이후 예루살렘에서 박해가 일어나자 제자들은 다른 곳으로 흩어지게 되었으며, 그들이 가는 곳마다 유대인들과 이방인들에게 복음이 전해진다. 사도 바울의 등장과 함께 유대인들에 대한 복음 전파는 약해지고, 복음은 이방인들에게로 향하게 된다.

이스라엘은 이때부터 자신들이 한 말대로 저주를 받아 A.D. 70년에 주님께서 예언하신 대로 로마의 티투스 장군에 의해 예루살렘은 파괴되고 만다.

지금 예루살렘에는 성전이 없고 그 자리에 모슬렘의 이상하고 더러운 건축물이 세워져 있다. 거룩한 하나님의 성전은 결국 예수 그리스도를 거절함으로 인해 비참하게 파괴되었고 이스라엘 백성은 흩어지고 말았다.

A.D. 135년에 이스라엘은 일시적으로 세력을 회복하지만, 로마의 하드리안 황제에게 침공을 당해 완전히 멸망당하고 만다. 어떤 역사가는 당시 58만 명이 거기서 사망했다고 하는데, 미카서에 따르면 그때부터 이스라엘은 역사에서 완전히 사라지는 것처럼 보인다. 그들은 전 세계로 흩어졌고 특히 유럽에서 엄청난 박해를 받는다.

디모데후서가 A.D. 68년 경에 기록되었는데, 이때가 사도 바울의 최후가 가까웠을 때이고, 그 후 예루살렘이 A.D. 70년에 멸망해서 결국 이스라엘은 이때부터 더욱 비참하게 되어 갔다. 미카서는 다음과 같은 예언의 말씀을 기록하고 있다.

「그러나 진실로 나는 주의 영에 의하여 권능과 공의와 능력으로 충만하며 야곱에게는 그의 죄과를, 이스라엘에게는 그의 죄를 알리리라. 너희 야곱 집의 우두머리들과 이스라엘 집의 통치자들, 곧 공의를 싫어하고 모든 공평을 왜곡하는 자들아, 내가 너희에게 간구하노니 이것을 들으라. 그들이 시온을 피로, 예루살렘을 죄악으로 세우는도다. 그 우두머리들은 뇌물을 바라고 재판하며 그 제사장들은 삯을 바라고 가르치고 그 선지자들은 돈을 바라고 점을 치는도다. 그러면서 그들은 주께 의지하며 말하기를 "주께서 우리 가운데 계시지 아니하냐? 재앙이 우리에게 임하지 아니하리라." 하는도다」(미 3:8-11).

이스라엘에 대한 이 예언의 말씀은 오늘날 배교한 기독교계의 영적 상황과도 완벽히 일치한다.

「그러므로 시온이 너희로 인하여 밭같이 쟁기질당할 것이요, 예루살렘이 무더기같이 되고 그 전의 산은 숲의 산당들같이 되리라」(미 3:12).

이스라엘의 회복

하나님의 말씀대로 결국 이스라엘은 오늘날까지 그런 상태로 있다가 이제 본토로 돌아오고 있다. 그들은 유럽으로 넘어가서 영국, 프랑스, 독일, 스페인, 러시아 등지에서 엄청난 박해를 받지만 주님께서는 거기서 멈추지 않으시는 것이다. 하나님의 경륜을 다루는 성경의 일곱 가지 신비에는 이스라엘의 회복이 포함되어 있다. 「형제들아, 너희가 스스로 지혜 있는 체하지 않게 하기 위하여 이 신비를 너희가 모르기를 내가 원치 아니하노니 이는 이방인들의 충만함이 차기까지는 이스라엘의 일부가 완고하게 된 것이라」(롬 11:25).

미래에 이스라엘은 회복되는데, 그 시기는 바로 이방인들의 죄가 충만할 때이다. 이방인들이 소돔과 고모라 같이 죄악으로 가득 찬 시대, 즉 25절이 성취되는 날이 가까워졌다. 이제 이스라엘은 회복 단계로 들어가게 되는 것이다.

「그리하여 온 이스라엘이 구원을 받으리라. 기록된 바 "구원자가 시온에서 와서 야곱에게서 경건치 아니한 것을 제거하리라. 이는 내가 그들의 죄들을 없앨 때 그들에 대한 나의 언약이 이것임이니라." 함과 같으니라」(롬 11:26,27).

이제 완전한 이스라엘의 회복이 올 텐데, 이때 구원자가 시온에 오셔서 그들의 죄를 없애시고 새 시대를 여실 것이다. 이것이 히브리서 8장에 기록된 이스라엘 백성과의 새 언약(히 8:7-13)이다.

로마서 11:28의 「복음에 관하여는 그들이 너희로 인하여 원수가 되었으나」까지는 모두가 잘 아는 구절이다. 메시아를 믿지 않는 유대인들은 복음 전파에 가장 반대하는 민족이다. 그런데 그것이 전부가 아니다. 그 구절의 반만 읽으면 원수이지만, 나머지 부분이 중요하다. 「선택에 있어서는 그들의 조상으로 인하여 사랑을 받는 자들이라」는 말씀은 유대인들은 그들의 조상으로 인하여 하나님의 사랑을 받는 자들이라는 것이다.

아브라함이 등장함과 동시에 주어진, 창세기 12장의 언약이 결국에는 이루어지는 것이다. 하나님의 무조건적인 언약을 받은 자들인 이스라엘 백성을 저주했다가는 자신이 저주를 받게 된다. 로마서 11:28의 앞부분만 보고 지금까지 유대인들이 했던 일들만 본다면 반유대주의자가 될 수 있다.

바이블 빌리버가 아닌 다른 침례교도들 중에는 반유대주의자가 되는 경우를 많이 본다. 세간에 회자되는 유대인들에 대한 유언비어도 많이 있다. 현재 유대인들이 경제적, 정치적으로 뒤에서 꾸미는 온갖 음모에 대해 '폭로'하고 대부분의 유대인들이 적그리스도와 하나가 될 것이라며 그들을 비방하는 것이다. 하지만 하나님의 경륜에 따르면 그렇지 않다. 하나님께서는 유대인들 중에 악한 자들은 멸망시키고 남은 자들을 구원하실 것이다.

「그리하여 온 이스라엘이 구원을 받으리라. 기록된 바 "구원자가 시온에서 와서 야곱에게서 경건치 아니한 것을 제거하리라」(롬 11:26).

주님은 성경대로 이스라엘을 회복시키시기 때문에 우리는 유대인들이 어떤 일을 하더라도 저주할 생각을 하지 말아야 한다.

유대인들은 현재 교회 시대에 하루 빨리 회개하고 주님께로 돌이켜야 하며, 그렇지 않은 사람들은 요한계시록에 나오는 말씀대로 대환란 때에 적그리스도에 미혹되어 하나님을 대적하는 유대인들이 될 것이다. 우리는 그들을 저주할 것이 아니라 그들 한 사람 한 사람에게 복음을 전해야 한다. 그들을 용광로 속에 집어 넣어서 처리하실 분은 하나님이시다.

7년 대환란

이스라엘이 본토로 돌아오는 것과 무서운 대환란을 통과하는 것에 대해 예레미야 30장 곳곳에서 정확하게 말씀하고 있다.

「주께서 이스라엘과 유다에 관하여 이르신 말씀이 이러하니라.

주가 이같이 말하노라. 우리가 떨림과 두려움의 목소리를 들었으나 화평의 목소리는 아니었느니라. 너희는 이제 물어보라, 아이로 진통하는 남자가 있는지 알아보라. 내가 보니 마치 진통하는 여인처럼 남자들이 각기 자기 손으로 허리를 짚고 모든 얼굴들이 창백하게 변하는 것은 어쩐 일이냐? 슬프도다! 그 날이 크므로 어떤 때도 그와 같지 않나니 그 날은 야곱의 고난의 때라. 그러나 그는 그 고난에서 구원을 받으리라」(렘 30:4-7).

7년 대환란이 오는데 그 고난에서 남은 자들은 구원을 받게 되고, 나머지는 적그리스도와 함께 멸망한다. 대환란 때에 세계 경제를 장악하고 음모를 꾸미는 자들 상당수가 유대인들일 것이다.

「만군의 주가 말하노라. 그 날에 내가 네 목에서 그의 멍에를 꺾고 네 결박을 끊으리니 타국인이 다시는 그로 하여금 그들을 섬기게 하지 아니할 것이며 오히려 그들로 주 그들의 하나님과 내가 그들에게 일으킨 그들의 왕 다윗을 섬기게 하리라」(렘 30:8,9).

「주가 말하노라. 이는 내가 너와 함께 있어 너를 구원할 것이요, 내가 너를 흩어 버렸던 모든 민족들은 완전히 끝낼지라도 내가 너는 완전히 끝내지 아니할 것임이라. 그러나 내가 너를 공의로 바로잡으리니 너를 전혀 벌하지 않은 채 두지는 아니하리라」(렘 30:11).

주님께서 그들을 회복시키시더라도 거기에는 조건이 따른다. 하나님께는 무조건적인 용서는 없고 반드시 회개가 따라야 한다. 대환란을 통과해서 살아남은 자들, 적그리스도에 굴복하지 않은 사람들이 회복된다. 「주가 이같이 말하노라. 네 상함은 치유될 수 없으며 네 상처는 심하도다」(렘 30:12). 「그러므로 너를 삼키는 자들 모두가 삼켜지게 될 것이요, 네 모든 대적들은 각자 사로잡혀갈 것이며 너를 노획하는 자들은 노획을 당하게 될 것이요, 너를 약탈하는 모든 자들을 내가 약탈물로 주리라. 주가 말하노라. 내가 너에게 건강을 회복시켜 주고 내가 너를 네 상처들에서 치유시켜 주리니 이는 그들이 너를 '쫓겨난 자'라고 부르며 말하기를 "이것이 아무도 찾는 자가 없는 시온이라." 하였기 때문이라. 주가 이같이 말하노라. 보라, 내가 야곱 장막들의 사로잡힌 자들을 다시 데려와서 그의 거처에 자비를 베풀 것이요, 그 성읍은 무너진 더미 위에 세워질 것이며 그 궁은 그곳의 방식을 따라 남으리라. 감사와 즐거워하는 그들의 목소리가 그들 가운데서 나오리라. 내가 그들을 번성케 하리니 그들은 적지 아니할 것이라. 내가 또 그들을 영화롭게 하리니 그들은 하찮게 되지 아니하리라」(렘 30:16-19).

대환란이 끝나고 이제 천년 왕국이 시작된다. 주님께서는 2천 년 동안 전세계에 흩어져 박해받다가 회개하지 않은 채 자신들의 땅으로 돌아온 유대인들을 야곱의 고난의 기간인 대환란을 통해 걸러 내신다.

「그들의 귀족들은 자기들 안에서 나올 것이요, 그들의 통치자도 그들 가운데서 나오리라. 또 내가 그로 내게 가까이 오게 할 것이며 그러면 그가 내게로 다가오리라. 내게 다가오려고 그의 마음에 서약하는 자가 누구겠느냐? 주가 말하노라. 너희는 내 백성이 되고 나는 너희 하나님이 되리라」(렘 30:21,22).

주님께서 오셔서 원수들을 치시고 이방인들을 심판하시며, 유대인들을 회복시켜서 천년 왕국으로 데려가신다. 이것이 이스라엘의 야곱의 고난 기간 끝의 재림이다. 「그때에 주께서 나가 그 민족들을 대적하여 싸우시리니, 전쟁의 날에 싸우셨을 때처럼 하시리라」(슥 14:3).

주께서 재림하셔서 전쟁을 하시는데, 이것이 요한계시록에 나오는 아마겟돈 전쟁이다(계 19:11-19).

천년 왕국

「그의 발이 그 날에 예루살렘 앞 동편에 있는 올리브 산 위에 서시리니, 올리브 산은 그 중간이 동쪽과 서쪽으로 갈라져 매우 큰 골짜기가 생길 것이며, 산의 절반은 북쪽으로, 산의 절반은 남쪽으로 옮겨지리라. 너희는 산들의 골짜기로 도망하리니, 이는 산들의 골짜기가 아살까지 미칠 것임이라. 정녕 너희가 도망하리니, 마치 유다의 웃시야왕의 시대에 너희가 지진 앞에서 도망했던 것과 같으리라. 주 나의 하나님께서 오시리니, 모든 성도들이 주와 함께하리이다」(슥 14:4,5).

「그 날에는 생수가 예루살렘으로부터 솟아나서 그 절반은 앞 바다로 그 절반은 뒤 바다로 흐르리니, 여름과 겨울에도 그러하리라. 주께서는 온 땅을 치리할 왕이 되시리니, 그 날에는 한 분 주께서 계실 것이며, 그의 이름 하나만 있으리라」(슥 14:8,9).

주님이 재림하셔서 심판하시고, 천년 왕국에서 이스라엘 백성이 회복된다.

「예루살렘을 치러 온 모든 민족들 가운데서 남아 있는 자도 각기 그 왕, 만군의 주께 경배하러, 또 장막절을 지키려고 해마다 올라올 것이라」(슥 14:16).

이 구절은 우리가 이방인들의 미래에 대해 지난 과에서 공부한 장면이다.

「그 날에는 말들의 방울들 위에 '주께 거룩함'이 있을 것이요, 주의 집에 있는 솥들도 제단 앞에 있는 대접들과 같게 되리라. 정녕, 예루살렘과 유다에 있는 모든 솥이 만군의 주께 거룩함이 될 것이요, 희생제를 드리는 자들이 모두 와서 솥들을 가져다가 거기에 삶으리라. 또 그 날에는 만군의 주의 집에 카나안인이 더 이상 있지 아니하리라」(슥 14:20,21).

이 말씀은 천년 왕국의 모습을 말해 준다. 에스겔 40-48장은 천년 왕국 때 이스라엘에서 제사장 제도가 회복되고 백성들이 어떻게 주님을 섬기는지에 대해 예언하고 있다.

모든 성경 말씀은 우리가 이 시대를 살아가는 데 있어서 영적인 교훈을 얻을 수 있는 하나님의 말씀이다. 그러나 성경은 어떤 하나의 부류의 인간에게 주신 것이 아니라 세 부류에게 정확하게 나누어서 주신 말씀이다. 따라서 성경적 교리를 공부하기 위해서는 성경을 나누어서 보아야 한다. 주님께서 어느 누구에게 말씀하시는지를 올바로 나누어서 살펴보아야 한다.

18
교회

하나님께서는 인류를 세 부류 즉 유대인, 이방인, 교회로 나누셨으며, 성경은 이 세 부류를 대상으로 주어졌다. 대부분의 한국 교회 목사들은 성경의 모든 말씀을 교회에게 직접적으로 적용되는 말씀으로 가르친다. 그러나 하나님께서 교리적으로 누구에게 주신 말씀인지를 올바로 알기 전에는 바른 구원론을 알 수 없다. 목사들이 구원에 대해 '오직 믿음만으로 구원받는다', '믿음과 행함이 있어야 한다', '행함으로만 구원받는다' 등의 가르침 사이에서 갈팡질팡하는 이유는 성경을 올바로 나누어 공부하지 못하기 때문이다.

셋째 부류 – 교회

이번 장에서는 유대인에 이어 교회에 대해 살펴보려 한다. 교회는 예수님의 십자가 사건 이후에 시작되었다. 하나님께서 아담을 깊은 잠을 재우시고(창 2:21,22, 성경은 죽음을 잠들었다고 말씀한다) 그의 갈비뼈로 이브를 지으셨는데, 이때 아담은 아내 이브를 위해 죽은 것이다. 이와 마찬가지로 주님이 죽으심으로써 교회가 탄생했다.

에베소서 3장은 성경의 일곱 가지 신비 중 하나인 교회의 신비에 대해 말씀한다. 먼저 '교회'라는 뜻은 '세상으로부터 불려 나온 무리'(called out assembly)이다.

「이런 까닭에 나 바울은 너희 이방인들을 위하여 예수 그리스도의 죄수가 되었으니, 과연 너희를 위하여 내게 주신 하나님의 은혜의 경륜을 너희가 들었을진대 이것은 그분이 계시로 내게 신비를 알게 하신 것이며 (내가 전에 간략하게 쓴 것과 같으니 너희가 읽을 때 거기서 그리스도의 신비 안에 있는 나의 지식을 이해하게 되리라.) 그것이 성령으로 그의 거룩한 사도들과 선지자들에게 지금 계시된 것처럼 다른 시대들에서는 사람들의 아들들에게 알려지지 아니하였으니 이는 이방인들이 복음을 통하여 그리스도 안에서 공동 상속자가 되고 한 몸이 되며 그의 약속에 동참자가 된다는 것이니라. 이로써 그분의 능력이 효과적으로 역사하신 대로 내게 주신 하나님의 은혜의 선물을 따라 내가 이 복음의 일꾼이 되었노라. 모든 성도들 가운데서 가장 작은 자보다도 더 작은 나에게 이 은혜를 주신 것은 이방인들 가운데 헤아릴 수 없는 그리스도의 풍요함을 전파하게 하려는 것이라. 또 예수 그리스도를 통하여 만물을 창조하신 하나님 안에서 세상이 시작될 때부터 감추어져 왔던 신비의 교제가 무엇인지 모든 사람에게 알게 하려는 것이니 이는 이제 교회를 통하여 천상에 있는 정사들과 권세들에게 하나님의 다양한 지혜를 알게 하려는 것이라」(엡 3:1-10).

이방인들에게 복음이 전파되면서 교회가 등장하는데, 이방인들은 복음을 통하여 그리스도 안에서 유대인과 하나가 되어 하나님의 공동상속자가 된다. 이것이 하나의 새로운 몸으로서의 교회이다.

「또 만물을 그의 발 아래 두시고 그를 만물 위에 머리가 되게 하셔서 교회에게 주셨느니라. 교회는 그의 몸이니 만물 안에 모든 것들을 채우시는 분의 충만이니라」(엡 1:22,23).

성경은 교회가 그리스도의 몸이라고 말씀한다. 교회에는 눈에 보이는 교회인 지역교회와 보이지 않는 영적인 교회, 즉 그리스도의 몸이 있다. 성경에서 이것을 제대로 구분하지 못하면 이단 교리들이 나오게 된다. 보이지 않는 교회와 지역교회를 구분하지 못하는 대표적 예가 카톨릭 교회인데, 그들은 자신들의 교회에 들어오지 않으면 지옥에 간다고 가르친다. 그리스도의 몸인 교회에 대해 고린도전서 12장은 어떻게 그리스도의 몸이 형성되는지 말씀하고 있다.

유대인과 이방인 모두 한 성령 안으로

「몸은 하나인데 많은 지체가 있고 한 몸에 지체는 많아도 모두 한 몸인 것처럼 그리스도께서도 그러하시니라. 유대인이나 이방인이나, 종이나 자유인이나 한 성령에 의하여 우리 모두가 한 몸 안으로 침례를 받았으며 또 모두가 한 성령 안으로 마시게 되었느니라」(고전 12:12,13).

유대인과 이방인이라는 서로 다른 부류가 이제 복음을 통하여 한 성령에 의하여 하나, 즉 교회가 되는 것이다. '한 성령 안으로 마시게 되었다'는 것은 성령침례를 말씀한다. C목사나 은사주의들이 말하는 '방언'은 성령침례를 받는 것이 아니라 마귀의 영이 들어가는 것이다. 구원받을 때 성령께서 우리 몸으로 들어오시는 것이 성령침례이다.

「몸은 한 지체가 아니라 여러 지체로 되어 있으니 만일 발이 말하기를 "나는 손이 아니므로 몸에 속하지 아니한다." 하여 그것이 몸에 속하지 않는 것이냐? 또 만일 귀가 말하기를 "나는 눈이 아니므로 몸에 속하지 아니한다." 한다면 이로 인하여 그것이 몸에 속하지 않는 것이냐? 온몸이 한 눈이라면 듣는 곳은 어디며 온몸이 듣는 곳이라면 냄새 맡는 곳은 어디겠느냐? 그러나 이제 하나님께서는 친히 원하시는 대로 지체들 각각을 몸 안에 두셨느니라. 만일 모두 다 한 지체이면 몸은 어디겠느냐? 그러나 이제 지체들은 많아도 한 몸이니라」(고전 12:14-20).

또한 성경은 「이제 너희는 그리스도의 몸이요 개별적으로는 그 지체들이라」(27절) 즉 교회가 한 몸이라고 말씀한다. 구원받고 거듭난 사람들, 그리스도의 몸에 속한 사람들(보이지 않는 교회)이 지역마다 있을 텐데, 그 사람들이 주님께 경배 드리기 위해서 모임을 형성하면 그것이 지역교회(보이는 교회)가 되는 것이다. 지역교회에서는 믿음에 대한 증거가 있는 사람들, 즉 구원받은 확신이 있는 사람들이 성경적 침례를 받고 교회의 회원이 된다.

주님께서는 이 교회 안에 은사들을 주신다.

「그러나 우리 각자에게 그리스도의 은사의 분량대로 은혜를 주셨으니 그러므로 말씀하시기를 "그가 위로 올라가실 때에 사로잡힌 자를 사로잡아갔고 사람들에게는 은사들을 주셨다." 고 하셨느니라. (따라서 그가 올라가셨다는 것은 그가 땅의 더 낮은 부분들로 먼저 내려가셨다는 것이 아니고 무엇이냐? 내려가셨던 그가 모든 하늘들 위로 올라가신 바로 그분이니 그가 모든 것을 충만케 하시려 함이니라.) 그가 어떤 사람들은 사도로, 어떤 사람들은 선지자로, 어떤 사람들은 복음 전도자로, 어떤 사람들은 목사와 교사로 주셨으니」(엡 4:7-11).

여기에 순서가 나오는데, 사도들은 사도행전 시대에 있었던 사람들이고, 선지자들은 사도행전 때에 끊어졌다. 사도와 선지자들은 초대교회 때 하나님의 특별한 능력으로 사역한 사람들에게 특별하게 주신 직책들이다. 그 다음 복음전도자들(evangelist)은 필라델피아 교회 시대를 마지막으로 거의 끝났다. 성경적으로 보았을 때 복음전도자는 빌리 선데이를 마지막으로 1933년으로 끝났다고 할 수 있다. 그 후에 등장한 복음전도자들은 유명하기는 했으나 결국 하나님께서 크게 쓰신 것이 아니라 마귀와 타협함으로써 세력만 불린 것으로 보고 있다.

예를 들어, 빌리 그래함은 처음에는 잘하는 것 같다가 얼마 안 가서 카톨릭과 손잡고 세상과 타협해서 결국 배교하고 말았다. 현재 우리가 '복음전도자'라는 이름으로 부르는 사람들은 전국, 전세계를 다니면서 설교하고 복음을 전하는 부흥사들을 말하는 것인데, 여러 지역을 다니면서 복음전도자의 역할을 하는 사람들이다.

스티븐 코걸 목사같이 여러 지역을 다니면서 복음전도자 역할을 하는 사람들이 오늘날에도 있다. 그러나 필라델피아 시대에 있었던 전 세계적인 부흥은 이제 끝이 났다.

하나님께서는 이러한 사도, 선지자, 복음전도자를 통해서 교회를 운영하셨다. 다음에 목사와 교사가 있는데, 여기서 목사와 교사는 한 직분이다. 목사가 되려면 성경을 가르치는 교사가 되어야 하는데, 목사가 성경을 가르치지 못하면 목사가 될 자격이 없다. 그래서 '목사와 교사'(pastors and teachers)라고 말씀하는 것이다. 오늘날 마지막 때에는 교회에 목사가 있어서 성경을 가르친다.

「이는 성도들을 온전케 하며 섬기는 일을 하게 하고 그리스도의 몸을 세우게 하여 우리 모두가 믿음의 하나 됨과 하나님의 아들을 아는 지식의 하나됨에 도달하게 하고 온전한 사람이 되어 그리스도의 충만하심의 장성한 분량에까지 이르게 하려 하심이라. 그리하여 우리가 이제부터는 더 이상 어린아이가 아니요, 사람들의 속임수와 교활한 술책으로 그들이 속이려고 숨어서 기다리는 온갖 교리의 풍조에 밀려 이리저리 다니지 아니하고 오직 사랑 안에서 진리를 말하며 우리가 모든 일에 성장하여 그에게 이르리니 그는 머리시며 곧 그리스도시니라. 그로부터 온몸이 각 부분의 분량 안에서의 효과적인 역사를 따라 각 마디를 통하여 공급을 받아 알맞게 결합되고 체격이 형성되어 몸을 성장시키며 사랑 안에서 몸 자체를 세워 나가느니라」(엡 4:12-16).

그리스도께서 교회의 머리이시다. 카톨릭에서 가르치는 거짓 교리대로 교황이 교회의 머리가 아니다. 이렇게 보이지 않는 교회인 그리스도의 몸과 보이는 교회를 정확히 구분할 수 있어야 한다.

보이는 교회, 즉 지역교회는 그 회원들 중에 실제로 구원받지 않은 사람들도 있을 수 있다. 그들이 구원받은 신앙 고백을 할 때에 그 말을 믿고 받아들이지만 정말로 그 사람이 구원받았는지 아닌지 어떻게 알겠는가? 그러나 보이지 않는 교회, 그리스도의 몸에는 구원받지 않은 사람들이 있을 수 없다. 이것은 우주적인 교회이다. 교회 시대 2000년 동안 거듭난 사람들만이 그리스도의 몸의 지체가 된다.

한편 자신들의 교회에만 구원이 있다며 다른 교회에 나가면 지옥에 간다고 위협하는 거짓 교회들이 있다. 예를 들어 세칭 구원파라고 하는 교회에서 빠져나온 사람들은 '구원받지 못했기에 교회를 떠났다'라는 말을 들었을 것이다. 그들은 오대양 사건이나 세월호 사건 같은 일들을 겪고 모든 면에서 구원파가 성경적으로 바른 교회가 아니라는 것을 알고 진리를 찾아 나온 것인데, 무조건 구원받지 못해서 교회를 떠났다고 비방한다. 우리 바이블 빌리버들이 없었다면 한국 교계는 완전히 쓰레기장이 되어서 무엇이 옳은지 그른지도 알지 못했을 것이다.

그리스도의 신부

「이는 내가 경건한 질투로 너희에게 질투를 느낌이라. 내가 너희를 한 남편에게 정혼시켰나니 이는 한 순결한 처녀로 너희를 그리스도께 바치려는 것이라」(고후 11:2).

교회는 주님과 약혼한 순결한 처녀에 비유된다. 교회는 실질적으로 예수 그리스도와 약혼한 관계이다. 요한계시록 19장에는 교회의 휴거와 그리스도의 심판석 후에 있을 어린양의 혼인식이 나온다. 이 혼인식에 참석하는 사람들 중에는 신랑과 신부도 있고, 손님들, 신랑 친구들도 있다. 신랑의 친구는 침례인 요한(요 3:29) 같은 사람들이다. 혼인식에 초대받은 사람들에는 여러 부류가 있지만 신부는 오직 하나뿐이다. 신약 교회, 즉 은혜 복음 시대에 구원받은 사람들만이 그리스도의 신부가 되는 것이다.

「기뻐하고 즐거워하며 그분께 존귀를 돌리세. 이는 어린양의 혼인식이 다가왔고 그의 아내도 자신을 예비하였음이라」(계 19:7).

마태복음 22장의 혼인 잔치 비유에(마 22:1-14) 손님들을 초대하는 장면이 나오는데, 그들이 교회 시대 성도들이라고 잘못 가르치는 목사들이 많다. 교회 시대 이외의 다른 시대에 구원받은 사람들이 손님이 되고 신랑의 친구들이 되고 여러 하객들이 될 수 있다. 그러나 교회 시대에 구원받은 우리는 그리스도의 신부이다. 결혼식의 주인공인 신부가 입장해야 할 때 걸어들어가지는 않고 손님 자리에 앉아 있으면 어떻게 되겠는가?

「이제 그녀에게 허락하사 정결하고 흰 세마포를 입게 하셨으니 세마포는 성도들의 의라." 고 하더라. 그때 그가 내게 말하기를 "어린양의 혼인 잔치에 초대된 그들은 복이 있다고 기록하라." 하고 또 내게 말하기를 "이것들은 참된 하나님의 말씀들이라."고 하더라」(계 19:8,9).

어린양의 혼인 잔치 이전에 그리스도의 심판석이 있어야 하는 이유가 또 여기 있다. 심판석이 없이 신부는 자신을 예비할 수 없는 것이다. 혼인식이 있기 전에 신부는 그리스도의 심판석에서 먼저 온갖 금, 은, 보석을 상으로 받아서 자신을 아름답게 예비한 후에(계 19:7) 결혼식장에 들어간다. 이처럼 휴거, 그리스도의 심판석, 어린양의 혼인식이라는 순서로 이어지니, 하나님의 말씀이 얼마나 정확한가!

「그러므로 교회가 그리스도께 복종하듯이, 아내들도 자기 남편에게 매사에 그렇게 해야 할지니라. 남편들아, 너희는 자기 아내를 사랑하되 그리스도께서 교회를 사랑하셔서 교회를 위하여 자신을 주신 것같이 하라」(엡 5:24,25).

이 말씀이 결혼식 메시지에서 가장 중요한 내용이다. 이 말씀을 결혼식에서 전하면 예수 그리스도께서 누구신지 증거할 수 있으며, 이 말씀으로 복음을 전할 수 있다. 또 신랑에게 아내를 위하여 예수님처럼 죽어줄 수 있어야 한다고 당부할 수 있다. 이것이 신랑이 반드시 갖추어야 할 점이다. 요즘에는 결혼할 때 남녀 모두 성경과 전혀 상관없는 세속적 기준에만 급급한 경우가 너무나 많다.

「남편들아, 너희는 자기 아내를 사랑하되 그리스도께서 교회를 사랑하셔서 교회를 위하여 자신을 주신 것같이 하라. 이는 그가 교회를 말씀에 의한 물로 씻어 거룩하게 하시고 깨끗하게 하사 자기 앞에 영광스러운 교회로 나타내서 점이나 주름진 것이나 또는 그러한 것들이 없이 거룩하고 흠 없게 하려 하심이니라. 그러므로 남자들은 자기 아내를 자신들의 몸처럼 사랑해야만 하리니 자기 아내를 사랑하는 사람은 자기 자신을 사랑하는 것이라. 사람마다 항상 자기 육신을 미워하지 않고 오히려 육성하고 아끼기를, 주께서 교회에게 하심같이 하나니 이는 우리가 그의 몸과 그의 살과 그의 뼈의 지체임이라. 이런 까닭에 남자가 자기 아버지와 어머니를 떠나 자기 아내와 결합하여 그 둘이서 한 몸이 될지니라. 이것은 위대한 신비라. 그러나 나는 그리스도와 그 교회에 관하여 말하노라. 그러므로 너희도 각기 자기 아내를 자신처럼 사랑하고 또 아내도 그 남편을 경외하라」(엡 5:25-33).

이것은 일곱 가지 신비 중 하나인 교회의 신비이다. 그리스도와 교회가 신랑과 신부가 되는 것이다. 신비라는 것은 우리가 이해하는 것이 불가능한 것이다. 얼마나 많은 사람들이 신부가 된다는 말씀인가? 우리는 이해할 수 없다. 삼위일체도 마찬가지다. 삼위일체를 인간의 머리로 이해하고 설명하려다가는 이단 교리를 가르치게 된다. 성경에 의하면 하나님 아버지, 아들 하나님, 성령 하나님, 이 세 분이 한 분 여호와 하나님이시다. 우리는 이것이 성경에 있는 말씀이기 때문에 믿는 것이지 설명할 수는 없다. 삼위일체 역시 성경의 위대한 신비이다.

교회 시대의 끝 – 라오디케아 교회 시대

요한계시록에는 일곱 가지 교회가 나오는데, 이는 교회사의 일곱 교회 시대를 나타낸다. 먼저 에베소 교회(A.D. 33-200)가 나오고 그 뒤에 스머나 교회(A.D. 200-325), 퍼가모 교회(A.D. 325-500), 두아티라 교회(A.D. 500-1000), 사데 교회(A.D. 1000-1500), 필라델피아 교회(A.D. 1500-1900)가 나온다. 필라델피아 교회 시대에는 이전부터 카톨릭에 점령되어 있던 상태에서 부흥이 일어난다. 필라델피아 말에 변개된 성경이 등장하면서 대배교가 시작된다. 자유주의자, 자유신학자들이 등장하고, 그때부터 라오디케아 교회(A.D. 1900-) 시대가 시작되어 현재 교회 시대의 끝에 우리 바이블 빌리버들이 있는 것이다.

「라오디케아인들의 교회의 천사에게 편지하라. 아멘이시요 신실하고 진실한 증인이시며, 하나님의 창조를 시작하신 분이 이 일들을 말씀하시느니라. 내가 네 행위를 아노니 네가 차지도 아니하고 덥지도 아니하도다. 나는 네가 차든지 덥든지 하기를 원하노라」(계 3:14,15).

어떤 면에서 보면 이 라오디케아 교회 시대 때에 믿음을 지키는 것이 초대교회나 대환란 때보다 더 힘들다고 할 수 있다. 오늘날은 미지근한 믿음 때문에 주님께 책망을 받고 회개하라는 명령을 받는 시대이다. 그러나 초대 교회 때는 주님을 철저하게 사랑하지 않으면 완전히 배교의 길을 걷는 두 부류 중 하나로 믿음이 갈라졌었고, 앞으로 올 대환란 때는 그보다도 더 극명하게 적그리스도를 따라 짐승의 표를 받거나 하나님을 따라 목베임을 당하는 두 부류 중 하나로 갈라진다. 그러나 지금은 물에 기름이 섞여 둥둥 떠다니듯이 신앙이 그저 겉돌기만 하는 사람들이 교회 건물 안에 가득 차 있다. 누가 진짜고 가짜인지 알 수가 없기에 진정한 바이블 빌리버로 믿음 생활을 하는 것이 어렵다. 이처럼 바이블 빌리버는 소수인 반면 미지근한 사람들이 넘쳐나는 시대가 라오디케아 교회 시대이다.

「네가 그처럼 미지근하여 차지도 아니하고 덥지도 아니하기 때문에 내가 너를 내 입에서 토해 내겠노라. 네가 말하기를 "나는 부자며, 부요하고, 아무것도 부족한 것이 없다."고 하지만 너는 비참하고, 가련하며, 가난하고, 눈멀고, 헐벗은 것을 알지 못하는도다」(계 3:16,17).

오늘날 교회들의 모습이 2천 년 전에 기록된 성경 말씀 그대로이지 않은가? 세계에서 제일 크다는 교회들은 모두 한국에 있고, 동네에서 제일 크고 멋있는 건물을 보면 모두 교회 건물이다. 자신들은 부자요, 부요하고 아무것도 부족한 것이 없다고 하지만, 하나님께서는 그들에게 '너는 비참하고, 가련하며, 가난하고 눈 멀었다'고 하신다.

「내가 너에게 권고하노니 내게서 불로 단련된 금을 사서 부요하게 되고, 흰 옷을 사서 입음으로 너의 벌거벗은 수치를 드러내지 않게 하며, 또 안약을 네 눈에 발라 보게 하라. 내가 사랑하는 자마다 책망하고 징계하노니 그러므로 열심을 내고 회개하라. 보라, 내가 문 앞에 서서 두드리노라. 누구든지 내 음성을 듣고 그 문을 열면 내가 그에게로 들어가서 그와 함께 먹으며 그도 나와 함께 먹으리라」(계 3:18-20).

마지막 교회 시대에 주님께서는 인간들을 일대일로 상대하며 개인적인 관계를 맺으신다. 수많은 교회들이 배교하고 소수의 바이블 빌리버들만 주님을 섬기고 있는 모습을 보여주고 있다. 일곱 교회 시대가 끝나고 휴거가 오는데, 교회 시대의 마지막은 배교이다. 이 세상에 이방인들의 충만함, 즉 죄의 충만함이 가득 차면 주님께서 공중으로 우리를 데리러 오신다. 지금 우리는 그 날을 기다리고 있는 것이다.

「형제들아, 잠든 자들에 관해서는 너희가 모르게 되는 것을 원치 아니하노니 이는 너희가 소망이 없는 다른 사람들과 같이 슬퍼하지 않게 하려는 것이라」(살전 4:13).

잠든 자들은 구원받고 죽은 자들을 말하는 것인데, 곧 부활할 것이기 때문에 잠든 자라고 말씀한다.

교회의 휴거

「예수께서 죽었다가 다시 살아나신 것을 우리가 믿는다면 그와 같이 하나님께서는 예수 안에서 잠든 자들도 그와 함께 데리고 오시리라」(살전 4:14). 구원받고 죽은 사람이 주님께서 오실 때 함께 오는 것이다. 그들의 몸은 흙으로 돌아갔지만 혼은 셋째 하늘에 있다. 그래서 주께서 오실 때 잠든 자들이 먼저 부활한다.

「우리가 주의 말씀으로 너희에게 이것을 말하노니 주께서 오실 때까지 살아남아 있는 우리가 잠들어 있는 자들보다 결코 앞서지 못하리라. 주께서 호령과 천사장의 음성과 하나님의 나팔 소리와 함께 하늘로부터 친히 내려오시리니 그러면 그리스도 안에서 죽은 자들이 먼저 일어나고」(살전 4:15,16) 우리가 만일 주님께서 다시 오시기 전에 죽는다면 우리도 먼저 일어날 것이다.

그러나 우리는 주님이 오실 때 살아서 변화받기를 고대하고 있다. 우리의 소망은 죽은 뒤에 다시 부활하는 것이 아니라 죽지 않고 변화받는 것이다.

「그리고 나서 살아남아 있는 우리도 공중에서 주와 만나기 위하여 그들과 함께 구름 속으로 끌려 올라가리니, 그리하여 우리가 영원히 주와 함께 있으리라」(살전 4:17).

주님께서 지상에 재림하셔서 하나님께 대적하는 모든 민족들을 심판하시기 전에 먼저 구름을 타고 오셔서 우리와 공중에서 만나시는데, 이것이 휴거이다. 교회의 사명은 주님께서 오시기 전까지 복음을 전하고 진리를 전함으로써 주님께 영광을 돌리며 찬양하는 것이다.

소위 사회 복음을 믿는 많은 교회들이 정작 복음은 전하지 않으면서 사회 문제를 위해 다양한 봉사와 사역에만 힘쓰고 있다. 그것은 사회 자선 단체들이 하는 일이지 주님께서 교회에게 주신 사명이 아니다. 어려운 사람들에게 도움을 주는 일 자체를 반대하는 것이 아니다. 문제는 그들에게 구원의 복음은 제대로 전하지 않은 채 물질적으로 도와주기만 한다면 결국 그 혼들은 지옥으로 간다는 점이다.

물론 교회가 어려운 사람들도 도와주어야 하나 그것이 사역의 주 목적이 되어서는 안 된다. 사회 복음을 믿는 교회들은 어려운 사람들의 의식주 해결에 주력한다. 아예 교회 간판을 내리고 무숙자 센터라고 하면 누가 뭐라고 하겠는가? 그러나 교회라고 하면서 정작 하는 일은 오로지 사회사업뿐이기 때문에 말하는 것이다. 교회의 사명은 자선 사업이 아니라 복음과 진리의 전파이다.

「그런데 너는 어찌하여 네 형제를 판단하느냐? 어찌하여 네 형제를 업신여기느냐? 우리가 모두 그리스도의 심판석 앞에 서리라. 이는 기록된 바 "주가 말하노라. 내가 살아 있으니 모든 무릎이 내게 꿇을 것이요, 모든 혀가 하나님께 자백하리라." 고 하였음이라.

그러므로 우리 각 사람이 하나님께 자신에 관해 설명하리라」(롬 14:10-12).

우리는 백보좌 심판석에서 지옥의 형벌, 불못의 형벌을 받을 염려가 없다. 그러나 우리는 그리스도의 심판석에 설 것을 늘 기억하고 살아야 한다. 하나님께서는 우리가 구원받고 나서 육신의 몸으로 행한 모든 것을, 그것이 선인지 악인지 심판하신다. 중요한 것은 우리가 어떤 동기로 주님을 섬기는지이다. 교회를 심판하신 뒤 주님께서는 지상으로 재림하셔서 천년 왕국을 세우시는데, 교회는 주님과 함께 왕국을 통치한다.

「또 내가 보좌들을 보니, 그들이 그 위에 앉았는데 심판이 그들에게 주어졌더라.」

심판이 주어진 사람들은 교회 성도들이다. 주께서 재림하셔서 천년 왕국을 세우실 때 우리들은 이미 심판을 받은 상태인 것이다. 다시 말하면, 이 세상이 무서운 대환란을 통과하고 있을 때 우리들은 셋째 하늘에서 그리스도의 심판을 받는다.

「또 예수에 대한 증거와 하나님의 말씀으로 인하여 목베임을 당한 사람들의 혼들도 보았는데, 그들은 그 짐승에게나 그 형상에게 경배하지 아니하였을 뿐만 아니라 그의 표를 그들의 이마 위에나 손에도 받지 아니하였더라. 그러므로 그들은 살아서 그리스도와 함께 천 년을 통치하더라」(계 20:4).

대환란 때 믿음을 지키기 위해 목베임을 당해 순교한 사람들이 교회 성도들과 함께 천년 왕국에서 통치한다.

「그러나 죽은 자들 가운데서 그 나머지는 천 년이 끝날 때까지 다시 살지 못하리라. 이것이 첫 번째 부활이라. 첫 번째 부활에 참여하는 자는 복되고 거룩하도다. 둘째 사망이 그들을 다스리는 권세가 없고, 오히려 그들이 하나님과 그리스도의 제사장들이 되어 천 년 동안 그와 함께 통치하리라」(계 20:5,6).

이것이 교회에 대한 주님의 예언이다. 우리는 성경을 읽을 때 주님께서 어느 시대, 누구에 대해 말씀하시는지를 구분할 수 있어야 한다.

정리하자면, 로마서에도 유대인과 이방인, 교회를 구분해서 말씀하는 구절들이 있다.

「율법이 없는 이방인들이 본성으로 율법에 있는 일들을 행할 때에는 율법이 없어도 이것들이 스스로에게 율법이 되나니 그들의 양심도 증거하고 그들의 이성이 송사하거나 서로 변명하여 그들의 마음에 기록된 율법의 행위를 보여 주느니라)」(롬 2:14,15).

유대인들은 율법에 의해서 판단받는다. 그러면 율법이 없는 이방인들은 심판이 면제되는가? 그렇지 않다는 말씀이다. 그들에게는 양심과 이성이 있어서 옳은 것을 행할 수 있기 때문에 양심이 율법이 되는 것이다.

「그러면 어떠하냐? 우리가 그들보다 더 나은 것이냐? 결코 그렇지 아니하도다. 유대인들이나 이방인들이나 다 죄 아래 있다고 우리가 이미 증거하였느니라」(롬 3:9).

로마서 1장은 이방인들이 죄인임을 말씀하고, 2장은 유대인들도 죄인이며, 3장은 유대인의 나은 점은 무엇보다 그들에게 하나님의 말씀이 맡겨진 점이라고 말씀한다. 그러나 하나님 앞에서는 이방인과 유대인 모두 죄인이며 일시적으로 각각 율법과 양심에 의해서 판단을 받지만, 완전한 의이신 예수님께서 오신 후에는 하나님의 의를 얻지 못하면 모두가 죄인이라는 말씀이다. 예수님께서 오신 뒤 신약의 의인은 구약의 의인과 완전히 달라졌다. 여기서 바울이 말하는 '우리'는 바울 자신을 포함한 유대인들을 말한다. 성경을 읽을 때 이렇게 대상을 구분해서 읽으면 그 말씀이 누구에게 해당되는 것인지 알기 쉬워진다.

구약에서는 욥, 다니엘, 노아가 '의인'이라 불린다. 그러나 그것은 구약적인 의미에서 말하는 것이다. 로마서 3장에 의하면 예수 그리스도 외에는 의인은 없으며 누구든지, 유대인이나, 이방인이나 예수 그리스도를 믿으면 의인이 된다. 이러한 구분을 할 수 있어야 성경을 올바로 이해할 수 있다. 구약의 의인과 신약의 의인을 구분하지 못하고, 구약의 믿음과 신약의 믿음이 다르다는 것을 모른다면 어떻게 성경을 공부할 것인가?

「보라, 유대인이라 불리는 네가 율법을 의지하고 하나님을 자랑하며 그의 뜻을 알고 또 율법으로 가르침을 받아 더 훌륭한 것들을 인정하여 네 스스로 율법에 있는 지식과 진리의 형식을 갖춘 사람으로서 보지 못하는 사람들의 안내자요, 어두움 속에 있는 자들의 빛이요」(롬 2:17-19).

이 부분은 바울이 교회를 향해 한 말이 아니다. "유대인이라 불리는 네가"라는 부분은 율법을 받은 유대인들을 향해 한 말이다.

「전에는 선지자들을 통하여 조상들에게 여러 번에 걸쳐 다양한 방법으로 말씀하신 하나님께서 이 마지막 날들에 그의 아들을 통하여 우리에게 말씀하셨으니, 이 아들을 만물의 상속자로 세우시고, 또 그를 통하여 그분께서 세상들을 지으셨느니라」(히 1:1,2).

여기서 "조상들에게"라는 말은 유대인의 조상 아브라함, 이삭, 야곱을 말한다. 그렇기 때문에 이 말씀은 유대인들에 하시는 말씀인 것을 알 수 있다. 교리적으로 행위 구원을 가르치는 히브리서를 은혜 복음 시대의 교회에 적용하는 자들이 많다. 그러나 성경의 말씀들을 누구에게 주신 것인지 올바로 구분해야 한다. 성경이 어려운 것은 성경을 올바로 공부하는 방법, 즉 올바로 나누어 공부하는 것을 거절하기 때문이다. 성경을 그 기록 대상인 세 부류에 따라 나누고, 시간과 시대에 따라 나누면 성경은 결코 어려운 책이 아니다.

「하나님과 주 예수 그리스도의 종 야고보는 널리 흩어져 있는 열두 지파에게 문안하노라」(약 1:1).

야고보서도 마찬가지이다. 무지한 목사들은 바울 서신서는 제쳐 두고 야고보서로 행위 복음을 가르치는데, 이 말씀은 "흩어져 있는 열두 지파" 즉 유대인에게 주시는 말씀이다. 교리적으로 마지막 때 자신의 믿음을 행위로써 끝까지 지켜야 하는 환란시대의 유대인 성도들에게 적용된다. 이 말씀을 은혜 복음 시대에 행위 구원으로 가르치면 곤란하다. 구약의 예레미야, 이사야서 등에서도 "우리"는 하나님이 선택한 백성 이스라엘을 말하는 것이다. 무조건 오늘날의 교회에 적용해서는 안된다.

「그러므로 내가 이것을 말하고 주 안에서 증거하노니 너희는 더 이상 다른 이방인들처럼 허망한 마음으로 행하지 말라. 그들 마음의 완고함 때문에 그들 안에 있는 무지를 통하여 하나님의 생명에서 멀리 떨어졌고 그들의 명철은 어두워졌으며 감각을 상실하여 자신을 방탕에 내어주어 욕심으로 모든 불결한 것을 행하느니라」(엡 4:17-19).

사도 바울이 여러 교회들에 보낸 서신에서 "너희"란 구원받은 사람들, 즉 교회를 말씀한다. 예수 그리스도를 믿은 이방인과 유대인은 하나의 교회를 형성한다. 또한 교회 밖에 있는 사람들은 유대인이거나 이방인, 둘 중 하나에 속한다. 이렇게 모든 인간은 세 부류로 나누어진다.

「그러나 너희는 그리스도를 그렇게 배우지 아니하였느니라. 진리가 예수 안에 있는 바와 같이 과연 너희가 그에게서 듣고 또 그에 의해 배웠을진대 이전 행실에 관해서는 기만의 욕망에 따라 썩어진 옛 사람을 벗어 버리고 너희 생각의 영 안에서 새롭게 되어 하나님을 따라 의와 참된 거룩함 안에서 창조된 새 사람을 입으라. 그러므로 거짓을 버리고 각자 자기의 이웃과 더불어 진리를 말하라. 이는 우리가 서로 지체이기 때문이라」(엡 4:20-25).

20절의 "너희"는 예수님을 믿고 구원받은 성도를 말하며, 교회는 그리스도를 머리로 하는 하나의 몸을 형성한다.

천년 왕국

―――――――

예수 그리스도의 천년 통치

19
예수 그리스도의 천년 통치

　이번 장에서는 성경에 담긴 천년 왕국에 대한 예언들을 살펴보려 한다. 만왕의 왕, 만주의 주이신 주님께서 만물을 창조하시고 인간을 지으신 후 인간에게 땅을 다스리라는 명령을 주셨다. 그 인간이 죄를 짓고 타락하자 주님께서는 2천 년 전에 직접 육신을 입고 오셔서 구속을 이루셨으며, 은혜 시대의 종말을 알릴 대환란 후에 재림하셔서 지상 왕국에서 통치하실 것이다. 그러나 바이블 빌리버들 외의 거의 모든 사람들은 주님의 재림과 통치를 기다리지 않고 이에 대해 전혀 생각하지 않는다. 천년 왕국이 성경적인 교리라고 생각하지 않기 때문이다. 이 천년 왕국을 어떻게 생각하는지에 따라 성경을 보는 관점과 교리가 달라질 뿐 아니라 믿음이 달라지고 어떻게 살아야 하는지에 대한 생각 자체가 달라지게 된다. 천년 왕국과 주님의 재림은 지극히 중요한 성경적 교리이다.

우리는 주님의 재림을 소망하며 기다리지만 대부분의 사람들이 이를 전혀 기다리지 않는 이유는 마귀가 만든 거짓 교리에 속았기 때문이다. 오늘날 교회에 다니는 수많은 사람들이 말로는 주님의 재림을 믿는다고 하지만 실제로는 휴거나 재림을 전혀 기다리지 않으며, 대환란이 다가온다는 사실을 유념조차 하지 않는다. 성경이 그것들에 대해 하시는 모든 말씀을 믿지 않기 때문이다. 마귀의 계략으로 만들어 낸 잘못된 가르침을 믿는 거짓 목사들과 신학자들은 천년 왕국에 대한 성경의 예언을 잘못된 관점으로 보기 때문에 믿음이 파괴되어 있다.

사탄은 일차적으로 사람들로 하여금 구원받지 못하도록 방해하고, 구원을 받은 사람들에 대해서는 구령의 열정을 갖지 못하도록 방해한다. 이런 목표를 이루기 위해 그가 쓰는 방법은 사람들로 하여금 이 세상의 것만을 추구하고 하늘의 것은 바라보지 못하게 만드는 것이다. 그럼으로써 눈이 가려지면 주님의 심판과 통치를 알지 못하게 된다.

성경이 다른 일반 서적들과 다를 바 없다고 생각하는 사람들은 생의 가장 중요한 목표가 이 세상에서 잘 먹고 잘 살고, 시집 장가 가고, 더 큰 부를 쌓는 것이라고 생각한다. 그것이 모든 인간이 추구할 공통된 목표라고 믿는다. 그러나 하나님께서 우리에게 원하시는 것은 우리의 삶 속에서 주님을 섬기는 일을 최우선으로 두고, 세상에서 살아가기 위한 삶의 다른 모든 부분들은 부수적인 것으로 여기는 것이다. 이는 사람들의 생각과 정반대되는 것이다.

마지막 때에는 이러한 차이가 더욱 극명하게 드러나기에 성경은 이 때가 노아의 때와 같다고 말씀한다(마 24:38, 눅 17:27). 이 마지막 때에 대해 사탄은 거짓 목사들과 신학자들을 통해 여러 가지 거짓 교리들과 천년 왕국에 대한 잘못된 교리를 만들어냈다. 우리는 지금까지 성경을 창세기부터 요한계시록까지 전체적으로 여러 차례에 걸쳐 살펴보았고, 그럼으로써 인간의 타락으로 인한 구속, 주님의 재림과 심판, 그 후에 올 천년 왕국에 대한 확실한 성경적 지식을 쌓게 되었다.

사람들이 성경을 있는 그대로 읽고 믿으면 구원을 받을 수 있을 뿐 아니라 임박한 주님의 오심과 심판을 두려움으로 준비하게 된다. 이를 원치 않는 사탄은 2천 년대에 들어서서 무수한 거짓 목사들을 일으켜 앞으로 올 천 년은 교회 부흥을 이루는 기간이라는 거짓 가르침을 퍼뜨렸다. 그들은 천 년이라는 기간은 이 땅에서 교회가 복음을 전파함으로써 이룩하는 것이지 주님께서 오셔서 이룩하시는 문자적 왕국이 아니라고 말한다.

주님의 재림 이전에 이 땅에서 천년 왕국을 이룬다고 하는 교리를 후천년주의라고 부르고, 이 땅에 문자적 천년 왕국이 세워지지 않는다고 하는 교리가 무천년주의이다. 후천년주의에 의하면 이 땅에서 복음이 전파됨으로써 '하나님의 나라'가 계속 확장되고 그로써 이루어지는 천년 왕국의 끝에 주님이 재림하신다. 사탄이 만들어 낸 가장 큰 폐해는 성경을 문자적으로 보지 못하게 만드는 것이다.

이러한 교리가 정립되는 데 가장 큰 공헌을 한 인물은 오리겐(A.D. 185-254년 경)이라는 철학자이다. 그는 성경을 문자적으로 보지 않고 풍유적, 비유적, 은유적, 영적으로 해석했으며, 이러한 해석법은 후에 카톨릭에 의해 수용되어 이어진다. 사람들이 성경을 올바로 보게 되면 로마 카톨릭이 요한계시록에 예언된 종교 창녀이고, 적그리스도가 카톨릭에서 나온다는 것이 탄로 날 수밖에 없다. 따라서 카톨릭은 사람들이 성경, 특히 요한계시록을 읽음으로써 자신들의 정체가 탄로 나는 것을 막기 위해 성경 읽는 것을 금하고 성경을 불태워 버렸다.

사도 바울이 설교할 당시만 해도 주님께서 곧 다시 오신다는 가르침은 분명하게 전해졌는데 이 가르침은 그 후 얼마 안되어 갑작스럽게 사라졌다. 이는 교회를 향한 사탄의 공격으로 인한 것이었다. 초대 교회 당시에는 성경적으로 믿는 그리스도인들이 전천년주의, 즉 주님께서 천년 왕국 전에 재림하셔서 천 년 동안 통치하신다는 교리를 믿었다. 당시 초대교회 시대에 널리 정착된 이 가르침은 칠리이즘(Chiliasm)으로 불렸다.

혹자는 예수회가 전천년주의를 만들었다고 주장하기도 한다. 그들은 1600, 1700년대에 여러 사람들이 이에 대해 논의했던 것을 근거로 그렇게 말하는 것이다. 그러나 전천년주의 교리를 최초로 가르친 사람은 사도 바울이며, 당시 그리스도인들은 모두 주님께서 곧 오신다고 믿고 가르쳤다. 그러한 믿음을 파괴하기 원했던 마귀는 요한계시록 20장의 해석 방법 자체를 완전히 망가뜨렸다. 이후 거짓 교사들과 목사들, 신학자들은 모두 요한계시록 20장을 자의적, 은유적으로 풀어서 가르치기 시작했다.

요한계시록 20장은 구약의 무수한 구절에서 예언된 메시아와 메시아의 통치에 대한 예언을 담고 있다. 우리 교회에서는 시편을 장장 6년에 걸쳐서 공부한 바 있는데, 시편의 거의 모든 구절들이 주님의 재림과 통치, 그리고 대환란에 대한 말씀이라 해도 과언이 아니다. 같은 말을 성경 전체에 대해서도 할 수 있다. 그럼에도 불구하고 거짓 목사들과 신학자들은 그런 구절들을 비유적, 은유적, 풍유적으로 해석해 버림으로써 이 교리를 감추어 버렸다.

요한계시록 20장은 주님께서 실질적으로 이 땅에 오셔서 천 년 동안 통치하신다고 말씀한다. 이곳뿐만 아니라 우리가 그동안 배웠던 구약, 신약의 수많은 구절들이 주님께서 오셔서 다윗의 보좌에 앉아 통치하신다고 말씀한다. 천년 왕국은 어떤 새로운 교리가 아니라 성경 전체가 다루는 대주제이다.

성경의 대주제인 천년 왕국

이 교리를 가르치지 않으면 구령의 열정이 사라진다. 주님께서 곧 오시고 대환란의 심판이 있으며 천년 왕국이 세워진다는 이 귀한 교리를 가르치지 않으면, 교회는 소위 '사회복음'이나 전하고 교세 확장만을 원하게 된다. 마귀는 이것을 노린 것이다. 마귀의 속임수에 빠진 한국의 교회들은 마귀에게 완전히 장악되어 있다.

요한계시록 20장을 어떻게 해석하는지에 따라 천년 왕국에 대한 세 가지 이론이 나온다. 앞서 말한 칠리이즘이라는 말의 뜻은 천년 왕국설이다. 초대 교회 당시에는 후천년이나 무천년이라는 교리 자체가 없었고 오직 재림 후 있을 천년 왕국을 있는 그대로 믿었다. 즉 전천년주의만 있었던 것이다. 무지한 사람들은 예수회의 어떤 인물이 전천년설을 만들었다고 주장하지만, 전천년주의는 사도 바울 때부터 이어져온 가르침이다. 16-17세기에 들어와 예수회에서 교황이 적그리스도라는 말을 들을 것을 염려해서 이 교리를 거론한 적이 있었는데, 이것을 가지고 무지한 자들이 전천년주의가 후대에 생긴 교리라고 주장하는 것이다.

요한계시록 20장으로 가 보자.

「또 내가 보니, 한 천사가 하늘에서 내려오는데, 그의 손에는 끝없이 깊은 구렁의 열쇠와 큰 사슬을 가졌더라」(계 20:1).

그들은 이 모든 말씀이 이미 과거에 실현되었다고 한다. 요한계시록에 나오는 일들을 영적, 은유적으로 해석해서 그것들은 십자가에서 이미 다 이루어진 일이라고 한다. 기록된 말씀을 문자 그대로 미래에 대한 예언으로 보았다가는 카톨릭이 종교 창녀요, 거기에서 적그리스도가 나오는 것이 명확해지기 때문이다.

「그가 그 용을 잡으니, 곧 마귀요 사탄인 옛 뱀이라. 그를 천 년 동안 묶어 두니」(계 20:2).

그들은 '천 년'이라는 단어를 문자적으로 보지 않고 상징적, 풍유적으로 해석해 버린다. 한편 무천년주의자들은 천 년 자체를 믿지 않으며, 이 세상을 좋은 곳으로 만들어서 잘 먹고 잘 살면 그만이라고 한다. 재림에 대한 소망이나, 심판에 대한 두려움이 전혀 없는 이들 역시 사탄에게 속은 것이다.

사도 바울 당시부터 그리스도인들은 모두 전천년주의자들이었는데, 후에 어거스틴의 주장은 십자가 사건 후부터는 주님께서 영적으로 통치하신다는 것이다. 주님의 문자적 통치에 대한 믿음은 사라지고 갑자기 영적 통치 운운하게 되었다. 그들은 성경의 무수한 곳에서 재림과 천년 왕국에 대한 구절이 나오면 대충 영적으로 해석하며 모든 것을 십자가 사건에 맞추어 버린다. 사탄이 천 년 동안 묶여 있는 것도 있는 그대로 보지 않고 은유적, 비유적으로 해석해 버린다.

「그를 끝없이 깊은 구렁에 던져서 가두고 그 위에 봉인하여 천년이 찰 때까지는 민족들을 다시는 미혹하지 못하게 하더라. 그 후에는 그가 반드시 잠시 동안 풀려나게 되리라. 또 내가 보좌들을 보니, 그들이 그 위에 앉았는데 심판이 그들에게 주어졌더라. 또 예수에 대한 증거와 하나님의 말씀으로 인하여 목베임을 당한 사람들의 혼들도 보았는데, 그들은 그 짐승에게나 그 형상에게 경배하지 아니하였을 뿐만 아니라 그의 표를 그들의 이마 위에나 손에도 받지 아니하였더라. 그러므로 그들은 살아서 그리스도와 함께 천 년을 통치하더라」(계 20:3,4).

<하나님의 도성>(City of God)의 저자 어거스틴은 한국 장로교회가 소위 성인으로 추앙하는 신학자요 사상가이다. 어거스틴을 추앙하다 보니 칼빈을 추앙하고, 칼빈을 추앙하다 보니 어거스틴까지 성인으로 추대한다. 칼빈주의라는 마귀의 거짓 교리는 한국 교회 안에 깊숙이 침투해 있다.

어떻게 해서든 카톨릭이 계시록의 짐승이 아니어야 하고 교황도 적그리스도가 아니어야 한다. 그러려면 로마 카톨릭이 아닌 로마 제국으로 시선을 돌려야 했다. 성경의 예언은 로마 제국에 해당되는 것으로 이미 이루어진 과거지사이지 카톨릭에게 해당되는

예언이 아니라고 주장한다. 또 주님께서 이 땅에 오셔서 직접 통치하는 것이 아니라 십자가사건 때부터 영적 통치가 시작되었다고 한다. 무천년주의는 이렇게 천년 왕국을 없애 버린다. 그리고는 교회가 세상을 통치한다며 카톨릭 교회는 구약의 신정통치 개념으로 권력을 차지하고 땅의 왕들을 쥐락펴락한다. 이를 정당화하기 위해 구약이 말씀하는 유대인들의 복이 자신들에게 주어졌다고 한다. 즉 자신들이 영적 유대인이고 모든 복을 누려야 한다고 가르치는 동시에 진짜 유대인들은 박해하고 죽인 것이다.

그래서 카톨릭 교회에 대적하는 자들은 모두 하나님을 대적하는 자들이니 죽여도 된다며 사람들의 목숨까지 앗아가게 되었다. 이것이 십자군 전쟁이다. 수백 년 동안 지속된 전쟁에서 엄청난 수의 사람이 죽었고 순교당했다. 하나의 거짓 교리가 이처럼 무서운 것이다. 천년 왕국에 대한 잘못된 교리들은 결코 단순하게 생각할 것이 아니다. 모두 마귀가 만든 교리이며 이를 근거 삼아 마귀들이 통치하고 있다.

이 일의 원흉이 바로 어거스틴이다. 카톨릭은 오리겐의 비유적, 은유적 해석법을 가져다가 교회의 법으로 만들어 통치한다. 지금도 무지한 자들은 교황을 거룩한 아버지(holy father, 신부)라고 부르며 따라간다.

종교개혁으로 현재는 그 세력이 약화되기는 했지만, 카톨릭은 여전히 엄청난 영향력을 발휘하고 있다. 특히 정치적으로나 교육계에서도 큰 영향력을 갖고 있다. 미국의 정치가들, 유명한 방송국 앵커들은 거의 다 카톨릭 신자이다. 미국 보수 언론의 리더격인 빌오라일리, 션 해니티 등도 카톨릭 신자이다. 카톨릭을 우습게 생각해서는 안 된다. 성경은 그들이 마귀의 소굴이라고 말씀한다.

「그러나 죽은 자들 가운데서 그 나머지는 천년이 끝날 때까지 다시 살지 못하리라. 이것이 첫 번째 부활이라. 첫 번째 부활에 참여하는 자는 복되고 거룩하도다. 둘째 사망이 그들을 다스리는 권세가 없고, 오히려 그들이 하나님과 그리스도의 제사장들이 되어 천 년 동안 그와 함께 통치하리라」(계 20:5,6).

지상에서 이루어질 문자적 천년 왕국을 부인하는 그들은 자신들이 이 땅에서 통치한다고 해야 하기 때문에 위 구절에서 말씀하는 실질적인 육신의 부활이 영적인 부활을 뜻한다고 가르친다. '예수 그리스도를 믿었을 때 일어나는 영적 부활을 말하는 것'이라고 간단히 처리해 버리면 무지한 자들은 그냥 따라가는 것이다. 위 구절은 성도의 육신이 문자적으로 부활해서 천년 왕국에서 주님과 함께 통치한다는 것인데, 마귀는 하나님의 최종권위인 하나님의 말씀을 믿지 못하게 만든다.

천년 왕국에 대해 공부할 때 그저 '무천년주의, 전천년주의, 후천년주의 같은 이론들이 있나 보다'라고만 생각해서는 안 된다. 사탄이 이 교리를 바꾸어서 성경 전체를 풀지 못하게 만드는 것이고, 사람들로 하여금 이 세상에 중심을 두고 정작 하늘에 소망을 두지 못하게 미혹하는 것임을 잘 알아야 한다. 그들은 이 세상을 번영하게 하는 것이 자신들의 책임이라고 해서 사회복음에 열심을 낸다. 그러나 지금 그럴 때가 아니다. 거리에서 설교하고 개인적으로 구령해서 한 사람이라도 더 주님께 이겨와야 하는 때이다.

한국 교회들은 선교지에 나가서 사람들에게 먹을 음식, 입을 옷만 나눠 주고 있는데, 이런 것 자체가 나쁘다는 말이 아니다. 문제는 사탄에게 속아서 가장 중요한 것과 부수적인 것이 뒤바뀌었다는 데 있다. 가장 중요한 것은 혼을 이겨오는 것이지 먹여 주고 입혀 주는 것이 아니다. 옷을 나눠 주면서 구령하면 좋겠지만, 대부분의 선교사들과 목사들은 어떻게 구령을 하는지도 모른다. 칼빈주의 누룩 때문에 영접기도도 하지 못하고 모두 지옥으로 가게 생겼다. 이것이 한국 교회의 현실이다. 무천년주의는 교회가 세상을 영적으로 통치한다고 하는 사탄의 교리이다.

이후에 종교개혁이 일어나면서 부흥이 오는데, 이 때 또 자신들이 천년 왕국을 세운다고 하는 사람들이 생겨난다. 그 당시 실제적으로 복음을 통해 이 세상에서 천년 왕국을 이룰 수 있다고 생각했는데, 그들이 바로 종교 개혁자들이다. 무천년주의자와 후천년주의자, 이렇게 나뉘게 된 것이다.

그러나 가장 중요한 점은 전천년설이 가장 오래된 교리로 교회사 동안 중단됨이 없이 이어져내려 왔으며, 무천년, 후천년주의는 후대에 마귀가 만들어 낸 교리라는 사실이다. 이후 1,2차 세계대전이 일어난 후 그 교리가 사라졌다. 그러다가 마지막 때인 오늘날에 와서 교회들은 천년 왕국 자체를 전혀 괘념치 않게 되었으며, 우리처럼 대환란, 휴거, 천년 왕국에 대해 말하면 '휴거파'로 일축해 버린다.

구원파가 등장함으로써 바이블 빌리버들이 구원의 복음을 전하지 못하게 하고 휴거파가 나옴으로써 휴거를 전하지 못하게 한 것은 마귀의 기막힌 전략이 아닐 수 없다. 휴거파는 휴거되려면 믿음과 행함이 있어야 한다며 저주받을 행위 구원을 전한다. 반면 우리는 오직 믿음만으로 구원받으며, 한번 받은 구원은 영원히 보장되고, 주님이 오시면 휴거된다고 믿는다. 이 둘은 엄청난 차이다.

교회 시대 동안 예수 그리스도의 보혈로 죄 사함 받고 구원을 받은 모든 사람은 주님께서 오실 때 누구나 휴거된다는 것이 성경적 가르침이다. 그러나 대환란 때의 성도는 믿음에 추가해서 행함이 있어야 한다. 휴거는 한 가지만 있는 것이 아니다. 대환란 때에 일어나는 환란성도의 휴거도 있다. 이 사실을 올바로 보지 못하면 혼동에 빠질 수밖에 없다. 예언에 대해 올바로 알지 못하면 구원론마저도 제대로 정립할 수 없게 된다.

열 처녀 비유(마 25:1-13)에서 많은 목사들이 열 처녀는 '교회 시대 성도들'인데, 깨어서 잘 섬기는 사람들은 구원받아 하늘로 올라가고, 잘 섬기지 못하고 게으른 사람은 남겨진다고 가르친다. 이 비유를 행위 구원으로 해석해서 행함이 있는지 그렇지 않은지에 따라 휴거되거나 혹은 휴거되지 못하고 대환란에 남겨진다는 것이다. 그러나 열 처녀 비유에서 말하는 휴거는 교회 시대가 아니라 대환란 성도들의 휴거이다.

교회 시대의 성도는 그리스도의 신부로서, 성경에서 복수인 처녀들이 아니라 단수인 한 처녀로 일컬어진다. 이러한 차이점을 모르면 구원론마저 틀리게 되어 행위에 의한 구원을 믿게 된다.

구원파에서 빠져나온 사람들의 간증을 들으면 공통적으로 하는 말, 처음에는 믿음으로 구원받은 것 같지만 나중에는 구원을 받앉는지 아닌지 흔들리게 되고, 구원받으면 정말 죄를 짓지 않는 것인가, 나는 지금 죄를 짓고 있는데 휴거가 될 수 있는 것인가 등 혼란에 빠진다는 것이다. 또 여러 가지 행위 구원에 의한 가르침에 걸려 넘어져 혼미한 가운데 믿음 생활을 하게 된다고들 한다.

후천년주의, 무천년주의가 가져온 폐해

후천년주의자, 무천년주의자들은 자신들이 천년 왕국을 세우기 위해 성경에서 유대인과 교회의 차이점을 없애 버리려 한다. 구약과 신약도 같고, 구약의 유대인이 신약의 교회라는 등 거짓 교리를 가르친다. 유대인들이 받은 언약이 모두 교회에게 주어졌다고 해야 교회의 통치가 정당화될 수 있기 때문이다. 종교 개혁자들도 그와 동일하게 믿었다. 즉 자신들이 통치하고 번영하며 복음으로 세상을 좋아지게 만든다고 생각했다.

결국 교회가 세상을 변화시켜야 한다는 사회복음이 등장하고, 심지어 세상 정치에 관여하는 목사들까지 나오게 되었다. 그러한 사상들로 인해 사탄은 궁극적으로 세상을 노아와 롯의 때처럼 만들어가고 있다. 주님의 재림의 임박성은 전혀 생각하지 않은 채 그저 먹고 마시고 사고 팔고 시집가고 장가가는, 세상적인 일들에만 몰두해서 살아가게 만드는 것이다.

오늘날 거짓 목사들은 주님의 심판을 없애 버림으로써 모두 지옥으로 향하게 만들고 있다. 그러나 우리는 전천년주의, 재림의 임박성, 휴거, 주님의 심판 등 성경적 교리를 가르쳐야 한다. 교회의 역할은 사람들이 경각심을 갖고 회개에 이르도록 주님의 심판, 대환란 등을 선포하는 것이다. 정작 이런 설교는 못 들은 채 이웃 사랑, 헌금, 교회출석, 복에 대한 설교만 들은 대부분의 한국 교인들은 구원도 받지 못한 채, 잘 먹고 잘 살다가 은퇴하는 것만을 목표 삼아 살고 있다. 그러다가 남는 것이라고는 영원한 불 속인 지옥에 가는 것밖에 없다. 이것이 한국 교회의 실태이다. 성경의 진리인 재림, 그리스도의 심판석, 대환란, 천년 왕국, 백보좌 심판 등은 전파되지 않는다.

무천년주의자들은 성경의 천 년 기간을 비유적, 풍유적, 은유적으로 해석했다. 이것은 천 년 자체를 없애 버리는 일이다. 후천년주의자들은 문자적으로 천 년을 믿기는 하나 문제는 자신들이 그 천 년을 주님께서 오시기 전에 이루려 하는 것이다. 주님이 오셔서 천 년을 통치하시는 것이 아니라 자신들이 천 년을 이루고 나면 그 후에 주님이 오신다는 것이다.

그들은 정치나 문화를 교회 안으로 끌어들여 기독교 문화를 탄생시켰다. 그러나 기독교 문화라는 것이 성경에 어디 있는가? 사도 바울이 기독교 문화를 외치고 다녔겠는가? 교회가 이 세상을 더 좋은 곳으로 만들어 천년 왕국을 이룬다고 기독교 문화를 전파하고 사회복음을 전한다고 하면, 언제 혼에 대한 열정을 가지고 구령을 하겠는가! 그들은 그럴 시간이 없다. 모두 사탄에게 속은 것이고 결국에는 사탄이 이긴 것이다. 이것이 우리가 살고 있는 라오디케아 교회 시대의 현주소이다.

마지막 때에 주님께서 한국 민족에게 자비를 베풀어 주셔서 바이블 빌리버들을 불러주셨으니, 혼을 사랑하는 마음으로 이 소중

한 진리를 전파함으로써 주님께서 우리에게 주신 사명을 다해야 한다.

그 동안 우리가 하나님의 경륜을 통해 배운 것은 주님께서 만왕의 왕, 만주의 주로서 통치하신다는 것이다. 구약에서는 계속적으로 왕과 메시아에 대해 예언했기 때문에 이스라엘 백성은 주님을 기다렸다. 다니엘서, 미카서 등 구약성경 전체에서 예언했던 그 메시아를 기다린 것이다. 타락하고 무지했던 사마리아 여인까지도 이를 알고 기다렸다(요 4:25,26). 침례인 요한이 메시아의 길을 예비하기 위해 이스라엘 백성에게 회개를 선포했는데, 왕의 오심을 예비까지 했음에도 불구하고 그들은 왕이 오셔서 통치한다는 것을 믿지 않았다.

그들이 이스라엘의 왕으로 오신 분을 결국 죽이게 된 이유는, 메시아께서 오시면 이스라엘을 압제하던 로마 제국을 무너뜨리고 자신들이 권력을 차지하리라는 생각만 했기 때문이다. 주님이 오셔서 속죄양으로서 십자가에서 죽으시리라는 것은 전혀 이해하지 못했다. 초림 때 주님은 구속사역을 이루기 위해 죽으셔야만 했다.

사도행전에 기록된 오순절 사건과 그 뒤를 따른 엄청난 부흥에도 불구하고, 유대인들은 스테판을 죽이면서까지 복음을 거절한다. 결국 사도행전 28장에서 복음 전파의 행로는 유대인들로부터 이방인들에게로 넘어간다. 그러나 이는 이방인들의 충만함이 찰 때까지만이다(롬 11:25,26).

이방인들의 충만함이란 죄악의 충만함을 말한다. 죄악이 가득 찼을 때 주님께서 심판하시는 것이다. 이스라엘 백성을 이집트에

400여 년 동안 내버려 두신 이유도 그것이다. 아모리인들의 죄악이 찰 때까지(창 15:16, 출 34:11) 기다리셨다가, 때가 되자 이스라엘을 출애굽하게 해서서 아모리인들을 어린 아이들부터 가축들까지 모두 죽이고 그 땅을 차지하게 하셨다. 이스라엘 백성은 이 말씀도 지키지 못하고, 그것이 올무가 되어 결국 그 땅에서 쫓겨나 포로생활을 하게 된다.

그러나 이스라엘은 이것으로 끝나는 것이 아니라 미래에 회복되는데, 그때가 바로 천년 왕국이다. 이방인들은 이스라엘이 회복되어서 우두머리가 되고 통치하는 것을 싫어한다. 독일에서 왜 유대인들이 그렇게 많이 죽임을 당했는가? 머리가 좋고 재리에 밝은 유대인들에 대한 질투 때문이었다. 동일한 그 질투로 구약의 유대인의 복, 아브라함 자손들에게 약속하신 그 복을 교회들이 훔친 것이다. 카톨릭뿐만 아니라 종교 개혁자들까지도 그렇게 했다.

한편 바이블 빌리버들의 뿌리는 종교 개혁이 아니라 초대 교회 때의 그리스도인들이다. 반카톨릭을 표방하는 침례교도들인 바이블 빌리버들의 신앙은 사도 바울 때부터 중단됨이 없이 이어져 내려왔다. 종교 개혁자들은 침례교도들에게 신앙의 자유를 주기는커녕 그들을 죽였으며, 미국 역사가 이를 증명한다. 미국 건국 당시 장로교들, 청교도들이 교회를 정치에 이용해 국가 교회라는 누룩을 교회 안에 퍼뜨렸다. 정치는 종교와 분리되어야 하는데, 말로는 분리한다고 했지만 실상은 반대였다.

심지어 그들은 성경적으로 믿는 침례교도들에게 세례 대신 침례를 준다고 핍박하며 물로 끌고 가 수장시키기도 했다. 이 모두 거짓 교리의 누룩 때문에 일어난 일인 것이다. 성경을 잘못 알면 살인자가 되기도 한다. 칼빈이 삼위일체에 동의하지 않은 사람들을 화형에 처했듯이 말이다. 한국 교회들은 칼빈을 숭앙하지만 그는 자신이 믿었던 이단적 교리 때문에 자기 친구를 화형에 처한 자이다. 카톨릭과 다를 바 없이 신정통치를 한 그는 정치와 종교를 통합해서 자신을 따르지 않는 자들을 감옥에 넣고 사형에 처했다.

우리는 양날 가진 칼인 하나님의 말씀을 선포한다. 그러나 카톨릭 교회나 칼빈 같은 자들은 진짜 칼을 가지고 사람들을 죽인 자들이다. 한국 교계는 장로교뿐만 아니라 모든 교회들이 칼빈주의의 누룩에 물들어 있다. 구원파나 다락방도 예외가 아니다. 한국 교계는 은사주의가 아니면 칼빈주의로 철저히 오염되어 있다. 이런 상태에서 우리 바이블 빌리버들이 힘을 다해 진리를 전파하고 있는 것이다.

주님의 문자적 재림을 믿는 전천년주의

전천년주의는 문자적으로 주님께서 두 번에 걸쳐 오시는 것을 믿는다. 구약 성경에는 초림에 대한 말씀도 물론 있지만, 거의 모두 재림에 관한 예언의 말씀을 담고 있다. 그렇기 때문에 사람들이 오해한 것이다. 초림 때 오신 주님께서는 십자가에서 속죄양으로 죽으시고 부활하셨다. 승천하시기 전 주님께서는 제자들에게 마지막 말씀을 남기시면서 성령으로 침례를 받을 것을 말씀하셨다. 「요한은 정녕 물로 침례를 주었으나 너희는 여러 날이 지나지 않아 성령으로 침례를 받으리라."고 하시더라」(행 1:5).

그런데 이때까지도 제자들은 언제 그 왕국이 오는지를 여쭈었다. 「그러므로 그들이 함께 모였을 때에 주께 물어 말씀드리기를 "주여, 이 때에 이스라엘에 그 왕국을 다시 회복하시겠나이까?" 하니」(행 1:6).

즉 사도들도 전천년주의자들이었던 것이다. 제자들과 사도 바울은 메시아가 오셔서 왕국을 통치한다는 것을 잘 알고 있었다. 그런데 언제부터 갑자기 사람들이 이것을 믿지 않게 되었는가? 답은 간단하다. 사탄이 무천년주의, 후천년주의를 만들어내서 믿지 못하도록 만든 것이다.

유대인들은 구원은 받지 못했지만, 메시아가 오셔서 통치하신다는 것을 예전부터 알고 있었다. 성경적으로 창조 때 일곱째 날이 안식일이라는 것, 일곱 번째 천년 기간에 주님께서 오셔서 안식을 하신다는 천년 왕국의 교리를 믿었던 것이다. 구원받지 않은 유대인들도 믿는데, 교회들이 이를 믿지 않는 것은 마귀의 교리를 가르치는 무천년주의자들, 후천년주의자들 때문이다. 참으로 안타까운 한국 교회의 현실이 아닐 수 없다. 우리가 성경적으로 재림과 휴거와 천년 왕국에 대해 얘기하면 '종말론자' 운운하면서 이단 취급하기에 급급하다.

요한계시록 20장은 주님께서 이 땅에 다시 오셔서 실질적인 통치를 하실 것을 말씀한다. 누가복음에는 주님께서 왕국을 받아 오려고 먼 나라로 떠나신다는 말씀이 있다(눅 19:12-27). 가시기 전에 자신의 종 열 명에게 각각 한 므나씩 주시며 장사하라고 명령하신다. 이 말씀은 오늘날 교회 시대에 적용되는 말씀이다. 주님께서 오셔서 우리가 한 모든 일을 회계하시는 날까지, 우리에게 맡겨 주신 그 한 므나를 가지고 열심히 주님의 사역을 하며 주님을 기다려야 한다.

교회 시대 성도들이 휴거되고 나면 이 땅에는 무서운 대환란이 일어날 것이다. 대환란 끝에 주님께서 실제적인 육신을 입고 이 땅에 내려오셔서 아마겟돈 전쟁으로 심판하신 뒤, 다윗의 보좌에 앉으셔서 민족들의 심판인 양과 염소의 심판을 하시고 나서 천년 동안 통치하실 것이다. 이것이 천년 왕국 교리이다.

결론적으로, 천년 왕국에 대한 교리들 중 전천년주의가 올바른 교리이다.

교회와 왕국의 차이점

- 성경의 주제 : 왕국
- 왕국복음과 은혜복음

20
성경의 주제 : 왕국

성경이 말씀하는 교회와 왕국 사이에는 매우 중요한 차이점이 있다. 이 차이점에 대해서 바르게 알지 못하면 성경을 공부할 때 큰 오류에 빠질 뿐 아니라 혼의 저주를 받을 수밖에 없다. 이 오류에 빠지는 두 부류는 유대인들과 교회이다.

성경에서 유대인은 아브라함의 실제적 자손을 말한다. 유대인들이 복음을 거절한 이유는 교회와 왕국의 차이점을 몰랐기 때문이다. 유대인들은 구약에 예언된 왕국의 개념으로만 성경을 해석한다. 성경을 볼 때 교회는 보지 못하고 모든 것을 왕국으로 해석하기에 은혜 복음을 거절해 버림으로써 영원한 저주를 받는 것이다.

반면에 교회 시대에 구원받은 이방인들을 교회라 하는데, 교회는 왕국에 대한 말씀을 오해한다. 바이블 빌리버들을 제외하고는, 구원을 받았다고 하는 이들조차 왕국에 대해 올바로 알지 못한다.

그들은 성경을 창세기부터 요한계시록까지를 모두 교회에게 적용하는 오류를 범한다. 문자적인 왕국에 대한 말씀을 영적, 비유적으로 해석해 버림으로써 결국 구원론까지도 망가져 버린다. 왕국 복음은 행위에 의한 구원의 복음이기 때문이다. 즉 구원받기 위해 믿음과 행위, 둘 다 필요하다. 그렇기 때문에 성경에서 왕국에 대한 말씀이 나올 때마다 행위가 언급되는 것이다.

교회와 왕국을 제대로 구분하지 못하는 결과는 처참하다. 유대인들은 교회를 거부하고 은혜 복음을 거부해 지옥에 가게 되고, 영적 유대인을 자처하는 교회들은 그 왕국을 보지 못해 모든 것을 교회에 대한 것으로 해석하기 때문에 행위에 의한 구원론을 믿다가 지옥에 가게 된다. 결국 교회와 왕국의 차이를 바르게 알지 못하면 양쪽 모두 저주를 받는 것이다.

우리는 앞에서 성경이 말씀하는 세 부류의 사람들인 이방인과 유대인과 교회에 대해 살펴보았다. 이번 장에서는 왕국과 교회를 구분하는 관점에서 성경을 살펴보려 한다. 반복하지만, 성경을 제대로 알기 위해서는 올바르게 나누는 것이 반드시 필요하다.

구약 선지자들이 열심히 탐구했던 교회

성경의 대부분은 왕국에 대한 주제를 다루고 있으며 구약은 왕국에 대한 예언이 주를 이룬다. 그런데 주님의 초림과 재림이 명확히 구분되어 있지 않다. 베드로전서 1장은 선지자들도 그리스도의 고난(초림)과 다가올 영광(재림)에 대해서 탐구했다고 기록한다.

「이 구원에 관해서는, 너희에게 임할 은혜에 관하여 예언한 선지자들이 열심히 조사하고 살펴보던 것이며, 그들 안에 계셨던 그리스도의 영이 그리스도의 고난과 다가올 영광을 미리 증거하실 때, 그 영이 무엇을, 또 어떤 시기를 지시하시는지 탐구하던 것이니라」(벧전 1:10,11).

정확히 알지 못했기 때문에 연구를 했던 것이다. 이들은 비록 성령으로 인도함을 받고 주님께 쓰임을 받았지만, 시간적으로 2천 년의 간격이 있는 그리스도의 고난과 영광이 성경에 동시에 언급되어 있다는 것은 알지 못했다.

시편이나 이사야서에도 그리스도의 고난이 나온다. 이렇게 그리스도의 고난이 분명히 언급됨에도 불구하고, 문제는 그 고난보다 영광과 왕국, 왕으로 오시는 메시아에 대한 예언이 훨씬 많다는 사실이다. 따라서 선지자들은 성령께서 그리스도의 고난과 다가올 영광을 미리 증거하실 때 그 영이 무엇을, 또 어떤 시기를 지시하시는지를 탐구했다.

십자가 사건과 그 후에 있을 면류관 등에 대한 것들을 구약의 선지자들조차도 정확하게 판단할 수 없었다. 그들이 알 수 있었던 것은 단지 메시아가 오신다는 것, 그리고 주님이 오셔서 고난을 받으시고 그 후에 영광을 받으신다는 것이었다. 즉 선지자들이 예수님에 관한 예언의 말씀을 대했을 때 본 것은 그분의 오심만을 본 것이다. 현재 우리는 이미 과거에 일어난 일을 알기에 두 번의 오심이 있다는 것, 즉 초림과 재림이 있음을 알고 있다.

그러나 십자가 사건 이전에 살면서 예언에 대해서 공부한 선지자들은 초림과 재림을 함께 보았다. 예를 들어 산이 보이는 곳에서 운전을 하는데, 서로 간에 간격을 두고 정렬한 두 개의 산이 있다고 가정해 보자. 한쪽에서 볼 때는 앞에 있는 산과 뒤에 있는 산이 붙어 있는 것처럼 보일 수 있다. 과거 선지자들은 그렇게 보았다. 사실 앞산과 뒷산 사이에는 꽤 넓은 간격이 있는데도 불구하고 바로 이어진 것처럼 보이는 것이다. 초림과 재림이라는 두 개의 산 봉우리 사이에 놓여 있는 것이 2천 년의 간격, 즉 교회 시대이다. 그 간격을 구약의 선지자들은 보지 못했다. 클라렌스 라킨이 설명한 것처럼 그들은 두 개의 산 봉우리들을 겹쳐서 보았기 때문에 고난과 영광을 함께 보았다.

「그들이 행한 사역들은 자신들을 위한 것이 아니라 우리를 위한 것임이 그들에게 계시되었고 이것이 하늘로부터 보내신 성령으로 너희에게 복음을 전한 자들을 통하여 너희에게 이제 전해졌으며 천사들도 살펴보기를 간절히 바라는 것들이니라」(벧전 1:12).

복음을 전한 사람들이 그것에 대해서 전한 사람들이나 천사들조차도 몰랐다고 말하는 것이다. 그동안 선지자들이 탐구한 것이 이제 교회 시대에 전해졌다. 그 전까지 교회 시대는 신비의 상태였다.

왕국에 대해 무지한 신약 교회

한편 신약 교회의 문제점은 이 왕국에 대해 잘 모른다는 것이다. 앞에서도 언급했듯이 성경은 거의 대부분 교회보다는 왕국에 대해 말씀한다. 그러면 먼저 왕국에 대한 말씀을 살펴보자.

「네 날들이 차서 네가 네 조상들과 함께 잠들 때, 내가 네 몸에서 나올, 곧 네 뒤에 올 네 씨를 세우고, 내가 그의 왕국을 견고하게 하리라. 그가 내 이름을 위하여 한 집을 지을 것이요, 나는 그의 왕국의 보좌를 영원히 견고하게 하리라. 나는 그의 아버지가 되고 그는 나의 아들이 되리니, 만일 그가 죄악을 범하면 내가 사람들의 막대기로, 사람의 자식의 채찍으로 그를 징책하리라. 그러나 내가 네 앞에서 제거한 사울로부터 내 자비를 빼앗은 것과 같이 그것이 그에게서 떠나지는 아니하리니 네 집과 네 왕국이 네 앞에서 영원히 세워지리라. 네 보좌가 영원히 세워지리라.'" 하시더라」(삼하 7:12-16).

위 구절은 다윗의 보좌에 관한 말씀이다. 구약 성경은 왕으로 오실 메시아에 대해 말씀했기 때문에 예수님이 오셨던 당시 유대인들은 당연히 예언된 메시아를 기다리고 있었다. 문제는 사무엘하 7장에서 예언된 것은, 중간에 이스라엘의 죄로 인해 잠시 왕국이 연기되었다는 것이다. 이스라엘은 포로생활로 들어갔다가 다시 고국으로 돌아왔지만 정작 메시아가 오셨을 때에는 그분을 거절하고 말았다. 그래서 왕국이 다시 연기되고 만 것이다. 그러나 왕국은 연기된 것일 뿐 사라진 것이 아니다.

그런데도 교회 시대에 이것을 모르고 구약의 왕국을 교회들이 차지하려 하고 있다. 구약에 약속된 물리적, 물질적 축복을 교회가 받았다고 주장하는 것이다. 그들은 예수님을 믿으면 물질적으로 부유해진다든지 기도하면 무조건 다 이루어진다고 가르치거나, 교회가 세상을 번영케 하고 정치에 관여해야 한다며 사회복음을 전하고 있다. 왕국에 대한 올바른 관점이 없는 교회는 필연적으로 배교의 길을 가고 있다.

「또 내가 그들을 몰아낸 모든 나라에서 내 양떼의 남은 자를 모아서 그들을 그들의 양우리로 다시 데려오리니 그들이 다산하고 번성하리라」(렘 23:3).

위 구절은 이스라엘이 포로생활에서 다시 돌아오리라는 말씀이다. 모두 저주받아 결국 나라가 멸망하고 포로생활을 하지만, 그것으로 끝이 아니라 주님께서 다시 데려오셔서 번성시키신다는 예언의 말씀이다. 그들이 포로생활을 하게 된 이유는 신명기에서 모세에게 말씀하신 축복과 저주에 대한 예언의 말씀에서 알 수 있듯이 (신 12,13장), 그들이 죄로 인해 저주받은 민족이 되었기 때문이다.

「또 내가 그들을 먹일 목자들을 그들 위에 세우리니 그들이 더 이상 두려워하거나 당황하지 않으며 부족하지도 아니하리라. 주가 말하노라. 주가 말하노라. 보라, 그 날들이 오리니 내가 다윗에게 한 의로운 가지를 일으키리니, 한 왕이 치리하고 번성하여 지상에서 공의와 정의를 실행하리라. 그의 날들에 유다는 구원을 받고 이스라엘은 안전하게 거하리라. 이것이 그의 이름이니 그는 '주 우리의 의'라 불리리라」(렘 23:4-6).

이것은 주님께서 이스라엘과 맺으신 언약이다. 히브리서 8장에는 새 언약이 나온다.

「주가 말하노라. 보라 그 날들이 오면 내가 이스라엘 집과 유다 집과 더불어 새 언약을 맺으리니」(렘 31:31).「그들에게서 허물을 발견하고 그가 말씀하시기를 "보라, 그 날들이 오리라. 주가 말하노라. 내가 이스라엘 집과 유다 집과 더불어 새 언약을 맺으리라. 그것은 내가 그들의 조상의 손을 잡아 이집트 땅에서 인도하여 내던 날에 그들과 세운 언약과 같지 아니하니, 이는 그들이 내 언약 속에 머물러 있지 아니하므로 내가 그들을 돌아보지 아니하였음이라. 주가 말하노라. 그 날들 이후에 내가 이스라엘 집과 세울 언약이 이것이라. 주가 말하노라. 내가 내 율법들을 그들의 생각에 두고 그들의 마음에 그것들을 기록하리라. 나는 그들에게 하나님이 되고 그들은 내게 백성이 되리라. 그들이 자기 이웃이나 형제에게 일일이 가르쳐 주를 알라고 하지 아니하리니, 이는 그들이 가장 작은 자로부터 가장 큰 자에 이르기까지 다 나를 알게 될 것이기 때문이라. 내가 그들의 불의에 대하여 자비를 베풀며 그들의 죄들과 불법들을 다시는 기억하지 아니할 것이라." 고 하셨느니라」(히 8:8-12).

이 예언은 아직 성취되지 않았다. 이스라엘 역사상 이 일이 아직 이루어지지 않았기 때문이다. 각자 자기 이웃과 형제에게 "주를 알라"고 더 이상 가르치지 않아도 되는, 죄를 용서받는 그 시점은 아직 오지 않았다. 이스라엘은 지금도 고난을 받는 중이다. 우리가 분명히 아는 것은 예레미야에서 예언되었던 왕국에 대한 말씀들이 아직 이루어지지 않았다는 사실이다.

「그 날에 주께서 아브람에게 언약을 세워 말씀하시기를 "내가 이 땅을 이집트 강에서부터 큰 강 유프라테스까지 네 씨에게 주었으니」(창 15:18).

주님께서 이스라엘의 조상 아브라함에게 처음 약속한 것은 땅에 대한 언약이었다. 지금 팔레스타인이라 불리는 그 땅을 포함한 큰 땅을 유대인에게 주신 것이다. 그러나 이 말씀은 아직 이루어지지 않았다.

현재 이 땅은 엄청난 논란과 분쟁의 땅이다. 현재 미국 대통령의 임기가 끝나기 전에 예루살렘 지역까지 모두 팔레스타인에 넘기려고 획책하여 한국인 사무총장이 있었던 UN에서 통과되었다. 현재 UN의 지원 자금은 거의 미국에서 나오는데, 미국인들이 UN을 없애버린다거나 지원을 하지 않겠다는 등 여러 가지로 압박을 가하고 있다.

아브라함이 받은 영원한 언약

이들은 아브라함이 받은 영원한 언약을 무시하고 있는 것이다. 유대인들을 박해하는 사람들이나 나라들, 민족들은 성경적으로 볼 때 저주받을 수밖에 없다. 창세기에서 하나님께서는 아브라함의 자손들을 저주하면 저주받고 도와주면 복을 받는다고 하셨다(창 12:3). 나는 성경적으로 말할 뿐이다.

「내게 구하라. 그러면 내가 너에게 이방을 네 유업으로, 땅의 맨 끝을 네 소유로 주리라. 네가 그들을 철장으로 깨뜨릴 것이며, 토기장이의 질그릇같이 산산이 부수리라.」 하셨도다. 그러므로, 오 너희 왕들아, 이제 현명해지라. 너희 땅의 재판관들아, 교훈을 받을지어다. 두려움으로 주를 섬기고 떨림으로 즐거워하라. 그 아들에게 입맞추라. 그렇지 않으면 그가 노하실 것이요, 그가 조금만 격분하셔도 너희가 그 길에서 망하리라. 그를 신뢰하는 모든 사람은 복이 있도다」(시 2:8-12).

여기서 왕과 왕국에 대해 말씀하고 있다. 시편 105편도 문자적인 팔레스타인에 대한 언약은 영원한 언약이라고 말씀한다.

「그가 자기의 언약을 영원히 기억하셨으니, 곧 천 대에 명령하신 그 말씀이라. 이는 그가 아브라함과 하신 언약이며 이삭에게 하신 그의 맹세요 또 같은 것을 야곱에게 율법으로, 이스라엘에게 영원한 언약으로 확증하셨으니」(시 105:8-10).

우리는 6년 간 시편을 공부하면서 왕과 왕국에 대해서 확실히 배울 수 있었다. 사람들이 저주받는 이유는 크게 두 가지라고 생각된다. 하나는 무지에서 오는 저주이고, 또 하나는 사악함에서 오는 저주이다.

시편 105편으로 알 수 있듯이 영원한 언약이란 아브라함과의 언약에서 끝나는 것이 아니다. 대대로 영원히 이 땅은 이스라엘에게 "카나안 땅, 곧 너희의 유업의 몫"이라고 하셨다. 이 말씀에 의하면 이제 UN에서 결정한 일에 대해 모든 나라가 저주를 받게 되어 있다. 그것이 이 약속의 땅을 이스라엘로부터 빼앗아 팔레스타인에게 주려고 한 것에 대한 대가이다. 성경에 대해, 구약에 대해, 시편에 대해 무지한 결과는 저주인 것이다. 이스라엘은 하나님께서 주신 그들의 몫을 가져야 한다.

다니엘서 2장을 보자. 지금까지 인간의 역사는 하나님 말씀대로 이루어졌고, 앞으로도 그대로 이루어질 것이다. 그런데도 사람들은 성경을 읽지 않으며, 읽더라도 믿지 않는다.

「오 왕이여, 왕은 왕 중의 왕이시라. 하늘의 하나님께서 왕께 왕국과 권세와 능력과 영광을 주셨나이다. 또 사람의 자손들과 들의 짐승들과 하늘의 새들이 살고 있는 모든 곳들을 하나님께서 왕의 손에 주셔서 왕으로 그들 모두를 다스리는 자가 되게 하셨나니, 왕은 곧 이 금 머리니이다」(단 2:37,38).

느부갓네살왕의 바빌론이 첫 번째 왕국이다.

「왕 이후에 왕보다 못한 다른 왕국이 일어날 것이요, 또 다른 셋째 왕국이 놋으로 일어나 온 세상을 다스리게 되리이다. 넷째 왕국은 철같이 강한 왕국이 될 것이니, 철은 모든 것을 산산조각내며 이기는 것이라. 철이 모든 것을 부수는 것같이 그 왕국이 산산조각을 내고 깨뜨릴 것이니이다」(단 2:39,40).

바빌론 이후 두 번째 왕국은 메대 페르시아이고, 세 번째가 그리스이며, 그 다음은 철로 표현된 네 번째 세계 제국인 로마이다.

「그 일부는 토기장이의 진흙이며 일부는 철인 발과 발가락을 왕께서 보셨으니 그 왕국이 나뉘어질 것이며, 왕께서 철과 차진 진흙이 섞인 것을 보셨으니 그 왕국에는 철의 강함이 있을 것이니이다」(단 2:41).

로마에서 나온 자들이 열 개로 나뉜 왕국을 갖게 된다. 이것이 요한계시록에 나오는 열 뿔이다(계 12,13장). 적그리스도의 왕국에 열 왕이 나오는데, 그 적그리스도의 왕국으로 세상이 끝나는 것이 아니다.

「또한 그 발가락의 일부는 철이요 일부는 진흙이므로 그 왕국이 부분적으로 튼튼하고 부분적으로 부서질 것이니이다. 왕께서 철과 차진 진흙이 섞인 것을 보셨으니 그들은 사람들의 씨와 섞일 것이나 그들이 서로 합하지 못하는 것이 철이 진흙과 섞이지 못함과 같으리이다. 이들 왕들의 때에 하늘의 하나님께서 결코 멸망하지 않는 한 왕국을 세우시리니, 그 왕국은 다른 백성에게 넘겨지지 않을 것이요, 도리어 그 왕국이 이 모든 왕국들을 쳐부수고 멸하여 영원히 설 것이니이다」(단 2:42-44).

지금까지 있었던 모든 이방 왕국들은 멸망했으며 적그리스도의 왕국 또한 멸망할 것이다. 그 후에 올 왕국은 우리가 지금까지 공부한 예언의 말씀에 따른 예수 그리스도의 왕국, 곧 영원한 왕국이다.

「왕께서 사람의 손을 대지 않고 산에서 떨어져 나간 돌과, 그 돌이 철과 놋과 진흙과 은과 금을 산산조각을 내는 것을 보신 것은 위대하신 하나님께서 이후에 있을 일을 왕께 알게 하신 것이니, 그 꿈은 분명하고 그 해석은 확실하나이다." 하였더라」(단 2:45).

당시 느부갓넷살왕이 한 꿈을 꾸었는데, 아무도 이것을 해석하지 못할 때 다니엘이 왕이 꾼 꿈과 꿈의 해석에 대한 하나님의 계시를 말해 주었다. 그는 돌, 즉 반석이신 예수 그리스도의 왕국이 적그리스도의 왕국을 부수는 것을 본 것이다. 이 말씀을 통해 주님께서 왕으로 오시는 것을 알 수 있다.

「주께서 자라나신 나사렛에 오셔서 자신의 관례에 따라 안식일에 회당에 들어가서 성경을 읽으려고 서시더라. 선지자 이사야의 책을 드리니 그 책을 펴시고 이같이 기록된 부분을 찾으시더라. "주의 영이 내게 임하시니 이는 가난한 자들에게 복음을 전하게 하시려고 내게 기름을 부으심이라. 그가 나를 보내셨으니 이는 마음이 상한 자를 치유케 하시며, 포로들에게 구원을 선포하고, 눈먼 자를 보게 하고, 짓밟힌 자들을 해방시켜 주고 주의 기뻐 받으시는 해를 전파하게 하심이라."고 하시고 책을 덮으신 후 그것을 맡은 자에게 다시 주고 앉으시니, 회당에 있는 모든 사람의 눈이 그에게로 주목되더라」(눅 4:16-20).

예수님께서 이사야서 61장을 읽으셨는데, 61:1,2을 보면 왜 주님께서 "기뻐받으시는 해를 전파하게 하심이라"까지만 읽으시고 책을 덮으셨는지 그 이유를 알 수 있다. 이사야서 61:1에서 「주 하나님의 영이 내게 임하셨으니, 이는 주께서 내게 기름을 부으사 온유한 자에게 기쁜 소식들을 전파하게 하셨음이라. 그가 나를 보내심은 마음이 상한 사람들을 싸매고, 포로 된 자에게 자유를, 갇힌 자에게 감옥이 열림을 선포하며」는 초림에 대한 구절이다. 또한 2절의 「주의 기뻐 받으시는 해를 선포하고」까지도 초림이다. 즉 2절의 앞부분까지만 읽으시고 뒷부분은 읽지 않으셨는데, 그 이유는 뒷부분부터는 재림에 대한 말씀이기 때문이다. 이처럼 초림과 재림이 같은 절에 있어도 그 사이에는 2천 년이라는 기간이 존재한다. 그래서 이사야는 그것을 알 수가 없었고 대부분의 선지자들도 이것을 탐구해야 했다.

고난과 영광이 한 구절에 함께 나온 것이다. 첫 부분은 기뻐 받으시는 해를 선포한 것인데, 여기서 예수님께서 책을 덮으셨다. 다음 부분은 "우리 하나님의 복수의 날을 선포하는" 구절, 즉 재림이기 때문이다. 주님께서는 하나님의 말씀을 거절하는 자들을 결국 처벌하시는 심판의 날을 기록하신 것이다. 이것은 재림 때의 심판이다.

그리고 2절 후반부에서 「모든 슬픈 자를 위로하고」, 또 3절에서 「시온에서 슬퍼하는 자들을 정하여 그들에게 재 대신 아름다움을, 슬픔 대신 기쁨의 기름을」이라고 말씀하신다. 즉 심판으로 끝나는 것이 아니라 시온에 있는 자들을 회복시키신다는 말씀이다. 재림 후에 심판하시고 그 후에 왕국을 세우신다.

「시온에서 슬퍼하는 자들을 정하여 그들에게 재 대신 아름다움을, 슬픔 대신 기쁨의 기름을, 무거운 영 대신 찬양의 의복을 주어 그들로 주의 심으신 의의 나무들이라 불리게 하여 주께서 영광을 받으시려는 것이라」(사 61:3).

구약 때 사람들은 이 구절을 읽으면서 초림과 재림을 같이 보았기 때문에 그 사이에 있는 교회 시대는 보지 못한 것이다. 솔로몬의 노래를 살펴보면 이 교회에 대해서 좀 더 알 수 있다. 솔로몬의 노래는 교회 시대에 주님을 기다리는 우리의 복된 소망에 대한 말씀이다.

휴거와 재림이 등장하는 솔로몬의 노래

「노래들 중의 노래니, 이는 솔로몬의 노래라. 그로 그의 입맞춤으로 내게 입맞추게 하소서. 이는 당신의 사랑이 포도주보다 나음이니이다」(솔 1:1,2).

솔로몬의 노래의 가장 큰 주제는 신랑과 신부, 즉 신랑이신 예수 그리스도와 신부인 교회이다. 부수적으로 유대인과 대환란에 대한 말씀도 나오지만, 주된 말씀은 교회에 해당된다.

「당신의 좋은 향유 내음으로 인하여 당신의 이름이 쏟아 놓은 향유 같으므로 처녀들이 당신을 사랑하나이다. 나를 이끌어 주소서. 우리가 당신을 따라 달려가리이다. 왕이 나를 그의 방들로 이끌어 들이셨으니 우리가 당신을 기뻐하고 즐거워하리이다. 우리가 당신의 사랑을 포도주보다 더 기억하리이다. 정직한 자들이 당신을 사랑하나이다. 내가 검어도, 오 너희 예루살렘의 딸들아, 케달의 장막들처럼 솔로몬의 휘장들처럼 나는 아름다우니라. 햇볕이 내게 내리쬐므로 내가 검게 되었다고 나를 흘겨보지 말라. 내 어머니의 자녀들이 내게 노하여 나를 포도원지기로 삼았으나 나는 내 포도원을 지키지 아니하였도다. 오, 내 혼이 사랑하는 당신이여, 정오에 당신의 양떼를 어디에서 먹이시며, 어디에서 쉬게 하시는지 내게 말해 주소서. 어찌하여 내가 길을 벗어나 당신의 동료들의 양떼들 곁으로 가는 한 마리처럼 되어야 하리이까? 오 너 여자들 중에서 가장 어여쁜 자야, 네가 알지 못하겠거든 양떼의 발자취를 따라가 목자들의 장막들 곁에서 네 염소 새끼들을 먹이라. 오 내 사랑아, 내가 너를 파라오의 병거의 준마 무리에 비교하였노라」(솔 1:3-9).

8절의 "가장 어여쁜 자"는 바로 그리스도의 신부이다. 이 솔로몬의 노래는 솔로몬이 기록했다. 솔로몬의 아내는 파라오의 딸로서 이집트인, 즉 검은 피부의 이방인이다. 성경에서 예수 그리스도의 모형인 모세나 요셉도 마찬가지로 이방인을 아내로 삼았다.

신약에서도 신약적 개념으로 최초로 구원받은 사람은 이방인 에디오피아 내시, 즉 흑인이다. 흑인은 성경에서 종을 의미하며, 구원받은 우리는 그리스도의 종이다. "내가 검어도… 케달의 장막들처럼 솔로몬의 휘장들처럼 나는 아름다우니라."는 말씀은 성경적으로 그리스도의 신부를 말하는 것이다.

「내 사랑하는 이의 목소리로다! 보라, 그가 산들 위로 뛰며, 작은 산들 위로 가볍게 뛰며 오는도다」(솔 2:8).

주님이 오시는 것, 즉 휴거를 말한다.

「나의 사랑하는 이는 노루나 어린 사슴 같나니, 보라, 그가 우리의 벽 뒤에 서서 창문으로 들여다보며 창살을 통해 몸을 내보이는도다」(솔 2:9).

하늘에도 창문과 창살이 있다.

「나의 사랑하는 이가 내게 일러 말하기를 "나의 사랑, 나의 어여쁜 자야, 일어나 떠나자」(솔 2:10).

이는 신부를 데리러 오시는 신랑이신 예수님을 말씀한다.

「보라, 겨울도 지나고 비도 그쳐 사라졌으며, 땅에는 꽃들이 피고 새들이 노래하는 때가 왔도. 산비둘기의 소리가 우리의 땅에서 들리는도다」(솔 2:11,12).

휴거는 성경적으로 오순절 즉, 봄에 일어날 가능성이 높다.

「무화과나무는 푸른 무화과들을 내고 포도 넝쿨은 부드러운 포도로 좋은 향기를 내는도다. 나의 사랑, 나의 어여쁜 자야, 일어나 떠나자." 하였도다」(솔 2:13).

초대 교회 때 오순절에 성령님께서 임하셨는데, 교회가 들림 받아 떠나는 것 역시 같은 시기가 될 수 있다.

「나의 누이, 나의 신부야, 네가 내 마음을 빼앗아 갔구나. 네가 한쪽 눈과 네 목의 사슬 한 개로 내 마음을 빼앗아 갔구나」(솔 4:9).

"나의 누이, 나의 신부"라는 말씀에서 교회는 주님의 신부인 동시에 누이가 됨을 알 수 있다. 구원받은 사람들이 주님의 아내가 되지만 자매라고도 한다.

「나의 비둘기, 나의 더럽혀지지 않은 자는 오직 하나요, 그녀는 그 어머니의 외동딸이며 그녀를 낳은 어머니의 귀한 사람이라. 딸들이 그녀를 보고 그녀를 축복하니, 정녕, 왕후들과 후궁들과 그들이 그녀를 칭찬하는도다」(솔 6:9).

앞에서 살펴본 것처럼 성경에는 여러 부류의 사람들이 나온다.

「아침처럼 비추고, 달처럼 고우며, 해처럼 맑고 깃발들을 든 군대처럼 위엄이 있는 여자는 누구인가?」(솔 6:10)

신랑이신 주님께서는 교회를 향해 "아침처럼 비추고, 달처럼 고우며"라고 하신다. 교회는 왕후도, 후궁도 아닌 신부이다. 교회는 태양이신 예수님의 빛을 세상에 반사하는 달에 비유된다. 또한 달처럼 우리는 태양이신 주님을 따라간다. "달처럼 고우며, 해처럼 맑고 깃발들을 든 군대처럼 위엄이 있는 여자는 누구인가?" 그 여자는 재림하시는 주님과 함께 내려오는, 주의 군대인 교회이다.

그런데 구약 당시에 이 말씀을 읽는 것만으로 교회의 존재를 어떻게 알았겠는가? 십자가 사건 후 교회가 탄생하며 이후 2천 년 동안 지속되리라는 것을 알기는 어려웠을 것이다. 그리스도의 고난에 대해서는 조금은 알았을지라도 구약 성경에서 그리스도의 고난과 그 후에 올 교회의 존재에 대해 명료하게 찾기란 힘들었을 것이다.

그리스도의 고난에 대한 예언

「나의 하나님, 나의 하나님, 어찌하여 주께서는 나를 버리셨나이까? 어찌하여 나를 돕지 아니하시며 나의 신음하는 말들을 멀리하시나이까? 오 나의 하나님, 내가 낮 동안에 부르짖으나 주께서 듣지 아니하시며 밤 동안에도 내가 잠잠하지 아니하나이다. 이스라엘의 찬양 가운데 거하시는 오 주여, 주는 거룩하시나이다」(시 22:1-3).

구약의 많은 부분이 왕국, 재림, 왕, 통치 등에 대한 말씀하지만, 위 구절은 십자가 사건에 대한 예언의 말씀이다.

「그러나 나는 벌레요, 사람이 아니라. 사람들의 비방거리요, 백성들에게 멸시거리니이다. 나를 보는 자는 다 조롱하며 비웃나니 그들이 입술을 내밀고 머리를 흔들며 말하기를 "그가 주께서 자기를 구하실 줄 신뢰하였도다. 주께서 그를 기뻐하시니 그를 구하시게 하라." 하나이다」(시 22:6-8).

이 예언은 예수님의 십자가 사건 때 그대로 이루어졌다. 혹자는 이 말씀이 다윗 자신에 대한 언급이라고 하는데, 이 시편은 물론 다윗이 기록했지만 예수님에 대한 예언의 말씀이다. 우리는 이 말씀에서 그의 고난에 대해서 알 수 있다. 구약의 선지자들은 그리스도의 고난과 영광에 대해 그 시기가 언제이고 그것이 무엇에 관한 말씀인지 잘 몰랐다. 하지만 오늘날 우리는 분명히 안다. 그리스도의 고난으로부터 2천 년이 지났을 뿐 아니라 십자가 사건이 이미 일어난 일로 성경에 기록되어 있기 때문이다.

「나를 멀리하지 마소서. 고난이 가까이 있으나 도울 자가 아무도 없나이다. 많은 황소가 나를 에워싸고 바산의 힘센 황소들이 나를 둘러쌌나이다」(시 22:11,12).

바산의 힘센 황소들은 주님을 둘러싼 바리새인들, 악인들을 표현한 것이다.

「그들이 내게 입을 벌림이 마치 찢고 울부짖는 사자 같나이다. 내가 물같이 쏟아졌으며 나의 모든 뼈는 어그러졌고 내 심장은 밀초 같아서 나의 내장 가운데서 녹았나이다」(시 22:13,14).

주께서는 십자가에서 이렇게 되셨다.

「내 기력이 질그릇 조각같이 말랐으며 내 혀는 잇틀에 붙었나이다. 또 주께서 나를 사망의 진토 속에 두셨나이다. 개들이 나를 에워싸고 악인의 무리들이 나를 둘러쌌으며 그들이 내 손과 내 발을 찔렀나이다」(시 22:15,16).

이 말씀을 보면 예수님에 대한 예언이라는 사실이 더욱 명백해진다.

「내가 내 모든 뼈들을 셀 수 있으니 그들이 나를 보며 쳐다보나이다. 그들이 그들 가운데서 내 겉옷을 나누고 내 속옷을 제비뽑나이다」(시 22:17,18).

예수님께서는 성경대로 그 뼈가 꺾이고 부러지지 않았으며, 성경대로 병사들이 주님의 옷들을 제비 뽑아 나눠가졌다.

「그러나 오 주여, 나를 멀리하지 마소서. 오 나의 힘이시여, 속히 나를 도우소서. 내 혼을 칼에서 내 유일한 것을 개의 세력에서 구하소서. 나를 사자의 입에서 구하소서. 이는 주께서 유니콘들의 뿔들로부터 나를 들으셨음이니이다. 내가 주의 이름을 내 형제들에게 선포하며 회중 가운데서 내가 주를 찬양하리이다」(시 22:19-22).

22절은 신약 성경 히브리서에서도 인용된다(히 2:12). 이렇게 우리는 주님의 고난에 대해 기록된 말씀을 시편에서 읽을 수 있다. 이사야서 53장에서도 고난에 대해 예언되어 있다.

「우리의 전한 것을 누가 믿었으며, 주의 팔이 누구에게 나타났느냐? 이는 그가 그 앞에서 연한 싹 같고 마른 땅에서 나온 뿌리같이 자랄 것이며, 그는 모양도 우아함도 없으시니 우리가 볼 때에 그를 흠모할 아름다움도 없음이라」(사 53:1,2).

「그는 사람들에게서 멸시받고 거부되었으며 슬픔의 사람이요 질고에 익숙한 사람이라. 우리가 우리의 얼굴을 그로부터 숨긴 것 같이 그는 멸시 받았고 우리는 그를 존중하지 아니하였도다. 실로 그가 우리의 질고를 지고 우리의 슬픔을 지었는데도 우리는 그가 형벌을 받아 하나님께 맞으며 고난당한 줄로 생각하였도다. 그러나 그는 우리의 허물로 인하여 상처를 입었고, 그는 우리의 죄악으로 인하여 상하였도다. 우리의 화평을 위한 징계가 그에게 내려졌고, 그가 맞은 채찍으로 우리가 치유되었도다」(사 53:3-5).

이 구절은 분명하게 이스라엘 백성들에게 기록된 말씀이지만 주님의 대속적 희생을 말씀하며, 우리 이방인들도 이 혜택을 받게 되었다.

「우리는 모두 양같이 길을 잃어 각자 자기의 길로 돌이켰으나 주께서는 우리 모두의 죄악을 그에게 지우셨도다. 그가 억압을 당하고 고난을 당하여도 그의 입을 열지 아니하였으니 그가 어린양처럼 도살장으로 끌려가며, 또 털 깎는 자들 앞의 양이 말없듯이, 그가 자기 입을 열지 아니하는도다」(사53:6,7).

두말할 것도 없이 이는 십자가 사건에 대한 예언이다.

「그가 감옥과 재판에서 끌려갔으니 누가 그의 세대를 선포하리요? 이는 그가 산 자들의 땅에서 끊어졌음이요, 그가 내 백성의 허물로 인하여 형벌을 받았음이라. 그가 악한 자들과 더불어 자기의 무덤을 마련하였으며 그의 죽음을 부자와 함께하였으니 이는 그가 폭력을 행사하지 않았고 그의 입에는 속임수가 없었기 때문이라. 그를 상하게 하는 것이 주를 기쁘시게 하였기에 주께서 그를 고난에 두셨도다. 주께서 그의 혼을 속죄제물로 만드실 때 그가 자신의 씨를 보리니 그가 자신의 날들을 늘릴 것이요, 주의 기쁨이 그의 손에서 번창하리라」(사 53:8-10).

주님께서는 결국 십자가에서 돌아가시고 이로써 많은 열매들을 가져오셨다. 「그가 자기 혼의 고통을 보고 만족하게 되리라. 나의 의로운 종이 자기의 지식으로 많은 사람을 의롭게 하리니 이는 그가 그들의 죄악을 담당할 것임이라. 그러므로 내가 위대한 자와 더불어 한 몫을 그에게 나누어 줄 것이며, 그가 강한 자들과 더불어 탈취물을 나눌 것이니 이는 그가 자기의 혼을 부어 죽음에 이르게 하였으며, 또 그는 범죄자들과 더불어 헤아림을 받았으나 그가 많은 사람들의 죄를 지며 범죄자들을 위하여 중보를 하였음이라」(사 53:11,12).

지금까지 구약 성경에서 몇 가지 예언들을 살펴 보았는데, 성경은 대부분이 메시아와 왕국에 대한 말씀이며, 그분의 고난과 영광에 대한 말씀이다. 성경에 의하면 교회는 사실 신비 상태이다. 교회와 왕국에 대한 복음이 서로 다르다.

교회와 왕국은 그 통치 방법도 서로 다르다. 교회는 영적 통치이고 왕국은 물리적 통치이다. 이것을 올바로 분별하는지 여부에 따라서 인생이 달라지고 교회의 사역 방법이 달라진다. 이것에 대해 올바로 알지 못하면 망하게 된다. 오늘날의 교회들은 왕국의 개념으로 이 사회를 더 번성시킨다는 사회 복음을 전하고 있다. 그러나 그들은 '다른 복음'을 전함으로써 저주의 길로 가고 있는 것이다.

왕국 복음과 은혜 복음의 차이에 대해서 다음 장에서 더 살펴보려 한다.

21
왕국복음과 은혜복음

현재 바이블 빌리버들 외의 모든 한국 교인들은 성경에서 왕국과 교회를 동일한 것으로 생각한다. 왕국 복음과 은혜 복음의 차이점을 잘 모르는 대부분의 한국 목사들은 오늘날에 전해야 할 은혜 복음을 전하지 않고 왕국 복음을 전한다. 앞 장에서는 구약을 공부하면서, 성경의 많은 부분이 왕국과 재림을 다룬다는 것과 선지자들은 초림과 재림이 바로 이어지는 것으로 생각했기에 그 사이에 있는 교회는 보지 못했다는 점을 살펴보았다. 그리고 솔로몬의 노래에서는 그리스도의 신부인 교회가 어떤 모습인지를 살펴보았다.

로마서 11장을 보면, 예수님께서 십자가에서 돌아가신 후의 교회 시대, 왕국, 그리고 이스라엘을 서로 다른 관점을 가지고 보아야 함을 알게 된다. 왕국은 언제나 이스라엘과 연관이 있는데, 그들은 메시아께서 다윗의 보좌에 앉으셔서 다스리실 왕국을 기다린다.

「그들의 실족으로 구원이 이방인들에게 이르렀으니 이는 그들로 시기하게 하려 함이니라. 그들의 실족함이 세상의 부요함이 되고 그들의 쇠퇴가 이방인들의 부요함이 되었다면 하물며 그들의 충만함은 어떠하겠느냐?」(롬 11:11,12)

위 구절에서 "그들"은 유대인이며, 여기서 유대인과 이방인 간의 관계에 대해 말씀하고 있다. 이스라엘 백성이 복음을 거부함으로써 구원이 이방인에게 이르렀고, 이는 유대인들로 하여금 시기하게 하려는 것이다. 또한 유대인들의 충만함은 천년 왕국을 도래하게 한다.

「내가 이방인인 너희에게 말하노라. 내가 이방인들의 사도이기에 나의 직분을 영광스럽게 여기나니 이는 아무쪼록 내가 나의 동족을 시기나게 하여 그들 가운데 얼마라도 구원하려 함이라. 그들을 버리는 것이 세상의 화해가 된다면 그들을 받아들임은 죽은 자들로부터 살아나는 생명이 아니고 무엇이겠느냐?」(롬 11:13-15)

모든 사람이 구원을 받을 수 있게 되었기 때문에 세상의 화해가 된 것이다. 주님께서는 재림하신 후 천년 왕국에서 유대인들을 다시 받아들이신다.

「형제들아, 너희가 스스로 지혜 있는 체하지 않게 하기 위하여 이 신비를 너희가 모르기를 내가 원치 아니하노니 이는 이방인들의 충만함이 차기까지는 이스라엘의 일부가 완고하게 된 것이라. 그리하여 온 이스라엘이 구원을 받으리라. 기록된 바 "구원자가 시온에서 와서 야곱에게서 경건치 아니한 것을 제거하리라"」(롬 11:25,26).

이는 재림 때 주님께서 시온에 오신다는 말씀이다. 성경은 초림과 재림, 그리고 그 사이에 있을 교회에 대해 설명하며, 재림 때 주님께서 야곱에게서 경건치 아니한 것을 제거하신다고 말씀한다. 이방인들이 복음을 거절하고 이방인이 배교하여 죄가 충만해진 때에 주님께서는 다시 이스라엘로 돌아오실 것이다. 이처럼 주님께서는 유대인과 이방인의 운명 및 교회 시대를 각각 다르게 보신다.

「이는 내가 그들의 죄들을 없앨 때 그들에 대한 나의 언약이 이것임이니라." 함과 같으니라. 복음에 관하여는 그들이 너희로 인하여 원수가 되었으나, 선택에 있어서는 그들의 조상으로 인하여 사랑을 받는 자들이라」(롬 11:27,28).

유대인들은 아직도 '복음의 원수'이다. 이를 오용하여 카톨릭이나 나치 등이 유대인들을 많이 박해했고, 반유대주의자들은 지금도 늘어나고 있다. 심지어 침례교인 중에도 반유대주의자들이 있는데, 이는 저주를 부르는 행동이다. 유대인들은 "선택에 있어서는 그들의 조상으로 인하여 사랑을 받는 자들"이고, 하나님께서는 창세기에서 아브라함과 영원한 언약을 맺으실 때 팔레스타인 땅을 유대인의 것으로 정하셨다. 그런데도 인간은 하나님의 말씀을 반대하고 있는 것이다. 결국 성경의 예언대로 유대인들을 대적하는 자들이 나오고, 더 나아가 하나님의 말씀을 거부함으로써 이방인들의 죄악이 충만하게 된다.

「그 무렵에 침례인 요한이 와서 유대 광야에서 전파하여, 말하기를 "너희는 회개하라. 천국이 가까이 왔느니라."고 하니, 이 사람은 선지자 이사야가 말한 그 사람이라. 말하기를 "광야에서 외치는 자의 음성이 있어 '너희는 주의 길을 예비하고 그의 길들을 곧게 하라.'고 하는도다." 하였더라」(마 3:1-3).

초림 때 예수님께서 사역을 시작하시기 전에 침례인 요한이 주님의 길을 예비하기 위해 유대인들에게 회개하라고 외쳤다. 마태복음 3장에서 요한은 천국이 가까이 왔음을 전했는데, 이 천국은 물리적 왕국을 뜻한다. 즉 예수님께서 지상에서 다윗의 보좌에 앉아 통치하시는 왕국을 말하며, 은혜 복음과는 관련이 없다. 그러나 앞에서 설명한 교회와 왕국의 차이점으로 인해, 유대인들은 그 왕국만 생각하고 복음을 거절하게 되었다. 반면 교회는 구약에 있는 왕국에 대한 예언들을 교회의 것으로 주장하여 왕국에 관한 복음을 은혜 복음과 혼합해서 해석하다가 결국 행위 복음을 전파함으로써 은혜 복음의 확산을 막고 혼란을 가져오게 되었다.

마태복음 4:17에서 예수님께서는 "회개하라. 천국이 가까이 왔느니라."고 말씀하셨다. 이 구절 역시 왕국 복음에 대한 말씀인데, 많은 한국 교회는 은혜 복음과 왕국 복음의 차이점에 무지하여 이 구절을 인용해 왕국 복음을 구원의 교리로 가르친다. 또한 은혜 복음에 행위라는 요건을 혼합한 잘못된 교리를 가르치고 있는데, 이를테면 예수님을 믿을 뿐만 아니라 주님의 말씀대로 살아야 구원받는다거나, 침례 등 여러 행위가 구원에 필수적이라고 한다. 그러나 이는 성경을 올바로 나누지 못함으로써 현재 시대의 은혜 복음에서 벗어난 잘못된 복음을 전하는 것이다.

치유를 동반한 왕국 복음

「예수께서 온 갈릴리에 두루 다니시며 그들의 회당에서 가르치시고, 또 왕국 복음을 전파하시며, 백성 가운데 모든 질병과 모든 허약함을 고쳐 주시더라」(마 4:23).

왕국 복음은 물리적 복과 연관되어 있기 때문에 병 고치는 은사가 함께 등장하는 것을 볼 수 있다. 반면, 은혜 복음은 병을 고치는 등 물리적인 은사에 의존함이 없이 오직 하나님의 말씀으로만 거듭나게 하는 것이다. 또한 구원받은 이들은 영적인 복을 받는 것인데, 목사들이 이 차이점을 모른 채 오늘날 왕국 복음을 전파하고 있다.

「주의 명성이 온 시리아로 퍼져 모든 병든 자, 즉 갖가지 질병과 통증으로 고통받는 자들, 마귀들에게 사로잡힌 자들, 정신병자들, 중풍병자들을 주께 데려오니, 그들을 고쳐 주시니라. 그러자 갈릴리와 데카폴리와 예루살렘과 유대와 요단 강 건너편으로부터 큰 무리가 주를 따르더라」(마 4:24,25).

트럼프가 대통령에 당선된 후 한 교회에서 기도 모임을 가졌다. 이때 무슬림, 힌두교, 개신교 등 다양한 종교 지도자들이 모여 기도를 했는데, 그중 개신교 목사들이 인용한 구절이 바로 마태복음 5장이었다. 그러나 마태복음 5-7장은 산상 설교에 관한 내용으로 천년 왕국, 왕국 복음과 관련이 있고 은혜 복음과는 전혀 상관이 없다.

「영이 가난한 자들은 복이 있나니, 천국이 그들의 것임이요」(마 5:3). 예수 그리스도의 보혈로 죄 사함 받아 구원받는 이 시대에 왕국 복음에 관한 구절을 구원의 교리로 가르치는 것은 참으로 안타까운 일이다. 성경에 대한 무지가 결국 사람들을 지옥으로 보낸다. 이 산상 설교 말씀을 낭독함으로써 전세계의 수십억 인구가 지켜보고 있는 상황에서 행위 복음을 전하게 된 것이다.

거짓 목사들이 전하는 메시지는 어떤 상황에서든 늘 정해져 있다. 만일 TV로 시청하는 그 수많은 사람들에게 로마서 10장, 에베소서 2장 등 은혜 복음에 대한 구절을 전했다면 많은 구원의 역사가 일어났을 텐데, 그 좋은 기회를 놓치고 말았다.

「마음이 순결한 자들은 복이 있나니, 그들이 하나님을 볼 것임이요」(마 5:8). 산상 설교에 따르면 마음이 순결한 자가 하나님을 볼 수 있어야 하는데, 이것은 우리에게 해당되는 구절이 아니다. 목사들이 시대를 올바로 구별하지 않고 성경을 가르쳐 거짓 복음을 전파하고 있다.

「화평케 하는 자들은 복이 있나니, 그들이 하나님의 자녀라 불릴 것임이요, 의로 인하여 박해를 받는 자들은 복이 있나니, 천국이 그들의 것임이라」(마 5:9,10). 이는 요한복음 1:12과 완전히 반대되는 구절이며, 왕국 복음과 은혜 복음의 차이점을 극명하게 보여 준다. 은혜 복음은 예수 그리스도를 영접하는 자, 즉 그의 이름을 믿는 자들이 하나님의 아들이 되는 권세를 받는 것이다. 반면에 왕국 복음은 행함을 요구한다.

마태복음 6장에서 주님은 제자들에게 기도에 대해 가르치셨는데, 이 내용은 수많은 교회에서 소위 '주기도문'으로 매주 암송되고 있다. 그러나 오늘날 은혜 복음 시대에는 그렇게 기도할 필요가 없다.

'주기도문'은 대환란 때에 적용됨

「그러므로 너희는 그들을 닮지 말라. 이는 너희가 구하기 전에 너희 아버지께서는 너희가 무엇을 필요로 하는지 아심이라. 그러므로 너희는 이렇게 기도하라. '하늘에 계신 우리 아버지, 아버지의 이름이 거룩하게 되시옵고, 아버지의 왕국이 임하시오며, 아버지의 뜻이 하늘에서와 같이 땅에서도 이루어지이다」(마 6:8-10).

이 기도는 하나님께로부터 임할 왕국이 아직 임하지 않은 상태에서 왕국의 도래를 기다릴 때 드리는 기도이다. 주님께서 오셔서 설교하신 당시에는 왕국이 곧 도래할 수 있는 상황이었다. 물론 주님은 미리 아심에 의해서 유대인들이 거절할 것임을 예언하셨다. 천국이 가까이 왔다고 설교하셨을 때 실제적인 왕국이 도래할 수 있었으나 결국 유대인들의 거절로 인해 연기되었다.

마태복음 6장의 기도가 드려지는 시점은 교회 시대가 끝난 대환란 때이다. 대환란 성도들은 왕국이 속히 임하기를 원하기 때문에 주님께서는 그들을 위한 기도의 안내서를 주신 것이다. 마태복음 5-7장, 24장의 "끝까지 견디는 자가 구원을 받는다" 같은 구절은 천국이 도래하기 직전에 성도들이 지켜야 하는 말씀, 즉 대환란 때에 적용되는 말씀이다. 지금까지의 내용을 이해했다면 왕국 복음과 은혜 복음을 구별하는 데 문제가 전혀 없을 것이다. 교회 시대와 왕국 시대의 차이를 올바로 분별하면 성경에 오류와 모순이 없음을 알게 된다.

대환란 시대가 시작되면 성도들은 적그리스도의 왕국에서 짐승의 표를 받지 않고 숨어서 도망다니는 생활을 하게 된다. 「오늘 우리에게 일용한 양식을 주시옵고」(마 6:11). 미카서 7장의 예언대로 주님께서는 출애굽 때처럼 기적적인 방법으로 성도들을 먹여 주실 것이고, 이때 그들은 이런 기도를 드리게 된다.

「우리가 우리에게 빚진 자들을 용서하는 것같이 우리의 빚진 것들도 용서해 주시오며」(마 6:12). 이 때에는 죄사함을 받으려면 행위가 필요하다. 현재 시대에는 예수 그리스도의 보혈로 모든 죄사함을 받기에 이것은 오늘날 우리에게 적용되는 기도가 아니다.

「우리를 시험에 들게 하지 마시옵고, 악에서 구하여 주시옵소서」(마 6:13). 또한 구원의 영원한 보장이 없기 때문에, 대환란 시기에 적그리스도에게 잡혀 짐승의 표를 받으면 지옥에 가게 된다. 따라서 항상 악에서 보호해 주시기를 주님께 간구해야 한다. 「그 왕국과 권세와 영광이 영원토록 아버지의 것이옵니다. 아멘」(마 6:13). 여기서 왕국이 나오는 것을 확인할 수 있다.

왕국 복음에는 행함이 따르고, 대환란 때에는 행함이 따르지 않으면 구원받을 수 없다. 마태복음 6:32에서 주님께서는 "이런 것들은 모두 이방인들이 구하는 것"이라고 하셨고, 유대 성도들은 똑같이 구할 필요가 없다고 하셨다. 그러나 은혜 복음은 누구나 값없이 받는 것이며 한번 받은 구원은 영원하다.

마태복음 7장은 거짓 선지자에 대해 말씀한다. 「그러므로 무엇이든지 사람들이 너희에게 해주기를 바라는 대로 너희도 그들에게 그렇게 해주라. 이것이 율법이요, 선지서들이니라」(마 7:12). 여기에도 행위가 포함되어 있다. 이처럼 마태복음 5-7장은 은혜 복음과 전혀 관계가 없다.

앞으로 올 천년 왕국 때에는 구약 시대에 그러했듯 주님께서 병 고침 등 물리적인 복을 주신다. 「예수께서 온 갈릴리에 두루 다니시며 그들의 회당에서 가르치시고, 또 왕국 복음을 전파하시며, 백성 가운데 모든 질병과 모든 허약함을 고쳐 주시더라」(마 4:23). 또한 마태복음 9장에서 주님께서는 왕국 복음을 전파하시고 마귀를 쫓아내셨다.

그러나 교회 시대에 구원받은 그리스도인들이 받는 복은 영적인 복이며, 하나님의 나라는 눈에 보이지 않는 영적인 나라이다. 누구나 예수 그리스도를 믿고 거듭나면 하나님의 나라에 들어가고 영적인 복을 누리게 된다.

표적을 동반한 왕국 복음

10장에서 주님께서는 왕국 복음을 전파하도록 열두 제자를 보내신다. 주님께서는 1절에서 열두 제자를 부르셔서 그들에게 "더러운 영들을 쫓아내며 모든 병과 모든 허약함을 치유하는 권세"를 주신다. 그런데 5절에서 "이방인들의 길로도 가지 말고, 또 사마리아인의 성읍에도 들어가지 말고, 다만 이스라엘 집의 잃어버린 양에게로 가라"고 명령하신다. 따라서 제자들이 전하도록 명령받은 복음은 온 세상에 전파되는 은혜 복음이 아니다.

「가서 전할 때, "천국이 가까이 왔다"고 말하고, 병든 자들을 고쳐 주고, 문둥병자들을 깨끗하게 하며, 죽은 자들을 살리고, 마귀들을 내어쫓으라. 너희가 값없이 받았으니 값없이 주라」(마 10:7,8).

그들이 전한 복음은 "예수 그리스도의 보혈로 죄사함 받으라"는 것이 아니라 "천국이 가까이 왔다"는 것이었다. 그러나 우리는 민족을 구분하지 않고 모든 사람에게 예수님을 증거해야 한다. 따라서 두 가지 메시지가 서로 다름을 알 수 있다. K목사나 C목사 같은 거짓 목사들이 왕국 복음으로 구원받는 것처럼 설교하는 것은 혼들을 지옥으로 보내는 것이다.

마태복음 11장에서부터 제자들이 나가서 설교하기 시작했다. 「그후 주께서는 자기가 능력있는 일들을 가장 많이 행하신 성읍들이 회개하지 아니하므로 책망하기 시작하시더라」(마 11:20). 왕국 복음을 전했으나 유대인들은 결국 받아들이지 않았고, 주님께서는 그들에게 심판을 내리실 것을 결정하셨다. 「그러나 내가 너희에게 말하노니, 심판 날에 투로와 시돈이 너희보다 더 견디기 쉬우리라. 카퍼나움아, 하늘까지 높아진 너는 지옥까지 낮아지리라」(마 11:22,23).

주님께서는 마태복음 11장에서 왕국 개념의 복음보다 더 개인적인 메시지를 전하셨다. 「수고하고 무거운 짐진 자들아, 다 내게로 오라. 그러면 내가 너희에게 쉼을 주리라. 나는 마음이 온유하고 겸손하니, 내 멍에를 메고 나에게서 배우라. 그리하면 너희가 너희 혼에 쉼을 얻으리라. 이는 내 멍에는 쉽고 내 짐은 가볍기 때문이라." 고 하시더라」(마 11:28-30).

한편 마태복음 12:24에서 바리새인들이 예수님을 향해 "이 사람이 마귀들의 통치자인 비엘세붑을 힘입지 않고서는 마귀들을 쫓아낼 수 없느니라."고 말했는데, 이것이 바로 성령 모독 죄이다.

용서받을 수 없는 죄란 지상에 육신으로 와 계시는 하나님이신 예수 그리스도께서 마귀의 힘을 빌어 권능을 행한다고 모독하고 비방하는 것이다. 「그러므로 내가 너희에게 말하노니, 각종 죄와 모독은 사람들에게 용서가 되나, 성령을 거스르는 모독은 사람들에게 용서될 수 없느니라」(마 12:31). 오늘날 은사주의자들에게 그들이 하는 방언은 더러운 영이 준 것이라고 하면 이를 받아들이지 않고 그것이 성령을 모독하는 용서받을 수 없는 죄라며 거부한다.

주님께서는 그들에게 필요한 모든 표적은 다 보여 주셨는데도 불구하고 그들은 이를 믿고 받아들이기는커녕 또 다른 표적을 더 달라고 구했다. 말씀은 제쳐둔 채 표적만을 구하는 오늘날의 은사주의자들과 같은 그들을 향해 주님은 이렇게 말씀하셨다. 「악하고 음란한 세대가 표적을 구하나, 선지자 요나의 표적밖에는 줄 표적이 없도다」(마 12:39). 요나의 표적은 주님의 십자가 사건의 예표이다. 주님께서는 요나가 고래 뱃속에서 사흘 낮과 사흘 밤을 땅의 심장에 있다가 다시 나온 것에 대해서 말씀하신 것이다.

그리스도인들이 믿음 생활을 하는 데 필요한 것은 하나님의 순수한 말씀 하나뿐이다. 사람들이 표적을 구하는 이유는 그 마음이 악하고 음란하기 때문이다. 은사주의자들은 악하고 음란하기 때문에 표적을 구하는 것이다.

이제 48절부터 주님께서는 새로운 관계에 대해 말씀하신다. 주님의 모친 마리아와 형제들이 밖에 서 있을 때 "누가 내 모친이며, 누가 내 형제들이냐?"라고 하셨고, 50절에서 "누구든지 하늘에 계신 내 아버지의 뜻을 행하는 그 사람이 나의 형제요, 자매요, 모친이니라."고 하셨다. 육신적인 관계가 아님을 말씀하신 것이다.

마태복음 13장부터는 누룩에 대해, 그리고 겨자씨가 변해 생겨난 나무 가지에 공중의 새들이 깃드는 것에 대해 말씀하신다. 이는 교회 시대에 카톨릭을 중심으로 누룩, 즉 거짓 교리들이 퍼져나갈 것을 말씀하신 것이다. 그 말씀대로 교회 시대에 기독교계는 온통 누룩으로 물들어 있으며, 실제적인 왕국은 신비 상태가 되었다. 그리고 누가복음 19장부터는 이 왕국이 연기되었음을 알 수 있다.

지금까지 구약에 예언된 왕국에 대하여 간략하게 살펴보았다. 주님께서 처음에 천국이 가까이 왔다고 설교하셨으나 유대인들이 받아들이지 않았기에 그 왕국은 연기되었다. 「그들이 이 말씀을 듣고 있을 때 주께서 비유를 하나 더 들어 말씀하시더라. 이는 주께서 예루살렘에 가까이 계시므로 그 사람들은 하나님의 나라가 당장 나타나는 줄로 생각하고 있었기 때문이라」(눅 19:11).

유대인들은 그 왕국이 곧 도래할 것으로 생각했지만 주님께서는 비유로 다음과 같이 말씀하셨다. 「그러므로 주께서 말씀하시기를 "어떤 귀인이 왕국을 받아서 돌아오려고 먼 나라에 가게 되었더라. 그리하여 자기의 종 열 명을 불러 그들에게 열 므나를 주며 말하기를 '내가 올 때까지 장사하라.' 고 하였더니 그의 백성이 그를 미워하여 그의 뒤로 소식을 보내어 말하기를 '우리는 이 사람이 우리를 통치하는 것을 원치 아니한다.'고 하더라」(눅 19:12-14). 유대인들은 하나님의 말씀을 철저히 거절하고 오직 물리적 왕국만을 기다리다가 결국 지옥으로 갔다.

「그 귀인이 그 왕국을 받아서 돌아와 자기가 돈을 준 그 종들을 불러오라고 명하니, 이는 각자가 장사를 하여 얼마나 벌었는가를 알고자 함이더라」(눅 19:15). 이제 교회 시대에는 한 므나를 가지고 나가서 벌어와야 한다. 구원받은 사람들은 모두 한 므나씩 받았다. 그것을 열 므나로 벌어서 가져오면 심판대에서 열 고을을 다스리는 권세를 받는다. 다섯 므나를 벌어오면 다섯 고을을 다스린다. 아무것도 벌지 못한 사람은 가진 것마저 빼앗겨 열 므나, 다섯 므나를 가진 사람에게 주게 된다.

왕국은 교회 시대 기간 동안 연기되었고, 에베소서 1장에서 사도 바울에게 교회에 대한 계시를 하셨다. 교회에는 눈에 보이는 교회와 눈에 보이지 않는 교회가 있다. 눈에 보이지 않는 교회는 그리스도의 몸이다. 이는 주님께서 미리 아심에 근거해서 세상의 기초 이전에 계획하신 것이다. 에베소서 1:3은 "그리스도 안에서 천상에 있는 모든 영적인 복으로 우리에게 복 주신 하나님"이라고 말씀한다. 이제는 예수 그리스도 안에서 천상에 있는 모든 영적인 복을 주신다.

영적인 복을 받는 교회

「하나님께서 세상의 기초를 놓으시기 이전에 우리로 사랑 안에서 그분 앞에 거룩하고 흠 없게 하시려고 그리스도 안에서 우리를 택하시어 하나님의 기쁘신 뜻에 따라 예수 그리스도를 통하여 우리를 자신의 자녀로 입양할 것을 예정하셨으니 이는 하나님께서 그 사랑하시는 이 안에서 우리를 받아들이신 그의 은혜의 영광을 찬양케 하려 하심이니라. 그 사랑하시는 이 안에서 우리가 그의 은혜의 풍성함을 따라 그의 보혈을 통하여 구속, 곧 죄들의 용서함을 받았느니라」(엡 1:4-7).

예수 그리스도를 믿고 예수님 안으로 들어온 사람들은 택함을 받은 사람들이고, 하나님의 은혜를 받은 사람들이며 죄사함을 받은 사람들이다. 이것은 앞에서 살펴본 왕국 복음과 전혀 내용이 맞지 않는다. 이 두 복음의 차이점을 구분 못하면 행위 구원을 가르칠 수밖에 없는 것이다.

로마서, 갈라디아서, 에베소서를 보면 분명히 믿음만으로 구원받는다. 하지만 올바른 교리를 모르는 많은 목사들은 왕국 복음과 은혜 복음을 구분하지 못한다. 왕국 복음과 은혜 복음의 차이점을 모르기에 하루는 은혜 복음을 전하고, 그 다음에는 왕국 복음을, 그리고 그 다음에는 둘을 혼합해서 가르친다. 다양하게 가르치면 하늘나라에 갈 가능성이 더 높아지리라 생각하는 것이다. 또한 믿음뿐만 아니라 행위가 있어야 완벽해진다고 생각한다. 그러나 성경에서 행위 복음과 은혜 복음은 분명하게 구분된다.

성경을 잘 모르기에 그런 구절들은 다루지 못하는 것이다. 계속 둘을 혼합해서 가르치면 그것을 듣는 교인들뿐 아니라 목사 자신도 행위 구원을 믿게 되어 구원받지 못한다. 교회와 왕국의 차이점을 올바로 아는 것이 얼마나 중요한 것인지를 분명히 알아야 한다.

킹제임스성경을 최종 권위로 삼는 것만이 전부가 아니다. 애초에 성경은 하나여야 하기에 올바른 성경이 하나라는 사실은 굳이 강조할 필요조차 없다. 많은 사람들은 바이블 빌리버들이 킹제임스성경만을 사용하는 것을 보고 극단적이라고 지적한다. 올바른 하나님의 말씀은 하나밖에 없으며, 교회사를 통해 자신의 말씀을 순수하게 보존하신 하나님께서 이 시대에 우리에게 주신 보존된 성경은 킹제임스성경 하나뿐이다. 그 외의 다른 성경들은 모두 하나님의 말씀을 순수하게 담지 못한 가짜 성경이다.

중요한 것은 바로 성경 교리이다. 다른 무엇보다도 교리가 잘못되면 지옥에 가게 된다. 성경을 많이 알지는 못하더라도 전도지 한 장만 읽고 예수님을 자신의 구주로 믿어 구원받은 사람은, 성경을 백독했지만 왕국 복음과 은혜 복음을 구분하지 못하고 행위 구원을 가르치는 사람보다 훨씬 더 큰 복을 받은 것이다. 한 편은 평생 동안 믿음생활 하고도 지옥에 가지만, 다른 편은 성경 지식은 많지 않아도 올바른 복음의 메시지가 담긴 전도지 한 장을 읽고 믿음으로써 죄사함 받아 하늘나라에 가기 때문이다.

물론 하나님 말씀은 반드시 공부하고 알아야 한다. 그러나 아무리 공부해도 진리의 지식에 이르지 못하고 바른 교리를 모른다면 모든 날들이 허송세월이 되고 지옥에 가게 되는 것이기에 거짓 목사들 밑에 있는 교인들은 참으로 안타까운 것이다.

오직 믿음만으로 구원을 받은 사람도 하나님의 경륜을 모르면 언젠가는 잘못된 믿음으로 돌아설 수 있다. 은혜 복음이 과연 맞는지 헷갈릴 수 있기 때문이다. 특히 전도할 때, 상대방이 행위 구원을 가르치는 구절로 반박하면 자신도 혼란에 빠져 다른 믿음을 좇아갈 수가 있다. 물론 구원은 영원히 보장되는 것이기 때문에 그렇다고 해서 지옥에 가지는 않지만, 하나님의 경륜을 제대로 모르면 언젠가는 믿음으로 구원받는 은혜 복음에서 다른 길로 빠질 수 있으므로 성도들이 정확하게 아는 것이 매우 중요하다.

「그 은혜의 풍성함으로 인하여 그는 모든 지혜와 총명을 우리에게 넘치게 하시어 그의 기쁘심을 따라 자기 안에서 계획하신 바 그의 뜻의 신비를 우리에게 알게 하셨으니 이는 때가 찬 경륜 안에서 하늘에 있는 것들이나 땅에 있는 것들이나 자신 안에 있는 것들까지도 만물을 그리스도 안에서 하나로 함께 모으려는 것이니라」(엡 1:8-10).

하나님께서는 미리 아심에 근거해서 모든 것을 아셨기 때문에 예수 그리스도를 믿는 자들을 구원해 주시기로 정하신 것이다. 그리고 주님께서 직접 육신의 몸으로 오셔서 십자가에서 인류의 죄를 짊어지고 돌아가셨다. 이것이 오늘날 교회가 믿고 전해야 할 은혜 복음이다.

「교회는 그의 몸이니 만물 안에 모든 것들을 채우시는 분의 충만이니라」(엡 1:23). 여기서 말하는 교회는 그리스도의 몸, 보이지 않는 교회를 말하는 것이다. 그런데 카톨릭에서는 이를 보이는 교회라고 착각하고, 보이는 교회와 보이지 않는 교회의 차이를 모르는 채 '카톨릭 교회는 그의 몸이니'로 해석하기에 이른다. 이로 인해 중세시대에는 카톨릭 교회 밖으로 나간 자들은 지옥에 간다고 가르쳤고, 사람들이 두려움으로 카톨릭 교회를 섬길 수밖에 없었다.

동일한 상황이 오늘날 개신교회에서 반복되고 있다. 지방 교회는 "지방 교회는 그의 몸이니"로 해석하여 읽는다. 세칭 구원파나 워치만 리, 위트니스 리 같은 사람들도 자신의 교회를 벗어나면 믿음이 없고 구원을 못 받은 사람이라고 주장한다. L교주는 스스로가 교회이며 S단체에만 구원이 있다고 주장한다. 그러면 웨슬리, 무디는 어디로 갔단 말인가?

성경을 나누어 공부한 사람은 그렇게 가르치지 않는다. 예수 그리스도만 믿고 구주로 영접하면 구원을 받는 것인데, 왕국과 교회의 차이뿐 아니라 보이는 교회와 보이지 않는 교회를 구분하지 못하면 이런 이단 교리를 가르쳐서 사람들을 혼동에 빠뜨리게 된다.

「나와 함께 있는 모든 형제는 갈라디아의 교회들에 편지하노니」(갈 1:2). 여기서 "교회들"은 복수인 점을 주목해야 한다. 눈에 보이는 교회는 복수이며, 그리스도의 몸과 동일하지 않다. 그리스도의 몸은 단수이며 하나의 교회이다. 2천 년 동안 구원받은 모든 사람들 개개인이 그리스도의 몸의 지체이며, 모두 통틀어서 하나의 몸을 이룬다. 눈에 보이는 교회가 있고 눈에 보이지 않는 교회가 있다. 보이는 교회는 지역 교회이며, 믿음을 고백한 구원받은 사람들이 형성한 모임이다. 그 안에는 실제로 거듭나지 않은 사람도 있을 수 있다. 본인이 구원간증을 했지만 그 간증이 진실되지 않을 수도 있기 때문이다.

현재 모든 지역 교회들이 여기에 속한다. '온타리오의 교회들에게 편지한다' 하면 우리에게 한 것이다. 그런데 지방 교회에 대한 구절만 있으면 이를 자신의 교회에만 해당되는 것으로 해석하는 목사들이 있다. 사도 바울이 풀러톤 교회라고 하면 자신들에게만 말한 것으로 해석한다. 그러면 풀러톤에 있는 구원받은 다른 교회들은 거기에 들어가지 않는 것으로 간주하는 것이니 정말 어리석은 행동이 아닐 수 없다. 자신의 교만함으로 인하여 진리를 가려버린 것이다.

은혜 복음이란

고린도전서 15장에는 은혜 복음의 정의가 나와 있다. 왕국 복음 시대에는 왕국이 곧 도래하니 회개하고 메시아를 받아들이고, 메시아의 말씀대로 행할 것이 요구된다. 그러나 사도 바울은 그와는 다른 복음을 전한다. 「형제들아, 내가 너희에게 전한 복음을 이제 너희로 알게 하노니 이는 너희가 받았고 그 안에 선 것이라」(고전 15:1). 이것이 오늘날 교회 시대를 위한 정확한 복음이다. 그 이전은 전환기이기 때문에 그리스도의 몸, 은혜 복음 등은 신비였고 정확하게 알 수 없었다.

사도 바울은 갈라디아서에서 주님으로부터 직접 계시를 받았다고 언급했으며, 주님께서 계시해 주신 은혜 복음을 전하고 있다. 「만일 너희가 내가 전한 복음을 굳게 잡고 헛되이 믿지 아니하였다면 복음을 통하여 너희도 구원받은 것이라」(고전 15:2). 누구든지 헛되이 믿을 가능성도 있다. 회개하는 마음이 없다든지, 마음으로 믿지 않고 머리로 믿는 사람들이 지역 교회 안에 있을 수도 있다. 그런 사람들은 실제로 거듭나지 않은 채 헛되이 믿고 있는 것이다. 그러나 헛되이 믿지 아니하였다면 복음을 통해 지옥으로부터 구원받는다. 오늘날에는 오직 은혜 복음을 믿음으로써 구원을 받는다.

「내가 받은 것을 먼저 너희에게 전달하였나니 이는 성경대로 그리스도께서 우리의 죄들로 인하여 죽으시고」(고전 15:3). 우리의 죄를 위해 주님께서 죽으셨다. 「장사되셨다가 성경대로 셋째 날에 다시 살아나셔서 게바에게 보이시고 그 후에 열두 사도에게 보이신 것이라」(고전 15:4,5). 육신으로 오신 창조주 하나님이신 주 예수 그리스도께서 우리의 죄들로 인해 죽으셨고 장사되셨다가 셋째 날에 부활하신 사실을 믿고 그분을 영접하면 되는 것이다. 이것이 바로 은혜 복음이다.

그러나 오늘날 많은 사람들은 은혜 복음 대신 왕국 복음을 전하고 있다. 왕국 복음에는 반드시 행함이 따르게 된다. 많은 이들이 전도하면서 마태복음 24장을 많이 사용하는데, 그 장에서 제자들이 마지막 때에 대하여 묻자 주님께서는 13절에서 "그러나 끝까지 견디는 자는 구원을 받으리라"고 말씀하셨다. 그러나 고린도전서 15장은 예수 그리스도께서 우리의 죄들로 인하여 죽으시고 장사되셨다가 성경대로 부활하신 그 복음을 믿을 때, 헛되이 믿지 않았다면 구원을 받는다고 말씀한다. 이 13절의 내용과는 완전히 다른 것이다.

끝까지 견디는 자는 구원을 받는다고 하셨으므로 그 때에는 주님을 믿으면서 행함을 끝까지 지키고 견뎌야 한다. 14절에 왕국 복음이라고 하셨지 은혜 복음이라고 하지 않으셨기 때문에 오늘날 교회 시대에는 전할 수 없다. 교회가 휴거된 후 대환란이 시작되었을 때에 전할 수 있는 것이다. 즉 초림 때 전해진 그 복음이 연기되어 후에 전해지게 된 것이다. 이 복음을 전하려면 행위 복음을 안 넣을 수가 없다.

「이 왕국 복음이 모든 민족에게 증거되기 위하여 온 세상에 전파되리니, 그런 후에야 끝이 오리라」(마 24:14). 14만 4천 명이 등장하고, 엘리야와 모세가 등장하는 일들은 대환란 때 일어난다. 이때에 이 왕국 복음이 전해진다. 그 뒤에는 계시록에 나오는 영원한 복음이 전파된다. 천사들이 전하게 될 이 복음은 민족들의 회개를 요구하고 하나님의 심판을 요구하는 복음이다. 이처럼 대환란 때의 복음과 교회 시대의 복음이 다르다. 이 구절이 대환란 때를 의미함을 알 수 있는 이유는 21절에 이렇게 말씀하셨기 때문이다. 「이는 그 때에 대환란이 있으리니, 그와 같은 것은 세상이 시작된 이후로 지금까지 없었으며, 또 결코 없을 것이기 때문이라」(마 24:21).

이번 장에서는 교회와 왕국의 차이점과 영적인 축복, 물리적인 축복, 영적 통치, 물리적 통치, 그리고 복음의 차이점들을 알아 보았다. 이를 제대로 알지 못하면 복음을 정확하게 알지 못해 지옥에 가게 된다. 이제 다음 장에서는 하나님의 나라와 천국에 대해 다루려 한다.

하나님의 나라와 천국의 차이

- 하나님의 나라, 천국
- 영적인 나라, 물리적 나라
- 이스라엘을 통한 신정통치
- 물리적 나라
- 영적인 나라
- 대환란, 천년왕국
- 백보좌심판, 영원세계

22
하나님의 나라, 천국

앞에서 교회와 왕국의 차이점에 대해서 공부했는데, 이 왕국은 또다시 세 왕국으로 나뉜다. 성경에는 'kingdom of God'과 'kingdom of heaven,' 그리고 'heavenly kingdom'이 나온다. 한글킹제임스성경은 이 세 왕국을 각각 하나님의 나라, 천국, 그리고 하늘나라로 구분해서 번역했다.

왕국과 왕, 그리고 그 왕국이 오는 시기에 대해 올바로 알지 못하면 전하는 복음의 메시지 자체가 달라지게 된다. 즉 잘못된 복음을 전하게 된다는 말이다. 성경이 말씀하는 왕국의 교리를 올바로 알지 못하는 까닭에 현 시대에 해당되지 않는 왕국 복음을 현재 전하는 사람들이 있는가 하면, 하나님의 나라와 천국을 동일시하는 사람들도 있다.

먼저, 디모데후서 4:18에 나오는 하늘나라에 대해 간략하게 살펴보자.

「주께서는 나를 모든 악한 일에서 구해 내시고, 그의 하늘나라에 이르기까지 나를 보호하시리니, 영광이 그분께 영원무궁토록 있기를 원하노라. 아멘」(딤후 4:18).

이 하늘나라(heavenly kingdom)는 구원받은 그리스도인이 죽으면 그 혼이 가는 곳이다. 하늘에 실제적인 나라가 있으며 우리가 죽어서 그곳에 간다는 것을 생각하며 사는 사람은 많지 않다. 이 곳이 다른 말로는 셋째 하늘이며, 그곳에 부활 승천하신 주님의 보좌가 있다.

「말하기를 "너희는 회개하라. 천국이 가까이 왔느니라."고 하니」(마 3:2).

그 다음 살펴볼 왕국은 천국(kingdom of heaven)이다. 마태복음 3장에서 침례인 요한은 천국이 가까이 왔음을 전파했는데, 이것은 물리적인 왕국이다. 하늘에는 첫째 하늘, 둘째 하늘, 셋째 하늘이 있다. 첫째 하늘에는 해와 달, 별이 있으며, 지구도 하나의 별로서 이 물리적 공간인 하늘에 속한다. 이 땅, 즉 지구 위에 도래할 왕국인 천국은 땅에 세워질 물리적이고 실제적인 왕국이다.

「말씀하시기를 "그 때가 찼고 하나님의 나라가 가까이 왔도다. 너희는 회개하고 복음을 믿으라."고 하시니라」(막 1:15).

반면 위 구절이 말씀하는 것은 하나님의 나라(kingdom of God), 즉 영적인 왕국이다. 은혜 복음 시대인 오늘날 구원받은 사람은 구원받는 즉시 영적 왕국인 하나님 나라의 백성이 된다.

이 땅에 세워질 물리적 왕국인 천국, 영적이고 내적인 나라인 하나님의 나라, 그리고 하나님이 계시는 셋째 하늘에 있는 하늘나라, 이렇게 세 왕국이 존재하며, 이는 영어 킹제임스성경과 한글킹제임스성경에 확실하게 구분되어 있다. 본 장에서는 세 왕국 중에서 하나님의 나라와 천국, 두 왕국에 대해 살펴보려 한다.

하나님의 창조 사역

우선 하나님께서 이 세상을 창조하셨음을 말씀하는 창세기 1:1로 가 보자.

「태초에 하나님께서 하늘과 땅을 창조하셨느니라」(창 1:1).

영원하신 영적 존재이신 하나님께서 하늘과 땅, 즉 물질적인 세계를 창조하셨다. 여기서부터가 시작이며, 여기에 영적인 왕국과 물리적인 왕국, 두 왕국이 나온다. 이 두 왕국을 주님께서 통치하시는데, 욥기 38장을 보면 주님께서 하늘과 땅을 창조하시던 바로 그 때 영적 존재들은 이미 존재하고 있었음을 알 수 있다.

「그 기초들은 무엇 위에다 고정시켰으며 모퉁잇돌은 누가 놓았느냐? 언제 새벽별들이 함께 노래했으며 하나님의 아들들이 모두 기뻐서 소리쳤느냐?」(욥 38:6,7)

하나님께서는 영적인 존재들을 먼저 창조하시고, 그 후에 물리적인 것을 창조하셨다. 욥기 38장에서 하나님의 아들들이라 불리는 영적 존재들이 있었으며, 이들은 하나님의 창조를 목격할 때 주님을 찬양한다. 이 찬양대의 대장은 에스겔 28장에 나온다. 거기서 우리는 하나님께서 기름 부으신 자를 만나게 되는데, 세상을 창조하신 후 모든 피조물을 이 기름부음 받은 자에게 맡기셨다. 기름부음을 받았다는 것은 그가 왕이라는 뜻이다.

「인자야, 투로 왕에게 애가를 지어 그에게 말하라. 주 하나님이 이같이 말하노라. 너는 완전한 규모를 확정하는 자라. 지혜가 충만하고 아름다움이 완벽하도다」(겔 28:12).

주님께 기름부음을 받은 자인 이 투로왕은 하나님께 드리는 찬양을 지휘하던 자였다.

「네가 하나님의 동산 에덴에 있어 모든 귀한 돌인 홍보석과 황옥과 금강석과 녹보석과 얼룩마노와 벽옥과 사파이어와 에메랄드와 홍옥과 금으로 덮여 있었고 네 북들과 관악기들이 만들어짐이 네가 창조되던 날에 네 안에 예비되었도다」(겔 28:13).

음악을 관장하던 그는 교만으로 죄를 짓고 타락해서 사탄이 된다. 음악이 마지막 때 등장하는 적그리스도의 왕국과 깊은 관련이 있는 이유가 바로 이것이다. 다니엘서에서 우상 숭배에 음악이 중요한 도구가 되는 것을 볼 수 있다(단 3:10). 오늘날 무수한 교회들이 예배 시간에 CCM 등 록 뮤직에 쓰이는 악기나 음악을 사용하는데, 이는 모두 사탄 숭배와 연관된 것이다.

다니엘서에 나오는 것처럼 음악은 듣는 이의 국가나 인종, 언어와 관계없이 사람들을 하나로 묶어 주는 도구가 된다. 음악이라고 다 좋아할 것이 없는 이유가 여기 있다. 그렇다고 하나님을 찬양하지 말라는 것이 아니다. 마귀의 음악과 구별해야 한다는 말이다. 오늘날 한국 교회들은 음악에 큰 비중을 둔다. 성경적 구원의 복음을 전하지도 않고 구원도 받지 못한 사람들이 찬양을 한다고 하지만, 그 찬양이란 것을 고스란히 사탄이 받고 있다는 사실을 알아야 한다.

「너는 기름부음을 받은 덮는 그룹이라. 내가 너를 그렇게 세웠더니 네가 하나님의 거룩한 산 위에 있었고 네가 불의 돌들 가운데를 위아래로 걸었도다」(겔 28:14).

이 영적 존재가 기름부음을 받은 덮는 그룹(cherub)이다. "기름부음을 받은"이라는 뜻의 또 다른 단어가 '메시아'이다. 앞으로 올 대환란 때, 참된 메시아이신 주 예수 그리스도를 모방하는 가짜 메시아인 적그리스도가 등장한다.

그는 주님의 보좌를 덮는 그룹이었다. 하나님의 보좌 주위에는 동, 서, 남, 북 네 그룹과 덮는 그룹, 모두 다섯 그룹이 있었는데 그 덮는 그룹이 사라졌다. 이것이 죄를 지어 쫓겨난 사탄이다.

「네가 창조된 날로부터 죄악이 네게서 발견되기까지 너는 네 길에 완벽하였도다」(겔 28:15).

지혜뿐만 아니라 아름다움에 있어서도 완벽하게 창조된 이 영적 존재는 교만 때문에 하나님을 대적함으로써 타락하고 말았다.

루시퍼의 타락

「네 상품이 풍부함으로 그들이 폭력으로 네 가운데를 채워서 네가 죄를 지었느니라. 그러므로 내가 너를 더럽게 여겨 하나님의 산에서 쫓아내리라. 오 덮는 그룹아, 내가 불의 돌들 가운데로부터 너를 멸하리라. 네 마음이 너의 아름다움으로 인하여 높아졌고 너는 네 지혜를 네 찬란함으로 인하여 변질시켰도다. 내가 너를 땅에다 던질 것이며 내가 너를 왕들 앞에 두어 그들로 너를 보게 하리라」

(겔 28:16,17).

사탄의 종말은 요한계시록에 기록되어 있다(계 20장).

「너는 네 죄악이 많음으로 인하여, 즉 네 거래의 죄악으로 인하여 네 성소들을 더럽혔느니라. 그러므로 내가 네 가운데로부터 불을 일으키리니 그 불이 너를 삼킬 것이요, 내가 너를 보는 모든 자들의 목전에서 너를 땅 위에 재가 되게 하리라. 백성 가운데서 너를 아는 모든 자들이 너를 보고 놀랄 것이며 너는 몰락하여 결코 더 이상 존재하지 못하리라」(겔 28:18,19).

이사야서 14장에서 그는 루시퍼라는 이름으로 불린다.

「그들 모두가 네게 일러 말하기를 "너도 우리처럼 연약하게 되었느냐? 너도 우리와 같이 되었느냐?" 하리로다. 네 화려함과 네 비올들의 소리가 음부까지 끌어내려졌으니 벌레가 네 밑에 깔려 있고 벌레들이 너를 덮는도다」(사 14:10,11).

「오 아침의 아들 루시퍼야, 네가 어찌 하늘에서 떨어졌느냐! 민족들을 연약하게 하였던 네가 어찌 땅으로 끊어져 내렸느냐! 이는 네가 네 마음속에 말하기를 "내가 하늘에 올라가서 내가 내 보좌를 하나님의 별들보다 높일 것이요, 내가 또한 북편에 있는 회중의 산 위에 앉으리라. 내가 구름들의 높은 곳들 위로 올라가, 내가 지극히 높으신 분같이 되리라." 하였음이라」(사 14:12-14).

그의 타락 이전 이름은 "아침의 아들"이다. 하나님의 아들들이라는 영적 존재들이 창조되었을 때, 그들의 리더가 루시퍼였다. 그는 영적 권위를 갖고 있었고, 영적 나라의 왕이었으며, 동시에 물리적인 나라의 왕이었다. 변개된 성경은 '루시퍼'를 계명성

(morning star)로 고침으로써 그 타락의 주인공을 예수님으로 바꾸어 버렸다. 그러나 본문에는 '별'이라는 단어가 없다. 루시퍼는 빛을 가져오는 자라는 뜻이다.

교만해진 그는 결국 타락하고 말았으며, 하나님의 보좌를 넘본 것으로 인해 심판을 받았다. 그러나 사탄은 거기서 끝나지 않고 계속적으로 하나님을 대적하며 하나님의 자리를 찬탈하려 해 왔으며, 아직도 그것을 차지할 수 있다고 생각한다.

인간이 죄를 짓는 것은 자기 자신의 육신 때문이기도 하지만 영적인 존재인 사탄의 역사 때문이기도 하다. 구원받지 못한 인간은 마귀에게 종 노릇하며 마귀의 자녀로 비참하게 사는 것이다.

「그러나 너는 지옥까지 끌어내려질 것이요, 구렁의 사면에까지 끌어내려지리라」(사 14:15).

심판의 결과 – 혼돈

이 위대한 영적 존재에게 주님께서 창조하신 왕국이 맡겨졌는데, 그의 타락으로 인해 심판을 받게 되었다. 그 심판의 결과가 바로 창세기 1:2에 기록된 말씀이다.

「땅은 형체가 없고 공허하며 어두움이 깊음의 표면에 있으며 하나님의 영은 물들의 표면에서 거니시더라」(창 1:2).

창세기 1:1에서 하나님께서 하늘과 땅을 창조하셨다는 말씀 뒤에 2절에서 갑자기 땅이 형체도 없고 공허하게 되었다고 말씀한다. 이는 1절과 2절 사이에 어떤 일이 일어났기 때문이다. 그 일이 바로 이사야서, 에스겔서에 언급된 사탄의 반란이다. 하나님을 대적해 일어난 반란으로 인해 하나님께서는 그 땅을 심판하셨고, 그 결과 땅은 형체가 없고 공허하게 되었다.

무지한 사람들은 하나님께서 혼동된 상태에서 창조하셨다는 이상한 교리를 만들어서, 창세기 1장에서 1절과 2절의 차이를 알지 못하게 한다. 그러나 하나님께서는 최초에 세상을 혼동되게 창조하지 않으셨다.

흠정역을 번역한 J목사는 이단이라는 비난에서 빠져나가기 위해 바이블 빌리버들이 '킹제임스성경만이 옳다고 해서 이단이 아니라 재창조를 가르치기 때문에 이단'이며, 따라서 재창조 교리를 거부하는 자신은 이단이 아니라고 발뺌하기 시작했다.

그러나 성경은 분명히 창세기 1:1에서 하나님께서 '하늘과 땅을' 창조하셨다고 하셨다. 무에서 유를 만드시는 하나님께서는 혼동된 상태의 하늘과 땅을 만드신 것이 결코 아니다. 주님은 모든 것을 완벽하게 창조하셨다. 영원의 세계에 계시던 하나님께서는 어느 한 시점에 하늘과 땅을 창조하셨다. 그러나 루시퍼와 그를 따르는 천사들이 반란을 일으켜 하나님을 대적했다. 이에 하나님께서는 그들을 물로써 심판하셨고, 그 결과 땅은 그렇게 형체도 없고 공허하게 된 것이다(창 1:2).

이 사건뿐만 아니라 노아의 홍수 사건으로 인해서도, 하나님께서는 성경을 거부하는 과학자들을 완전히 혼란에 빠뜨리셨다. 진리를 배제한 그들은 아무리 연구를 해 봤자 답을 얻을 수 없다. 소위 연도 측정법이라는 것을 써서 지구의 나이는 몇 백만 년이라고 했다가 다시 몇 천만 년이라고 하며 갈피를 못 잡는 그들은 지식을 자랑하나 어리석음과 무지에서 헤어나오지 못한다.

우리가 분명히 아는 것은 하나님께서는 모든 것을 완벽하게 창조하셨고, 영적 존재들의 반역으로 인해 하나님의 심판이 있었기 때문에 창세기 1:2 말씀대로 "땅이 형체가 없고 공허하며 어두움이 깊음의 표면에" 있게 되었다는 것이다. 이 깊음은 하나님께서 우주를 심판하신 그 물의 깊음이다. 성경에서 깊음이라는 단어는 그 때의 사건을 말하는 것이며, 현재 그 깊음은 저 하늘에 있다. 과학자들은 최근에서야 우주 저 먼 곳 어딘가에 엄청난 양의 물이 있다는 것을 발견했다고들 한다. 과학이 성경보다 수천 년 뒤진 것이다.

이제 창세기 1:3에서부터 하나님께서는 재창조를 시작하신다. "빛이 있으라."

「하나님께서 말씀하시기를 "물들 가운데 창공이 있으라. 창공으로 물들에서 물들을 나누게 하라." 하시니라」(창 1:6).

우주를 물로 완전히 심판하신 주님께서는 그 물을 나누신다. 물을 위 아래로 나누시고, 그 가운데를 창공이라고 하셨다. 즉 창공을 사이에 두고 창공의 위와 아래에 물이 있는 것이다.

「하나님께서 창공을 만드시고 창공 위에 있는 물들에서 창공 아래 있는 물들을 나누시니 그대로 되니라. 하나님께서 창공을 하늘이라 부르시니라. 저녁과 아침이 되니 둘째 날이더라」(창 1:7,8).

주님의 보좌는 유리바다 위에 있다고 성경은 말씀한다(계 4:6). 즉 그 물의 겉 표면은 유리 같은 얼음 상태로 되어 있는 것이다. 그 물들이 창공을 두고 위 아래로 나뉘게 된다.

심판 후 루시퍼를 쫓아내신 주님께서는 재창조를 하시고 나서 이제 아담을 만드신다.

하나님의 형상대로 지음 받은 아담

「하나님께서 말씀하시기를 "우리의 형상대로 우리의 모습을 따라 사람을 만들자. 그리하여 그들로 바다의 고기와 공중의 새와 가축과 모든 땅과 땅 위를 기어다니는 모든 기는 것을 다스리게 하자." 하시니라」(창 1:26).

주님께서 "우리" 즉 삼위일체 하나님의 형상대로 사람을 만드셨다. 인간은 하나님의 형상대로 하나님의 모습을 따라 만들어진 영적 존재였다. 그렇기 때문에 인간이 영적인 왕국을 차지할 수 있는 권한을 가졌던 것이며, 그 권한을 부여받은 아담은 왕이었다.

「그분께서는 우리가 말하는 바 오는 세상을 천사들의 지배에 맡기지 아니하셨으니 누군가가 어느 곳에선가 증거하여 말하기를 "사람이 무엇이기에 주께서 그를 마음에 두시며, 인자가 무엇이기에 주께서 그를 돌보시나이까?"」(히 2:5,6)

여기서 "사람"은 아담이다. 하나님께서는 아담을 지으시고 그에게 모든 피조물들을 맡기셨다.

「주께서 그를 천사들보다 조금 낮게 지으셨고 그를 영광과 존귀로 관을 씌우셨으며, 주의 손으로 하신 일들을 그에게 넘겨주셨고」(히 2:7)라는 말씀은 창세기 1:28의 일을 언급하는 것이다.

「하나님께서 그들에게 복을 주시고 하나님께서 그들에게 말씀하시기를 "다산하고 번성하며 땅을 다시 채우고 그것을 정복하라.

그리고 바다의 고기와 공중의 새와 땅 위에서 움직이는 모든 생물을 다스리라." 하시니라」(창 1:28).

「만물을 그의 발 아래 복종케 하셨나이다."라고 하였느니라. 이는 만물을 그에게 복종케 하심에 있어서 그에게 복종하지 않는 것은 아무것도 남기지 않으셨음이라. 그러나 지금 우리는 아직 만물이 그에게 복종하는 것을 보지 못하노라」(히 2:8).

첫째 아담은 영적인 왕국의 하나님의 형상을 가지고 태어나 그 일을 맡았지만, 죄를 지음으로써 왕국을 잃어버렸다. 무지한 사람들은 모든 인간이 하나님의 형상으로 태어났다고 한다. 그러나 아담과 이브가 에덴에서 쫓겨난 후 태어난 모든 아담의 후예들은 하나님의 형상이 아닌 아담의 형상을 가지고 태어났다고 성경은 말씀한다(창 5:3).

그 이유는 아담의 영이 죽었기 때문이다. 선과 악의 지식의 나무의 열매를 먹는 그 날에 "반드시 죽으리라."(창 2:17)고 주님께서 경고하신 대로 인간의 영은 죽고 말았다. 더이상 영적인 존재가 아닌 인간은 영적 왕국과 물리적인 왕국(에덴 동산) 모두를 잃어버렸다. 결국 마지막 아담이신(고전 15:45) 예수 그리스도께서 오셔야 했다. 히브리서 2:9-11의 말씀은 마지막 아담이신 예수님에 관한 말씀이다.

「그러나 우리가 죽음의 고난 때문에 천사들보다 조금 낮아지신 예수를 보니, 영광과 존귀로 관을 쓰셨도다. 이는 하나님의 은혜로 말미암아 모든 사람을 위하여 죽음을 맛보기 위함이더라. 만물을 자신을 위하여 또 자신에 의하여 존재하게 하신 그분께서 많은 아들들을 영광에 들어가게 하시려고 고난들을 통하여 그들의 구원의 대장을 온전하게 하신 것은 당연하도다. 거룩하게 하시는 분과 거룩하게 된 사람들이 모두 한 분으로부터 나왔으니, 그러므로 주께서 그들을 형제라 부르기를 부끄러워 아니하시고」(히 2:9-11).

주님께서는 예수 그리스도를 통해 잃어버린 하나님의 형상을 회복시키신다. 정리하면, 최초에 루시퍼는 천국과 하나님의 나라의 왕권을 받았었고, 주님께서는 영적인 하나님의 형상으로 태어난 아담에게 이를 넘겨주셨다. 이로써 아담은 영적인 나라와 물리적인 나라를 통치하는 두 가지 권한을 갖게 되었으나, 창세기 3장에서 죄로 인해 타락한다.

아담의 타락

「그 뱀이 여자에게 말하기를 "너희가 반드시 죽지는 아니하리라. 너희가 그것을 먹는 날에는 너희의 눈이 열리고 너희가 신들과 같이 되어서, 선과 악을 알게 되는 줄을 하나님께서 아심이라." 하더라」(창 3:4,5).

여기서 신들은 하나님의 아들들을 말한다. 시편 82편은 그들이 사람처럼 죽으리라고 말씀한다(시 82:6,7). 신들인 하나님의 아들들은 창세기 6장에서 땅으로 내려와 현혹되어 죄를 짓는다(창 6:2,3). 신들처럼 된다고 하는 유혹에 이브는 결국 주님께서 금하신 나무의 열매를 먹고, 아담에게도 주어 먹게 한다.

「여자가 보니 그 나무가 먹음직하고 보기에도 즐겁고 현명하게 할 만큼 탐스러운 나무인지라, 그녀가 거기에서 그 열매를 따서 먹고 그녀와 함께한 자기 남편에게도 주니, 그가 먹더라」(창 3:6).

아담은 이제 완전히 달라진 이브의 모습을 보고 그녀가 죽었다는 것을 알았다. 그녀가 준 열매를 먹은 아담은 자신도 이브와 같이 죽는 편을 택한 것이다. 아담은 자신의 아내를 위해서 죽었다. 그래서 성경은 남편이 아내를 위해서 목숨을 내어 주고, 예수님께서도 신부인 교회를 위해서 죽으셨다고 말씀한다(엡 5:25). 아담의 죄로 인해 영적인 나라가 상실되었을 뿐 아니라 물리적인 왕국마저 저주를 받게 된다(창 3:17-19).

「주 하나님께서 그 뱀에게 말씀하시기를 "네가 이것을 행하였으니, 너는 모든 가축과 들의 모든 짐승보다 저주를 받아 네 배로 다닐 것이며 네 평생토록 흙을 먹을지니라. 내가 너와 여자 사이에, 또 네 씨와 그녀의 씨 사이에 적의를 두리니,」(창 3:14,15)

주님께서는 여기서 메시아에 대한 예언을 하신다.

「그녀의 씨는 너의 머리를 부술 것이요, 너는 그의 발꿈치를 부술 것이라." 하시고 여자에게 말씀하시기를 "내가 너의 고통과 너의 임신을 크게 늘리리니, 네가 고통 가운데서 자식들을 낳을 것이요, 너의 바람은 네 남편에게 있을 것이니, 남편이 너를 주관할 것이라." 하시더라」(창 3:15,16).

이브의 죄로 인해 아내들은 남편에게 복종해야 하는 존재가 되었다. 이에 대해서는 남편에게 따질 것이 아니라 이브에게 따질 일이다. 세상에서는 여권 신장 운동 운운하면서 성경을 무시하지만, 그들의 주장대로라면 여성들도 모두 군대에 가야 하고 전쟁에 투입되어야 하지 않겠는가? 성경에 의하면 앞으로도 큰 전쟁이 많이 남아 있으니 말이다.

하나님께서는 세상을 완벽하게 창조하셨다. 루시퍼가 반란을 일으키지 않았더라면, 또 하나님의 형상을 닮은 사람이 죄를 짓지 않고 계속 살았다면 어떻게 되었을까? 6천 년 동안 아무 고통없이 아기가 계속해서 태어났더라면, 노아의 홍수 같은 하나님의 심판도 없었더라면, 인류는 기하급수적으로 늘어났을 것이다. 사실 하나님께서는 왕국을 끝없이 번성시키시려는 계획을 세우셨지만 인간의 죄로 인해 이루어지지 않고 연기되었다.

인간이 아무리 하나님의 계획을 망가뜨리려 해도 결국에는 하나님의 계획대로 우주 곳곳에 이사야서 9장에 기록된 것처럼 하나님의 나라는 증가될 것이다. 아담의 타락으로 하나님께서는 다른 방법으로 그 계획을 이루시게 되었다. 하나님께서 원하시는 대로 하나님의 나라가 번성하려면 인간들의 죄가 없어져야 한다. 죄 사함을 받아야 하는 것이다.

「또 하나님께서 아담에게 말씀하시기를 "네가 네 아내의 음성에 경청한 까닭에, 내가 네게 명하여 말하기를 '너는 그것을 먹지 말라.'고 한 그 나무의 열매를 먹었으니, 너로 인하여 땅은 저주를 받고 너는 너의 전 생애 동안 고통 중에서 그 소산을 먹으리라. 또 땅은 네게 가시나무와 엉겅퀴를 낼 것이요 너는 들의 채소를 먹을 것이며, 네가 땅으로 돌아갈 때까지 네 얼굴에 땀을 흘려야 빵을 먹으리니, 이는 네가 땅에서 취해졌음이라. 너는 흙이니 너는 흙으로 돌아갈 것이니라." 하시니라」(창 3:17-19).

결국 왕권은 빼앗겼으며, 사탄이 그 권리를 찬탈해 스스로 세상의 신이 되었다. 지금까지 사탄의 왕국은 계속적으로 천국과 하나님의 나라가 도래하지 못하도록 온갖 방법으로 방해하고 있다. 여러 가지 사건들을 일으켜 하나님께서 말씀하신 그 씨가 오지 못하도록 막고자 했다. 이것이 사탄의 작전이고, 창세기 6장 후부터 그러한 전쟁은 계속되어 오고 있다.

공중 권세를 잡은 사탄은 세상 나라들을 조종하고, 하나님께서는 계속해서 다른 방법으로 왕권을 세워 나가신다. 창세기 6장부터 사탄은 자신의 종들을 통해 초자연적인 존재들을 만들어 사람들로 하여금 죄를 짓게 만들고 자신의 왕국을 넓혀간다.

하나님의 아들들이 땅에 내려와서 사람의 딸들을 취한 결과 창세기 6장의 사건이 일어난다. 하나님의 아들들인 천사들은 재생산이 안 되기 때문에 사람의 딸들을 이용해서 괴물 같은 존재들이 태어나게 된다. 자신의 처음 위치를 떠난 천사들은 다시 돌아갈 수가 없다. 따라서 불멸하는 존재들인 천사들이 결국 사람처럼 멸망하는 존재가 되는 것이다.

23
영적인 나라, 물리적 나라

오늘날 카톨릭을 비롯한 수많은 교회들의 문제는 이 두 가지 왕국이 서로 다르다는 사실을 간과한 채 하나의 왕국으로 본다는 데 있음을 앞에서 설명했다. 그들은 하나님께서 현재 이 세상을 영적으로 통치하신다고 생각하는데, 여기까지는 맞게 들릴 수 있다. 그러나 문제는 영적 통치를 이해할 때 성경적으로 구원받고 영적인 하나님의 나라에 들어가서 의와 화평과 기쁨으로 사는 것을 떠올리는 대신, 하나님께서 이 세상을 통치하신다고 생각하는 데 있다. 카톨릭은 이 시대에 하나님께서 영적으로 통치하심에도 불구하고 카톨릭 교회가 이 세상을 통치해야 한다고 믿는다. 이처럼 이 두 가지 왕국을 하나로 보게 되면 이렇게 엉뚱한 논리가 나오는 것이다.

하나님의 나라는 영적인 나라이며, 천국은 미래에 이 땅에 세워질 물리적이고 가시적인 왕국임을 앞에서 설명했다.

최초의 왕은 루시퍼였다. 하나님께서는 그를 완벽한 존재로 만드셔서 영적인 하나님의 나라와 천국, 두 나라를 다스리게 하셨다. 그러나 그는 하나님처럼 높아지려는 교만 때문에 하나님을 대적했고, 하나님께서는 물로써 첫 창조를 심판하시고 창세기 1:2부터 재창조를 시작하신다.

루시퍼는 왕권을 빼앗기고, 하나님께서 창조하신 첫 사람 아담이 하나님의 나라와 천국의 왕으로서 왕관을 받는다. 그러나 하나님의 형상으로 창조된 아담 역시 죄를 지음으로써 영적인 죽음에 이르게 된다. 영적인 나라인 하나님의 나라는 떠나고 그 왕관은 없어졌다. 눈에 보이는 물리적 왕국도 죄로 인해 사탄에게 찬탈당한 뒤, 결국 지금까지 왕국에 대한 사탄과의 싸움은 계속되고 있다. 하나님의 나라는 떠났으며 예수님이 오실 때까지 도래하지 않게 되었다. 하나님의 형상이신 예수님께서 오셔서 하나님의 형상을 회복시키고 주님을 영접하는 자들을 하나님의 아들들로 만들어 주심으로써 영적인 나라인 하나님의 나라에 들어가게 되었다.

아담이 타락한 후 하나님께서 피조물들을 저주하시고, 이 세상은 사탄이 지배하는 세상이 되고 말았다. 창세기 6장에서 타락한 하나님의 아들들이 땅에 내려와 천국을 망가뜨리는 일을 한다. 그들이 사람의 딸들과 결합해 괴물 같은 거인들이 태어났고, 그 거인들은 세계 곳곳에서 민족들의 신화의 주인공이 되었다. 실제로 일어난 일들이 과장되어서 여러 가지 신화가 만들어진 것인데, 우리나라에도 그런 신화들이 있다.

노아의 홍수

우상 숭배와 죄악으로 물든 세상은 결국 물로 심판을 받았고, 노아와 그의 가족만 남게 되었다. 주님께서는 다시 이 세상을 노아에게 맡기시는데, 노아는 잃어버렸던 천국의 왕관을 가지고 통치하게 된 것이다. 세상의 인간은 모두 죽었고 노아의 가족들만 남았으니 노아가 왕인 것은 당연한 일이다.

「하나님께서 노아와 그의 아들들에게 복을 주시며 그들에게 말씀하시기를 "다산하고 번성하여 땅을 다시 채우라. 너희를 두려워함과 너희를 무서워함이 땅의 모든 짐승들과 공중의 모든 새들과 땅 위에서 움직이는 모든 것들과 바다의 모든 고기들에게 미치리니, 그들이 너희 손에 넘겨졌음이라. 살아서 움직이는 모든 것은 너희에게 먹을 것이 되리라. 내가 모든 것을 푸른 채소같이 너희에게 주었느니라」(창 9:1-3).

"다산하고 번성하여 땅을 다시 채우라." 노아는 아담이 받은 것과 동일한 명령을 받는다. 한편 홍수 이후부터 인간들이 고기를 먹게 되었는데, 이렇게 성경을 통해 인간을 다스리시는 하나님의 순차적인 섭리를 배울 수 있다. 왕으로서의 위대한 사명을 하나님께로부터 받은 노아는 또다시 사탄의 계략으로 타락하게 된다.

「그가 포도주를 마시고 취하여, 그의 장막 안에서 벌거벗은지라. 카나안의 아비 함이 자기 아버지의 벌거벗은 것을 보고 밖으로 나가 그의 두 형제에게 말하였더니, 셈과 야펫이 옷을 집어서 자기들의 어깨에다 걸치고 뒷걸음질로 들어가 아버지의 벌거벗은 것을 덮은지라. 그들의 얼굴이 뒤로 향해 있었기에, 그들은 자기 아버지의 벌거벗은 것을 보지 아니하였더라」(창 9:21-23).

노아는 술에 취하고 말았으며, 이 죄로 인해 노아는 왕관을 빼앗긴다. 하나님의 나라는 이미 떠났고 이렇게 천국의 왕관을 놓고 인간은 사탄과 싸우는 것이다. 하나님께서는 하나님이 선택한 사람들을 통해서 이 세상을 통치하기를 원하시는데, 사탄은 그것을 탈취하려 하기 때문에 싸움이 계속 이어진다.

창세기 때부터 사탄은 지속적으로 인간을 타락시켜 왔다. 인간은 타락한 가운데서는 왕이 될 수 없기 때문이다. 영적인 나라인 하나님의 나라는 이미 떠났지만, 물리적인 왕국인 천국을 다스릴 때도 하나님께서는 또다시 인간을 선택해서 다스리게 하시지만, 계속 죄로 인해 타락하는 것이 인간의 역사이다. 창세기 9장 이후로는 노아를 사용하지 않으시고, 결국 사탄이 승자가 된다.

사탄은 홍수로 인한 심판이 있은 뒤 이번에는 또 다른 계략을 써서 인간으로 하여금 하늘까지 닿겠다는 바벨탑을 세우게 함으로써 하나님을 대적한다.

바벨탑 사건

「온 땅에 하나의 언어와 하나의 말만 있더라. 그들이 동쪽으로부터 이동하여 시날 땅에서 평원을 만나니 거기에서 거하였더라. 그들이 서로 말하기를 "가서 벽돌을 만들어 단단하게 굽자." 하고 그들은 벽돌로 돌을 대신하고 역청으로 회반죽을 대신하였으며」(창 11:1-3).

하나님을 대적하기 위해 인간은 탑을 쌓게 되는데, 하나님께서는 여기서도 심판하신다.

「또 그들이 말하기를 "가서 우리를 위하여 성읍과 탑을 세우되 탑 꼭대기가 하늘에 닿도록 하여 우리의 이름을 내자. 그리하여 우리가 온 지면에 멀리 흩어지지 않게 하자." 하더라. 주께서는 사람의 자손들이 세우는 성읍과 탑을 보시려고 내려오셨더라. 주께서 말씀하시기를 "보라, 백성이 하나요 그들 모두가 한 언어를 가졌기에 이런 일을 시작하였으니, 이제는 그들이 하기로 구상한 일은 아무것도 막을 수 없을 것이라」(창 11:4-6).

이렇게 사람의 생각을 막을 수 없다고 판단하신 하나님께서는 결국 심판을 내리신다. 칼빈주의자들이 주장하는 것처럼 사람의 모든 의지와 행동은 하나님께서 예정하신 대로 일어난다는 것은 이런 구절과 전혀 맞지 않는다. 그들의 주장이 옳다면 이러한 구절들은 이해할 수 없게 된다.

인간이 스스로 악을 행할 때 하나님께서 이를 다루시는 방법은 심판이다. 그러나 하나님께서 지속적으로 심판을 하셔도 계속 악으로 나아가는 것이 인간이기 때문에, 회개하고 돌아오는 사람은 항상 소수이다. 6천 년 역사를 통해 인간은 지속적으로 하나님의 심판을 받으면서도 또다시 하나님을 대적한다.

「가자, 우리가 내려가서 거기에서 그들의 언어를 혼란시켜 그들이 서로의 말을 알아듣지 못하게 하자." 하시고」(창 11:7).

이렇게 해서 각 나라의 언어가 생겨났다. 각 나라마다, 글자는 나중에 생겨난 경우가 많지만 고유한 언어는 있다. 우리나라도 처음에 고유의 언어는 있어도 글자가 없었기 때문에 한자를 빌려 썼다. 하나님께서 언어를 혼란시키심으로써 인간들은 흩어져서 같은 언어를 쓰는 사람들끼리 모이고 그에 따라 나라가 생기기 시작했다.

「주께서 그들을 그곳에서 온 지면에다 멀리 흩으시니, 그들이 성읍을 짓는 것을 그쳤더라. 그러므로 그것의 이름을 바벨이라 불렀으니, 이는 주께서 거기에서 온 땅의 언어를 혼란케 하셨음이라. 주께서는 거기서부터 그들을 온 지면에 멀리 흩으셨더라」(창 11: 8,9).

하나님께서는 인간들이 온 땅에 퍼져서 다산하고 번성하기를 바라셨지만, 인간은 자신들이 원하는 방법대로 모여서 하나님을 대적하려고만 했다. 따라서 하나님께서는 언어를 혼란케 하는 방법으로 심판을 내리시고 인류를 온 지면에 흩어지게 하셨다. 바벨은 혼돈이라는 뜻이다.

바벨탑 이후 모든 사람들이 각기 우상을 숭배하게 된다. 그 우상들은 창세기 6장의 사건으로 이상한 육체를 가지고 태어난 자들이 신으로 숭배받은 것이다. 그 후에 하나님께서는 이 세상을 통치하시기 위해 아브라함이라는 개인을 선택하신다.

아브라함

「주께서 아브람에게 말씀하셨는데 "너는 네 고향과 네 친족과 네 아비의 집을 떠나 내가 네게 보여 줄 땅으로 가라. 내가 너로 큰 민족을 이루게 할 것이며 네게 복을 주고 네 이름을 위대하게 하리니, 너는 복이 되리라. 너를 축복하는 자들에게 내가 복을 주고 너를 저주하는 자를 저주하리라. 네 안에서 땅의 모든 족속들이 복을 받을 것이라." 하셨더라」(창 12:1-3).

칼데아 우르라는 지역으로부터 아브라함을 택하셔서 특별한 은혜를 주시는데, 그 이유는 창세기 18장에 나온다.

「아브라함은 분명히 위대하고 막강한 민족이 될 것이며, 땅의 모든 민족들이 그의 안에서 복을 받을 것이 아니냐? 내가 그를 아나니, 그가 자기 자식들과 자기 뒤에 올 자기 집안 식구들에게 명하겠고 그들은 주의 도를 지켜 정의와 공의를 행하리니, 이는 주가 아브라함에 대해 말했던 바를 그에게 가져오려 함이라." 하시니라」(창 18:18,19).

미리 아심에 근거해서 그가 자기 집안에게 주님을 가르칠 것을 아신 하나님께서는 아브라함을 통해 민족들이 받을 복과 이 세상의 통치를 말씀하신다. 많은 사람들, 특히 한국인들이 이사야 41장의 말씀을 자의적으로 해석해서 이사야 41:2의 동방의 의인이 T단체의 M교주라거나 S단체의 L교주 등이라고 주장한다. 그러나 이 동방의 의인은 바로 아브라함이다.

「누가 동방에서 의인을 일으켜서 그를 자기 발 앞에 불렀으며, 민족들을 그 앞에 주어서 왕들을 다스리게 하였느냐? 그가 그들을 그의 칼에 티끌 같게, 그의 활에 날아가는 그루터기 같게 하였도다」(사 41:2).

아브라함은 하나님께서 천국을 맡기신 왕으로 등장한다. 주님께서는 아브라함에게 다시 이 세상을 맡기기로 하신 것이다.

「그러나 이스라엘, 내가 택한 야곱, 내 친구 아브라함의 씨야, 너는 나의 종이라. 내가 너를 땅 끝들에서부터 취하였고 거기의 우두머리들로부터 너를 불러서 네게 말하기를 "너는 나의 종이라. 내가 너를 택하였고 버리지 아니하였도다." 하였노라」(사 41:8,9).

아브라함으로부터 이스라엘 12지파가 형성되면서 특별한 민족을 만드시는 것이다. 위에서 하나님께서는 아브라함을 하나님의 친구라고 부르신다. 주님께서는 창세기 12장에서 아브라함에게 언약을 주시고, 15장에서는 실질적인 복을 주신다.

「그를 밖으로 데리고 나가 말씀하시기를 "이제 하늘을 쳐다보고 별들을 셀 수 있다면 그 별들을 세어 보아라." 또 그에게 말씀하시기를 "너의 씨가 이와 같으리라." 하시더라. 아브람이 주를 믿으니 주께서 그것을 그에게 의로 여기셨더라」(창 15:5,6).

「주께서 아브람에게 말씀하시기를 "너는 분명히 알지니 네 씨가 자기 땅이 아닌 곳에서 타국인이 되어 그들을 섬길 것이요, 그들이 사백 년 동안 네 자손을 괴롭게 하겠고」(창 15:13).

그의 자손들이 4백 년 동안 괴로움을 당하고 또 어떻게 민족을 이루게 될지에 대해 예언하시는 장면이다. 결국 그들이 이집트에서 나올 때에는 큰 민족을 이루어 나오게 된다.

「그들이 섬길 그 민족을 내가 또한 심판하리니, 그 후에 그들이 큰 재물을 가지고 나오리라. 너는 평안히 네 조상들에게로 갈 것이며, 너는 충분히 늙은 나이에 장사될 것이라. 그러나 사 대 만에 그들이 이곳으로 다시 돌아오리니, 이는 아모리인들의 죄악이 아직 다 차지 않았음이라." 하시니라」(창 15:14-16).

여기서 이방인들의 충만함에 대해 알 수 있는데, 이방인들의 죄악이 충만하게 차야 주께서 대환란으로 심판하신다는 것이다. 죄

영적인 나라, 물리적 나라

가 찰 만큼 차야 주님께서 오시는 것인데, 바이블 빌리버들 외의 대부분의 사람들은 이것이 이방인들 중에 구원받는 사람의 수가 정해져 있다는 뜻으로 잘못 해석한다.

「해가 져서 어두웠는데 연기 나는 가마가 보이며, 불타는 등이 쪼갠 고기 사이로 지나더라. 그 날에 주께서 아브람에게 언약을 세워 말씀하시기를 "내가 이 땅을 이집트 강에서부터 큰 강 유프라테스까지 네 씨에게 주었으니」(창 15:17,18).

주님께서 아브라함과 맺으신 언약은 무조건적이며 영원한 언약이다. 이것은 성경이 말씀하는 유대인들과의 언약 중 가장 중요하다. 이 언약에 따르면 이 땅은 이집트 강에서부터 유프라테스까지이며, 하나님의 말씀에 의하면 이 땅은 이스라엘의 땅이다. 그런데 지금 이 자리를 아랍과 팔레스타인이 차지하고 있다. 그들은 심판을 받을 것이며, 하나님의 언약을 무시하는 반유대주의자들은 모두 저주받을 민족이다.

「이는 그가 아브라함과 하신 언약이며 이삭에게 하신 그의 맹세요」(시 105:9). 이 말씀에 의하면 아브라함의 왕관이 이삭에게로 이어지는 것인데도 무슬림들은 그것이 아브라함에서 이스마엘에게 넘어왔다고 한다. 「또 같은 것을 야곱에게 율법으로」 같은 언약이 야곱에게로 넘어간다. 「이스라엘에게 영원한 언약으로 확증하셨으니, 말씀하시기를 "내가 네게 카나안 땅, 곧 너희 유업의 몫을 주리라." 하셨도다. 그때에 그들은 그 수에 있어서 몇 사람뿐이었으니 정녕, 아주 적은 수요, 그 땅에서 타국인들이었으며」(시 105:10-12). 이스라엘은 적은 수로 시작한 타국인이었으나 큰 민족이 되어 유업을 받게 될 것이며, 이 영원한 언약이 곧 주님의 계획이다.

성경에 말씀하신 그대로 그 땅은 하나님께로부터 유업으로 받은 이스라엘의 몫이다. 이것을 대적하는 자들은 저주를 받는다. 오늘날 아랍인들, 전 세계 민족들이 저주받게 되어 있는 이유가 이 하나님의 말씀을 대적해서 모두 아랍 편에 서서 예루살렘을 빼앗으려 하고 있기 때문이다. 성경적으로만 하면 아무 문제가 없을 일이다.

오바마 대통령의 집권 말기에 UN에서 이것을 통과시켰다. 트럼프 대통령은 이스라엘 텔아비브에 있는 미국 대사관을 예루살렘으로 옮긴다고 해서 엄청난 반향을 일으키고 있다. 반대하는 이들은 성경을 대적해서 예루살렘은 팔레스타인 것이라고 하는데 현재 미국 공화당은 성경적으로 가려고 하고 있다. 우리는 공화당의 정책이 모두 다 좋다는 것이 아니라 그들이 그나마 더 성경적으로 실행하는 부분이 있음을 말하는 것이다. 공화당 의원들 중에는 구원받은 사람이 있고 그렇지 않은 사람도 있겠지만, 구원을 받지 않은 사람들도 이스라엘 편에 서서 성경의 예언에 부합되는 방향의 정책을 펼치려 하는 것이 현재 공화당의 상황이다.

미국이 복을 받았던 이유는 지금까지 이스라엘 편에 섰기 때문이다. 과거 오바마 정부가 들어서면서 8년 동안 성경의 반대 방향으로만 갔기 때문에 이제 제대로 정리하려는 것이다. 우리는 공화당이든 민주당이든 정치에 대해서 관여하는 것이 아니라, 어느 쪽이 더 성경적으로 하는 것인지에 대한 것을 말할 뿐이다. 어찌 되었건 공화당은 그 땅이 이스라엘 것이라고 한다는 것이다.

「네가 주 너의 하나님께서 네게 유업으로 주시는 땅에 들어가서 그것을 차지하고 거기서 거할 때에, 너는 주 너의 하나님께서 네게 주시는 네 땅에서 나는 그 땅의 모든 열매의 처음 것을 취하여, 광주리에 담아서 주 너의 하나님께서 그분의 이름을 두시려고 선정하실 곳으로 갈지니라」(신 26:1,2).

모세를 통해서 나라를 만드신 주님께서는 이제 그 땅에 들어가서 해야 할 일들을 명령하시는데, 이는 하나님께서 창세기에서 예언해 놓으신 것에 따라서 이루어지는 것이다.

「야곱이 브엘세바에서 떠나 하란을 향해 가더니, 그가 어떤 곳에 도달하여 해가 져서 그곳에서 밤을 보내려 하여, 그곳의 돌들을 취하여 베개를 삼고 자려고 그곳에 누웠더라 … 보라, 주께서 그 위에 서서 말씀하시기를 "나는 네 아비 아브라함의 주 하나님이요, 이삭의 하나님이라. 네가 누운 땅을 내가 너와 네 씨에게 주리라」(창 28:10-13).

야곱의 꿈에 나타나신 하나님께서 야곱에게 약속을 주신다. 이제 하나님께서는 그 천국을 맡기는 데 있어서 개인이 아니라 한 민족을 통해서 하시는 것이다. 창세기 49장에서는 후에 이스라엘의 열 두 지파가 될 야곱의 열 두 아들 중 유다에 대해 말씀하신다.

「유다야, 너는 네 형제들이 찬양할 자라. 네 손이 네 원수들의 목을 잡을 것이요 네 아비의 아들들이 네 앞에서 절하리라. 유다는 사자의 새끼로다. 내 아들아, 네가 먹이를 놓고 올라갔구나. 그는 몸을 구부리고 웅크림이 사자 같고, 늙은 사자 같으니, 누가 그를 성나게 하리요? 홀이 유다에게서 떠나지 않을 것이며 실로가 오실 때까지 입법자가 그의 발 사이에서 떠나지 아니하리니, 그에게 백성의 모임이 있을지어다」(창 49:8-10).

유다

하나님께서는 아브라함, 이삭, 야곱 다음으로 열 두 지파 중에서 유다 지파를 지목하셔서 왕관을 이어받게 하신다. 이것이 하나님의 방법이다. 유다는 첫째 아들도 아닌데 왜 하필 유다인 것인가? 11절에서 유다 지파에서 나오시는 메시아에 대한 초림과 재림에 관한 예언이 함께 나온다.

「그의 어린 나귀를 포도나무에 매고 그의 나귀 새끼를 선별한 포도나무에 매며」 이 부분은 초림 때를 말하며, 「그의 옷들을 포도주로 빨고 그의 의복을 포도의 피로 빨았도다」 이 부분은 재림하셔서 요한계시록 19장의 진노의 포도즙틀을 밟으시며, 피로 적시는 장면에 대한 예언이다(계 19:11-16).

유다는 다른 형제들과 다른 점이 있는데, 그 중에는 자신도 모르게 며느리와 음행의 죄를 지었지만 죄를 알고 나서는 즉시 시인하는 모습이 포함된다(창 38장). 성경에서 사람들이 복을 받는 것은 자신의 잘못을 알고 회개할 때이다. 대부분의 사람들은 잘못을 하고도 죄를 회개하기는커녕 시인조차 하지 않기 때문에 저주를 받는다. 유다는 죄를 깨달았을 때 자신이 며느리보다 의롭지 못했다는 것을 바로 시인했다(창 38:26). 자기 의로 가득 찬 사람에게서는 나올 수 없는 반응이다. 또한 창세기 44장에서도 형제들이 요셉을 팔고 나서, 후에 기근으로 인해 곡식을 구하려다가 이집트에서 고관이 된 요셉을 만났을 때 유다가 보인 태도는 다른 형제들과 달랐다.

「그때에 유다가 그에게 가까이 가서 말하기를 "오 내 주여, 간구하오니 당신의 종으로 하여금 내 주의 귀에 한 말씀을 고하게 하소서. 당신의 종에게 노를 일으키지 마소서. 당신은 파라오와도 같으심이니이다. 내 주께서 종들에게 물으시어 말씀하시기를 '너희는 아비가 있느냐? 또한 형제가 있느냐?' 하시기에, 우리가 내 주께 말씀드리기를 '우리에게는 아비가 있으니 노인이요 또 그의 노년에 얻은 한 어린 자가 있는데 그의 형은 죽었고 그 어미로부터 난 자로는 그 아이 혼자만 남아 그의 아비가 그를 사랑하나이다.' 하였더니」(창 44:18-20).

그 아비가 사랑하는 혼자 남은 아이는 요셉의 동생 베냐민이다. 그를 이집트에 남겨두고 가라고 하는 요셉에게 유다는 아비를 위해 그 아이를 꼭 데려가야 한다며 간곡히 간구한다(창 44:21-31).

「당신의 종이 이 아이를 위하여 내 아비에게 담보가 되어 말씀드리기를 '만일 내가 이 아이를 아버지께 데려오지 아니하면 내가 내 아버지께 영원히 질책을 지리이다.' 하였나이다. 그러므로 이제 내가 청하노니 당신의 종으로 그 아이를 대신하여 내 주의 종으로 있게 하시고 그 아이를 형제들과 함께 가게 하소서. 그 아이가 나와 함께 있지 않는데 내가 어찌 내 아비에게로 올라갈 수 있으리이까? 혹시 내 아비에게 닥칠 악을 볼까 함이니이다." 하더라」(창 44:32-34).

유다는 자신이 그 아이 대신 담보가 될 테니 베냐민을 형제들과 함께 아비에게 보내게 해 달라고 간구하고 있다. 이런 면이 다른 형제들과 다르다는 것인데, 유다는 결국 하나님께서 정하는 지도자가 되고, 유다 지파를 통해서 이 세상이 통치받게 된다. 이를 위해서는 하나님께서 그 왕국을 준비하신다. 결국 야곱과 열 두 아들들은 이집트로 내려가서 4백 년을 지냄으로써 모세를 통해서 국가를 이루게 된다. 그 다음 왕관은 모세에게로 옮겨진다.

「모세가 우리에게 율법을 명령하였으니, 곧 야곱의 회중의 유업이라. 백성의 우두머리들과 이스라엘의 지파들이 다 함께 모였을 때 그는 여수룬에서 왕이었도다」(신 33:4,5).

여기서 모세를 왕이라 말씀하고 있다. 유다 지파를 통해 다윗의 계열로부터 시작해서 메시아가 나와야 한다.

이렇게 주님께서는 아브라함의 자손들을 이집트로 내려가게 하시고 모세를 통해 국가를 이루신다. 이 민족을 통해 왕국을 설립할 뿐만 아니라, 천국을 세우기 위해서는 영적인 왕국도 함께 와야 한다. 그러나 천국은 2천 년 동안 연기되었다.

생각해 보라! 죄 많은 인간들의 옛 성품을 그대로 지닌 채, 죄악이 가득 찬 세상에서 하나님께서 통치를 하신다면 어떻게 되겠는가? 전쟁터밖에 되지 않을 것이다. 하나님의 나라는 성령 안에서 의와 화평과 기쁨(롬 14:17)이라고 말씀하셨다. 영적인 것이 중요한 이유는 영적인 문제가 해결되지 않으면 천국이 도래할 수 없기 때문이다.

이스라엘은 제사장들의 왕국(출 19:6, "너희는 나에게 제사장들의 왕국이 되며 거룩한 민족이 되리라.' 이것이 네가 이스라엘의 자손에게 고할 말이니라." 하시니라")이 될 것이다. 하나님께서는 이미 계획이 있으셨다. 유다 지파를 통해서 민족을 만드시고 그 민족을 제사장들의 왕국으로 만드셔서, 미래의 하나님의 나라에 참여시키는 것이다.

그 다음 문제는 메시아가 오셨을 때 천국과 하나님의 나라가 함께 임할 수 있는 것인데, 이스라엘은 이를 거절한다. 이에 하나님의 나라는 다른 민족에게 돌아가게 되었다. 그것이 교회의 등장이다. 이제 하나님의 나라는 구원받은 사람들이 들어가는 영적인 나라가 되었다.

「너는 파라오에게 말하기를 '주가 이같이 말하노라. 이스라엘은 내 아들이요, 내 첫태생이니라」(출 4:22).

우리는 개인적으로 거듭나서 하나님의 아들이 되지만, 이스라엘은 민족적으로 하나님의 백성이 된 것이다. 성경에서 민족적인 것과 개인적인 것을 올바로 구별하지 못하면 이스라엘의 회복을 믿지 못하게 된다.

「내가 네게 말하노니 내 아들을 가게 해서 그로 나를 섬기게 하라. 만일 네가 그를 보내기를 거절하면, 보라, 내가 네 아들, 네 첫태생을 죽이리라.' 하라." 하시니라」(출 4:23).

주님께서 이스라엘에 대해 가지신 원대한 계획을 알고 있기 때문에 사탄은 지속적으로 이스라엘을 괴롭히는 것이다. 그래서 지금까지 이스라엘이 핍박을 받고 있다. 우리도 성경을 몰랐다면 팔레스타인의 편에 서서 이스라엘을 미워하고 있을지도 모른다. 예루살렘 땅에서 현재 핍박받는 쪽은 이스라엘이다. 팔레스타인쪽에서 자살 폭탄 테러로 공격을 하고 있는데, 세상 모든 언론은 그 부분은 빼고 이스라엘이 반격하는 부분만을 보도하기 때문에 온 세상이 이스라엘을 비방하는 것이다.

모세

이제 모세를 통해서 이스라엘을 출애굽 시키신 하나님께서는 출애굽기 20장에서 십계명과 하나님의 율례를 주시며 신정 국가를 수립하신다. 여기에는 조건이 따르는데, 복을 받으려면 율법을 지켜야 하고, 율법을 지키지 않으면 저주를 받는 것이다.

「보라, 내가 오늘 생명과 선, 그리고 죽음과 악을 네 앞에 두어, 그 안에서 내가 오늘 네게 명령하여 주 너의 하나님을 사랑하고 그분의 길에서 행하고 그분의 계명들과 그분의 규례들과 그분의 명령들을 지키게 하였으니, 이는 네가 살고 번성케 하려 함이라. 주 너의 하나님께서 네가 차지하러 가는 그 땅에서 너에게 복 주시리라. 그러나 만일 네가 마음을 돌이켜서 듣지 아니하고 유혹을 받아 다른 신들을 경배하며 그들을 섬기면, 내가 오늘 너희에게 엄숙히 선언하노니 너희는 반드시 망할 것이며, 네가 요단을 건너가서 차지하는 그 땅에서 너희 날들이 길지 못하리라. 내가 오늘 하늘과 땅을 불러서 너희에 대하여 증거를 삼아 네 앞에 생명과 죽음, 복과 저주를 두었은즉, 그러므로 너와 네 자손이 살려면 생명을 택할지니라. 이는 너로 주 너의 하나님을 사랑하게 하고 너로 그분의 음성에 복종하게 하며 또 그분께 밀착하게 하려 함이니, 그분은 너의 생명이시요 네 날들의 기한이시라. 이는 주께서 네 조상, 아브라함과 이삭과 야곱에게 주시기로 맹세하신 그 땅에서 너로 살게 하려 하심이라」(신 30:15-20).

신명기 28장부터 약속된 땅에서의 복과 저주에 대해서 말씀하시며 앞으로의 왕국에 대한 계획을 드러내신다. 그러나 우리가 알다시피 이스라엘은 저주의 길을 택한다. 결국 유다 지파에서 왕권이 이어지다가 바빌론 느부갓넷살의 침공으로 이스라엘의 왕권은 끊어지고 메시아가 오실 때까지 천국의 왕관도 없어지게 된다. 하나님의 나라는 아담 때부터 상실되었다. 이것이 성경의 스토리이다.

그런데 흥미로운 것은 여기 신명기 30:20에서 '그분은(하나님) 너의 생명이시요'라는 말씀이다. 즉, 하나님과 밀접한 관계를 갖는 것은 결국 영적인 문제라는 것이다. 그러나 항상 율법을 강조하는 자들은 영적인 문제를 간과하고, 율법을 내세워 자기의 의로 하늘나라 가려는 종교를 만들어서 결국 하나님을 대적한다. 그 예가 바로 예수님 당시의 바리새인 같은 사람들이다. 그들은 주님이 오셨을 때 생명이신 하나님, 예수 그리스도를 거절함으로써 저주를 받는다. 아들이 있는 자는 생명이 있고, 아들이 없는 자는 생명이 없다(요일 5:12). 주님께서는 이스라엘에게 왕관을 주시기 원하셨지만, 그들은 율법에 복종하지 않음으로써 저주를 받고 왕국과 왕관, 나라를 빼앗기고 만다.

24
이스라엘을 통한 신정통치

계속해서 하나님의 나라와 천국의 차이점에 대해 살펴보려 한다. 하나님께서 자신의 목적을 위해 인간들을 개인적으로 부르시다가 이스라엘을 택하셔서 민족적으로 다루기 시작하셨다. 신명기 34장에서는 이스라엘 백성을 이끌던 모세가 죽고 난 후 여호수아가 그 뒤를 잇는다. 아담의 죄로 인해 하나님의 나라는 떠났고, 하나님께서는 이스라엘 민족을 통해서 신정통치를 펼치신다.

「눈의 아들 여호수아가 지혜의 영으로 충만하였으니, 이는 모세가 그에게 안수하였음이더라. 주께서 모세에게 명령하신 대로 이스라엘 자손이 그에게 경청하고 행하였더라. 그후에 이스라엘에는 주께서 대면하여 아시던 모세와 같은 선지자가 일어나지 못하였으니, 주께서는 그를 파라오와 그의 모든 종들과 그의 온 땅에 보내시어 이집트 땅에서 모든 표적들과 이적들을 행하게 하셨고,

온 이스라엘의 목전에서 모세가 보여 준 모든 능하신 손과 모든 큰 공포를 행하게 하셨더라」(신 34:9-12).

이후 모세가 죽고(신 34:5) 신명기에서 여호수아로 넘어간다.

여호수아

「그들이 여호수아에게 대답하여 말하기를 "당신이 우리에게 명령하신 모든 것을 우리가 행하고 당신이 우리를 어디로 보내든지 우리가 가리이다. 우리가 모든 일에 모세에게 경청했던 대로 우리가 당신에게 경청하겠으며, 오직 주 당신의 하나님께서 모세와 함께하셨던 것같이 당신과 함께하시기를 원하나이다. 누구든지 당신의 명령을 거역하고 당신이 명령한 모든 일에서 당신의 말에 경청하지 아니하면 그는 사형에 처하리니, 오직 강건하시고 담대하소서." 하더라」(수 1:16-18).

여호수아는 이스라엘을 이끌고 하나님께서 약속하신 땅에 들어가는데, 이후 여호수아서 끝에서 그는 이스라엘의 모든 지파를 모아놓고 최후의 당부를 하게 된다.

「그러므로 이제 주를 두려워하고 성실과 진리로 그분을 섬기라. 너희 조상들이 하수 저편과 이집트에서 섬겼던 신들을 버리고, 너희는 주를 섬기라. 만일 주를 섬기는 것이 너희에게 악하게 보이거든 하수 건너편에서 너희 조상이 섬기던 신들이거나 너희가 거하는 땅의 아모리인의 신들이든 간에 너희가 섬길 자를 오늘날 너희가 택하라. 그러나 나와 내 집은 주를 섬기리라." 하니」(수 24:14,15).

여호수아는 백성들에게 앞으로 살게 될 약속의 땅에서 하나님을 섬길지 아니면 우상을 섬길지를 택하라고 한다.

「백성이 대답하여 말하기를 "우리가 주를 버리고 다른 신들을 섬기는 일을 결코 하지 아니하리니, 이는 우리와 우리 조상을 이집트 땅, 종의 집에서 인도하여 내신 분은 주 우리 하나님이심이라. 그분이 우리 목전에서 그런 큰 표적들을 행하시고, 우리가 간 모든 길에서와 우리가 지나간 모든 백성 가운데서 우리를 보호하셨으며 또 주께서 모든 백성, 곧 그 땅에 거한 아모리인까지도 우리 앞에서 몰아내셨나이다. 그러므로 우리도 주를 섬기리니, 이는 그분이 우리 하나님이심이니이다." 하더라」(수 24:16-18).

천국은 지상에서의 왕국이다. 그렇기 때문에 하나님께서 물리적으로 직접 도와주시는 것을 볼 수 있으며, 물질적인 복을 주셨고 전쟁에서도 적들을 진멸시켜 주셨다.

천국과 하나님의 나라에 대한 개념을 구분하지 못하면 현재에는 하나님의 나라가 영적인 나라임에도 불구하고 교회가 구약 때처럼 해야 한다고 착각하게 된다. 카톨릭이 그러하며, 거기서 개혁을 통해 분리했다는 존 칼빈도 그렇게 믿었기 때문에 자신들의 교리에 동조하지 않는 사람들을 원수로 여기고 처형했던 것이다. 그들은 구약에 나오는 천국의 개념으로 자신들이 지금 통치한다고 생각했다. 예수님께서는 승천하셨지만 영적 권한을 자신들이 계승했고, 천국과 하나님의 나라를 하나로 보기 때문에 말로는 영적으로 통치한다고 하지만 이 세상 모든 것을 실질적으로 통치하려 했다. 게다가 자신들이 이스라엘을 대신하기 때문에 이스라엘은 끝난 것이고 왕들, 즉 세상의 통치자들까지도 교회의 통제 하에 두었다. 하나님의 나라와 천국, 이 두 가지가 다르다는 것을 모르면 결국에는 영적으로 믿는 것이나 물리적인 나라를 믿는 것이 매한가지가 돼 버린다. 이 두 가지를 하나로 알고 믿기 때문에 말로는 영적 나라를 운운하면서도 이 땅에서의 권한을 행사하려 하는 것이다. 이것을 잘 보여 주는 예가 어거스틴의 <하나님의 도성>이다. 이것은 사탄의 엄청난 미혹이다. 우리는 하나님의 나라와 천국이 다르다는 것을 계속 가르치고 선포한다.

위 구절에서 말하는 것은 천국의 개념이기 때문에 모든 것은 물리적이다. 이스라엘 백성을 통한 하나님의 신정통치이기 때문에 이스라엘을 대적하는 민족들은 모두 하나님의 원수들이다. 따라서 하나님께서 그들을 위해 물리적으로 싸워주시는 것이다.

하나님께서 우리를 인도해 주셨으니 백성들은 이제 주를 섬기겠다고 하자 여호수아는 매우 의미심장한 말을 한다.

「여호수아가 백성에게 말하기를 "너희는 주를 섬기지 못하리니 이는 그는 거룩한 하나님이시요, 그는 질투하는 하나님이시니 그가 너희 허물과 죄들을 용서하지 아니하실 것임이라」(수 24:19).

여호수아는 백성들이 결코 그들의 말대로 실행하지 못할 것을 알았다. 결국 여호수아의 말대로 이스라엘은 하나님의 신정통치에 대적했고, 이에 주님께서는 이스라엘에게 준 천국을 완전히 없애버리셨다. 그리고 이방인의 시대가 도래하게 되었다. 바빌론 왕국의 느부갓넷살왕 때부터 지금까지 이방인의 시대이다. 잠시 예수님께서 다녀가셨지만 아직은 이방인의 때이다.

여호수아는 백성들이 앞으로 어떻게 할지 알았기 때문에 이런 말을 계속한다.

「만일 너희가 주를 버리고 이방 신들을 섬기면 그가 너희에게 선을 행하신 후에라도 돌이켜 너희를 해하시고 너희를 진멸하시리라." 하더라. 백성이 여호수아에게 말하기를 "아니니이다. 우리는 주를 섬기리이다." 하니 여호수아가 백성에게 말하기를 "너희가 주를 택하고 그를 섬기겠다고 하였으니 너희가 너희 자신에게 증인이라." 하니 그들이 말하기를 "우리가 증인이니이다." 하더라」(수 24:20-22).

그러나 그들은 하나님을 대적하여 우상을 숭배하는 죄를 범함으로써 하나님께 복을 받지 못하고 저주를 받는다.

「여호수아가 말하기를 "그러므로 이제 너희 가운데 있는 이방 신들을 버리고 너희 마음을 이스라엘의 주 하나님께로 돌이키라." 하니 백성이 여호수아에게 말하기를 "우리가 주 우리 하나님을 섬기고 그의 음성을 우리가 복종하리이다." 하더라. 그러므로 여호수아가 그 날에 그 백성과 더불어 언약을 세우고 세켐에서 그들에게 율례와 규례를 정해 주더라」(수 24:23-25).

재판관들

이후 여호수아는 죽고, 주님께서 재판관들을 통해서 역사하시는 재판관 시대가 열린다. 모세와 여호수아 당시에 이스라엘 백성은 하나님의 말씀대로 살고자 노력하지만 시간이 갈수록 배교하게 되고, 재판관 시대에 주님께서는 원수들의 손에 하나님의 백성을 넘기신다. 재판관들을 통해 이스라엘이 회개하고 돌아오면 용서하시고, 다시 타락하면 또 원수들에게 넘기시는 일들이 반복되는 것이 재판관기이다.

「그럼에도 주께서는 재판관들을 일으키사 약탈하는 자들의 손에서 그들을 건져내게 하셨으나 그들이 그들의 재판관들에게 경청하려 하지 아니하고, 도리어 다른 신들을 음란하게 숭배하며 그 신들에게 절하고, 그들의 조상이 주의 계명들을 순종하여 행하던 그 길에서 속히 떠나 그렇게 행하지 아니였더라」(판 2:16,17).

이것이 이스라엘 백성의 상태였다. 주님께서 재판관들을 통해 그들을 이끌어주시는데도 불구하고 계속해서 주님을 대적한다. 이러한 일들은 주님의 말씀이 선명하게 선포되는데도 하나님의 말씀대로 살지 않는 교회 시대에도 마찬가지이다.

「주께서 그들에게 재판관들을 일으키셨을 때에 주께서 재판관들과 함께 하셔서 재판관의 모든 사는 날들 동안에는 주께서 그들을 원수들의 손에서 구원하셨으니, 이는 그들을 압제하고 괴롭히는 원수들로 인한 그들의 신음 소리로 인해, 주께서 마음을 돌이키셨기 때문이더라. 재판관이 죽고 나면 그들이 돌이켜 다른 신들을 좇아 섬기고 절함이, 그들의 조상보다 더욱 부패하였고, 그들이 그들의 행위와 그들의 완고한 길에서 그치지 아니하였더라」(판 2:18,19).

인간의 본성은 계속해서 진보하는 것이 아니라 더욱더 타락하는 것이다. 인간은 그대로 두면 점점 더 부패해진다. 백성이 죄에 빠지면 주님의 심판이 임하고, 회개하면 재판관들을 주시는 것이 반복되다가 가장 크게 주님을 대적하는 사건이 나온다. 그것이 미카의 종교인데, 오늘날 교회 시대에도 그런 종교가 존재한다. 하나님의 방법으로 하나님이 세운 제사장을 따라야 하는데, 재판관기 17장에는 자신이 만든 우상과 또 자신이 정한 제사장을 따르는 종교가 나온다.

「그가 은 일천일백 세켈을 그의 어머니에게 돌려주니 그의 어미가 말하기를 "내가 내 아들을 위하여 이 은을 내 손에서 주께 전부 드려서 새긴 형상 하나와 부어 만든 형상 하나를 만들겠노라. 그러므로 이제 내가 그것을 네게 돌려주겠노라." 하더라. 그러나 미카가 그 돈을 자기 어머니에게 돌려주니 그의 어머니가 은 이백 세켈을 취하여 주물공에게 주어 그가 그것으로 새긴 형상과 부어 만든 형상을 만들었더니 그것들이 미카의 집에 있더라. 이 사람 미카에게는 한 신당이 있으므로 한 에봇과 트라빔을 만들어 그의 아들들 중 하나를 성결하게 하니 그가 그의 제사장이 되었더라. 그 당시에 이스라엘에 왕이 없었고 사람마다 자기 눈에 옳은 대로 행하였더라」(판 17:3-6).

미카라는 자는 자기 집에 신당을 만들어 형상과 우상을 두고 제사장까지 임의로 세운다. 이처럼 인간이 각기 자기 멋대로 하기 때문에 신앙의 혼란이 오게 되는 것이다. 이때 한 레위인이 나타나는데, 미카는 그에게 제사장으로 만들어 준다는 제안을 한다.

「유다 족속에 속하는 베들레헴 유다에서 온 한 젊은이가 있었는데 그는 레위인으로 거기에 기거하더라…미카가 그에게 말하기를 "나와 함께 있어 내게 아버지와 제사장이 되라. 그리하면 내가 해마다 은 열 세켈과 옷 한 벌과 네 양식을 주리라." 하니 그 레위인이 들어가더라」(판 17:7,10).

미카의 종교는 하나님과 전혀 상관없이 제사장을 세우고 형상과 우상을 만들어 섬기는 것이다. 이것은 교회 시대의 카톨릭과 하나도 다를 것이 없다. "아버지와 제사장"이라니, 카톨릭의 신부와 정확하게 일치하지 않는가! 주님께서는 벌써 몇천 년 전에 카톨릭에 대해 이렇게 기록해 놓으셨다. "해마다 은 열 세켈과 옷 한 벌과 네 양식을 주리라." 결국 먹고 살기 위해서 신부가 되는 것이다. 세상 종교에서는 먹고 살기 위해 신부가 되고 중이 되고 거짓 목사가 된다.

「그 레위인이 이 사람과 거하는 것에 만족하였으니 그 청년이 미카에게 그의 아들들 중의 하나같이 되고 미카가 레위인을 성결하게 하였더니 그 청년이 미카의 제사장이 되어 미카의 집에 있더라. 그때 미카가 말하기를 "이제 레위인이 내게 제사장이 되었으니 주께서 내게 복을 주실 줄 아노라." 하더라」(판 17:11-13).

인간은 하나님을 대적해 자의적인 거짓 종교를 만들면서도 복을 받으리라고 실제로 믿는 것이다. 카톨릭 교회에 나가는 사람들은 그 거짓 종교에 속아서 거기에 무슨 복이 있는 줄 알고 우상 앞에 가서 절하고 섬긴다. 불교도 마찬가지다. 그렇게 하면 복이 오는 줄 안다. 우리는 그들에게 진리를 전파해서 그들이 믿는 대상이 잘못되었음을 알려주어야 한다.

재판관기 끝에 가서는 이스라엘의 한 지파가 거의 멸절될 뻔하는 사건이 나온다. 주의 심판에 결정적인 역할을 하는 지극히 사악한 일이 일어나는데(판 19,20장), 그 일로 인해 주님께서는 철저히 심판하실 뿐 아니라 이스라엘을 다루는 방법 또한 바꾸신다.

「그랬더니 그것을 본 모든 사람들이 말하기를 "이스라엘 자손이 이집트 땅에서 나온 날로부터 이날까지 이런 행위는 행하지도 않았고 보지도 못하였으니 생각하고 상의하여 너희 의견을 말하라." 하더라」(판 19:30).

이 사건으로 인해 이스라엘 12지파 중에서 베냐민 지파가 멸절할 뻔한다. 모든 지파가 한 자리에 모여 베냐민 지파를 치는 일이 일어나고, 그 후에는 그 잃어버린 지파를 위해 애도한다.

「그때 이스라엘 사람들이 미스페에서 맹세하여 말하기를 "우리 중에 아무도 자기 딸을 베냐민에게 아내로 주지 아니하리라." 하더라. 백성이 하나님의 집에 와서 거기서 하나님 앞에 저녁까지 머물며 목소리를 높여 심히 울며 말하기를 "이스라엘의 주 하나님이여, 어찌하여 이스라엘에서 이런 일이 일어나서 오늘날 이스라엘에서 한 지파가 부족하게 되어야만 하나이까?" 하더라」(판 21:1-3).

이처럼 인간은 자신들이 일을 저질러 놓고 하나님께 책임을 돌린다.

「그 당시 이스라엘에 왕이 없었으니 사람마다 자기 눈에 옳은 대로 행하였더라」(판 21:25).

이 말씀을 마지막으로 재판관기는 막을 내리고, 이후 하나님께서는 사무엘을 부르신다.

사무엘

「그러므로 엘리가 사무엘에게 말하기를 "가서 누우라. 만일 그가 너를 부르시거든 너는 말하기를 '주여, 말씀하소서. 주의 종이 듣나이다.' 하라." 하니라. 그리하여 사무엘이 가서 그의 자리에 누우니라. 주께서 오셔서, 서서 다른 때와 마찬가지로 "사무엘아, 사무엘아." 부르신지라, 사무엘이 대답하기를 "말씀하소서. 주의 종이 듣나이다." 하니라. 주께서 사무엘에게 말씀하시기를 "보라, 내가 이스라엘에게 한 일을 행하리니, 그것을 듣는 모든 자의 두 귀가 울리리라. 내가 엘리의 집에 관해 말한 모든 것을 그 날에 그에게 행하리니, 내가 시작하면 또한 끝을 내리라. 그가 알고 있는 죄악으로 인하여 그의 집을 영원히 심판하리라고 내가 그에게 말하였나니, 이는 그의 아들들이 스스로를 더럽혔으나 그가 그들을 제지하지 않았음이라. 그러므로 내가 엘리의 집에 맹세하기를 '엘리의 집의 죄악이 희생제물이나 제물로는 영원히 정결케 되지 못하리라.' 하였노라." 하시더라」(삼상 3:9-14).

하나님께서 사무엘에게 엘리 제사장의 집안을 벌하신다는 말씀을 주셨다. 그리고 하나님께서 사무엘을 부르시는 장면이 나온다.

「단에서부터 브엘세바에 이르는 모든 이스라엘은 사무엘이 주의 선지자로 세워짐을 알더라. 주께서 실로에 다시 나타나셨으니, 이는 주께서 실로에서 사무엘에게 주의 말씀으로 자신을 나타내셨음이더라」(삼상 3:20,21).

이로써 사무엘은 이스라엘의 마지막 재판관이 된다.

「그들이 미스페에 모여 물을 길어 주 앞에 붓고, 그 날에 금식하며 거기서 말하기를 "우리가 주께 죄를 지었나이다." 하더라. 사무엘이 이스라엘 자손을 미스페에서 재판하더라」(삼상 7:6).

재판관기는 비참하게 끝이 난다. 이제 하나님께서는 사무엘을 통해서 다윗을 왕으로 세우신다. 그러나 다윗을 세우기 전에 이스라엘 민족은 하나님 방법으로써가 아닌 이방인들의 방법대로 자신들이 원하는 왕을 세우겠다고 고집한다. 이것은 하나님이 기뻐하시지 않는 일이었지만 결국 그들의 끈질긴 요청을 허락하신다.

「그에게 말하기를 "보소서, 당신은 늙고 당신의 아들들은 당신의 법도대로 행하지 아니하니, 이제 모든 민족들처럼 우리에게 왕을 세워 우리를 재판하게 하소서." 하더라. 그러나 그들이 "우리를 재판할 왕을 우리에게 주소서,"라고 말한 그 일이 사무엘을 불쾌하게 한지라, 사무엘이 주께 기도하였더니 주께서 사무엘에게 말씀하시기를 "백성이 네게 말하는 모든 일에 있어서 그들의 음성에 경청하라. 그들이 너를 거역함이 아니요, 나를 거역하여 나로 그들을 다스리지 못하게 하려는 것이라. 내가 그들을 이집트에서 인도하여 낸 그 날부터 오늘에 이르기까지 그들이 행한 모든 일, 즉 그들이 나를 버리고 다른 신들을 섬기던 것대로 네게도 그렇게 행하는도다. 그러므로 이제 그들의 음성에 경청하라. 그러나 아직은 그들에게 엄숙히 경고하고, 그들을 치리할 왕의 제도를 그들로 알게 하라."고 하시니라」(삼상 8:5-9).

하나님께서는 이렇게 해서 그들이 원하는 왕을 주시는데, 그가 이스라엘의 첫 번째 왕인 사울이다. 그는 잘못된 왕으로서 자살로 생을 마감하게 된다. 비참한 모습으로 다윗을 죽이려 하고, 신접하는 여인을 의지하는가 하면, 스스로 제사장 행세를 하는 등 여러 가지 죄악을 저지른다.

사무엘상 16장에서는 다윗이 기름부음을 받는 장면이 나온다.

다윗

「그리하여 이새가 보내어 그를 데려오니, 그가 혈색이 좋고 용모가 준수할 뿐 아니라 보기에도 좋더라. 주께서 말씀하시기를 "일어나 그에게 기름을 부으라. 이 사람이 그임이라." 하시더라. 그러자 사무엘이 기름 뿔을 가지고 그의 형제들 가운데서 그에게 기름을 부으니 주의 영이 그 날로부터 다윗에게 임하시더라. 그리하여 사무엘이 일어나서 라마로 가니라. 주의 영이 사울에게서 떠나고 주로부터 온 악령이 그를 괴롭히더라」(삼상 16:12-14).

이후 사울과 다윗 간에 문제가 생긴다. 다윗이 골리앗을 무찌르고 나서 사울은 질투로 가득 차 다윗을 죽이려 한다. 한편 하나님께서는 다윗에게 영원한 왕국에 대한 언약을 주신다.

「네 날들이 차서 네가 네 조상들과 함께 잠들 때, 내가 네 몸에서 나올, 곧 네 뒤에 올 네 씨를 세우고, 내가 그의 왕국을 견고하게 하리라. 그가 내 이름을 위하여 한 집을 지을 것이요, 나는 그의 왕국의 보좌를 영원히 견고하게 하리라. 나는 그의 아버지가 되고 그는 나의 아들이 되리니, 만일 그가 죄악을 범하면 내가 사람들의 막대기로, 사람의 자식의 채찍으로 그를 징책하리라. 그러나 내가 네 앞에서 제거한 사울로부터 내 자비를 빼앗은 것과 같이 그것이 그에게서 떠나지는 아니하리니 네 집과 네 왕국이 네 앞에서 영원히 세워지리라. 네 보좌가 영원히 세워지리라.'" 하시더라」(삼하 7:12-16).

하나님께서 여기서 다윗에게 약속하시는 것은 이스라엘 백성을 주님께서 끝까지 사용하셔서 그 왕국이 올 때 다윗의 씨를 통해 세워질 것이며, 다윗의 보좌가 영원히 계속된다는 것이다. 다윗의 보좌를 통해서 천년 왕국에 대한 예언을 실질적으로 이루실 것이며, 그 왕국에서 예수님께서 통치하신다는 말씀이다.

「다윗이 그의 경계를 회복하려고 유프라테스 강에 갔을 때 그가 소바 왕 르홉의 아들 하닷에셀도 치니라. 다윗이 그에게서 병거 일천과 기병 칠백과 보병 이만을 빼앗았으며, 다윗이 모든 병거의 말들의 힘줄을 끊고 그것들 중 병거 일백만 남겨 두더라. … 그후 다윗이 다마스커스의 시리아에 거점들을 두니, 시리아인들이 다윗에게 종이 되어 예물을 바치더라. 주께서 다윗이 가는 곳마다 그를 보호하시더라」(삼하 8:3-6).

다윗은 그 약속된 땅의 많은 부분을 점령한다. 다윗왕과 특히 솔로몬왕 때 천년 왕국에 가장 근접한 왕국의 모습을 갖추게 된다. 이것이 물리적인 왕국이기 때문에 주님께서는 물리적으로 보호해 주신다. 현재 교회 시대에는 하나님의 자녀가 아무리 하나님을 신실하게 잘 섬긴다고 해도 물리적으로 모든 것을 해결해 주시지는 않는다. 사도 바울의 경우만 보아도 물리적으로 해결받지 못한 문제들이 많았다. 이처럼 구약 때 천국의 개념과 교회시대의 하나님의 나라의 개념을 동일한 것으로 보게 되면 카톨릭 교회나 개신교에서 하듯 예수님 믿으면 무조건 보호받고 부자되고 병도 낫는다고 가르치게 되는 것이다.

「다윗이 온 이스라엘을 치리하였으니, 다윗이 그의 온 백성에게 공의와 정의를 실행하더라」(삼하 8:15).

다윗의 통치는 예수 그리스도처럼 공의와 정의를 실행하는 것이었다. 열왕기상 4장에서는 비록 다윗이 죄를 짓고 주님께 징계받지만 주님께서 다윗과 맺으신 언약으로 인해 솔로몬에게 왕위가 계승된다.

솔로몬

「하나님께서 솔로몬에게 지혜와 명철을 넘치도록 주시고 넓은 마음을 주셔서 해변에 있는 모래 같았으니 솔로몬의 지혜가 동방 나라의 모든 자손의 지혜와 이집트의 모든 지혜보다 뛰어나더라. 그가 모든 사람보다 현명하여 에스라인 에단과 마홀의 아들들 헤만과 칼콜과 다르다보다 현명하였으니 그의 명성이 주위 모든 민족에게 미쳤더라. 솔로몬이 잠언 삼천 편을 말하였고, 그의 노래는 일천다섯이며 또 그가 초목을 논하였으니 레바논에 있는 백향목으로부터 담에서 피어나는 우슬초에 이르기까지며, 그가 또 짐승과 새와 기어다니는 것과 물고기에 관하여도 논하였더라. 모든 백성들이 솔로몬의 지혜를 들으려고 왔으니 그의 지혜에 관해 들은 땅의 모든 왕들로부터 왔더라」(왕상 4:29-34).

하나님께서는 솔로몬에게 엄청난 복을 주셨다. 그 당시 솔로몬은 지혜로웠을 뿐 아니라 많은 부를 소유했다. 하지만 솔로몬의 타락으로 인해 자신만 그 대가를 치른 것이 아니라 이스라엘 왕국이 북지파와 남지파로 나뉘고 말았다. 이 세상 모든 것을 논할 수 있는 지혜를 가진 솔로몬도 결국 타락하고 죄의 열매를 거둔 것이다.

「유다와 이스라엘이 많아, 바닷가에 있는 많은 모래 같았으니 먹고 마시고 즐거워하더라. 솔로몬이 모든 왕국들을 다스렸으니 강에서부터 필리스티아인들의 땅과 이집트의 경계까지더라. 그들이 예물들을 가져오며 솔로몬의 평생 동안 그를 섬기니라」(왕상 4:20,21).

이 장면은 예수 그리스도의 통치의 완전한 모형이다. 주님께서 이스라엘 백성에게 약속한 땅이며 솔로몬 때의 그 모습을 천년 왕국의 모형으로 그대로 보여주는 것이다. 그런 엄청난 권력과 부를 소유한 솔로몬의 타락으로 그의 아들 대부터 이스라엘은 갈라지고, 결국 얼마 못가서 바빌론에 의해 포로 생활로 들어간다.

솔로몬의 시대상을 좀 더 살펴보자.

「솔로몬의 하루 양식은 고운 가루 삼십 말이요, 굵은 가루가 육십 말이며 살진 수소가 열이며, 초장에서 온 소가 이십이요, 양이 일백이며, 그 외 수사슴과 노루와 반점 있는 사슴과 살진 새들이더라」(왕상 4:22,23).

이 정도 양이 하루 양식인 것을 보면 그가 어마어마한 세력을 누렸으며 수많은 식솔들을 거느렸음을 알 수 있다.

「그가 팁사에서부터 앗사까지 강 이편에 있는 모든 지방, 즉 강 이편의 모든 왕들을 다스렸으며, 또 그가 자기 주위의 사면을 평화롭게 하니 유다와 이스라엘이 솔로몬의 평생 동안 단에서부터 브엘세바까지 각자 자기 포도나무와 무화과나무 아래서 안전하게 거하였더라」(왕상 4:24,25).

천년 왕국의 모습이 바로 솔로몬의 왕국이다. 평화, 화평의 왕 예수님의 모습이며, 솔로몬은 다음 구절에 나오는(4:26-28) 막강한 군대와 막강한 백성이 있는 나라를 다스렸다.

역대기상 28장에서는 다윗이 솔로몬을 왕으로 세울 때 이스라엘과 솔로몬에게 충고하는 말씀이 나온다.

「또 나의 모든 아들들 중에서 (주께서 내게 많은 아들들을 주셨나니) 그가 내 아들 솔로몬을 택하사 이스라엘을 다스릴 주의 왕국의 보좌에 앉게 하셨느니라. 그가 내게 말씀하시기를 '네 아들 솔로몬 그가 내 집과 내 뜰들을 지으리니 이는 내가 그를 내 아들이 되도록 택하였음이요, 나는 그의 아버지가 될 것임이라. 또 만일 그가 오늘과 같이 내 계명들과 내 명령들을 꾸준히 행하면 내가 그의 왕국을 영원히 견고하게 세우리라.' 하셨느니라」(대상 28:5-7).

이처럼 다윗은 사무엘하 7장에서 약속하신 하나님의 언약을 상기시키면서 솔로몬을 왕으로 세웠는데, 결국 이스라엘 백성은 하나님을 대적하고 왕국을 이어나가지 못한다. 7절의 말씀처럼 이 언약은 조건적이기 때문이다. 그러나 신실하신 하나님께서는 아브라함과 맺은 영원한 언약과 다윗과 맺은 언약을 실행하신다.

솔로몬이 죽고 그 아들 대부터 이스라엘은 북이스라엘 열 지파, 남유다 두 지파로 분열된다. 유다는 솔로몬의 아들 르호보암으로 시작하여 아비야, 아사, 여호사밧, 여호람, 아하시야, 요아스, 아마샤, 웃시야, 요담, 아하스, 히스기야, 므낫세, 아몬, 요시야 등으로 이어진다. 유다는 점차 타락의 길을 가지만 그래도 선한 왕, 즉 하나님의 말씀대로 하려는 왕들이 있었다. 그러나 북이스라엘의 왕들은 모두 타락해서 유다보다 먼저 멸망해서 앗시리아의 포로가 된다.

유다는 요시야왕 이후 여호아하스, 엘리야킴(여호야킴), 여호야킨(코니아), 그리고 시드키야로 마지막이 된다. 주께서는 예레미야에게 예언을 하시는데, 예레미야 22:30에서 주님께서 하신 말씀은 대단히 중요하다. 창세기 3장에서부터 말씀하신 여인의 씨에 대한 말씀이 나오는데, 사탄은 계속해서 이 씨를 없애려 한다.

「주가 이같이 말하노라. 너희는 이 사람이 자식이 없겠고」 여코니야에 대한 말씀인데 하나님을 뜻하는 '여'가 빠진 코니야라는 이름으로 나온다. 「그의 평생에 번성치 못할 사람이라고 쓰라. 이는 그의 씨에서는 아무도 번성치 못하며 다윗의 보좌에 앉아 유다를 다스릴 자가 더 이상 없을 것임이라」(렘 22:30).

다윗의 혈통

지금까지 우리는 다윗의 보좌를 통해서 주님이 오신다고 하는 말씀을 보았다. 그런데 위의 말씀에 의하면 다윗의 육신적인 자손에서 왕이 나오게 되지 못한다는 말씀인데, 그렇다면 성경이 틀렸는가? 그렇지 않다. 다윗의 씨에서 왕이 나오려면 어떻게 되는 것인가? 예수님께서는 누구를 통해서 오셔야 하는가?

다윗의 혈통인 코니야의 자손의 씨에서는 아무도 다윗의 보좌에 앉을 사람이 없다는 것이 중요하다. 왜냐하면 그렇게 되면 예수님의 아버지는 코니야의 씨이기 때문이다. 코니야는 마태복음 1장의 예수님의 족보에서 보면 마리아의 남편 요셉의 조상이다(마 1:11,16). 그러나 요셉은 예수님의 실질적인 아버지가 아니다. 요셉이 실질적인 아버지라면 이 구절이 틀린 것이다. 요셉은 코니야의 씨이다. 그러나 위의 말씀에서 "그의 씨에서는 아무도 번성치 못하며 다윗의 보좌에 앉아 유다를 다스릴 자가 더 이상 없을 것"이라고 하셨기 때문에 결국 예수님께서는 마리아를 도구로 사용하셔서 성령으로 잉태되시고 예언대로 여인의 씨로써 육신으로 나타나신 것이다. 결국은 위의 예언의 말씀이 성취가 된 것이며, 동정녀 탄생이 아니고서는 이 구절이 이루어질 수 없다.

이스라엘은 결국 포로생활에서 돌아와 이스라엘 땅에서 계속 살지만, 그 육신적인 씨에서는 결코 예수님이 나올 수 없다는 것이다. 누가복음 3장에 나오는 족보에서 마리아는 솔로몬의 계보에서 나온 것이 아니라 다윗의 다른 아들인 나단의 계보에서 나온다.

족보를 따져보면 예수님께서는 다윗의 족보에서 동정녀를 통해 탄생하셨다. 예수님께서는 하나님의 아들이 아니라 죄인인 사람의 아들로 태어나셨다면 우리를 구원해 주실 수가 없다.

「그러므로 주께서 친히 한 표적을 너희에게 주시리라. 보라, 한 처녀가 임신하여 한 아들을 낳으리니 그의 이름을 임마누엘이라 하리라. 그는 버터와 꿀을 먹을 것이요, 그리하여 그가 악을 거절하고 선을 택할 줄 알게 되리라」(사 7:14,15).

마태복음 1장에서 이 예언이 성취된다.

「"보라 한 처녀가 잉태하여 한 아들을 낳으리니, 그의 이름을 임마누엘이라 하리라." 하셨으니, 이를 해석하면 '우리와 함께하시는 하나님.'이라」(마 1:23).

구약에서 예언된 하나님의 말씀이 신약의 마태복음, 누가복음

(눅 1:30-35)에서 성취된 것을 볼 수 있다.

이제 바빌론 느부갓네살의 침공으로 유다가 멸망한다. 다니엘 2장에는 앞으로 이방인의 때에 일어날 일이 정확하게 예언되어 있다. 이스라엘은 코니야 때 천국의 왕관을 빼앗기고, 이는 예수님이 오실 때까지 상실된 상태로 이어진다. 하나님의 나라의 왕관은 이미 오래 전에 상실되었다.

이방인의 때

이제 이방인의 때가 온 것이다. 다니엘 2장에 이방인의 왕국에 대한 예언이 나온다. 다니엘 2:32은 형상에 대해 말씀한다.

「이 형상의 머리는 정금이요, 그의 가슴과 양 팔은 은이요, 그의 배와 넓적다리는 놋이요, 그의 다리는 철이요, 그의 발의 일부는 철이며, 일부는 진흙이었나이다」(단 2:32,33).

금으로 된 머리는 느부갓네살의 바빌론이고, 은으로 된 가슴과 양 팔은 메데페르시아이며, 놋으로 된 배와 넓적다리는 그리스를 가리키고, 철로 된 다리는 로마이고, 열 발가락은 로마에서 나오는 발가락인데 이것이 요한계시록의 열 왕이다.

이방인의 때의 왕국에 대한 예언은 바빌론에서부터 계속 이어지다가 건너뛰어서 대환란 때의 열 왕국으로 이어진다. 그리고 34절에는 주님의 재림이 나온다. 여기서 말씀하는 주님의 오심을 초림으로 보면 예언이 완전히 망가지게 된다. 이것은 분명히 주님의 재림에 대한 말씀이다.

「왕께서 보셨는데, 손으로 다듬지 아니한 돌이 철과 진흙으로 된 그 형상의 발을 쳐서 산산이 부수니」(단 2:34).

열 발가락, 열 왕 다음 마지막 왕국은 사탄의 왕국이다. 그리스도를 모방하는 적그리스도의 왕국인 것이다. 이때 돌이 와서 그 왕국을 산산조각낸다. 그 돌은 재림하시는 예수님이시며 이 구절은 예수님의 왕국이 도래하는 것에 대한 예언이다.

「그 철과 진흙과 놋과 은과 금이 함께 산산이 부서져서 여름 타작마당의 쭉정이같이 되어 바람에 날려 사라져 간 곳이 없어졌으며, 그 형상을 친 돌은 태산을 이루어서 온 세상을 가득 채웠나이다」(단 2:35).

요한계시록 11장에서 적그리스도의 왕국이 깨지고 메시아 왕국이 세워지는 것을 보여준다.

「그 후에 일곱째 천사가 나팔을 부니, 하늘에서 큰 음성들이 있어 말하기를 "이 세상의 나라들이" 세상의 이방인의 나라들을 말씀하는 것이다. 「우리 주와 그의 그리스도의 왕국들이 되어서 그분이 영원무궁토록 통치하시리라."고 하더라」(계 11:15).

그리하여 천년 왕국 때 예수님께서 다윗의 보좌에서 통치하시고, 천 년이 지난 후 백보좌 심판이 있으며, 그 후 영원 세계가 펼쳐진다. 이 구절에서 천년 왕국과 영원 세계를 함께 말씀하고 있는 것이다.

이제 왕국이 떠나고 구약 성경의 마지막 책인 말라키에서부터 예수님께서 등장하시기까지 4백 여 년이 흐르는 동안 주님께서는 이스라엘에게 아무 말씀도 주시지 않고 침묵하신다. 그 4백 년 동안 마귀는 열심히 또 다른 책들을 만들어 놓고 유대인의 종교를 완전히 인간의 전통을 따르는 탈무드, 미드라쉬, 미쉬나 등 유대 문헌들로 가득 채워 버렸다. 마귀는 주님의 십자가 사건 후 복음이 퍼지고 기독교가 등장할 때를 기다렸다가 그러한 책들이 권위를 가지게 만들어 구약 성경과 혼동을 일으키도록 한 것이다. 또 다른 사해사본, 시내사본 등 여러가지 성경 사본들이 새로이 발견되게 했다. 이런 것들은 모두 참 하나님의 말씀인 킹제임스성경을 대적하기 위해 만들어 낸 사탄의 작품이다. 오늘날 기독교가 완전히 혼란에 빠진 것은 사탄의 계획의 결과이다. 그는 철학과 문학, 과학 등이 교회 내에 침투하게 해서 '기독교계'(christendom)라는 것이 만들어지는 기초를 놓은 것이다.

25
물리적 나라

최초에 아담의 죄로 인해 영적인 나라인 하나님의 나라를 빼앗겼고, 후에 이스라엘을 통한 신정통치가 이루어졌지만 죄악으로 인해 물리적인 왕국의 왕관을 잃어버렸음을 살펴보았다. 그 후 4백 년 동안 하나님의 침묵이 있었고, 구약에 약속된 하나님의 나라와 천국의 왕이 등장하는 시기가 되었다.

인간의 죄로 인해서 천국과 하나님의 나라는 모두 빼앗겼으나 주님께서 이를 다시 회복시키신다는 것이 구약의 언약이다. 이제 구약에 예언된 대로 예수님께서 등장하셨다.

왕의 탄생

「그후 여섯째 달에 하나님께서 천사 가브리엘을 나사렛이라고 하는 갈릴리의 한 성읍에 보내시어 다윗의 가문에 요셉이라고 하는 남자와 정혼한 한 처녀에게로 가게 하시니 그 처녀의 이름은 마리아더라. 그 천사가 그녀에게 와서, 말하기를 "기뻐하라. 은총을 받은 자여, 주께서 너와 함께하시니 너는 여자 중에서 복받은 자로다."라고 하니 그녀가 천사를 보고 그가 전하는 말에 몹시 당황하여 이런 인사가 어떻게 된 것인가 생각하고 있을 때에 그 천사가 그녀에게 말하기를 "마리아야, 두려워 말라. 이는 네가 하나님의 은총을 받았음이니라. 보라, 네가 너의 태 안에 임신하여 한 아들을 낳으리니 그의 이름을 예수라 하라. 그는 위대하게 될 것이며, 가장 높으신 분의 아들이라 불릴 것이요, 또 주 하나님께서 그에게 그의 조상 다윗의 보좌를 주실 것이며 그는 야곱의 집안을 영원히 통치할 것이요 그의 왕국은 무궁하리라."고 하니라」(눅 1:26-33).

마지막 절에서 "다윗의 보좌"를 주신다는 말씀은 마리아에게서 태어나실 분께서 왕이라는 뜻이다.

「이는 주께서 자기 여종의 낮은 지위를 살펴보셨음이니, 보라, 이제부터는 모든 세대가 나를 복받은 사람이라고 부르리라. 전능하신 분이 위대한 일을 내게 행하셨으니 그분의 이름이 거룩하시도다. 주의 자비가 주를 두려워하는 자들에게 대대로 있도다. 주는 자기 팔로 힘있는 일을 하셨으며, 마음의 상상이 교만한 자들을 흩으셨느니라」(눅 1:48-51).

여기서 마리아가 하나님을 드높이며 하는 이 찬양의 말씀은 예언이다. 성경에 기록된 시나 찬양들 대부분이 예언의 말씀인 것을 볼 수 있는데, 특히 재림에 대한 예언들이 많다.

「그분은 권세자들을 권좌에서 끌어내리고 비천한 자들을 높이셨느니라. 그분은 굶주린 자들을 좋은 음식으로 배부르게 하시고 부자들을 빈손으로 보내셨느니라. 그분은 그의 자비를 기억하여 자기의 종 이스라엘을 도우셨으니 우리 조상들과 아브라함과 그의 씨에게 영원히 말씀하신 것처럼 하신 것이라."고 하니라」(눅 1:52-55).

물리적인 구원과 왕국에 대한 이 말씀은 주님께서 왕으로 오셔서 이스라엘 민족을 구원하신다는 구약의 약속이다.

「이스라엘의 주 하나님을 송축하라. 이는 주께서 자기 백성을 돌아보아 구속하셨으며 또 자기 종 다윗의 집에 우리를 위하여 구원의 뿔을 일으키셨음이라. 주께서는 세상이 시작되면서부터 있었던 자기의 거룩한 선지자들의 입을 통하여 말씀하신 것같이 우리의 원수와 우리를 미워하는 모든 자의 손에서 우리를 구원하려 하심이라」(눅 1:68-71).

예수님께서 왕으로 오셔서 이스라엘을 물리적으로 구해주시는 것에 대한 말씀이다. 그 당시 이스라엘은 로마의 압제 하에 있었으며, 당시 하나님의 말씀을 붙들고 있었던 유대인들은 예언된 메시아가 오실 것을 알고 기다리고 있었다. 이는 요한복음에 기록된 사마리아 여인도 알고 있던 사실이다(요 4:25,26).

「우리 조상에게 약속하신 자비를 행하시며 그의 거룩한 언약을 기억하셨으니 우리 아버지 아브라함에게 하신 맹세로, 우리에게 주시겠다고 하신 것이라. 이는 우리를 우리 원수의 손에서 구해 내시어 두려움 없이 주를 섬기기를, 우리의 전생애를 통하여 그분 앞에 거룩함과 의로움으로 하게 하려 하심이라」(눅 1:72-75).

여기에 중요한 말씀이 있다. 왕이신 주님께서 이스라엘 백성을 물리적으로 구원하고 통치하시기 전에 그들이 알아야 할 것이 있었다. 75절에서 왕으로 오셔서 "거룩함과 의로움"으로 섬김을 받으시며, 또 77절에서는 「또 주의 백성에게 그들의 죄들을 용서함으로 구원의 지식을 줄 것임이라.」고 하셨다. 즉 왕께서 물리적인 구원을 가져다 주시기 전에 먼저 이스라엘 백성이 죄의 용서와 거룩함과 의로움을 알아야 했던 것이다. 그것이 하나님의 나라이다. 영적인 나라인 하나님의 나라가 먼저 오고, 그 후에 물리적인 나라인 천국이 와야 한다. (물론 앞으로 올 천년 왕국 때에는 두 나라가 함께 온다.) 유대인들이 알지 못했던 것은 천국이 임하기 전에 이러한 도덕적인 원칙이 지켜져야 한다는 점이었다.

물론 천국은 물리적인 왕국이며 'kingdom of heaven'이라는 단어는 성경 전체에서 오직 마태복음에만 나온다. 그러다 보니 마태복음을 읽을 때 대부분 물리적인 부분에만 중점을 둔다. 그러나 마태복음에도 도덕적인 것, 영적인 것에 대한 말씀이 많이 나온다.

유대인들이 놓친 영적인 나라

유대인들이 놓친 것은 영적인 나라이고, 이방인들 즉 교회가 놓친 것은 물리적인 나라이다. 양쪽 모두의 문제는 두 왕국을 하나로 보고 하나님의 나라와 천국의 차이를 인정하지 않은 데 있다. 유대인들이 왕을 거절함으로써 천국이 연기되었는데, 그들은 하나님의 나라에 대한 개념이 없었기에 도덕적이고 영적인 문제에 대해 생각하지 못했다.

「그녀가 한 아들을 낳으리니 너는 그의 이름을 예수라 하라. 이는 그가 자기 백성을 그들의 죄들에서 구원할 것이기 때문이니라."고 하니라」(마 1:21).

위 구절에서 말씀한 '죄들에서의' 구원, 즉 도덕적인 문제, 죄의 문제들을 유대인들은 생각지 못한 것이다. 마태복음 5장에서 예수님께서 산상설교에서 하신 말씀, 즉 왕으로 오셔서 왕국을 다스리기 전에 선포하신 왕국 법령에는 도덕적인 내용이 많이 있다.

「"영이 가난한 자들은 복이 있나니, 천국이 그들의 것임이요, 애통하는 자들은 복이 있나니, 그들이 위로를 받을 것임이요, 온유한 자들은 복이 있나니, 그들이 땅을 유업으로 받을 것임이요, 의에 굶주리고 목마른 자들은 복이 있나니, 그들이 배부를 것임이요, 자비로운 자들은 복이 있나니, 그들이 자비를 얻을 것임이요… 천국이 그들의 것임이라」(마 5:3-10).

「내가 너희에게 말하노니, 너희의 의가 서기관들과 바리새인들의 의보다 뛰어나지 못하면 결코 천국에 들어가지 못하리라」(마 5:20).

물리적인 나라인 천국에서 하나님께서 의와 화평으로 통치하시는데, 백성이 도덕적으로 또 영적으로 의롭지 못하다면 어떻게 되겠는가? 따라서 천국이 도래하는 조건에는 그런 영적인 면도 반드시 있어야 했다. 이것을 유대인들은 놓친 것이다.

「오히려 너희는 먼저 하나님의 나라와 그분의 의를 구하라. 그리하면 이 모든 것을 너희에게 더해 주시리라」(마 6:33).

전체적으로 천국을 언급하는 마태복음의 맥락에서 왜 갑자기 하나님의 나라가 나오는지를 생각해 보아야 한다. 영적인 나라에 대해서도 유대인들이 받아들였어야 하는데 이들은 죄사함이나 십자가 사건에 대해서 놓친 것이다. 이 거절로 인해 예수님께서는 십자가에서 비참한 모습으로 돌아가실 수밖에 없었다. 유대인들은 메시아께서 '의와 화평으로' 통치하신다는 데 대해서는 생각하지 못했다.

구약 스카랴서에서도 주님의 통치와 함께 도덕적인 문제가 다루어지는 것을 볼 수 있다.

「그에게 일러 말하기를 "만군의 주가 이같이 일러 말하느니라. 그 이름이 가지인 사람을 보라. 그가 자기 자리에서 자라 주의 성전을 건축하리라. 그가 주의 성전을 건축하고 영광을 지니며 그의 보좌에 앉아 다스릴 것이요 그가 그의 보좌 위에 제사장이 될 것이라. 또 그들 둘 사이에 화평의 의논이 있으리라." 하라」(슥 6:12,13).

가지인 사람은 인자로 오시는 아담의 자손, 마지막 아담이신 예수 그리스도이시다.

「너희가 행할 일들이 이러하니라. 너희 각자는 자기 이웃에게 진리를 말하며 너희 성문들에서는 진리와 화평의 재판을 하고 너희 가운데 아무도 자기 이웃을 거역하여 너희 마음속에 악을 꾀하지 말며 거짓 맹세를 사랑하지 말지니, 이는 이 모든 것들을 내가 미워함이라. 주가 말하노라. … 만군의 주가 이같이 말하노라. 넷째 달의 금식과, 다섯째 달의 금식과, 일곱째 달의 금식과, 열째 달의 금식은 유다 집에 기쁨과 즐거움과 유쾌한 명절들이 되리라. 그러므로 진리와 화평을 사랑하라」(슥 8:16-19).

"자기 이웃에게 진리를 말하며," "진리와 화평의 재판" 등, 천국의 맥락에서 이렇게 도덕적인 문제들이 나온다. 유대인들은 이런 부분들을 놓친 것이다. 그들은 메시아께서 오셔서 물리적으로 로마를 쳐내시고 자신들을 구해주시는, 그러한 물리적 천국을 기다렸는데 그 메시아께서 비참한 모습으로 처형당하시자 이를 이해하지 못했다. 제자들도 십자가 사건에 대해 이해하지 못했다.

「내가 심판을 위하여 너희에게 가까이 오리라. 내가 마술사들과, 간음하는 자들과, 거짓 맹세하는 자들과, 품꾼을 그의 삯으로 압제하는 자들과, 과부와 아비 없는 자를 압제하는 자들과, 타국인을 외면하는 자들과, 나를 두려워하지 않는 자들을 대적하여 신속히 증인이 되리라. 만군의 주가 말하노라」(말 3:5).

천국이 도래하려면 이러한 의와 화평으로 통치할 수 있는 기반이 잡혀야 했다. 말라키를 끝으로 4백 년 동안 주의 말씀이 임하지 않았고, 그 후 침례인 요한이 등장하는데, 요한은 이 두 가지 나라에 대해 전파하기 시작한다.

「그 무렵에 침례인 요한이 와서 유대 광야에서 전파하여, 말하기를 "너희는 회개하라. 천국이 가까이 왔느니라."고 하니」(마 3:1,2).

왕이 오신다는 것은 이제 그 왕국이 온다는 것이다. 요한은 이렇게 천국을 전파한다.

「요한이 감옥에 갇힌 후, 예수께서 갈릴리로 오셔서 하나님의 나라의 복음을 전파하시며, 말씀하시기를 "그 때가 찼고 하나님의 나라가 가까이 왔도다. 너희는 회개하고 복음을 믿으라."고 하시니라」(막 1:14,15).

　복음서에서는 천국과 하나님의 나라, 두 가지가 모두 제시된다. 침례인 요한과 예수님도 물리적인 나라와 영적인 나라 모두를 선포하셨다. 그러나 유대인들은 물리적인 왕국만을 기다리다가 놓쳐 버리고, 이방인들은 영적인 나라만 생각하다가 실질적으로 도래하는 물리적 왕국을 무시하고 있다.

　오늘날 교회들은 이 두 나라를 하나로 보기 때문에 겉으로는 영적인 통치를 한다고 말하면서도 실질적으로 이 세상 자체를 통치하려 하는 것이다. 그들은 천국의 개념을 모르기 때문에 인간들이 세상을 점진적으로 좋게 만들어야 한다고 가르친다. 성경이 말씀하는 유대인들에게 임할 그 번영된 나라를 자신들이 이 세상에 세우겠다는 것이다. 그들이 만일 하나님의 나라와 천국의 개념이 다르다는 것을 알았더라면 이 교회 시대에 세상의 번영을 이루기 위해 소위 사회복음에 열심을 내지는 않았을 것이다. 그들은 결국 복음은 변질시키고 이 세상을 하나로 만들어 적그리스도의 왕국을 세우는 데 일조하고 있다.

　구약의 여러 곳에서 예수님의 탄생에 대해 예언하고 있다.

「그러므로 주께서 친히 한 표적을 너희에게 주시리라. 보라 한 처녀가 임신하여 한 아들을 낳으리니 그의 이름을 임마누엘이라 하리라. 그는 버터와 꿀을 먹을 것이요, 그리하여 그가 악을 거절하고 선을 택할 줄 알게 되리라. 그 아이가 악을 거절하고 선을 택할 줄 알기 전에 네가 혐오하는 그 땅이 그 두 왕에게서 버림받으리라」(사 7:14-16).

이사야 9:6의 「이는 우리에게 한 아이가 태어났고」라는 말씀에서 '한 아이'는 인자를 뜻하며, 「우리에게 한 아들이 주어졌음이니」에서 '한 아들'은 하나님의 아들을 뜻한다. 하나님의 아들인 첫 사람 아담은 죄를 지음으로써 하나님의 형상을 잃어버렸으나, 후에 하나님의 아들로서 오시는 예수 그리스도께서는 하나님의 형상을 회복함으로써 하나님의 나라가 도래할 수 있게 되었다. 이것이 구절에서 두 나라가 함께 나오는 이유이다. 「정부가 그의 어깨 위에 있을 것이요, 그의 이름은 경이로운 분이라, 상담자라, 능하신 하나님이라, 영원하신 아버지라, 화평의 통치자라 불리리라」(사 9:6).

「그의 정부와 화평의 증가함이 다윗의 보좌와 그의 왕국 위에 바르게 세워지고」주님께서는 재림하셔서 다윗의 보좌에 앉아 천년 동안 다스리실 것이다. 「지금부터 영원까지 공의와 정의로 그것을 굳게 세우는 데 끝이 없으리라. 만군의 주의 열성이 이것을 실행하시리라」(사 9:7). 천년 왕국에 이어 펼쳐지는 영원 세계에서 그 정부는 계속적으로 증가할 것이다.

영원 세계에서는 죄 없는 사람들, 즉 구원을 유업으로 받는 사람들이 지속적으로 출생해서 새 땅이 되는 이 지구뿐만 아니라 새 하늘인 우주로 나가서 퍼져나간다. 주님의 정부가 증가한다는 예언의 말씀은 그때에 가서 이루어진다. 이 일을 성취하시기 위해서 주님께서 오신 것이다.

그러나 예수님께서 오셔서 하나님의 나라와 천국을 가져오려 하셨을 때 유대인들은 하나님의 나라에 대한 개념을 갖고 있지 않았기 때문에 결국 예수님은 자신들이 기다린 메시아가 아니라고 믿어 처형하고 말았다.

천국에 대한 개념을 다루는 마태복음은 1장에서 천국의 왕이신 예수 그리스도의 계보가 나온다. 1절에서 주님을 아브라함의 아들이라고 하기에 앞서 다윗의 아들이라고 말씀하는 이유는 주님께서 왕으로 오시기 때문이다.

「이새는 다윗왕을 낳으니라. 다윗왕은 우리야의 아내였던 여인에게서 솔로몬을 낳고」(마 1:6).

여기서부터 예수님의 탄생까지 기록되었다. 여코냐, 즉 코니야의 씨는 보좌를 이어받을 수 없기에 주님의 계보는 마리아의 남편인 요셉까지 이어지지만 요셉은 예수 그리스도의 아버지가 아니다. 그리스도의 아버지는 하나님이시다. 주님께서는 구약의 예언대로 동정녀 탄생을 통해 하나님의 아들로 오셨다.

「'너 유다 땅 베들레헴은 유다의 통치자들 가운데서 가장 작지 아니하도다. 이는 너에게서 한 다스리는 자가 나와 내 백성 이스라엘을 통치할 것임이라.'고 하였음이니이다." 하더라…그들이 그 집에 들어가서 그 어린아이가 모친 마리아와 함께 있는 것을 보고 엎드려 그에게 경배하고 보물함을 열어 황금과 유향과 몰약을 예물로 드리니라」(마 2:6,11).

마태복음 2장은 왕의 탄생을 말씀한다. 이후 주님께서는 주의 천사가 이르는 대로 이집트로 피했다가 다시 이스라엘로 돌아오신다. 3장에서는 침례인 요한이 왕의 오심을 예비하기 위해 등장한다.

「그 무렵에 침례인 요한이 와서 유대 광야에서 전파하여, 말하기를 "너희는 회개하라. 천국이 가까이 왔느니라."고 하니, 이 사람은 선지자 이사야가 말한 그 사람이라. 말하기를 "광야에서 외치는 자의 음성이 있어 '너희는 주의 길을 예비하고 그의 길들을 곧게 하라.'고 하는도다." 하였더라」(마 3:1-3).

이제 하나님의 나라와 천국 모두를 가진 왕이 오셨으니 남은 것은 백성들이 받아들이는 것이었다. 마태복음 4장에서 주님께서는 마귀에게 왕으로서 시험을 받으신다. 아담은 시험에 실패하고 왕권을 빼앗겼으나 예수님께서는 하나님의 말씀으로 승리하신다.

왕국을 거부한 백성

이제 왕국을 세우기 위해 왕국 법령을 준비하시는데, 마태복음 5-7장의 산상 설교가 그것이다. 8-11장까지는 주님께서 왕으로 오셨음을 증명하는 표적과 이적을 보여 주신다. 그러나 이스라엘 사람들은 주님을 받아들이지 않았으며, 특히 종교 지도자들은 오히려 예수님이 마귀 들린 자라고 비방한다.

「'나는 자비를 원하고 희생제를 원치 아니하노라.' 는 그 의미를 너희가 알았다면 무죄한 사람을 정죄하지 아니하였으리라. 인자는 곧 안식일의 주니라."고 하시더라」(마 12:7,8). 그들은 주님의 말씀을 책잡아 죽이려고 작정한다.

「그러므로 사탄이 사탄을 쫓아내면 그 자체가 갈라지는 것이니, 그러면 어떻게 그의 왕국이 서겠느냐? 그러므로 내가 비엘세붑을 힘입어 마귀들을 쫓아낸다면, 너희 자식들은 누구를 힘입어 그들을 쫓아내느냐? 그러므로 그들이 너희의 재판관이 되리라. 그러나 내가 하나님의 영을 힘입어 마귀들을 쫓아내면, 그때는 하나님의 나라가 너희에게 임한 것이라」(마 12:26-28).

이어서 주님께서는 신랄하게 바리새인들을 책망하신다.

「오 독사들의 세대야, 악한 너희가 어떻게 선한 것을 말할 수 있겠느냐? 이는 마음에 가득한 것을 입이 말하기 때문이라」(마 12:34).

서기관과 바리새인들은 예수님의 표적을 받아들이지 않으면서도 계속 표적을 요구했으며, 그런 그들에게 주님께서는 다음과 같이 대답하신다.

「그러나 주께서 그들에게 대답하여 말씀하시기를 "악하고 음란한 세대가 표적을 구하나, 선지자 요나의 표적밖에는 줄 표적이 없도다. 요나가 사흘 낮과 사흘 밤을 고래 뱃속에 있었듯이, 인자도 그처럼 사흘 낮과 사흘 밤을 땅의 심장 속에 있을 것이라」(마 12:39,40).

주님의 죽으심, 십자가 사건이 마지막 표적이라고 말씀하신다. 그리고 오히려 이방인들이 이 세대를 정죄하고 심판할 것이라고 경고하신다(42절). 50절에서는 새로운 관계에 대해서 말씀하시며, 이제 육신적인 관계를 떠나 하나님의 뜻을 행하는 자들이 주님의 가족임을 말씀하신다.

「누구든지 하늘에 계신 내 아버지의 뜻을 행하는 그 사람이 나의 형제요, 자매요, 모친이니라."고 하시니라」(50절).

주님께서는 메시아로 오셨지만 이 백성은 받아들이지 않았으며, 예수님께 사탄의 영을 가졌다고 함으로써 결코 용서받을 수 없는 성령 모독죄를 짓는다. (성령 모독죄란 육신으로 오신 하나님이신 예수님께 '사탄의 영으로 사역하는 것이다', '마귀들렸다'(막 3:29,30)고 하는 것이다.) 이로 인해 왕의 오심과 함께 도래했어야 하는 천국이 연기되고 말았고, 연기된 동안 그 천국은 신비의 상태로 남게 되었다.

신비 상태로 사라진 천국

주님께서는 마태복음 13장에서 신비 상태가 되는 천국에 대해 예언하신다. 이 땅에 실질적으로 세워져야 할 천국이 사라지는 것에 대해 일곱 가지 천국의 신비들로 알려 주신 것이다. 여기서 영적인 부분들이 많이 다루어지는데, 그 이유는 유대인들이 영적 왕국을 거절했기 때문이다. 우리는 현재 2천 년 교회 시대의 끝에 와 있기 때문에 그 기간이 2천 년이라는 것을 알지만, 주님께서 사역하실 당시에는 그토록 긴 세월 동안 연기될 줄은 몰랐을 것이다. 천국이 이 땅에 도래하지 못하는 교회 시대 2천 년 동안 일어날 일들이 신비로 기록되었다.

두 번째 신비에서 독보리에 대한 말씀이 나오고, 세 번째는 겨자씨의 비유가 나온다. 천국과 하나님의 나라를 하나로 보는 이방인들은 자신들이 영적으로 통치한다면서 이 세상을 천국으로 만들려는 기독교계(Christendom)라는 것을 탄생시킨다. 그들은 이 세상이 점점 더 좋아질 것이며, 겨자씨 비유가 부흥을 뜻한다고 말한다. 사탄은 카톨릭을 사용해서 이 기독교계를 완전한 배교로 이

끌어가고 있다. 그들은 교회 시대에 교회가 많이 생겨나고 많은 사람들이 교회에 모임으로써 교회가 커지는 것을 부흥으로 알지만, 하나님의 말씀을 아는 사람들 즉 하나님의 나라와 천국의 다른 점을 아는 사람들은 오늘날 성경적으로 믿지 않는 세상 교회들이 배교의 길로 가고 있음을 잘 알고 있다. 천국은 연기되었고 현재는 영적인 하나님의 나라만 있는 것이다.

「주께서 그들 앞에 또 다른 비유를 들어 말씀하시기를 "천국은 어떤 사람이 가져다가 자기 밭에 뿌린 겨자씨 한 알과 같으니, 그것은 참으로 모든 씨 중에서 가장 작지만 자라나면 푸성귀 중에서 가장 커지고, 나무가 되면 공중의 새들이 와서 그 가지들에 깃들이느니라."고 하시더라」(마 13:31,32).

겨자씨는 푸성귀로 자라야 하는데 나무가 되었다는 것은 비정상적으로 커졌음을 뜻한다. 이것은 철저히 변질되었음을 뜻하는 것이지 '부흥'을 의미하는 것이 아니다. 겨자씨가 나무가 되어 공중의 새들이 깃들게 되었는데, 요한계시록(계 18:2)에 의하면 더럽고 가증한 새는 마귀들과 온갖 더러운 영들이다. 즉 마귀들이 그 창녀 교회인 카톨릭에 깃들이고 그것이 결국 전세계로 퍼진다는 말씀이다. 여기서 마태복음과 요한계시록이 서로 이어지는 것을 알 수 있다. 그러나 많은 사람들은 이 겨자씨의 비유를 복음의 번영으로 인해 하나님의 나라가 확장되는 것으로 가르친다(예, '누룩' 선교회, '겨자씨' 선교회).

네 번째 신비인 누룩의 비유도 우리에게 동일한 것을 가르쳐 준다.

「주께서 그들에게 또 다른 비유를 말씀하시기를 "천국은 어떤 여인이 가져다가 가루 서 말에 숨겨 넣어, 전체를 부풀게 한 누룩 같으니라."고 하시더라」(마 13:33).

위 구절에 나오는 "어떤 여인"은 요한계시록에 나오는 그 종교 창녀이다. 카톨릭, 즉 짐승 위에 탄 여인(계 17:1-7)을 말한다. 성경에서 누룩은 잘못된 교리, 거짓 교리를 말한다. 카톨릭에서 나온 거짓 교리들이 이 교회 시대를 지배하고 있으며, 바이블 빌리버 외에는 모두 이 카톨릭의 교리를 수용하고 있는 상태이다.

사도 바울로부터 시작된 초대 교회 때부터 순수한 믿음을 지킨 사람들은 카톨릭 교회에 흡수되지 않았으며, 그들은 성경적으로 믿는 침례교도들로서 갖은 박해 속에서도 믿음을 지켜왔다. 반면 침례교도들이 아닌 나머지 사람들은 모두 카톨릭 교회에 속해 있었다. 그들이 카톨릭의 부패상을 보고 종교개혁을 통해 분리되었을 때에도 카톨릭의 누룩을 가지고 나와 장로교회, 감리교회 등의 교단을 이루었다. 이러한 개신교 교단들은 카톨릭 교회와 마찬가지로 천국과 하나님의 나라를 구분하지 못하기 때문에 자신들이 '복음으로' 이 세상을 점점 더 좋게 만들 수 있다고 한다. 이것은 전형적인 카톨릭의 누룩인 것이다. 주님께서 천년 왕국 이전에 오셔서 지상에 있는 다윗의 보좌에 앉으셔서 통치하신다는 전천년주의를 믿지 않는 그들은 무천년주의, 후천년주의를 주장한다. 결국 마태복음 13장에서 2천 년 전에 주께서 말씀하신 것들이 그대로 이루어져가고 있다. 교회사 2천 년이 지난 후에 와 있는 우리는 성경을 알기 때문에 이것을 더욱 명료하게 볼 수 있다. 그러나 성경에 무지했던 존 칼빈이나 마틴 루터, 요한 웨슬리도 모두 이 진리를 놓쳐버리고 전천년주의를 믿지 않았다.

다섯 번째 신비인 숨겨진 보물에 대한 비유를 살펴보자.

「또 천국은 밭에 숨겨진 보물과 같으니, 어떤 사람이 그것을 찾은 후에 다시 숨기고 그 기쁨으로 가서 자기의 모든 소유를 팔아 그 밭을 사느니라」(마 13:44).

여기서 보물은 교회가 아니라 이스라엘을 말씀한다. 주님께서는 숨겨진 보물 즉 이스라엘을 찾으셨는데, 이스라엘이 주님을 받아들이지 않자 다시 숨겨 두고 떠나신다. 천국이 도래하지 않게 된 것이다. 주님은 자신의 모든 소유를 팔아서, 즉 십자가에서 보혈을 흘리심으로써 그 밭을 사시지만, 정작 이스라엘 백성은 다시 숨겨 놓고 떠나셨다. 마태복음이 전하는 천국의 신비들을 올바로 공부하면 2천 년 동안의 교회사를 한눈에 볼 수 있고, 오직 전천년주의만이 성경적 교리임을 알게 된다.

여섯 번째 신비인 진주의 비유는 교회에 관한 말씀이다.

「또 천국은 좋은 진주를 찾는 상인과 같으니, 그가 매우 값진 진주 하나를 찾아, 가서 자기의 모든 소유를 팔아 그것을 샀느니라」(마 13:45,46).

하나의 덩어리로 된 유기체인 진주는 그리스도의 피 값으로 사신 바 된 유일한 그리스도의 몸, 교회를 상징한다. 위에서 밭의 보물이 다시 숨겨진 것과 달리 이 진주는 숨겨지지 않는다. 즉 천국의 신비에 있는 그 왕국은 하나님의 나라이며, 이 영적인 나라가 종국에는 그 천국을 이어받는 것이다.

이렇게 해서 주님께서는 이 왕국을 연기시키시고, 받아들여지지 않은 천국은 신비 상태로 그 형태를 감추게 된다.

우리는 지금까지 하나님의 경륜을 반복해서 공부하면서 성경 전체를 몇 번에 걸쳐서 살펴보았다. 시대들, 구원들, 그리고 왕국들에 대해서 네 번째 계속 살펴보고 있는데 이 모든 것은 많은 부분에서 연관성이 있다. 그렇기 때문에 하나님의 경륜에 대한 공부를 마치고 나면 성경이 증거하는 하나님의 계획을 이해할 수 있게 된다.

므나의 비유 – 교회 시대

「인자가 온 것은 잃어버린 자를 찾고 또 구원하려는 것이라.」고 하시더라. 그들이 이 말씀을 듣고 있을 때 주께서 비유를 하나 더 들어 말씀하시더라. 이는 주께서 예루살렘에 가까이 계시므로 그 사람들은 하나님의 나라가 당장 나타나는 줄로 생각하고 있었기 때문이라. 그러므로 주께서 말씀하시기를 "어떤 귀인이 왕국을 받아서 돌아오려고 먼 나라에 가게 되었더라. 그리하여 자기의 종 열 명을 불러 그들에게 열 므나를 주며 말하기를 '내가 올 때까지 장사하라.'고 하였더니」(눅 19:10-13).

위 구절은 마태복음에 나오는 천국의 개념과는 다르다. 이것은 교회 시대에 대한 비유이다. 주님께서는 종들에게 똑같이 한 므나씩 주셔서 각자 얼마나 벌었는지에 따라 유업을 나눠 주신다. 우리가 구원받고 난 뒤 주님을 얼마나 바른 태도와 바른 영으로 섬겼는지에 따라 후에 유업을 받는 것이다.

「그에게 말하기를 '잘하였다. 착한 종아. 네가 아주 작은 일에 신실하였으니 열 성읍을 다스리는 권세를 가지라.'고 하더라」(눅 19:17).

영적으로 거듭났을 때 하나님의 나라에 들어가지만, 그 하나님의 나라가 '물리적으로' 임하는 것은 천년 왕국 때이다. 현재 교회 시대에 거듭난 사람들은 하나님의 나라에 들어갈 수는 있지만 볼 수는 없다. 하나님의 나라를 말할 때, 현재 우리가 그 나라에 '들어가는 것'은 그 나라를 '보는 것'과 다르다. 요한복음에서 주님께서는 거듭나지 않으면 하나님의 나라에 들어갈 수 없고, 또 볼 수 없다고 말씀하신다(요 3:3). 교회 시대에는 거듭날 때 하나님의 나라에 들어간다. 그리스도의 몸의 한 지체이자 하나님의 나라의 일원이 되는 것이다. 그러나 우리가 그 나라를 볼 수 있는 것은 아니다. 반면 천년 왕국 때에는 천국만이 아니라 천국과 하나님의 나라, 두 가지 왕국이 함께 도래한다. 많은 사람들이 착각하게 되는 것이 바로 이 부분이다.

누가복음 19장에서는 교회 시대에 여러분이 어떻게 하는지에 따라 주님께서 유업을 주신다고 말씀한다. 17절에서는 '열 성읍을 다스리는 권세를 가지라'고 하셨다. 우리가 천년 왕국에서 주님과 함께 철장으로 다스리게 되는 것이다. 각 사람이 일한 것에 따라 열 성읍, 또는 다섯 성읍 등을 다스리게 된다. 주님께서는 일을 하지 않은 사람에게는 엄격하시다.

「주인이 그에게 말하기를 '악한 종아, 네 입에서 나오는 말로 내가 너를 심판하리라. 너는 내가 두지 않았던 것에서 취하고, 심지도 않았던 것에서 거두는 그러한 엄격한 사람인 줄 알았도다. 그렇다면 너는 어찌하여 내 돈을 은행에 맡기지 아니하였느냐? 그랬더라면 내가 와서 이자와 함께 원금을 청구하였으리라.' 고 하더라. 주인이 곁에 서 있던 사람들에게 말하기를 '그에게서 그 한 므나를 빼앗아 열 므나를 가진 사람에게 주라.'고 하니 (그들이 주인에게 말하기를 '주여, 그에게는 열 므나가 있나이다.'라고 하니) '내가 너희에게 말하거니와, 가진 사람은 받을 것이지만 갖지 못한 사람은 가진 것마저도 빼앗기리라」(눅 19:22-26).

여러분이 어떻게 섬겼는지에 따라 가진 것마저 빼앗기게 된다고 말씀한다. 그러나 지옥에는 가지 않는다. 본문에 지옥에 간다는 말씀은 없다. 단지 유업을 얻지 못할 뿐이다. 반면 마태복음 25장의 천국의 비유에서 일하지 않은 종은 지옥에 간다. 천국의 개념에서는 행위 구원을 필요로 하기 때문이다. 천국 복음이 전파되는 대환란 시대에는 믿음만이 아니라 믿음과 행함으로써 하나님을 섬겨야 한다. 행함이 없으면 지옥에 가게 된다.

마태복음과 누가복음에 나오는 돈의 단위가 달란트와 므나로 서로 다른 것을 볼 수 있다. 달란트는 대환란 때의 유대인들과 연관되며 마태복음 25장의 악한 종은 지옥에 가는 반면, 교회 시대의 행위를 말씀하는 누가복음 19장에서는 악한 종이 유업만 빼앗기지 지옥에는 가지 않는다. 교회 시대에는 믿음만으로 구원받는 것이지 행위로 인해 구원받지 않기 때문이다.

그렇다고 '나는 교회 시대에 구원받았고 구원을 잃어버리지 않으니까 행위는 없어도 괜찮겠지'라고 생각해서는 안 된다. 그들은 주님께 악한 종으로 불림을 받고 엄청난 수치를 당하게 되기 때문이다.

「또 내가 왕이 되어 자기들을 통치하는 것을 원치 않는 내 원수들을 여기에 끌어내어, 내 앞에서 죽이라.'고 하더라."고 하시더라」(눅 19:27).

여기서의 원수들은 지옥으로 보내진다. 이 원수들은 14절에서 「그의 백성이 그를 미워하여 그의 뒤로 소식을 보내어 말하기를 '우리는 이 사람이 우리를 통치하는 것을 원치 아니한다.'」고 하며 메시아를 거절한 유대인들이다. 이들은 지옥에 가는 반면, 한 므나를 받고 일하지 않은 사람들은 악한 종이라 불리지만 지옥에는 가지 않는다.

누가복음 17장에서는 교회 시대에 일어나는 일에 대해 주님께서 말씀하신다.

「주께서 언제 하나님의 나라가 오겠느냐는 바리새인들의 질문을 받고 그들에게 대답하여, 말씀하시기를 "하나님의 나라는 볼 수 있게 오는 것이 아니니라. 또 사람들이 '보라, 여기 있다!' 고도 말하지 못하리니, 보라, 이는 하나님의 나라가 너희 안에 있기 때문이라." 고 하시더라」(눅 17:20,21).

하나님의 나라는 우리 안에 있으며, 천국처럼 물리적으로 보이는 것이 아니다. 이 영적인 나라는 요한복음 3장에서 말씀한 거듭나야 들어가는 나라이다. 교회 시대에는 거듭남으로써 이 나라에 들어갈 수 있다.

유대인들의 죄악 – 십자가 사건

이제 유대인들이 저주받는 사건이 일어난다. 요한복음 19장에서 빌라도는 예수님을 왕으로 칭하고 십자가에 히브리어, 헬라어, 라틴어로 "유대인의 왕, 나사렛 예수"라고 쓴다. 「그가 유대인들에게 말하기를 "너희의 왕을 보라!"고 하니」(요 19:14).

그러자 유대인들이 이렇게 외친다. 「그들이 소리지르기를 "처단하소서. 처단하소서. 그를 십자가에 못박으소서." 라고 하더라. 빌라도가 그들에게 말하기를 "너희의 왕을 내가 십자가에 못박으랴?"고 하니 선임 제사장들이 대답하기를 "카이사 외에는 우리에게 왕이 없나이다."라고 하더라」(요 19:15).

이것은 구약에 예언된 메시아를 왕으로 받아들이지 않고 거절하는 대신 로마의 왕을 자신들의 왕이라고 외치는 유대인들의 극악한 죄악이다. 그들은 결국 자신들이 왕이라고 외친 로마를 통해서 심판받게 된다. 로마 제국 이후로도 유대인들이 역사를 통해 유럽 등지에서 받은 엄청난 박해와 핍박은 바로 이 구절 때문이다. 그들은 무지와 오해로 인해 십자가 사건을 이해하지 못했다.

첫째 왕 아담에게 하나님께서는 「다산하고 번성하며 땅을 다시 채우고 그것을 정복하라.」(창 1:28) 고 명령하셨다. 두번째 왕이신 그리스도 역시 다산하셔야 하는데, 죄 없는 씨를 십자가를 통해서 재생산하셔야 한다. 첫 번째 아담이 이루지 못한 것을 십자가를 통해서 마지막 아담이 이루신다.

「진실로 진실로 내가 너희에게 말하노니, 한 알의 밀이 땅에 떨어져 죽지 아니하면 한 알 그대로 남아 있지만 죽으면 많은 열매를 맺느니라」(요 12:24).

한 알의 밀이신 주님께서 죽으신 뒤에 많은 열매를 맺으셨다. 하나님의 형상이신 예수님께서 그 씨들을 재생산하시고 그 씨들이 하나님의 형상을 입어 하나님의 나라를 도래하게 하는 것이다. 아담이 잃어버린 하나님의 형상을 입어야 하나님의 아들이 된다. 첫 사람 아담 때 놓친 하나님의 나라가 예수님이 오시기 전에는 없었다. 이제 새로운 피조물이 된 그 씨들, 하나님의 자녀들이 거듭남으로써 하나님의 형상을 입고 하늘나라에 들어가게 되었다. 유대인들은 주님께서 십자가 사건을 통해서 하실 이런 일들을 이해하지 못했다.

「그러나 우리가 죽음의 고난 때문에 천사들보다 조금 낮아지신 예수를 보니, 영광과 존귀로 관을 쓰셨도다. 이는 하나님의 은혜로 말미암아 모든 사람을 위하여 죽음을 맛보기 위함이더라」(히 2:9).

「자녀들이 피와 살에 참여하는 자인 것같이 그 역시 같은 모양으로 동일한 것에 참여하신 것은 자신의 죽음을 통하여 죽음의 세력을 가진 자, 곧 마귀를 멸망시키시며 또 죽음을 두려워하므로 평생을 노예로 속박되어 있는 자들을 놓아주시려 함이니라」(히 2:14,15).

십자가 사건은 반드시 필요했다. 이를 통해 죄 없는 씨를 재생산하셔야 할 뿐 아니라 죽음의 세력을 가진 마귀를 멸망시키셔야 했다. 유대인들은 이 두 가지를 이해하지 못했고, 천국이 도래할 뻔했으나 십자가 사건으로 왕을 죽이는 바람에 천국은 연기되어 신비의 상태로 감추어졌다. 이제 하나님의 나라인 영적인 나라만

이 교회를 통해 이어져나가게 되었다. 그러나 그 교회 시대에 사탄은 누룩으로 배교를 일으킨다.

26
영적인 나라

앞에서 예수님께서는 하나님의 나라와 천국을 가지고 오셨지만 유대인들은 자신들의 왕이신 메시아를 죽였고, 이로써 천국은 연기되고 하나님의 나라가 교회를 통해 이를 대신하게 되었음을 살펴보았다.

예수님께서 왕으로 오셨으나 왕국은 연기되었고 주님께서 다시 재림하셔서 왕국을 통치하신다는 이 부분에 대해 많은 혼동이 존재한다. 실질적으로 구약에서는 초림과 재림을 연결해서 보았고 그 사이에 있는 교회 시대는 드러나지 않았었다. 이 땅에 오신 주님께서는 천국이 연기되는 것에 대해 마태복음에서 경고하셨다.

「그 둘 중에 누가 그 아버지의 뜻을 행하였느냐?」라고 하시니, 그들이 주께 말씀드리기를 "첫째이니이다."라고 하니, 예수께서 그들에게 말씀하시기를 "진실로 내가 너희에게 말하노니, 세리들과 창녀들이 너희보다 먼저 하나님의 나라에 들어갈 것이니라. 이는 요한이 의의 길로 너희에게 왔으나 너희가 그를 믿지 아니하였기 때문이라. 그러나 세리들과 창녀들은 그를 믿었느니라. 너희는 보고 나서도 뉘우치지 아니하였으며, 그를 믿지 아니하였느니라」(마 21:31,32).

하나님의 백성이라고 해서 모두 하나님의 나라에 들어가는 것이 아니다. 오히려 하나님의 백성들은 메시아이신 예수님을 거절했다. 33절부터는 포도원의 소출을 요구하는 주인의 비유가 나온다. 주인이 포도원을 농부들에게 맡기고 떠났는데, 소출을 요구받자 농부들은 주인이 보낸 종들을 핍박했으며, 아들을 보내자 상속자인 그를 죽여버린다. 그 상속자는 예수님을 말한다.

「그들이 주께 말씀드리기를 "그가 그 악한 자들을 비참하게 죽일 것이며, 또 그 포도원을 제 때에 소출을 바칠 다른 농부들에게 세로 주리이다." 라고 하더라. 예수께서 그들에게 말씀하시기를 "너희는 성경에서 '건축자들이 버린 돌이 모퉁이의 머릿돌이 되었도다. 이는 주께서 하신 일이라. 우리 눈에 기이하도다.' 하신 말씀을 읽어보지 못하였느냐? 그러므로 내가 너희에게 말하노니, 하나님의 나라를 너희에게서 빼앗아 그 소출을 가져올 민족에게 주리라」(마 21:41-43).

하나님께서는 그 포도원을 이스라엘 백성에게 맡기셨지만 그들은 주님께서 보내신 종들을 죽이고 하나님의 아들까지도 죽이고 말았다. 마태복음의 주제는 천국이었지만, 이제 주님께서는 하나님의 나라인 영적인 나라에 대해 말씀하시면서, 그 영적인 나라를 유대인에게서 빼앗아 소출을 가져올 다른 민족에게 주신다고 경고하신다. 하나님의 나라는 이렇게 교회에게 맡겨졌고, 이제 교회가 영적인 하나님의 나라를 이어나가게 되었다. 결국 천국은 신비 상태로 감추어지고, 주님께서는 그 사이 세상에서 일어나는 일들에 대해서 말씀하신다.

거듭남으로써 들어가는 영적인 왕국

그렇다면 이 하나님의 나라에 들어가는 방법은 무엇인가?

「예수께서 대답하여 그에게 말씀하시기를 "진실로 진실로 내가 너에게 말하노니, 사람이 거듭나지 아니하면 하나님의 나라를 볼 수 없느니라."고 하시더라. 니코데모가 주께 말씀드리기를 "사람이 늙으면 어떻게 태어날 수 있나이까? 사람이 자기 어머니의 태에 두 번째 들어갔다가 태어날 수 있나이까?"라고 하니 예수께서 대답하시기를 "진실로 진실로 내가 너에게 말하노니, 사람이 물과 성령으로 태어나지 아니하면 하나님의 나라에 들어갈 수 없느니라」(요 3:3-5).

거듭나는 것만이 유일한 방법이다. 여기서 대부분의 사람들은 위 구절의 "물과 성령"에서 물이 물침례(세례)를 뜻한다고 착각한다. 우리가 며칠 전 카톨릭 컨퍼런스에 갔을 때 그곳에 온 사람들에게 복음을 전했지만, 그들은 계속 구원에 관해 카톨릭의 비성경적인 교리를 고수했다. 우리가 "그러면 언제 하나님의 자녀가 됩니까?" 라고 묻자 그들의 대답은 "물침례를 받을 때"라는 것이었다. 그러나 위 구절에서 물은 카톨릭이 말하듯 물침례가 아니다.

답은 6절에 있다.

「육신으로 난 것은 육이요, 또 성령으로 난 것은 영이니라」(요 3:6).

물은 사람의 첫번째 출생, 즉 육신적인 탄생을 말하는 것이다. 주님께서는 육신으로 태어난 사람이 성령으로 다시 태어나야 한다고 말씀하신다.

「내가 너에게 '너희는 거듭나야만 한다.'고 말한 것을 이상히 여기지 말라」(요 3:7).

이것이 오늘날 교회 시대의 구원받는 방법이자 하나님의 나라에 들어가는 방법이다. 아담이 죄를 지은 이후부터 인간은 영이 죽어서 태어나게 되었다. 영이 없는 것이 아니라 타락했기 때문에 성령께서 들어오셔서 우리의 영을 다시 태어나게(born again) 하셔야 한다. 거듭나야 들어가는 나라가 하나님의 나라이다.

이제 이스라엘 백성을 통한 경륜에서 교회를 통한 경륜으로 바뀌지만, 그렇다고 해서 '이스라엘 백성은 끝났으니 구약에 있는 모든 이스라엘 백성의 약속은 이제 교회의 것'이라고 하면 곤란하다.

「너희도 산 돌들로서 영적인 집으로 지어지고 예수 그리스도로 인하여 하나님께서 기뻐하실 영적인 제물들을 드리는 거룩한 제사장이 되느니라」(벧전 2:5).

성경에서 영적인 것과 육신적인 것의 차이를 모르기에 구약에서 이스라엘 백성에게 하신 물리적인 약속을 오늘날 교회 시대에 교회가 차지했다고 하면 어떻게 될까? 바로 카톨릭 교회처럼 된다. 그들은 자신들이 이 세상을 통치한다고 생각하기 때문에 교회 세력에 반대하는 자들을 칼로 제압해도 된다고 여긴다. 그들은 자신들이 하나님의 일을 하는 것이라 믿고 주저없이 무수한 사람들을 죽여 왔다. 이 잘못된 교리 하나 때문에 천오백 년 이상 온갖 악행이 이어져온 것이다.

우리는 산 돌들로서 '영적인' 집으로 지어지며, 또 예수 그리스도로 인하여 하나님께서 기뻐하실 '영적인' 제물들을 드리는 거룩한 제사장이다. 구약에서는 제사장 지파가 따로 있었지만, 이제 교회 시대에 구원받아 하나님의 나라에 들어간 사람들은 모두 다 거룩한 제사장이 된다. 그런데 카톨릭은 현재에도 이스라엘에게 주신 구약의 제사장 제도를 자신들이 가졌다고 하며 물리적으로 지배하고자 하는 오류를 범하고 있다.

「그러므로 성경에도 이런 말씀이 있으니 "보라, 내가 택한 귀중한 모퉁잇돌을 시온에 두노니 그를 믿는 사람은 수치를 당하지 아니하리라."고 하였느니라. 그러므로 믿는 너희에게는 그가 귀중하나 불순종하는 자들에게는 건축자들이 버린 그 돌이 모퉁이의 머릿돌이 되고 또 넘어지게 하는 돌과 거치는 반석이 되었으니, 곧 불순종함으로 말씀에 걸려 넘어지는 자들에게니라. 그들은 또한 그렇게 되기로 정해졌느니라. 그러나 너희는 선택받은 세대요 왕 같은 제사장이며, 거룩한 민족이요, 독특한 백성이니, 이는 너희를 어두움에서 불러내어 그의 놀라운 빛으로 들어가게 하신 분의 덕을 너희로 선포하게 하려는 것이니라. 너희가 전에는 백성이 아니었으나 이제는 하나님의 백성이며, 전에는 자비를 받지 못했으나 이제는 자비를 받았느니라」(벧전 2:6-10).

교회 시대에는 완전히 다른 경륜이 시작되었다. 이제 예수 그리스도를 믿는 자들이 하나님의 나라에 들어가고, 그 교회 시대를 통해서 주님께서 영적으로 통치하신다. 그러나 아직 이 세상은 이방인의 때이며 천국이 도래하지 못한 상태이다. 그러므로 세상에는 두 그룹이 있게 되었다. 사탄이 자신의 종들과 통치자들을 사용해서 통치하고 사탄의 교회도 만들어 이어나가는 세상이 있는 반면, 구원받은 자들이 들어가는 영적 나라가 있다.

성경에서 하나님의 나라에 대해 말씀하는 구절들을 살펴보자. '예수님 믿으면 모든 병이 낫는다'고 가르치는 것이 이단 교리인 이유는 우리가 영적으로 구원받았지만 아직 물리적으로 '모든' 것이 해결되는 것은 아니기 때문이다. 우리는 영적으로 복을 받은 것이지 반드시 '예수님 믿으면 모든 병이 낫고 모두 부자가 되는' 것은 아니다.

「주께서 언제 하나님의 나라가 오겠느냐는 바리새인들의 질문을 받고 그들에게 대답하여, 말씀하시기를 "하나님의 나라는 볼 수 있게 오는 것이 아니니라. 또 사람들이 '보라, 여기 있다!' 또는 '보라, 저기 있다!' 고도 말하지 못하리니, 보라, 이는 하나님의 나라가 너희 안에 있기 때문이라."고 하시더라」(눅 17:20,21).

하나님의 나라는 영적인 왕국이다.

「하나님의 나라는 먹고 마시는 것이 아니라 다만 성령 안에서 의와 화평과 기쁨이라. 이러한 것들로 그리스도를 섬기는 자는 하나님께 기쁨이요, 사람들에게는 인정을 받느니라」(롬 14:17,18).

"성령 안에서 의와 화평과 기쁨", 이것을 구원받은 사람들이 지금 누리는 것이다.

「그러나 형제들아, 이제 내가 이것을 말하노니 혈과 육은 하나님의 나라를 상속받을 수 없으며 썩을 것은 썩지 아니하는 것을 상속받을 수 없느니라」(고전 15:50).

이러한 구절들을 통해서 하나님의 나라가 물리적인 나라가 아닌 영적인 나라라는 것을 잘 알 수 있다. 따라서 천국과 하나님의 나라는 동일한 것이 될 수 없다.

이스라엘에게 주어진 두 번째 기회

십자가 사건이 일어나고 천국은 떠났으나, 주님께서는 이스라엘 백성에게 천국을 바로 회복시킬 수 있는 기회를 주신다. 주님께서 십자가에서 돌아가시기 전, 그들이 모르고 한 것이니 용서해 달라고 하나님 아버지께 기도하셨기 때문이다(눅 23:34). 이로 인해 사도행전 2장에서 오순절 날 이스라엘 백성은 회개하면 바로 회복될 수 있는 기회가 있었다. 이때 주님께서 약속하신 성령님이 오셨고, 베드로는 예루살렘에서 백성들 앞에서 설교한다.

「이 예수를 하나님께서 살리셨으니 우리 모두가 그 일에 관한 증인이라. 그러므로 그가 하나님의 오른손으로 높임을 받고, 또 아버지로부터 성령의 약속을 받아서, 지금 너희가 보고 듣는 이것을 부어 주셨느니라. 다윗은 하늘들로 올라가지 못하였으나 스스로 말하기를 '주께서 내 주께 말씀하시기를, 내가 네 원수들을 네 발판으로 삼을 때까지 너는 내 오른편에 앉아 있으라 하셨도다.' 하였으니 그러므로 이스라엘의 온 집이 분명히 알 것은, 너희가 십자가에 못박은 이 예수를 하나님께서 주와 그리스도가 되게 하신 것이라."고 하더라」(행 2:32-36).

이 말씀을 들은 사람들은 다음과 같이 반응했다.

「그들이 이 말을 듣고 마음에 찔림을 받아 베드로와 다른 사도들에게 말하기를 "형제 여러분, 우리가 어찌하여야 하리이까?"라고 하니 베드로가 그들에게 답변하기를 "회개하라. 그리고 죄들을 사함받은 것으로 인하여 너희 각자는 예수 그리스도의 이름으로 침례를 받으라. 그리하면 너희가 성령의 선물을 받으리라」(행 2:37,38).

당시는 구약에서 신약으로 가는 전환기 시대였기 때문에 현재 우리가 전하는 은혜 복음과는 차이가 있다. 현재 우리는 '예수 그리스도를 믿고 죄 사함을 받으라'고 전하지만, 베드로는 여기서 '회개의 침례를 받을 때 성령의 선물을 받으리라'고 말한다. 오늘날에는 믿음으로 성령을 받지만(갈 3:14), 베드로가 설교한 것은 당시 유대인들이 성령을 받기 위해 해야 할 일이었다.

「이 약속은 너희와 너희 자녀에게 한 것이며, 또한 먼 곳에 있는 모든 사람, 즉 주 우리 하나님께서 부르실 모든 사람에게 하신 것이라." 고 하더라. 또 여러 가지 다른 말로 증거하고 권고하여 말하기를 "너희는 이 사악한 세대로부터 구원을 받으라."고 하더라. 그러자 그의 말을 기꺼이 받아들인 사람들은 침례를 받더라. 그리하여 그 날에 약 삼천 명의 사람이 더 늘었더라」(행 2:39-41).

당시 듣는 이들 대부분이 거절했지만 기꺼이 받아들인 삼천 명의 사람들이 구원받고 교회에 더해지는 역사가 일어났다. 사도행전 3장에서도 또 한 번의 설교가 있다.

「너희가 거룩하신 분이며 의로우신 분을 부인하고 도리어 살인자를 놓아주기를 구하였도다. 너희가 생명의 통치자를 죽였으나 하나님께서는 그를 죽은 자들로부터 살리셨으니 우리가 이 일에 증인들이라. 그의 이름을 믿음으로 인하여 그 이름이 너희가 보고 아는 이 사람을 강건케 하였느니라. 정녕, 그를 통하여 나온 믿음이 이 사람을 너희 모든 사람 앞에서 온전하게 치유한 것이라. 이제 형제들아, 너희가 너희 관원들이 그리한 것과 마찬가지로 무지하여 그렇게 행한 줄을 내가 아노라」(행 3:14-17).

이렇게 하나님께서는 유대인들에게 또다시 기회를 주신 것이다.

「그러나 하나님께서는 그의 모든 선지자들의 입을 통하여 그리스도가 고난을 받아야 하리라고 미리 선포하신 것들을 이와 같이 이루셨느니라. 그러므로 너희는 회개하고 돌이키라. 그러면 주의 임재하심으로부터 새롭게 되는 때가 올 때 너희 죄들이 지워지리라」(행 3:18,19).

유대인들에게 다시 한번 회개가 선포된다. 여기서 '새롭게 되는 때'란 재림을 말하며, 이것은 이스라엘 민족 전체에게 주는 설교이다. 새 언약을 말씀하는 히브리서 8장(히 8:7-13)에서 인용한, 예레미야서(렘 31:31-34)에 나오는 새 언약에 대한 약속이다. 그 때에는 주님께서 유대인들을 새롭게 하실 것이다.

「또 하나님께서 전에 너희에게 전파된 예수 그리스도를 보내시리라. 하늘은 만물이 회복될 때까지 그분을 마땅히 받아들여야 하나니 이는 하나님께서 세상이 시작된 이래로 이 일에 관하여 그의 모든 거룩한 선지자들의 입을 통하여 말씀하신 바니라」(행 3:20,21).

구약에 약속된 예수 그리스도의 재림에 관한 말씀이다. 이와 같은 베드로의 설교에도 유대인들은 민족적으로 계속해서 거절한다. 이 후에 사도행전 7장에서 스테판이 유대인들에게 또 한 번의 설교를 한다. 스테판은 이스라엘 민족의 형성과 그들이 하나님께 불순종함으로써 받은 저주, 그리고 메시아 처형에 대해 설교했지만 그들은 받아들이지 않고 오히려 스테판을 죽인다. 「그들이 이런 말을 듣고 마음이 상하여 그를 향해 이를 갈더라」(행 7:54).

우리가 한국 사람들에게 바른 성경, 바른 교리를 전할 때 그들은 회개하고 받아들이기는커녕 위 구절의 유대인들처럼 이를 간다. 며칠 전 우리가 복음을 전할 때 카톨릭 교인들은 우리에게 시비를 걸어왔다. 은혜 복음을 받아들이기는커녕 싸움이라도 걸듯 고함을 지르며 이를 갈았다.

사도행전 7장 이후로 저주가 임해 예루살렘에서는 많은 기적이 일어나지 않는다. 결국 하나님께서 보내신 기근 때문에 선교사들이 예루살렘 교회에 구호품을 보내는 지경에까지 이른다(행 11:27-30). 사도들이 예루살렘을 지키는 반면 성도들은 여러 지역으로 퍼져나가 복음을 전파하게 된다.

「그러나 그는 성령으로 충만하여 하늘을 주시하여 우러러보니 하나님의 영광과 예수께서 하나님의 오른편에 서신 것을 보고」(행 7:55).

그때 이스라엘 백성이 회개했다면 주님께서 다시 오실 수도 있었다. 이것이 구약에서 예언했던 것이며, 이렇게 초림과 재림을 동일한 시점으로 보았다.

「말하기를 "보라, 하늘들이 열리고 인자가 하나님의 오른편에 서신 것을 보노라." 하니 그때 그들이 큰 소리를 지르며 자기들의 귀를 막고 일제히 그에게 달려들어 그를 성읍 밖으로 끌어내어 돌로 치고 증인들은 겉옷을 벗어 사울이라고 하는 한 젊은이의 발 앞에 놓더라」(행 7:56-58).

이 때 회개가 있었으면 곧바로 휴거가 일어나고 대환란이 온 후에 하나님께서 천국을 세우실 수 있었다. 유대인들은 스테판을 돌로 쳐서 죽임으로써 민족적으로 주어진 이 기회를 놓친다.

「그들이 스테판을 돌로 치니 그가 하나님을 부르며 말하기를 "주 예수여, 나의 영을 받아 주소서." 하고 무릎을 꿇고 큰소리로 부르짖기를 "주여, 이 죄를 그들에게 돌리지 마옵소서."라는 이 말을 하고 잠드니라」(행 7:59,60).

이후부터는 예루살렘에서 역사가 일어나지 않았다. 하나님께서는 이러한 일들은 미리 아심을 통해 모두 아셨다. 이스라엘 사람들이 메시아를 처형할 것과, 그들이 베드로와 스테판의 설교를 받아들이지 않고 스테판을 죽일 것까지 모두 아셨다. 모든 것이 그에 따라 전개되었지만, 그들에게는 회개의 기회가 주어졌다. 그러나 그들이 이를 모두 거절함으로써 결국 하나님의 나라만 교회에 남겨지고 지상에 세워지는 왕국인 천국은 멀리 가 버리고 말았다. 자그마치 2천 년이라는 시간이 흘러가 버린 것이다.

그 사이 사탄은 자신의 종들을 사용해서 카톨릭이라는 거대한 사탄의 교회를 만들었으며, 이를 통해 이 세상을 누룩으로 물들이고 기독교계를 완전한 배교로 치닫게 할 뿐 아니라, 종교통합운동(에큐메니컬 운동)으로 기독교계와 모든 종교를 하나로 만들어 적그리스도의 왕국을 만드는 데 이용하고 있다.

하나님의 나라는 구원받은 사람들이 들어간다. 천년 이전에 주님께서 오셔서 이 세상을 통치하실 것을 믿는 전천년주의자인 우리는 이 세상에 살면서 은혜 복음을 전파하며 주님께서 다시 오심을 기다린다. 반면 카톨릭 교회와 카톨릭의 누룩에 물든 기독교계는 그렇지 않다. 그들은 무력을 동원해서라도 이 땅에 왕국을 세워 이 세상을 다스리려 한다.

계시록의 일곱 교회로 표현되는 교회 시대

이것이 요한계시록에 나오는 일곱 교회에서 잘 나타난다. 이 일곱 교회에 대한 말씀은 교리적으로는 대환란 때에 적용되기 때문에 구원을 잃어버린다거나 생명나무의 열매를 먹어야 한다고 하는, 행위 구원에 대한 말씀이 나온다. 그러나 영적으로는 2천 년 동안의 교회 역사에 적용되는 말씀이다.

요한계시록 2-3장에서 에베소 교회로 시작되는 일곱 교회에 대한 말씀을 살펴보자.

첫 번째는 에베소 교회(계 2:1-7)고, 이는 완전히 목적을 가지고 섬기는 초대 교회 시대이다. 에베소는 '온전히 목적된'이란 뜻이다. 주님께서 돌아가시고 A.D. 33-200년까지 초대 교회의 일반적인 특징을 잘 담고 있다.

두 번째는 스머나 교회(계 2:8-11)인데, 스머나라는 단어의 어원은 '쓴 맛'으로 몰약, 즉 죽음을 의미한다. 이 교회 시대의 기간은 A.D. 200-325년인데, 그 당시 로마 황제들에 의해 무수한 성도들이 순교했다.

세 번째는 퍼가모 교회(계 2:12-17)인데, 그 기간은 A.D. 325-500년이다. 퍼가모는 '숱한 결혼'(much marriage)이란 뜻인데, 이 시기부터 카톨릭이라는 공식적인 국가 교회가 시작된다. 교회가 세상과 합하여 요한계시록 17,18장에 나오는 종교창녀 교회가 되었다.

네 번째는 두아티라 교회(계 2:18-29)이며, 두아티라는 '고통의 향기'라는 뜻이다. 기간은 A.D. 500-1000년이며, 이 시대에도 셀 수 없이 많은 그리스도인들이 순교당한다. 요한계시록 2:20에서 「그러나 네게 두어 가지 책망할 것이 있나니 이는 네가 자칭 여선지자 이세벨이란 여자를 용납함으로 그녀가 내 종들을 가르치고 유혹하여 행음하게 하고 우상에게 바친 제물을 먹게 하기 때문이라.」고 말씀하는데, 종교 창녀라 불리는 카톨릭의 우상숭배에 대한 말씀이다.

다섯 번째는 사데교회(계 3:1-6)인데, 기간은 A.D. 1000-1500년이며 사데는 '붉은 자들'이란 의미를 가지고 있다. 붉은 자들이라는 말 그대로 엄청난 순교와 유혈로 점철된 시대이다. 이 시대에 십자군 전쟁이 일어났고 칭기즈 칸, 이슬람의 술탄 살라딘이 등장했다. 수많은 사람들이 소위 종교 재판으로 대학살을 당했다.

여섯 번째는 필라델피아 교회(계 3:7-13) 시대이다. 기간은

A.D. 1500-1900년이고, 그 뜻은 '형제 사랑'이다. 교회사를 통해 카톨릭에 속하지 않은 바이블 빌리버들은 계속해서 존속해 왔는데, 카톨릭에 속한 사람들 중 많은 이들이 바이블 빌리버의 영향을 받고 분리되어 개신교를 형성했다. 이 당시 복음이 널리 전파되고 믿음의 부흥이 일어났다. 이 필라델피아 교회 시대에 <킹제임스성경>이 번역되었으며, 이 성경으로 복음이 전세계로 전파되었다.

「필라델피아 교회의 천사에게 편지하라. 거룩하신 분, 진실하신 분, 다윗의 열쇠를 가지신 분, 열면 아무도 닫을 수 없고 또 닫으면 아무도 열 수 없는 분께서 이 일들을 말씀하시느니라」(계 3:7).

이 당시에 교회에게는 열린 문이 주어졌다. 필라델피아 교회 시대는 복음의 전성시대였으며 이때 유능한 복음의 전사들이 많이 등장했다.

마지막으로 일곱 번째, 현재 우리가 살고 있는 시대인 라오디케아 교회(계 3:14-22)는 A.D. 1900년부터 지금까지 이어지는 교회 시대이다. 라오디케아는 '시민의 권리'(people's right)라는 의미를 가지고 있다. 1900년대 이후 세상은 여성의 권리, 불법이민자의 권리, 동성연애자의 권리 등 권리만을 주장하는 시대가 되었다. 교회에서 정작 하나님은 사라지고 인간의 교회를 하는 것이다. 그래서 주님께서는 「네가 그처럼 미지근하여 차지도 아니하고 덥지도 아니하기 때문에 내가 너를 내 입에서 토해 내겠노라.」(계 3:16)고 말씀하신다.

주님께서 말씀하신 일곱 교회를 통한 교회의 역사를 살펴보면서 이런 식으로 교회가 2천 년을 이어왔다는 것을 알 수 있다.

반면 사탄도 자신의 종을 사용해서 사탄의 교회를 만들었다. 고린도후서 11장에는 사탄의 종들에 대해 말씀한다. 많은 사람들은 교회라는 이름만 붙으면 카톨릭 교회부터 시작해서 모두 성경적인 교회라고 생각한다. 그런 사람들은 우리의 설교를 이해할 수 없다. 성경에 있는 말씀을 믿지 않는 사람들과 무슨 논쟁을 할 수 있겠는가?

「그러한 자들은 거짓 사도들이요, 기만하는 일꾼들이요, 자신들을 그리스도의 사도들로 가장하는 자들이라. 이것은 놀랄 일이 아니니 이는 사탄도 자신을 빛의 천사로 가장하기 때문이라. 그러므로 사탄의 종들이 의의 종으로 가장한다 하더라도 큰 일이 아니니라. 그들의 종말은 그들의 행위대로 될 것이니라」(고후 11:13-15).

교회 시대에 구원받고 하나님의 나라에 들어가 하나님의 사역을 하는 사람들만이 있는 것이 아니다. 이 세상의 권세를 가진 사탄의 종들도 있다. 세상과 하나가 된 카톨릭, 그리고 그들의 누룩으로 물든 개신교 즉 기독교계 역시 존재한다는 것을 알아야 한다.

중세 시대에는 실질적으로 정치와 종교가 하나가 되어 사람들을 무력으로 정복했다. 카톨릭에 반대해 분리되어 나온 개신교들이 지금은 배교해서 교황을 'Holy father'(거룩한 아버지)라고 부르며 다시 카톨릭과 하나가 되고 있다. 이것이 장차 올 적그리스도의 왕국을 예비하는 종교통합운동이다.

라오디케아 교회를 끝으로 교회 시대는 끝나가고, 이제 주님께서 우리를 데리러 오실 시간이 가까이 다가오고 있다. 데살로니가

전서 4장에서는 주님께서 교회를 데리러 오신다고 말씀한다.

「형제들아, 잠든 자들에 관해서는 너희가 모르게 되는 것을 원치 아니하노니」예수 그리스도를 믿고 죽은 자들을 잠든 자라고 하는 이유는 그들이 휴거 때 다시 일어나기 때문이다. 「이는 너희가 소망이 없는 다른 사람들과 같이 슬퍼하지 않게 하려는 것이라. 예수께서 죽었다가 다시 살아나신 것을 우리가 믿는다면 그와 같이 하나님께서는 예수 안에서 잠든 자들도 그와 함께 데리고 오시리라.」 잠든 자들의 혼들이 지금 셋째 하늘에 가 있으며, 주님이 오실 때 함께 내려온다는 말씀이다. 「우리가 주의 말씀으로 너희에게 이것을 말하노니 주께서 오실 때까지 살아남아 있는 우리가 잠들어 있는 자들보다 결코 앞서지 못하리라.」 사도 바울도 당시에 휴거가 일어날 것을 기다리고 있었다. 주님께서 우리가 살아 있는 동안에 오신다면 이 구절의 주인공은 우리가 될 것이다. 「주께서 호령과 천사장의 음성과 하나님의 나팔 소리와 함께 하늘로부터 친히 내려오시리니 그러면 그리스도 안에서 죽은 자들이 먼저 일어나고」 육신의 부활을 말씀한다. 영광된 몸, 즉 예수 그리스도와 같은 몸을 입고 올라가는 것이다. 「그리고 나서 살아남아 있는 우리도 공중에서 주와 만나기 위하여 그들과 함께 구름 속으로 끌려 올라가리니, 그리하여 우리가 영원히 주와 함께 있으리라」(살전 4:13-17). 이것이 휴거이다. 오늘날 많은 사람들은 휴거라는 말을 들으면 이단이라고 하며 믿지 않는 실정이지만 휴거는 성경적 진리이다.

적그리스도의 왕국

다음으로 적그리스도의 왕국에 대해 살펴보자. 적그리스도의 왕국은 구약 다니엘서에 예언되어 있다. 사탄은 자신의 종들을 사용해서 교회를 모방하고, 궁극적으로는 이 땅을 장악해서 자신의 왕국을 세운다. 다니엘서 7장에서는 네 짐승이 나오는데, 결론부터 말하면 넷째 짐승이 적그리스도의 왕국이다.

「이 일 후에 내가 밤에 환상들을 보았고 넷째 짐승을 보았는데, 두렵고 무서우며 힘이 매우 세고 또 철로 된 큰 이빨을 가졌더라. 그 짐승이 먹고 산산이 부수며 그 나머지는 발로 밟더라. 그 짐승은 먼저 있었던 모든 짐승들과 다르며 또 그 짐승은 열 뿔을 가졌더라」(단 7:7).

요한계시록 17장에서도 열 왕, 열 뿔에 대해 확인할 수 있다. 구약에 예언된 말씀이 대환란을 통과하면서 모두 성취되고, 재림하신 주님께서는 심판하신다.

「전에는 있었으나 지금은 없는 그 짐승이 여덟 번째지만 일곱 중에 속한 자라. 그가 멸망으로 들어가리라. 또 네가 본 그 열 뿔은 열 왕이라. 아직 왕국을 받지는 못하였으나 그 짐승과 더불어 한 시간 동안 왕들로서의 권세를 받으리라」(계 17:11,12).

적그리스도의 왕국, 즉 사탄의 왕국은 열 왕을 통해 이 땅에 세워지게 된다. 적그리스도의 활동이 다니엘서 12장에 예언되어 있다.

「날마다 드리는 희생제가 폐지되고 멸망케 하는 가증한 것이 세워질 때부터 일천이백구십 일이 될 것이니라」(단 12:11).

멸망케 하는 가증한 것, 적그리스도의 형상이 세워진다고 말씀한다. 대환란 때에는 한 가지 죄가 있는데 그 죄는 적그리스도의 형상에 경배하거나 적그리스도의 표를 받는 것이다. 적그리스도의 왕국에 동조하면 저주받고 지옥에 가게 된다. 어느 시대이든 예수 그리스도를 믿고 구원받는다고 하는 것은 성경과 맞지 않는다. 대환란 때는 믿음만으로 구원받을 수 없는 시대이다.

예수님께서 대환란에 대해 마태복음에서 경고하셨다.

「그러므로 너희가 선지자 다니엘을 통하여 말씀하신 멸망의 가증한 것이 거룩한 곳에 선 것을 보거든, (읽는 자는 깨달을진저)」(마 24:15).

바울도 데살로니가후서에서 경고한다.

「아무도 어떤 모양으로든지 너희를 미혹하지 못하게 하라. 이는 먼저 배교하는 일이 이르지 않고, 또 그 죄의 사람 곧 멸망의 아들이 나타나지 않고서는 그 날이 오지 아니함이라. 그는 대적하는 자며, 또 하나님이라고 불리는 모든 것과 숭배받는 대상 위에 자신을 높여 하나님의 성전에 앉아 하나님처럼 보여 자신을 하나님이라고 하느니라」(살후 2:3,4).

요한계시록 13장은 이 일들이 앞으로 성취될 것을 말씀한다.

「그 짐승이 큰 일들과 모독하는 말들을 하는 입을 받았으며 또 마흔두 달 동안 활동할 권세를 받았더라」(계 13:5). 이것은 7년 대환란에서 후 3년 반 동안에 일어날 사건이다. 「그 짐승이 입을 벌려 하나님을 대적하여 모독하되 그의 이름과 그의 성막과 하늘에 거하는 자들을 모독하더라」(계 13:6). 그 짐승, 즉 적그리스도에 대한 말씀이다.

「세상의 기초가 놓인 이래로 죽임당한 어린양의 생명의 책에 그들의 이름이 기록되지 못하고 땅에 사는 모든 자는 그에게 경배할 것이라」(계 13:8).

이것이 저주받을 죄이다. 요한일서에서도 말씀하듯이 죄에는 죽음에 이르는 죄가 있다. 지금처럼 믿음만으로 구원받지 못하는 대환란 때에 짓게 되는, 죽음에 이르는 죄이다(계 14:9-11). 그 때에는 하나님의 편인지 적그리스도의 편인지가 확실히 갈라진다. 적그리스도에게 경배하고 적그리스도의 표를 받는 자들은 멸망하고, 이를 거부하면 목베임으로 죽임을 당하게 된다(계 20:4).

「또 내가 보니, 다른 짐승이 땅에서 올라오는데 어린양처럼 두 뿔을 가졌으며 용과 같이 말하더라」(계 13:11).

이 다른 짐승은 사탄의 삼위일체 중 하나인 거짓 선지자이다. 하나님의 삼위일체를 모방한 사탄의 삼위일체는 적그리스도, 사탄, 그리고 거짓 선지자를 말한다. 그가 용과 같이 말한다고 하는데, 용은 마귀인 사탄이다.

「그가 자기 앞에 있던 첫째 짐승의 모든 권세를 행사하고 또 땅과 거기에 사는 자들로 하여금 치명적인 상처를 치유받은 그 첫째 짐승에게 경배하게 하더라」(계 13:12).

적그리스도에 대한 말씀이다. 그는 치명적인 상처로 죽었다가 살아나서 예수님와 똑같이 행동하며 사람들을 속일 것이다. 그에게 미혹당한 자들은 그 짐승에게 경배하게 된다.

「또 큰 이적들을 행하는데 심지어는 사람들 앞에서 불을 하늘에서 땅 위로 내려오게 하더라」(13절). 이적들을 행하며 사람들을 미혹한다. 「그가 짐승 앞에서 행할 권세를 받아 그 같은 기적들을 통하여 땅에 거하는 자들을 미혹하며, 또 땅에 거하는 자들에게 말하기를 칼로 상처를 입었다가 살아난 그 짐승을 위하여 형상을 만들어야 한다고 하더라」(계 13:14).

대환란 때가 아닌 은혜 복음 시대에 산다는 것이 얼마나 큰 복인가? 그 때에는 이런 엄청난 일들로 많은 사람들이 미혹을 당하고 저주받게 될 것이다. 요한일서에도 우상숭배의 죄를 경고한다. 특히 대환란 때 우상이 나오는데, 대환란 교리로서 우상숭배는 죽음에 이르는 죄이다. 대환란 때에는 그 형상에 경배해야만 목숨을 부지하게 된다.

「또 그가 짐승의 형상에게 생명을 주는 권세를 받아 그 짐승의 형상으로 말도 하게 하고, 그 짐승의 형상에게 경배하지 아니하는 자는 다 죽이도록 하니라. 그가 모든 자, 즉 작은 자나 큰 자, 부자나 가난한 자, 자유자나 종이나 그들의 오른손이나 이마에 표를 받게 하고 그 표나 그 짐승의 이름이나 그의 이름의 숫자를 지닌 사람을 제외하고는 아무도 사거나 팔 수 없게 하더라. 지혜가 여기에 있으니 지각이 있는 자는 그 짐승의 숫자를 헤아려 보라. 그것은 한 사람의 숫자이니, 그의 숫자는 육백육십육이니라」(계 13:15-18).

적그리스도의 표를 말하는데 오늘날 교회 시대에 많은 사람들이 이를 잘 못 해석해서 현재 적그리스도 표를 받지 말라고 전하는 사람들이 있다. 이는 성경에 대해 무지하기 때문이다. 이런 일들은 대환란 후반부, 즉 7년 대환란 중 후 3 년 반 동안에 일어날 일이다.

현재 교회 시대에 만들어지는 여러 가지 시스템들이 결국 대환란 때 이용될 수 있지만, 그런 것들 자체가 지금 적그리스도의 표는 아니다. 닥터 럭크만의 교리를 차용하여 바이블 빌리버 행세를 하며 자신이 고안한 거짓 교리를 전하는 자들 중에 제임스 낙스가 있다. 그는 에스겔서에 하나님의 표를 받는 사람들이 나오는데(겔 9:4-6), 하나님의 표를 받은 사람들은 그것을 가지고 마트에 가면 이를 적그리스도의 표로 착각하고 물건을 살 수 있게 해준다는 어이없는 가르침을 전하고 있다. 그런 자들은 자신들의 존재감을 나타내기 위해 닥터 럭크만이 가르치는 주석서에서 일부분을 바꾸어서 엉뚱한 것을 가르친다.

제임스 낙스는 또 요한계시록에 나오는 죽음이 단지 육신의 죽음일 뿐이라고 한다. 즉 영원한 저주가 아니라 육신의 죽음으로 끝난다는 것이다. 그는 대환란 때에도 예수님을 믿고 구원을 받는 것이며, 예수님을 믿은 사람들이 적그리스도의 표를 받으면 단지 육신의 죽음을 겪을 뿐이라고 가르친다. 이것을 전수한 사람이 바로 J목사인데, 유유상종이라고 했던가?!

끝까지 믿음을 지켜야 구원받는 대환란 때

대환란 때의 구원은 요한계시록 12장에서 알 수 있듯 그저 예수님만 믿고 구원받는 것이 아니다. 그 때는 적그리스도의 왕국이기 때문에 예수 그리스도를 믿을 뿐 아니라 그 믿음을 끝까지 지키는 행위가 있어야 한다.

「그러자 그 용이 여인에게 분노하여 여인의 씨 가운데 남은 자들, 즉 하나님의 계명들을 지키며 예수 그리스도의 증거를 가진 자들과 싸우려고 나가더라」(계 12:17).

용은 사탄이며 남은 자들은 이스라엘의 남은 자들이다. 대환란 때는 예수 그리스도를 믿는 믿음뿐 아니라 하나님의 계명을 지킴으로써 인내하며 믿음을 끝까지 지켜야 한다. 이것이 마태복음 24장에서 예수님께서 말씀하신 것이다.

「그러나 끝까지 견디는 자는 구원을 받으리라」(마 24:13).

성경에는 모순이 없다. 단지 그 말씀을 어느 시대에 적용시키는지가 중요한 것이다. 교리적으로 어느 시대에 속하는지만 올바로 알면 된다. 그렇게 공부하면 성경은 완벽하게 맞아들어간다.

그러나 오늘날 제임스 낙스나 J목사 등과 비슷하게 가르치는 무지한 사람들은 '구약 시대에는 오실 예수를 믿고 구원받고, 그 후에는 오신 예수를 믿고 구원받는다'라고 정해 놓고 거기에 맞춰서 모든 구절을 해석하려고 한다. 그렇게 해서는 성경이 올바로 풀리지가 않으니 비유적으로 해석하든지 성경을 변개하든지 해서 이단 교리를 가르칠 수밖에 없다.

우리 교회에서는 성도들을 양육할 때 2,3년 동안 교리부터 가르친다. 그러지 않고서는 누군가가 그러한 구절들을 가지고 '성경에 이렇게 써 있지 않느냐'고 속이려 할 때 넘어가게 된다. 그래서 기초가 튼튼해야 한다. 그들은 마태복음 24:13의 "끝까지 견디는 자는 구원을 받으리라"는 말씀을 많이 사용한다. 며칠 전 카톨릭 교도들과 얘기할 때도 이런 것으로 논쟁을 했지만 그들은 은혜 복음과 왕국 복음의 차이를 전혀 알지 못하는 사람들이다.

「이 왕국 복음이 모든 민족에게 증거되기 위하여 온 세상에 전파되리니, 그런 후에야 끝이 오리라」(마 24:14). 이것이 끝까지 견디는 자는 구원을 받으리라는 말씀 다음에 오는 구절이다. 이 복음은 은혜 복음이 아니라 왕국 복음이며 대환란 때에 적용된다. 그 다음 21절에서 「이는 그때에 대환란이 있으리니, 그와 같은 것은 세상이 시작된 이후로 지금까지 없었으며, 또 결코 없을 것이기 때문이라.」고 예수님께서 직접 말씀하셨기 때문이다. 이보다 어떻게 더 정확하게 말할 수 있겠는가!

2천 년 동안 많은 사람들이 정확하게 다루지 못했던 것을 닥터 럭크만이 확실하게 체계를 세워 놓았고, 우리는 그것을 가르치는 것이다. 성경은 창세기부터 요한계시록까지 모순이 없이 정확하게 맞아들어간다. 지금까지 2천 년 동안 실질적으로 성경의 교리에 대해 많은 혼동이 있었다. 그런 까닭에 요한 웨슬리 같은 설교자도 구원받은 후에 구원을 잃어버릴 수 있다고 했으며, 칼빈주의자들은 예정된 사람들만 선택받아 구원받는다든지, 하나님이 강권적으로 은혜를 주셔야 한다는 거짓 교리를 가르친 것이다.

지금까지 대환란 때의 적그리스도의 왕국에 대해 살펴보았다. 적그리스도는 평화를 무기로 해서 세상을 찬탈한다. 다니엘 8:25에서도 평화, 11:21에서도 평화를 가지고 등장하며, 요한계시록 6:2에도 활을 가진 자가 나오지만 화살은 없다. 처음에는 평화로 오는 것이다. 지금 평화를 가장 외치는 자는 누구인가? 바로 로마에 있는 자이며, 모든 정치가들과 종교 지도자들, 개신교 목사들 모두 평화를 외친다. 이 자들이 적그리스도의 왕국을 세우게 된다.

27
대환란, 천년왕국

앞에서 사탄의 왕국에 대해 살펴보면서, 교회 시대에 세상의 신인 사탄이 카톨릭 교회와 구원받지 못한 자들을 통해 이 세상을 지배한다는 것을 살펴보았다. 사탄은 앞으로 육신을 입고 와서 직접 왕국을 세우는데, 그것이 적그리스도의 왕국이다. 그 왕국은 적그리스도가 직접 통치하는 사탄의 왕국이다.

평화로 등장하는 적그리스도

사탄은 처음에는 무력을 갖고 등장하지 않는다. 처음에는 평화를 가져와서 사람들을 속이고 나서 나중에 무력으로 왕국을 통치할 것이다. 그렇지만 처음에는 평화를 가지고 나오기 때문에 속게 된다. 카톨릭 교황들도 마찬가지다. 그들은 겉으로는 좋은 말만 하지만, 성경적 복음에 대해 말하는 적이 없다. 우리는 그들이 가짜라는 것을 안다. 대부분의 사람들은 카톨릭 교황이 평화를 가져오려 하는 훌륭한 사람이라고 믿지만, 우리는 평화를 가져온다고 하는 자가 결국 적그리스도라는 것을 알고 있다.

「그의 지혜를 통하여 그가 자기 손에 기술을 늘려서 자기 마음속에 자신을 높이고 평화로 많은 것을 멸하리라. 그는 또한 통치자들 중의 통치자를 대적하여 설 것이나 그가 사람의 손에 의하지 않고 부서지게 되리라」(단 8:25).

UN은 평화를 상징하는 국제기구이다. 그러나 아이러니하게도 유엔이 설립되고 나서 이 세상에는 더 많은 전쟁들이 일어났고 무수한 사람들이 죽었다. 성경을 믿지 않는 무지한 사람들은 평화라는 미명 하에 많은 것이 파괴된다는 사실을 알지 못한다. 그것이 진정한 평화가 아닌 거짓 평화이기 때문이다. 어떤 이상한 사람이 등장하면 그가 '적그리스도'라고 하는 사람들이 생겨나지만, 성경은 오히려 적그리스도가 평화를 가져오는 자라고 말씀한다.

「또 그의 자리에 한 비열한 사람이 서리니 사람들은 그에게 왕국의 명예를 주지 아니할 것이나 그는 평화롭게 와서 술책으로 그 왕국을 얻을 것이며」(단 11:21).

위 구절은 그가 평화롭게 온다고 말씀한다. 요한계시록에도 적그리스도가 평화를 가지고 등장하는 모습이 나온다.

「내가 보니, 보라, 흰 말 한 마리가 있는데 그 위에 탄 자가 활을 가졌더라. 그에게 한 면류관이 주어졌고 그는 나가서 정복하고 정복하려 하더라」(계 6:2).

위 구절은 다니엘서의 말씀과 일치한다. 평화를 말하면서 정복하는 흰 말 탄 자는 화살이 없이 활만 갖고 있다. 이는 적그리스도가 평화를 무기 삼아 사람들을 속이는 것을 보여준다. 그러나 그를 뒤따르는 것은 죽음, 사망과 지옥뿐이다. 배교한 목사들은 평화를 가지고 등장한다는 이유로 요한계시록 6장에 나타난 흰 말 탄 자가 예수 그리스도라고 가르친다.

달란트의 비유 – 대환란 때

이제 대환란 때의 성도들에 대해 살펴보자. 앞에서 공부했던 누가복음 19장의 므나의 비유는 교회 시대에 대한 말씀이다. 그런데 마태복음 25장에 나오는 달란트의 비유에서는 주님께서 므나의 비유처럼 하나씩 동일하게 주시는 것이 아니라 각자에게 다르게 주신다.

「천국은 마치 어떤 사람이 먼 나라로 여행하면서 자기의 종들을 불러 그들에게 자기 재산을 맡기는 것과 같으니라. 그가 각자의 능력에 따라 한 사람에게는 다섯 달란트를, 또 한 사람에게는 두 달란트를, 또 다른 사람에게는 한 달란트를 주고 곧 여행을 떠났더라」(마 25:14,15).

이 말씀은 대환란 시대의 성도들에 관한 것이다. 대환란 성도들은 예수님을 믿는 믿음만으로 구원받을 수 없고 믿음을 끝까지 지키기 위한 행위가 있어야 한다.

「그후 다섯 달란트 받은 사람은 가서 그것으로 장사하여 다섯 달란트를 더 벌었고, 마찬가지로 두 달란트 받은 사람도 두 달란트를 더 벌었더라. 그러나 한 달란트 받은 사람은 가서 땅을 파고 자기 주인의 돈을 숨겨 놓았더라」(마 25:16-18).

달란트 비유는 므나 비유와 비슷한 것 같지만, 그 끝은 전혀 다르다.

「한참 후에 그 종들의 주인이 와서 그들과 계산을 하였는데, 다섯 달란트 받은 사람은 다섯 달란트를 더 가지고 나와 말하기를 '주여, 주께서 나에게 다섯 달란트를 주셨나이다. 보소서, 그것들 외에도 내가 다섯 달란트를 더 벌었나이다.' 라고 하더라. 그의 주인이 그에게 말하기를 '잘하였도다. 착하고 신실한 종아. 네가 적은 일에 신실하였으니 내가 너로 많은 것들을 다스리도록 하리라. 네 주인의 기쁨에 동참하라.'고 하더라」(마 25:19-21).

다음 두 달란트 받은 사람도 다섯 달란트 받은 사람과 같은 칭찬을 들었다. 그러나 한 달란트를 받은 사람은 「그러므로 두려워서 가서 땅 속에 당신의 달란트를 숨겨 놓았나이다. 보소서, 주인님의 돈을 가지소서.'」(마 25:25) 하면서 자신이 받은 달란트를 사용하지 않고 숨겨둔다. 자신이 그렇게 한 이유가 주인이 엄격한 분이기 때문이라며 오히려 변명과 비난을 하고 있다. 이에 주님께서는 「그의 주인이 대답하여 그에게 말하기를 '악하고 게으른 종아,」(26절)라고 책망하시면서 「너희는 그 쓸모없는 종을 바깥 흑암에 내어 던지라. 거기서 울며 이를 갈고 있으리라'」(30절)고 하셨다. 그 사람은 구원을 잃어버리고 지옥에 간 것이다.

마태복음과 누가복음 양쪽 모두에서 종이 나오지만, 누가복음에서는 비록 악한 종이라 할지라도 므나만 빼앗기고 지옥에는 가지 않는 한편 마태복음에서는 악한 종이 지옥에 간다. 대환란 때에는 단순히 주님을 섬긴다고 되는 것이 아니라 주님의 말씀대로, 뜻대로 하지 않는 악한 종은 구원을 잃어버리게 되는 것이다. 마태복음 25장의 성도들은 믿음과 행위로 구원받은 성도들이다.

「그러자 그 용이 여인에게 분노하여 여인의 씨 가운데 남은 자들, 즉 하나님의 계명들을 지키며 예수 그리스도의 증거를 가진 자들과 싸우려고 나가더라」(계 12:17).

「포로로 삼는 자는 그도 포로가 될 것이요, 칼로 죽이는 자는 그도 칼에 죽게 될 것이라. 여기에 성도들의 인내와 믿음이 있느니라」(계 13:10).

대환란 때에 대한 예언인 요한계시록 13장에도 마태복음 24:13에서 주님께서 하신 "끝까지 견디는 자는 구원을 받으리라"는 말씀이 나온다. 즉 구원에 인내가 필요한 것이다. 오늘날 교회 시대에는 구원을 받았어도 교회에 나가는 행위조차 없는 사람이 있을 수 있다. 그렇다고 해서 그가 지옥에 가는가? 그렇지 않다. 내 말을 잘 못 이해한 사람들 중에는 "김경환 목사는 교회에 나오지 않아도 된다고 한다"며 비난하는 사람들이 있다. 그러나 진정으로 구원받은 사람들은 행위가 없어도 구원을 잃어버리지 않는다.

「여기에 성도들의 인내가 있으며 여기에 하나님의 계명들과 예수의 믿음을 지키는 자들이 있느니라."고 하더라」(계 14:12).

위 구절뿐 아니라 요한계시록 15:3의 "그들이 하나님의 종 모세(율법)의 노래와 어린 양(예수 그리스도)의 노래를 부르며"라는 말씀에서 대환란 때에는 율법과 은혜가 함께 있음을 알 수 있다. 또 일곱 교회에 대한 계시록의 말씀에서도 이긴 자들만이 생명책에 기록되는 것을 통해 대환란 때의 구원은 행위에 의한 구원임을 확인할 수 있다.

이러한 말씀들을 교회 시대의 구원론으로 가르치게 되면 결국 행위 구원이 되는 것이므로 사람들을 지옥으로 보내게 된다. 성경을 나누어 공부하는 것은 이토록 중요한 일이다. 가장 중요한 구원론이 망가지기 때문이다.

주님의 재림과 심판

주님께서는 대환란의 끝에 재림하시는데, 뒤이어 주님의 심판이 있다. 스카랴서 14장에 주님의 재림이 예언되어 있다.

「보라, 주의 날이 오나니, 네 약탈물이 네 가운데서 나뉘리라. 내가 모든 민족들을 모아 예루살렘을 대적하여 싸우게 하리라. 성읍은 함락되고 집들은 강탈당하며 여자들이 욕을 당하고, 성읍의 절반이 사로잡혀갈 것이나, 백성의 나머지는 성읍에서 끊어지지 아니하리라」(슥 14:1,2).

이 말씀대로 주의 날이 올 것이다. 결국 민족들(유엔)은 하나가 되어 이스라엘을 대적해서 싸우게 된다. 미국도 이스라엘을 등지다가 현 대통령(트럼프)을 통해 이제 다시 이스라엘을 지원하는 것 같지만 앞으로 어떻게 될지 모른다. 성경은 모든 나라가 이스라엘을 대적하리라고 말씀하며, 지금 세계는 그 시점에 와 있다.

「그때에 주께서 나가 그 민족들을 대적하여 싸우시니, 전쟁의 날에 싸우셨을 때처럼 하시리라」(슥 14:3).

재림하시는 주님께서 이방인들을 심판하실 것이다.

「보라, 이는 화덕같이 탈 그 날이 오기 때문이니, 교만한 자와 악을 행하는 자는 정녕 다 그루터기가 되리라. 오는 그 날이 그들을 태우리니, 뿌리나 가지도 그들에게 남기지 아니하리라. 만군의 주가 말하노라. 그러나 내 이름을 두려워하는 너희에게는 의의 태양이 그의 날개에 치유를 가지고 솟아 오르리니, 그리하면 너희는 나가서 외양간의 송아지들처럼 자라리라」(말 4:1,2)

의의 태양은 예수 그리스도를 말씀한다. 거짓 목사들은 이 말씀을 교회 시대에 적용하면서 예수님을 믿으면 어떤 병에 걸려도 낫는다고 가르친다. 그러면서 정작 자신은 병에 걸려 낫지 못하고 죽거나, 나으려고 병원에 부지런히 다니기도 한다. 성경을 자의적으로 이해하려다 보면 이렇게 앞뒤가 맞지 않게 된다. 이 말씀은 모든 것이 회복되는 주님의 재림 때를 말씀하는 것이다.

「또 너희는 악인들을 짓밟으리니, 이는 내가 이것을 행하는 날에 그들이 너희 발바닥 밑에 재가 될 것이기 때문이라. 만군의 주가 말하노라」(말 4:3).

노아의 홍수 때는 물로 심판하셨지만 재림 때에는 불로 심판하실 것이다.

아마겟돈 전쟁

요한계시록 14장의 아마겟돈 전쟁에서는 셀 수도 없는 많은 사람들, 즉 유엔이 주님을 대적해 싸운다. 이것을 모르고 지금이 아마겟돈 전쟁의 때라고 하는 사람들도 있다. 심지어 트럼프가 대통령이 되자 아마겟돈 전쟁이 시작된 것이라고 하는 이들도 있다. 그들은 아마겟돈 전쟁이 누가 누구를 대항해서 싸우는 전쟁인지를 모르는 것이다.

「그러므로 그 천사가 낫을 땅에 대어 땅의 포도송이를 거두어서 하나님의 진노의 큰 포도즙틀에 던져 넣으니라. 그 포도즙틀이 도성 밖에서 짓밟히니 그 틀에서 피가 흘러 나와 말고삐까지 닿고 일천육백 스타디온까지 퍼지더라」(계 14:19,20).

일천육백 스타디온, 즉 백 육십 마일 정도의 거리에 흘려진 피가 말고삐까지 찬다니 얼마나 많은 사람들이 죽게 되는 것인가! 인간 역사상 흘려진 셀 수 없이 많은 사람의 피가 그 전쟁으로 갚아지고, 이렇게 해서 땅이 회복된다. 피는 피로 갚는다는 것이 하나님 말씀의 진리(창 9:6, 민 35:21,33 등)인 것이다. 결국 주께서는 '플러스 마이너스 제로'로 만드신다. 하나님의 말씀은 정확하며, 피를 흘린 자는 피로써 대가를 치러야 한다. 이것이 아마겟돈 전쟁이다.

「그들은 기적들을 행하는 마귀들의 영들이라. 그 영들은 이 땅과 온 세상의 왕들에게로 가서 전능하신 하나님의 위대한 날의 전쟁을 위하여 그 왕들을 모으더라. 보라, 내가 도둑같이 오리니 깨어 있어 자기 옷을 지켜서 벗은 채로 다니지 아니하고, 사람들에게 자기 수치를 보이지 않는 자는 복이 있도다. 그가 그들을 히브리어로 아마겟돈이라고 하는 곳으로 모으더라」(계 16:14-16).

자기 옷을 지킨다는 것 역시 행위에 대한 말씀이다. 이 때가 아마겟돈 전쟁이다. 계시록 19장은 주님께서 실질적으로 오심을 말씀한다. 「또 내가 하늘이 열린 것을 보니 흰 말이 보이더라」(계

19:11). 여기서 주님께서 흰 말을 타고 오시기 때문에, 성경에 무지한 자들은 이 흰 말이 요한계시록 6장에서 적그리스도가 탄 흰 말과 같다고 착각하는 것이다. 그러나 그들은 사탄이 그리스도를 모방한다는 것을 알지 못한다. 사탄은 예수님께서 하시는 것을 그대로 따라하며 자신을 그리스도로 내세운다.

「그 위에 앉으신 분은 신실과 진실이라 불리며 의로 심판하고 싸우시더라. 그의 눈은 불꽃같고 머리에는 많은 왕관이 있고 또 한 이름이 기록되어 있는데 그 자신 외에는 아무도 모르며 피에 적신 옷을 입었는데 그의 이름은 하나님의 말씀이라고 불리더라. 또 하늘에 군대들이 희고 정결한 세마포를 입고 흰 말들을 타고 그를 따르더라」(계 19:11-14).

교회 시대에 휴거 이전까지 구원받고 하늘나라에 가 있거나 살아서 휴거된 구원받은 자들, 즉 우리들이 주님과 함께 내려온다. 그리하여 아마겟돈 전쟁은 재림하시는 예수님과 성도들이 이스라엘을 대적하여 모인 유엔을 상대해서 싸우는 것이다.

「그의 입에서는 예리한 칼이 나와서 그것으로 민족들을 칠 것이요 또 철장으로 그들을 다스릴 것이며, 그는 전능하신 하나님의 맹렬한 진노의 포도즙틀을 밟으실 것이라」(계 19:15). 14장에서 본 것과 같은 모습이다. 「또 그의 옷과 넓적다리에 이름이 기록되어 있는데 "만왕의 왕, 또 만주의 주"라 하였더라」(16절). 이 분은 예수님이시다. 「또 내가 보니, 한 천사가 해에 서 있는데 그가 큰 음성으로 외쳐 하늘 한가운데로 날아가는 모든 새들에게 말하기를 "와서 위대하신 하나님의 만찬에 다 함께 모여"」(17절). 아마겟돈 전쟁은 새들의 만찬장이다. 실질적으로 새들이 와서 주검의 살을 뜯어먹는 하나님의 만찬에 모이는 것이 이 무시무시한 아마겟돈 전쟁의 결말이다. 「왕들의 살과 최고 대장들의 살과 용사들의 살과 말들과 그 위에 탄 자들의 살과 자유인이나 종이나 작은 자나 큰 자나 할 것 없이 모든 자의 살을 먹으라."고 하니라」(18절). 구약에 또한 이 새들이 모이는 것에 대해서 나온다(렘 19:7, 겔 39:4, 등). 「또 내가 보니, 그 짐승과 땅의 왕들과 그들의 군대가 그 말 탄 분과 그 군대에 대적하여 전쟁을 하려고 다 함께 모였더라」(19절). 이 전쟁의 끝은 다음과 같다. 「그러나 그 짐승이 잡히고, 짐승 앞에서 기적들을 행하던 거짓 선지자도 그와 함께 잡혔으니 그는 짐승과 더불어 그 짐승의 표를 받은 자들과 그의 형상에 경배한 자들을 속이던 자라. 이 둘이 유황으로 불타오르는 불못에 산 채로 던져지더라」(20절). 적그리스도와 거짓 선지자는 산 채로 불못에 던져진다. 이것이 아마겟돈 전쟁의 끝이며 재림 때 주님의 심판이다. 「그리고 그 남은 자들은 말 위에 앉으신 분의 칼, 즉 그의 입에서 나오는 칼로 살해되니 모든 새들이 그들의 살로 배를 채우더라」(21절).

천년 왕국의 도래

그 다음에는 우리가 공부하는 천년 왕국이 도래한다. 이 왕국이 요한계시록 11:15에서 말씀하는 그리스도의 왕국이다. 재림하신 주님께서 심판을 하신 후에 물리적인 왕국을 세우신다. 이것이 주님께서 원하시는 것이었으며, 성경은 이 왕국을 중심으로 기록되었다. 이 천년 왕국에서 주님께서 왕으로서 통치하시고, 이 왕국은 영원 세계로 이어진다. 천년 왕국은 곧 영원 세계의 시작이다.

「그 후에 일곱째 천사가 나팔을 부니, 하늘에서 큰 음성들이 있어 말하기를 "이 세상의 나라들이 우리 주와 그의 그리스도의 왕국들이 되어서 그분이 영원무궁토록 통치하시리라."고 하더라」(계 11:15).

그 동안 이 세상은 세상 신인 마귀가 장악하고 있었다. 인간의 죄 때문에 하나님께서는 이 세상을 일시적으로 사탄에게 넘기셨으나 이제 그것이 우리가 고대하는 그리스도의 왕국, 천년 왕국이 되는 것이다.

사람들은 예수님께서 재림하셔서 실제로 천 년이라는 기간 동안 통치하신다는 것을 믿지 않는다. 바이블 빌리버들 외에는 이를 믿지 않는다. 대부분의 사람들, 특히 카톨릭을 위시한 자들은 자신들이 통치하는 왕국을 이 땅에 세운다고 한다. 그러면서 스스로 권세를 장악하고 사람들을 죽이면서 교세를 확장해 온 것이다. 이것이 카톨릭의 역사이다.

요한계시록 20장에서 천년 왕국에 대한 말씀이 나오는데, 이때 주님께서는 우선 사탄을 끝없이 깊은 구렁에 가두신다.

「또 내가 보니 한 천사가 하늘에서 내려오는데, 그의 손에는 끝없이 깊은 구렁의 열쇠와 큰 사슬을 가졌더라. 그가 그 용을 잡으니, 곧 마귀요 사탄인 옛 뱀이라. 그를 천 년 동안 묶어 두니 그를 끝없이 깊은 구렁에 던져서 가두고 그 위에 봉인하여 천 년이 찰 때까지는 민족들을 다시는 미혹하지 못하게 하더라」(계 20:1-3a).

천년 왕국 때에는 사탄이 갇혀 있기 때문에 사람들을 미혹할 수 없다.

「그후에는 그가 반드시 잠시 동안 풀려나게 되리라」(계 20:3b).

이 왕국에서 하나님을 대적하는 마음을 가진 자들은 위와 같이 걸러내신다. 주님께서는 엄격한 독재자로서 통치하시는 것이다. 그러나 불의한 인간 독재정치가 아니다. 무시무시한 권위를 가지신 왕께서 의와 화평으로, 왕의 법으로 다스리시는 것이다. 그것에 불만을 가진 자들이 천 년 끝에 사탄이 잠시 풀려났을 때 사탄의 편에 서게 된다. 주님께서는 영원 세계가 시작되기 전에 그런 자들을 가려내실 것이다.

인간의 역사 6천 년 동안 하나님께서는 아담의 타락 때부터 계속해서 인간을 분리하시고 하나님의 편에 선 자와 사탄의 편에 선 자들을 나누셨다. 이제 천년 왕국 끝에 사탄의 사람들은 불못에 떨어지고, 주님의 백성들은 주님과 함께 영원히 살게 될 것이다.

「또 내가 보좌들을 보니, 그들이 그 위에 앉았는데 심판이 그들에게 주어졌더라」(계 20:4a).

위 구절은 이전에 심판을 이미 받은 사람들에 대해 말씀한다. 이들은 교회 시대의 성도들인데, 그들은 이 땅에 7년 대환란이 있을 때 셋째 하늘에서 그리스도의 심판석에서 심판을 받는다.

「또 예수에 대한 증거와 하나님의 말씀으로 인하여 목베임을 당한 사람들의 혼들도 보았는데 그들은 그 짐승에게나 그 형상에게 경배하지 아니하였을 뿐만 아니라 그의 표를 그들의 이마 위에나 손에도 받지 아니하였더라」(계 20:4b).

이들은 대환란 때 죽어서 셋째하늘로 올라간 사람들인데 적그리스도의 표를 받지도 않고, 형상에게 경배하지도 않아 잡혀서 목베임을 당한 환란 성도들이다. 그들은 믿음과 행위로 구원받은 사람들이다.

「그러므로 그들은 살아서 그리스도와 함께 천 년을 통치하더라. 그러나 죽은 자들 가운데서 그 나머지는 천 년이 끝날 때까지 다시 살지 못하리라. 이것이 첫번째 부활이라」(계 20:4,5). 첫 번째 부활에 참여하지 못한 사람들은 천년 왕국이 끝나고 백보좌 심판에서 마지막 심판을 받게 된다. 「첫 번째 부활에 참여하는 자는 복되고 거룩하도다. 둘째 사망이 그들을 다스리는 권세가 없고」(계 20:6a). 둘째 사망은 불못이다(계 20:11-15). 「오히려 그들이 하나님과 그리스도의 제사장들이 되어 천 년 동안 그와 함께 통치하리라」(20:6b).

피조물이 저주에서 벗어나는 때

이렇게 해서 천 년이 지나간다. 천년 왕국 때는 땅의 지면이 물리적으로 회복, 재생된다. 땅도 거듭나는 것이다. 우리가 교회 시대에 영이 거듭나듯 물리적인 것들이 천년 왕국 때 모두 거듭나게 된다.

「예수께서 그들에게 말씀하시기를, "진실로 내가 너희에게 말하노니, 나를 따르는 너희들은 인자가 자기 영광의 보좌에 앉을 새 세대에」(마 19:28a). 다윗의 보좌를 말씀하시는데, 여기서 새 세대(regeneration)라는 단어는 재생, 물리적인 거듭남, 회복을 말한다.「너희도 열두 보좌에 앉아 이스라엘 열두 지파를 심판하리라」(마 19:28b).

로마서 8장에서는 자연계, 모든 피조물들이 저주에서 벗어나는 날을 기다린다고 말씀한다.

「이는 현재 고난들이 우리에게 나타나게 될 영광에 감히 비교되지 못한다고 내가 여기기 때문이라. 피조물이 간절한 기대를 가지고 하나님의 아들들이 나타날 것을 기다리고 있으니」(롬 8:18,19).

하나님의 아들들이 영광된 몸을 입고 나타나는 것이 천년 왕국 때이다. 교회 시대에 구원받은 사람들, 즉 우리들이 하나님의 아들들이다.

「피조물들이 허무한 데 굴복하는 것은 자의가 아니요, 오직 소망 가운데 그것들을 굴복케 하시는 그분 때문이며 피조물 자체도 그 썩어짐의 속박으로부터 해방되어 하나님의 자녀의 영광스러운 자유에 이를 것이기 때문이라」(롬 8:20,21).

우리가 아는 것은 현재의 이 피조물, 모든 창조물들이 저주받았다는 것이다.

「모든 창조물이 이제까지 함께 신음하며 고통받는 것을 우리가 아노니 그들뿐만 아니라 성령의 첫열매들을 가진 우리까지도 속으로 신음하며 양자 되는 것, 곧 우리 몸의 구속을 기다리고 있느니라」(롬 8:22,23).

교회 시대에 구원받은 사람들은 아직 몸의 구속을 받지 못했으며, 우리는 몸의 구속은 휴거 때 일어난다. 휴거될 때 우리는 영광된 몸을 입게 된다. 모든 피조물은 지금까지 저주 아래 있다. 그래서 음식을 먹으면 먹을수록 죽어가는 것이다. 저주받은 재료들로 만들어진 음식을 먹음으로써 나이가 들면서 여러 가지 질병들이 생기고, 몸의 장기들이 고장난다.

천년 왕국 때에는 저주받은 피조물인 동물의 세계도 바뀐다.

「또한 이리가 어린양과 함께 거하며 표범이 새끼 염소와 함께 누울 것이요, 송아지와 어린 사자와 살진 짐승이 함께하며 어린아이가 그들을 이끌리라」(사 11:6).

닥터 럭크만의 그림 중에는 말씀에 예언된 천년 왕국의 아름다움을 표현한 작품이 있는데, 그 그림에는 이리, 표범을 애완견처럼 데리고 산책하며 사자를 타고 다니는 어린아이들의 모습이 묘사되어 있다. 바로 이사야서 11장 말씀을 그린 것이다.

「암소와 곰이 함께 먹으며 그것들의 새끼들이 함께 누울 것이요, 사자가 소처럼 짚을 먹으리라」(사 11:7).

천년 왕국 때는 사자가 채소를 먹는 채식주의자가 된다.

「또 젖 먹는 아이가 독사의 구멍에서 장난하며, 젖뗀 아이가 독사의 굴에 손을 넣으리라」(사 11:8).

이사야서의 이 말씀은 앞으로 다가올 천년 왕국 때의 동물의 왕국의 모습이다. 교황과 거짓 목사들은 스스로를 속이며 자신들이 천년 왕국을 가져온다는 미명 하에 교세 확장을 노리고 있다. 그러나 지금이 천년 왕국이라면 위 구절처럼 독사 굴에 손을 넣을 수 있어야 한다. 이런 일은 아직 일어나지 않았기 때문에 천년 왕국은 아직 도래한 것이 아니다. 성경은 있는 그대로 가르치면 된다. 성경은 모순되는 것이 하나도 없기 때문이다. 반면 거짓 가르침은 성경에 의해 거짓임이 드러날 수밖에 없다.

그 때가 오면 이스라엘을 대적하는 이방세계의 권세도 제거된다. 거기에는 미국, 소련, 중국, 그리고 한국도 포함된다. 현재는 강대국들이 국력을 자랑하지만 그때가 되면 그 권세는 모두 제거될 것이다.

「그러나 마지막 날들에 주의 전의 산이 산들의 정상에 세워질 것이요, 그 산은 작은 산들 위에 높여지고 백성들이 그것으로 몰려들리라. 많은 민족들이 와서 말하기를 "오라, 주의 산과 야곱의 하나님의 전으로 올라가자. 그가 우리에게 그의 길을 가르치시리라. 우리가 그의 길에서 행하리라." 하니 이는 율법이 시온에서 나오고 주의 말씀이 예루살렘으로부터 나올 것임이라」(미 4:1,2).

이 말씀을 카톨릭 교회와 교황이 스스로 성취하려 하며 예루살렘을 차지하려고 노리고 있다.

「그가 많은 백성 가운데서 심판하시며 먼 곳의 강한 민족들을 책망하시리라. 또 사람들은 그들의 칼들을 쳐서 보습을 만들고 그들의 창들을 쳐서 낫을 만들 것이라. 민족이 민족을 대적하여 칼을 들어올리지 아니할 것이며, 그들이 더 이상 전쟁을 배우지 아니하리라」(미 4:3).

이방 세력들의 권세는 사라질 것이다. 주님께서 의와 화평으로 통치하시기 때문에 그때는 전쟁이 없다. 예수님이 직접 예루살렘에서 통치하시고 예수님처럼 생긴 사람들이 전세계에 퍼져서 통치하는데 전쟁을 하겠다고 나섰다가는 곧바로 불못에 떨어지기 때문이다.

우리가 지금은 세상적으로 지혜롭거나 부유하거나 권력 있는 자들이 아닐지라도 천년왕국 때에는 여러분이 통치자가 된다. 주님을 어떻게 섬겼는지에 따라 통치권을 가지게 되는 것이다.

「그가 모든 민족들 가운데서 심판하시며, 많은 백성을 책망하시리니 그들이 자기 칼들을 두들겨서 보습을 만들며, 자기 창들을 두들겨서 낫을 만들 것이요, 민족이 민족을 대적하여 칼을 들어올리지 아니할 것이며, 그들이 더 이상 전쟁을 배우지 아니하리라」(사 2:4).

우리는 주님과 함께한 왕국의 통치자들

미카서 4장의 말씀과 같다. 이방세계의 권세가 없어지고, 박해받고 고난받던 그리스도인들이 상속자들이 된다. 주님과 함께 고난에 참여한 여러분이 그들이다.

디모데후서 2:12은 우리가 참으면 우리도 그와 함께 다스린다고 말씀한다. 천년 왕국의 통치자들은 십자가의 고난에 참여한 사람들이다. 자기 멋대로 살며 주님의 뜻을 따르지 않는 자들은 참여할 수 없다. 천년 왕국에서 상속받을 유업이 없는 것이다. "우리가 그를 부인하면 그도 우리를 부인할 것이라"는 말씀은 우리의 구원이 부인당한다는 것이 아니라 다스리는 데서 부인당한다는 말씀이다.

문맥상 이 구절은 천년 왕국의 유업에 대한 구절들이다. 구원받고 난 후 하나님의 나라와 주님을 위해 한 일이 없고 사역을 방해만 했다면 그리스도의 심판석에서 주님께 부인당하는 것이고, 함께 고난받고 주님의 진리를 위해 싸웠다면 상급과 통치권을 받을 것이다. 이런 성경적 진리를 모르고 구원만 받고 이 땅에서 대충 살았다가 천년 왕국에 가서 땅을 치며 후회하는 사람들이 많이 있을 것이다. '내가 그때 믿음생활 할 때 제대로 할 걸' 하면서 말이다. 이 땅에서 어떻게 주님을 섬겼는지에 따라 천년 왕국과 영원 세계에서의 영광이 달라진다. 짧은 생애 동안 구원받은 뒤 죽는 날까지 어떻게 하는지에 따라 운명이 달라지는 것이다.

「자녀이면 또한 상속자들이니 하나님의 상속자들이요 그리스도와 함께 한 공동 상속자들이니 우리가 그와 함께 고난을 받은 것은 함께 영광도 받게 하려 함이니라」(롬 8:17).

주님과 함께 고난을 받은 사람들만 천년 왕국에서 주님과 함께 다스릴 수 있는 통치권을 상속받는다. 구원은 받았으나 누가복음 19장의 열 므나의 비유의 말씀처럼 어떤 이들은 상급이 있기도 하고 없기도 할 것이다. 악하고 게으른 종은 가진 것마저 빼앗기고, 지옥은 가지 않지만 주님께 책망받고 수치를 당한다. 천년 왕국 때는 물리적인 나라뿐만 아니라 하나님의 나라도 함께 도래한다. 하나님의 나라는 교회 시대로 이어졌는데, 눈에 보이는 천년 왕국 때 이 땅에 두 왕국이 모두 예수님께 속하게 된다. 하나님의 나라와 천국이 함께 임하게 된다. 하나님의 나라인 교회 시대에서 구원받은 사람들이 물리적인 나라가 세워졌을 때 주님과 함께 통치할 것이다.

에베소서 5장도 우리가 어떻게 하는지에 따라 하나님과 그리스도의 왕국에서 받는 상속이 정해진다고 말씀한다.

「너희가 이것을 알거니와 음행하는 자나 더러운 자나 욕심 많은 자, 곧 우상 숭배자는 누구든지 하나님과 그리스도의 왕국에서 상속받을 것이 없느니라」(엡 5:5).

요한계시록 11:15의 말씀대로 이 악한 사탄의 세상이 우리 주와 그리스도의 왕국들이 되어 우리가 주님과 영원토록 통치할 때, 어떤 이들은 상속받을 것이 없다는 말씀이다. 여러분 중에는 그런 사람이 하나도 없어야 한다.

또한 천년 왕국에서는 솔로몬 시대처럼 이스라엘이 민족의 우두머리가 되고 예루살렘은 세상의 수도가 되며 주님께서 오셔서 만왕의 왕으로서 통치하신다. 스카랴 14장에는 주께서 재림하셔서 통치하시는 장면이 나오는데, 솔로몬의 시대는 천년 왕국의 모형을 보여준다.

「예루살렘을 치러 온 모든 민족들 가운데서 남아 있는 자도 각기 그 왕, 만군의 주께 경배하러, 또 장막절을 지키려고 해마다 올라올 것이라. 땅의 모든 족속 중에서 그 왕, 만군의 주를 경배하려고 예루살렘에 올라오지 아니하는 자들에게는 비가 내리지 아니하리라. 만일 이집트의 족속이 올라오지 아니하면, 비가 없을 것이며, 재앙이 있으리니 그 재앙으로 주께서 장막절을 지키려고 올라오지 아니하는 그 이방을 치시리라」(슥 14:16-18).

천년 왕국에서도 주님을 대적하는 자들이 있다. 인간이 얼마나 악한가? 의와 화평으로 다스려지는 왕국에서 사탄의 미혹조차 없는데도 극악한 죄를 지을 정도로 인간의 육신은 사악하다.

「이것이 이집트의 벌이 될 것이요, 장막절을 지키려고 올라오지 아니하는 모든 민족들의 벌이 되리라. 그 날에는 말들의 방울들 위에 '주께 거룩함' 이 있을 것이요, 주의 집에 있는 솥들도 제단 앞에 있는 대접들과 같게 되리라. 정녕, 예루살렘과 유다에 있는 모든 솥이 만군의 주께 거룩함이 될 것이요, 희생제를 드리는 자들이 모두 와서 솥들을 가져다가 거기에 삶으리라. 또 그 날에는 만군의 주의 집에 카나안인이 더 이상 있지 아니하리라」(슥 14:19-21).

카나안인, 즉 흑인들은 그곳에 없다. 이처럼 예수님께서는 철저한 인종차별주의자이시다. 이는 함이 노아 때 저주를 받았기 때문인데, 천년 왕국에서도 그 저주는 그대로 존재한다. 자유주의자들은 이것에 대해 모르기 때문에 인종차별을 운운한다. 그렇다고 우리가 흑인들을 멸시해도 좋다는 말이 아니다. 나는 성경이 말씀하는 바를 그대로 가르치는 것이다.

에스겔서 40-48장에는 주님께서 통치하시는 왕국에서 이스라엘 백성이 어떻게 주님을 섬겨야 하는지, 성전의 규모와 섬기는 방법은 무엇인지가 자세히 나와 있다. 천년 왕국에서 열두 지파에게 땅이 어떻게 분배되는지에 대해서도 말씀한다. 그 끝 부분에 주님께서는 다음과 같이 말씀하신다.

「그 사면의 규격이 일만 팔천이며 그 날로부터 그 성읍의 이름이 '주께서 거기 계시다.' 가 될 것이라」(겔 48:35).

그것이 예루살렘 성읍의 이름이며, 그 규격은 일만 팔천, 즉 전체 넓이가 9평방마일이다.

지금까지 천년 왕국 때에 일어날 변화에 대해 성경을 통해 살펴보았다. 이로써 유대인들이 대환란 때 드릴 기도인 소위 '주기도문'에 예언된 아버지의 왕국(마 6:10), 유대인의 왕국이 이 땅에 실제로 세워지고, 이로써 「땅 위에는 화평이요. 사람들에게는 호의로다」(눅 2:14)라는 말씀이 이루어지게 된다.

28
백보좌 심판, 영원세계

지금까지 실질적, 물리적 왕국인 천년 왕국에 대해서 공부했다. 물리적 왕국과 영적인 나라가 천 년 동안 하나가 되는 천년 왕국은 예수님께서 천 년 동안 직접 다스리신다. 이제 천년 왕국 이후에 일어나는 일들에 대해 살펴보자.

천년 왕국 끝의 반란

요한계시록에서는 천년 왕국의 끝에 하나님을 대적하는 자들이 나온다고 말씀하고 있다. 사탄이 끝없이 깊은 구렁에 갇혀 있다가 천 년이 지나면 잠시 풀려나는데, 이 때 예수님을 대적하는 모든 인간들과 함께 반란을 일으킨다.

「그 천 년이 끝나면 사탄이 그의 감옥에서 풀려나, 땅의 사방에 있는 민족들, 곧 곡과 마곡을 미혹하려고 나가서 그들을 함께 모아 전쟁을 일으키리니 그 수가 바다의 모래 같으리라」(계 20:7,8).

겉으로 드러내지 않으면서 반란을 꾀하는, 한 마디로 오늘날의 지하 조직 같은 그런 자들이 있다는 것이다. 열왕기상을 보면 솔로몬 왕 시대에도 솔로몬을 대적하는 자들이 있었는데, 솔로몬과 그의 왕국은 예수 그리스도와 천년 왕국의 모형이다.

「그들이 땅의 넓은 데로 올라가서 성도들의 진영과 사랑하시는 도성을 포위하니」(계 20:9a).

이들은 예수님께서 지상에 계시는데도 전쟁을 일으켜 예루살렘을 포위한다. 인간은 천 년 동안 예수님의 의와 화평의 통치를 받으면서도 사탄의 미혹에 빠질 만큼 어리석다. 이들이 누구인지 살펴보자. 세 부류가 있는데, 그 중 첫째 부류는 스가랴서 14장에 나온다.

「예루살렘을 치러 온 모든 민족들 가운데서 남아 있는 자도 각기 그 왕, 만군의 주께 경배하러, 또 장막절을 지키려고 해마다 올라올 것이라. 땅의 모든 족속 중에서 그 왕 만군의 주를 경배하려고 예루살렘에 올라오지 아니하는 자들에게는 비가 내리지 아니하리라」(슥 14:16,17).

스가랴 14장은 7년 대환란 끝에 심판받지 않고, 적그리스도의 왕국에 협조하지 않으며, 예루살렘을 치는 전쟁에도 가담하지 않은 남은 자들이 천년 왕국에 들어가서 주님께 경배드리는 것에 대해 말씀한다. 이들이 첫째 부류이다.

두 번째 부류는 요한계시록 14장에 나온다. 대환란 때 적그리스도의 형상에 경배하고 적그리스도의 표를 받으면 저주받지만, 그렇게 하지 않은 사람들이 살아남아 천년 왕국으로 유입된다.

「셋째 천사가 그들을 따라가며 큰 음성으로 말하기를 "누구든지 그 짐승과 그의 형상에게 경배하고 그의 표를 자기 이마나 손에 받는다면 그 역시 하나님의 진노의 포도주를 마시게 되리니, 그것은 그의 진노의 잔에 혼합하지 않고 부은 것이니라. 또 그 사람은 거룩한 천사들의 면전과 어린양의 면전에서 불과 유황으로 고통을 받으리니, 그 고통의 연기가 영원무궁토록 올라가리라. 그 짐승과 그의 형상에게 경배하고 그의 이름의 표를 받는 자는 누구든지 밤낮 쉼을 얻지 못하리라. 여기에 성도들의 인내가 있으며 여기에 하나님의 계명들과 예수의 믿음을 지키는 자들이 있느니라."고 하더라」(계 14:9-12).

세 번째 부류는 주님께서 재림하셔서 심판하실 때 양으로 분류되어 천년 왕국에 들어가는 사람들이다. 그들은 계속 자손들을 낳으면서 왕국에서 살게 된다. 이 세 부류의 사람들 중에서 사탄에게 미혹된 자들이 천년 왕국 끝에 하나님을 대적하게 된다.

「그리하여 양들은 그의 오른편에, 염소들은 그의 왼편에 세워 두고 왕이 그의 오른편에 있는 사람들에게 말하기를 '오라, 내 아버지의 복을 받은 자들아. 세상의 기초가 놓인 이래로 너희를 위하여 준비한 그 왕국을 이어받으라」(마 25:33,34).

재림하신 예수님께서 양으로 분류하신 사람들이 왕국으로 들어가는 모습이다. 이들이 왕국에 들어가서 천 년 동안 자손들을 낳고 사는데, 그들 중에는 신실하고 의로운 사람들도 있지만 하나님을 대적하는 사람들도 있다.

「이는 내가 굶주렸을 때에 너희가 먹을 것을 주었으며, 내가 목마를 때에 마실 것을 주었고, 내가 나그네였을 때에 대접하였고,

또 내가 헐벗었을 때에 입혀 주었으며, 내가 병들었을 때에 문안해 주었고, 내가 감옥에 갇혔을 때에 찾아와 주었음이라.' 하리라」(마 25:35,36).

이들이 대환란을 통과할 때 양들로 분류되는 의인들이다.

「그때에 의인들이 주께 대답하여 말씀드리기를 '주여, 언제 우리가 주께서 굶주리신 것을 보고 잡수실 것을 드렸으며 목마르실 때에 마실 것을 드렸나이까? 언제 우리가 주께서 나그네 되신 것을 보고 대접해 드렸으며, 헐벗으셨을 때 입을 것을 드렸나이까? 언제 우리가 주께서 병드신 것을 보았으며, 또 감옥에 갇히셨을 때 찾아뵈었나이까?'라고 하리라. 그러나 왕이 대답하여 그들에게 말하기를 '진실로 내가 너희에게 말하노니, 여기 내 형제들 가운데 가장 작은 자 하나에게 한 것이 곧 나에게 한 것이니라.' 하리라」(마 25:37-40).

주님께서는 주님의 형제들, 즉 유대인들이 적그리스도의 왕국에서 박해를 받을 때 그들을 보호하고 도와준 것이 곧 주님께 한 일들이라고 말씀하신다. 나는 이때 한국인들 중에 양으로 분류되는 사람이 거의 없을 것이라고 본다. 그렇기 때문에 우리는 더더욱 성경적 진리를 전하는 것이다. 교회 시대에 은혜 복음을 거절했기에 구원받지 못하고 휴거되지 못해 대환란에 들어간 이들은 유대인들을 보호하고 도와주었는지 여부에 따라 양이 될 수도 있고 염소가 될 수도 있다.

이 세 그룹 중에서 천년 왕국 끝에 반역하는 자들이 나오며, 천년 왕국은 하나님께서 이들을 불로써 심판하시는 것으로 끝이 난다.

「그들이 땅의 넓은 데로 올라가서 성도들의 진영과 사랑하시는 도성을 포위하니, 하늘에서 불이 하나님께로부터 내려와 그들을 삼켜 버리더라」(계 20:9).

노아의 홍수 때 다시는 세상을 물로 심판하지 않는다고 약속하신 주님께서는 이제 전 우주를 불로 심판하실 것이다.

「그러나 주의 날이 밤에 도둑같이 오리니 그 날에는 하늘들이 굉장한 소리를 내며 사라지고 우주의 구성 요소들이 맹렬한 불로 녹아내리며 땅과 그 안에 있는 일들이 타버릴 것이라」(벧후 3:10).

지금 많은 사람들이 '환경 보호'라는 미명 하에 지구를 보호한다고 열심을 내지만, 천년 왕국이 임하면 하나님께서 온 땅의 피조물들을 회복시키실 것이다. 현재의 지구가 망하는 것은 천년 왕국 끝에 올 일이기 때문에 그때까지는 문제가 없다. 괜히 지금 어마어마한 돈과 시간을 들여 환경 보호를 외칠 필요가 없다는 말이다. 사실 그들은 자신들의 잇속을 차리려 하는 것이지 진정으로 환경의 중요성 때문에 그러는 것이 아니다. 환경보호주의자들은 성경에 무지하기에 사탄의 속임수에 넘어간 것이다. 성경은 천년 왕국 때 주님께서 이 땅에 임했던 저주를 거두시고 완전히 회복시키신다고 말씀한다. 그러나 천 년이 끝나면 결국 불로써 모든 것은 없어지고 새 하늘과 새 땅이 시작될 것이다.

「우주의 구성요소들이 맹렬한 불로 녹아내리며 땅과 그 안에 있는 일들이 타버릴 것이라. 그때 이 모든 것이 녹아 버리리니 너희가 모든 거룩한 행실과 경건에 있어 어떠한 사람들이 되어야겠느냐? 하나님의 날이 오기를 고대하고 열망하라. 그때는 하늘들이 불에 타서 녹아 버리고 우주의 구성 요소들도 맹렬한 불에 녹아내리 것이냐」(벧후 3:10-12).

큰 백보좌 심판

또한 요한계시록 20장은 그 후에 있을 큰 백보좌 심판에 대해 말씀한다. 성경에 오직 한 가지의 심판이 나온다고 가르치는 이들이 있지만, 성경에는 그리스도의 심판석도 있고 백보좌 심판도 있다. 성경이 변개되었기 때문에 오늘날 그리스도의 심판석에 대해 무지한 교인들이 많다.

백보좌 심판에 앞서 악인의 부활이 일어난다.

「또 내가 큰 백보좌와 그 위에 앉으신 분을 보니, 그의 면전에서 땅과 하늘이 사라졌고 그들의 설 자리도 보이지 않더라」(계 20:11). 땅이 있어야 설 자리도 있을텐데, 하늘과 땅이 사라지고 공중에 그냥 떠 있다고 생각해 보라. 얼마나 무시무시한가! 미국의 유명한 관광지인 그랜드 캐년에 가면 높은 곳에서 내려다 볼 수 있는 스카이워크라는 곳이 있는데, 바닥이 유리로 되어 있어서 그 위에 서면 높은 공중에 떠 있는 듯한 느낌이 든다고 한다. 그것보다 상상도 못할 정도로 더 무서운 상태에서 심판을 받는 곳이 바로 백보좌 심판이다. 공중에서 유죄 판결을 받고 그 자리에서 바로 불못으로 떨어지기 때문이다. 얼마나 두려운 일이겠는가!

「또 내가 죽은 자들을 보니, 작은 자나 큰 자나 하나님 앞에 서 있는데, 책들이 펴져 있으며 또 다른 책도 펴져 있는데 그것은 생명의 책이라. 죽은 자들은 자기들의 행위에 따라 그 책들에 기록된 대로 심판을 받더라. 바다도 그 안에 있던 죽은 자들을 넘겨주고 또 사망과 지옥도 그들 안에 있던 죽은 자들을 넘겨주니 그들이 각자 자기들의 행위에 따라 심판을 받으며 사망과 지옥도 불못에 던져지니 이것이 둘째 사망이라」(계 20:12-14).

죽은 자들의 부활에 참여한 자들은 악인들이다. 교회 시대에 은혜 복음 안믿고 구원받지 못한 자들도 여기 해당된다. 또 율법을 행하고 계명을 지킨 자들도 여기서 심판받는다. 여기에는 생명의 책만 있는 것이 아니라 또 다른 책들이 펼쳐져 있다. 그 책들은 죽은 자들의 모든 행위가 낱낱이 기록된 책이다. 그러한 책들이 얼마나 많을지 생각해 보라. 이 심판에서는 아무것도 속일 수가 없다.

현재 구원받지 못하고 죽는 사람들은 지옥에 가지만 지옥은 임시적으로 가는 장소이다. 후에 백보좌 심판에서는 죽은 모든 악인들이 부활하여 심판을 받고, 영원한 고통의 장소인 불못으로 떨어지는데, 이것이 둘째 사망이다.

「누구든지 생명의 책에 기록되지 않은 자는 불못에 던져지더라」(계 20:15).

이 심판의 대상이 되는 사람들은 생명책에 기록되지 않은 자들이다. 또한 이들은 아담으로부터 시작해서 천년 왕국에 이르기까지 모든 경건치 않은 자들, 즉 구원받지 못하고 죽은 사람들이다.

「그러나 현재 있는 하늘들과 땅은 그 동일한 말씀으로 보존되어 있으되 경건치 아니한 자들의 심판과 멸망의 날에 불사르려고 간수되어진 것이니라」(벧후 3:7).

그리고 사탄을 따라서 반란을 꾀했던 하나님의 아들들, 즉 타락한 천사들도 여기서 심판을 받는데, 하나님의 아들들(교회 시대에 구원받은 성도들)이 하나님의 아들들(타락한 천사들)을 심판하는 것이다.

「너희는 우리가 천사들을 심판하리라는 것을 알지 못하느냐? 하물며 이생에 관한 일들이랴?」(고전 6:3).

어떻게 심판할지에 대해서는 세상 법정을 생각해 보면 간단하다. 재판관은 예수님이시고, 검사는 고소자 사탄이며, 하나님의 아들들인 우리가 배심원으로서 심판하게 될 것이다.

이때 심판받는 사람들 중에는 구약과 교회 시대 외의 사람들이 있다. 대환란, 천년 왕국 때에 구원받은 사람들이 아직 심판을 받지 않은 것이다. 그리스도의 심판석은 교회 시대에 구원받은 사람들만 심판을 받는다. 교회 시대 전과 교회 시대 후에 구원받은 사람들도 심판을 받아야 한다. 물론 이들은 생명책에 이름이 있을 것이다. 이렇게 백보좌 심판에서 심판받는 사람들이 어떤 부류인지를 살펴보았다.

한 번 죽는 것은 사람들에게 정해진 것이고, 그 뒤에 누구나 심판을 받아야 한다(히 9:27). 우리는 그리스도의 심판석에서 심판을 받는 것이지 큰 백보좌 심판석에서 받는 것이 아니다.

「말씀드리기를 "지금도 계시고, 전에도 계셨고, 앞으로 오실, 오 전능하신 주 하나님, 우리가 주께 감사드리는 것은 주께서 주의 크신 권세를 가지고 통치하셨기 때문이니이다(천년 왕국). 민족들이 분노하나 주의 진노가 임하였고 죽은 자들의 때가 임하였으니(백보좌 심판), 이는 그들이 심판 받으며, 주께서 주의 종들인 선지자들과 성도들과 주의 이름을 두려워하는 크고 작은 자들에게는 상을 주시며(백보좌 심판), 땅을 훼손한 자들을 멸망시키려 하심이니이다." 하고 하더라」(계 11:17,18).

　백보좌 심판은 이처럼 환란 성도들, 율법과 계명 등 행위로써 구원받은 사람들 역시 심판받는 자리이다. 구원받지 못한 사람들, 교회 시대 외에 구원받은 사람들, 생명의 책에 이름이 기록되지 않은 사람들 등이 여기서 심판을 받는다. 이때 생명의 책에 기록되지 않은 사람들은 불못에 간다. 이것이 주님의 엄중한 말씀이다.

　그 후에는 다니엘 4장에서 예언한 대로 영원한 왕국이 시작된다.

영원한 왕국 – 새 하늘들과 새 땅
「그 날들의 마지막에 나 느부캇넷살이 하늘을 향해 내 눈을 들었더니 내 명철이 내게 다시 돌아왔고 내가 지극히 높으신 분을 송축하며 영원히 사시는 분을 찬양하고 존경하였으니 그분의 통치권은 영원한 통치권이요 그분의 왕국은 대대에 이르리로다」(단 4:34).

　천년 왕국, 백보좌 심판 다음에 바로 영원세계로 들어가기 때문에 성경은 천년왕국에서부터 영원한 왕국에 속하는 것으로 말씀한다. 천년 왕국과 영원 세계에서 영원히 주님께서 통치하시기 때문이다.

　그렇다면 영원 세계는 어떻게 전개되는가? 요한계시록 21장에는 새 하늘, 새 땅, 새 예루살렘이 나오는데, 그것이 바로 영원 세계의 모습이다. 지금 우리가 살고 있는 지구와 우주의 모든 구성 요소가 불살라지고 백보좌 심판이 있은 후 주님께서는 새 하늘, 새 땅, 새 예루살렘과 불못으로 이루어진 영원 세계를 가져오신다.

「또 내가 새 하늘과 새 땅을 보니, 처음 하늘과 처음 땅은 사라지고, 바다도 더 이상 있지 아니하더라」(계 21:1).

여기서 말하는 바다는 지구의 바다가 아니고 창세기 1장에 나오는 하늘 위와 아래, 즉 창공에 있는 물층을(창 1:6,7) 말하는 것이다. 그 물층에는 지금 사탄이 있으며(사 27:1) 그곳도 불의 심판으로 없어진다.

「나 요한은 거룩한 도성 새 예루살렘이 하나님께로부터 하늘에서 내려오는 것을 보았는데 마치 신부가 자기 남편을 위하여 단장한 것같이 예비되었더라」(계 21:2).

「우리는 그의 약속대로 의가 거하는 새 하늘들과 새 땅을 기다리도다」(벧후 3:13).

그때 새 하늘과 새 땅에는 오직 의인들만 거할 수 있으며, 악인들은 불못에 가 있다.

「주가 말하노라. 내가 만들 새 하늘들과 새 땅이 내 앞에 항상 있는 것같이 너희 씨와 너희 이름도 항상 있으리라」(사 66:22). 오직 의만이 거하는 이곳에는 의인들만 있다. 「주가 말하노라. 새 달부터 그 다음 새 달까지, 또 안식일부터 그 다음 안식일까지 모든 육체가 내 앞에 경배하러 오리라」(23절). 우리는 영원세계에서도 주님을 섬긴다. 새 하늘들과 새 땅에는 의인들이 거하고, 그리스도의 몸인 성도들은 새 예루살렘에 거하며 주님을 섬기게 된다. 유대인들은 물리적인 지상의 장소, 즉 주님께서 약속하신 새 땅에서 거주할 것이다. 주님께서 시편 105편에서 이스라엘 백성과 하신 영원한 언약은 그 약속된 땅에 대한 언약이다(시 105:6-11). 오늘날 팔레스타인 땅을 누가 차지해야 하는지에 대해 많은 이들이 혼동한다. 그러나 성경에 의하면 혼동할 것이 전혀 없이 그 땅은 유대인들의 것이다.

「보라, 내가 새 하늘들과 새 땅을 창조하나니 이전 것이 기억되거나 생각나지 아니할 것이라」(사 65:17).

영원 세계에 들어가면 옛날 일은 하나도 생각나지 않을 것이다.

「그러나 너희는 내가 창조하는 것으로 영원히 기뻐하고 즐거워하라. 보라, 내가 예루살렘을 즐거움으로 창조하고 그 백성을 기쁨으로 창조하노라」(사 65:18).

그 땅은 영원한 언약으로 주어진 땅이다. 에스겔 40-48장에는 주님께서 어느 지파에게 어디를 유업으로 주시는지가 상세히 나온다. 그러나 이는 천년 왕국에만 국한되는 것이 아니다. 주님께서 아브라함의 육신적인 자손들에게 주신 이 약속은 영원한 언약이기 때문에 영원까지 가게 되며, 물리적인 지상의 팔레스타인 땅은 유대인들이 차지할 것이다.

새 예루살렘

한편 새 하늘은 이방인들의 것이고, 교회 시대 성도들인 우리는 영원 세계에서 하늘에 있는 새 예루살렘에 거하게 된다.

「또 마지막 일곱 재앙을 가득 담은 일곱 호리병을 가진 일곱 천사 가운데 하나가 내게 와서 나와 대화하며 말하기를 "이리 오라, 내가 너에게 신부인 어린양의 아내를 보여 주리라." 하고, 그가 영

안에서 나를 이끌어 크고 높은 산으로 가서 그 큰 도성 거룩한 예루살렘이 하나님께로부터 하늘에서 내려가는 것을 내게 보여주니」(계 21:9,10).

새 예루살렘이 하늘에서부터 내려오는 모습을 볼 수 있다. 이어지는 구절들에서 새 예루살렘의 모습과 크기가 묘사되고 있다. 「내가 보니, 성 안에는 성전이 없더라」(22a절). 천년 왕국 때에는 성전이 예루살렘에 세워지기 때문에 이 구절은 천년 왕국이 아닌 것을 알 수 있다. 새 예루살렘에는 성전이 없다. 「이는 전능하신 주 하나님과 그 어린양이 그곳의 성전임이라」(22b절). 영원 세계에서는 교회 시대에 구원받은 우리들이 가장 좋은 자리에 있게 된다. 주님께서 함께 계신 곳이기 때문이다. 「그 도성은 해나 달이 그 안에서 비칠 필요가 없으니, 이는 하나님의 영광이 그곳을 비추고 어린양이 그곳의 빛이 됨이라」(23절). 천년 왕국 때는 해가 더 밝게 비치지만, 새 예루살렘에는 해가 비칠 필요가 없다. 하나님의 영광이 해보다 더 빛나게 비치고 있기 때문이다. 만일 지금 하나님의 영광을 본다면 우리는 아마 장님이 될 것이다. 사도 바울의 눈에 문제가 생긴 이유도 아마 다마스커스에서(행 9장) 하나님의 영광을 마주했기 때문일 것이다. 은사주의 기도원에 들어가서 '하나님의 영광'을 보았다고 할 것이 아니다. 실제로 하나님의 빛을 보면 눈이 멀게 될 것이다. 그러나 그 때가 되면 우리는 영광된 몸을 입었기 때문에 하나님의 영광을 직접 보아도 문제가 없다. 「그리하여 구원받은 자들의 민족들이 그 도성의 빛 가운데서 걷겠으며 땅의 왕들이 그들의 영광과 존귀를 그곳으로 가져오리라」(24절).

새 예루살렘에 들어오는 또 다른 부류가 있는데 그들은 바로 이방인들이다. 이방인들은 지상에서 열두 나라로 존재하는데, 매달 열두 대문을 통과해서 새 예루살렘으로 들어온다.

신명기 32장은 이방인들이 열두 민족으로 갈라지는 것에 대해 말씀한다.

「옛날들을 기억하고 많은 세대의 연수를 생각하라. 네 아비에게 물어 보면 그가 네게 보여 줄 것이요, 네 어른들에게 물어 보면 그들이 네게 말해 주리라. 지극히 높으신 분께서 민족들을 그들의 유업으로 나누셨을 때, 그분께서는 아담의 아들들을 분리시키셨을 때, 그분께서는 이스라엘 자손의 수에 따라 백성들의 경계를 정하셨으니」(신 32:7,8).

요한계시록 21장은 열두 달 동안 한 달에 한 민족씩 영광과 존귀를 가지고 주님께 경배드리러 올라간다고 말씀한다. 영원 세계에서 구원받은 자들의 민족들이 어떻게 살고 어떻게 새 예루살렘에 들어오는지에 대해 요한계시록 21,22장에서 말씀하고 있다.

하나님께서는 민족들을 낙원에서 아담의 타락 전의 모습으로 돌이키실 것이다. 하나님께서 인간을 창조하셔서 백성으로 삼으시고 영원토록 통치하려 하셨지만 아담의 타락으로 무산되었다. 주님은 여기서 멈추지 않으시고 6천 년이라는 시간과 과정을 통해 회복을 가져오신다. 사탄이 아무리 방해를 해도 영원한 통치를 가져오시려는 하나님의 계획을 무산시킬 수 없다. 카톨릭 교황도, 미국 대통령도, UN도, 인간의 힘으로 이 세상을 낙원으로 만들 수 없다. 그것은 오직 주님께서 오셔야만 이루어지는 일이다.

「또 그가 나에게 하나님과 어린양의 보좌에서 흘러 나오는 수정처럼 맑은 생명수의 정결한 강을 보여 주더라. 그 도성의 거리 한가운데와 그 강의 양편에는 생명 나무가 있어 열두 가지 과실을 맺으며 달마다 과실을 내더라. 그리고 그 나무의 잎사귀들은 민족들을 치유하기 위한 것이더라」(계 22:1,2).

매달 한 민족씩 그곳에 와서 생명 나무로 치유를 받게 되는데, 우리는 이 부류에 속하지 않는다. 우리는 예수 그리스도와 같은 영광된 몸으로 살기 때문에 생명 나무를 먹을 필요가 없다. 반면 우리 이외의 모든 사람들, 민족들은 영원 시대에서 영생을 얻으려면 지속적으로 생명 나무의 권리를 가지고 살아야 한다. 이들의 영생은 생명 나무와 연관이 있지만 우리는 영생을 얻으려면 예수님과 연관이 되어야 한다. 예수님을 가진 사람은 영생을 얻게 된다.

생명을 상속받는 이들

이렇게 유대인, 이방인, 교회가 갈라지게 될 것이다. 교회 시대에 구원받은 사람들을 제외하고, 천년 왕국에 들어가서 의롭게 산 사람들, 백보좌 심판 후 영원 세계에 들어가는 사람들이 계속해서 죄 없는 인간들을 탄생시킬 수 있게 된다.

이것이 히브리서 1장에서 말씀하는 '구원을 상속받는' 것이다. 우리는 구원을 믿음으로써 받는 것이지 상속으로 받지 않는다. 그러나 영원 세계에서는 구원을 상속받는 자들이 계속해서 영원토록 태어난다. 그리고 이 땅이 가득 차면 열두 궁성(욥 38:32), 별들로 퍼져나가는 것이다. 이때 우리는 섬기는 영으로서 관리를 맡게 된다. 영원토록 주님을 섬기며 영원토록 통치하는 것이다.

「천사들은 모두 구원의 상속자가 될 자들을 위하여 섬기도록 보내심을 받은 섬기는 영들이 아니냐?」(히 1:14)

현재 교회 시대 성도들이 타락한 천사들을 대신해서 천사가 되는 것이다. 이 세상, 우주에서 계속 구원의 상속자들이 번성하게 되면 이사야 9장에서 예언하신 하나님의 정부가 계속 증가된다. 질적으로뿐만 아니라 양적으로도 증가되는 것이다. 이것이 하나님의 계획이다. 그럼으로써 하나님께서는 이 세상을 창조하신 목적을 달성하시는 것이다.

저주받는 자들은 누구인가? 하나님을 대적한 사탄과 타락한 천사들, 마귀의 영들과 그들을 따르는 구원받지 못한 인간들이다. 그들의 자리는 영원한 불못이다.

이렇듯 주님의 계획은 웅장한 것이며, 모든 부분이 완벽하게 완성된다. 우리는 하나님의 경륜을 배우고 있다. 문제는 우리가 전하는 이 교리를 받아들이지 않는 사람들이 하나님의 경륜에 따라 시대별로 달라지는 구원론을 받아들이지 않고, 교회 시대에 믿음과 행위 구원을 혼합해 가르쳐서 교인들을 지옥으로 보내고, 그뿐 아니라 앞으로 올 대환란 때에도 믿음만으로 구원받는다고 해서 사람들을 멸망의 길로 인도하고 있는 것이다.

「이는 우리에게 한 아이가 태어났고 우리에게 한 아들이 주어졌음이니」(사 9:6a). "한 아이"가 태어난 것은 육신으로 오신 예수님을 말한다. "한 아들"은 태어난 것이 아니라 주어졌다고 말씀한다. "한 아들"은 하나님의 아들, 예수님의 신성을 말씀한다. 완전하신 하나님이시면서 동시에 완전히 인간이신 주 예수 그리스도! 「정부가 그의 어깨 위에 있을 것이요, 그의 이름은 경이로운 분이라, 상담자라, 능하신 하나님이라, 영원하신 아버지라, 화평의 통치자라 불리리라」(사 9:6b). 이제 곧 이 말씀이 이루어진다. 이는 지금까지 인간의 타락과 사탄의 방해로 6천 년 동안 연기되었던 것이다. 「그의 정부와 화평의 증가함이 다윗의 보좌와 그의 왕국 위에 바르게 세워지고, 지금부터 영원까지 공의와 정의로 그것을 굳게 세우는 데 끝이 없으리라. 만군의 주의 열성이 이것을 실행하시리라」(7절). 끝이 없는 영원한 세계가 펼쳐진다.

지금 인간들은 우주에 있는 금성이니 화성이니 다른 별로 가 보려고 애를 쓰지만 모두 소용없는 일이다. 하나님의 때가 되면 인구가 증가함으로써 자연히 다른 별들로 이동하게 되고, 우리는 영광된 몸을 입고 주님을 섬기며 통치할 것이다. 우리가 원하는 대로 생각하고 행동해도 죄를 짓지 않을 것이다. '이렇게 하는 것이 옳은 것인가, 나쁜 것인가' 고민할 필요조차 없다. 그러한 시대가 곧 올 것이다. 따라서 우리는 이 땅에서의 짧은 시간 동안 세상적으로, 육신적으로 살 것이 아니라 천년 왕국과 영원을 생각하고 올바른 마음으로 주님을 섬겨야 한다.

일곱 체계

7의 법칙

29
7의 법칙

지금까지 우리는 하나님의 경륜, 즉 하나님께서 이 세상을 통치하시고 다루시는 방법에 대해 성경을 통해서 살펴보았다. 이번 과에서는 하나님의 경륜을 공부하는 데 있어서 매우 중요한 '일곱 체계'에 대해서 알아보려고 한다.

일곱으로 행하시는 하나님

하나님께서는 모든 것을 일곱으로 행하신다. 이것은 성경에서 가장 중요한 하나님의 계획 중 하나이다. 구약에는 '이제 나 자신을 두고 맹세한다'라는 말씀이 있는데, '맹세한다'라는 히브리어는 '내 자신이 일곱을 행한다'라는 뜻을 가지고 있다. 일곱은 완전의 수라고 한다. 성경에 나타난 여러가지 숫자 중에서 10은 이방인들의 숫자이며, 성경은 완전의 수 7로 형성되어 있다. 다시 말해서 '맹세한다'라는 뜻은 일곱의 원칙 하에 내 자신을 두겠다는 말이다. 하나님께서는 일곱의 원칙으로 모든 것을 다스리신다.

자연세계에도 많은 것들이 일곱으로 형성되어 있다. 피아노도 건반은 많지만 일곱 개의 음으로 여러가지 화음을 나타낸다. 색깔도 빨강, 주황, 노랑, 초록, 파랑, 자주, 검정의 일곱 색으로 모든 색을 만들어 낸다. 몸의 모든 세포들도 7년마다 바뀐다고 한다. 생각해 보면 마흔아홉에 사망하는 사람들이 많은 것 같다. 7×7은 49이다. 세포가 바뀔 때 그것을 넘기지 못하고 죽는 것이 아닌가 하는 생각이 든다. 아무튼 하나님의 말씀인 성경을 문자 그대로 믿는 우리는 일곱이 매우 중요한 개념이라는 것을 성경의 예를 통해 믿을 수 있어야 한다.

성경의 마지막 책인 요한계시록에는 일곱 교회, 일곱 호리병, 일곱 나팔, 일곱 천사가 나온다. 그리고 중요한 일곱 인물들과 일곱 봉인도 나온다. 계시록 마지막 장에서는 책이라는 단어가 일곱 번 나온다(계 22:7,9,10,18,19). 일곱이 매우 강조가 되고 있는데, 우선 우리는 주님께서 일곱으로 일하시고 일곱으로 끝내시는 것을 알 수 있다. 일곱이라는 숫자를 알면 주님의 재림에 대해서도 알 수 있다. 우리는 주님께서 일곱의 원칙 하에서 일하시는 것을 알고 있기 때문에 주님께서 곧 오신다는 것을 믿고 기다리고 있다.

일곱에 대해 알아보기 위해 레위기 23장에 나오는 절기를 살펴보자. 그 절기는 우선 날에 대해서, 그리고 주, 달, 해, 환희의 해와 천 년에 대해 각각 기록하고 있다.

안식일

「주께서 모세에게 일러 말씀하시기를 "이스라엘 자손에게 고하여 그들에게 말하라. '너희가 거룩한 모임으로 선포할 주의 명절들에 관해서라. 이것이 나의 명절들이니라. 육 일 동안은 일할 것이나 일곱째 날은 쉼의 안식일이니 거룩한 모임이 있느니라. 너희는 그 날에는 일하지 말라. 이것이 너희 모든 거처에서 주의 안식일이니라」(레 23:1-3).

위 구절은 안식일에 대해 말씀하는 구절로, 안식일을 지켜야 구원받는다고 하는 안식교인들이 가장 좋아하는 구절 중 하나이다. 그러나 안식일은 주님께서 유대인들과 맺으신 언약이고, 모세를 통해 이스라엘 백성과 언약의 표적으로 주신 것이다. 모세 이전에, 예를 들어 아담이나 노아가 안식일을 지켰다는 말은 성경에 없다. 하나님께서는 천지를 창조하실 때 육일 동안의 창조를 마치시고 칠일 째에는 쉬셨다. 이는 주님께서 일곱의 원칙 하에서 일하신 것인데, 안식교인들은 이것을 잘못 이해해서 안식일이 창세기 때부터 있었던 것이라고 주장한다.

「그러므로 내가 그들을 이집트 땅에서 나오게 하여 광야로 데려갔으며 내가 그들에게 내 규례를 주고 내 명령들을 보여 주었으니 사람이 그것들을 행하면 그가 그것들로 살 것이라. 또 나는 그들에게 내 안식일들도 주었으니 나와 그들 사이에 표적이 되게 하고 그들로 내가 그들을 거룩하게 하는 주인 줄 알게 하려는 것이라」(겔 20:10-12).

안식일은 모세 이전에는 없었으며, 그것이 주어진 시점은 유대인들이 이집트에서 출애굽 할 때이다. 안식교인들은 자신들이 안식일의 명령을 받은 이스라엘이라고 주장한다.

「또 나는 그들에게 내 안식일들도 주었으니」 "그들"이란 유대인들을 말한다. 「나와 그들 사이에 표적이 되게 하고 그들로 내가 그들을 거룩하게 하는 주인 줄 알게 하려는 것이라」(겔 20:12). 안식일이 하나의 표적이라고 분명하게 말씀하신다. 「그러나 이스라엘 집이 광야에서 내게 반역하였고 그들이 내 규례대로 행하지 아니하였으며 내 명령들을 멸시하였으니, 사람이 그것들을 행하면 그가 그것들로 살 것이라. 또 그들은 나의 안식일들을 크게 더럽혔도다. 그러므로 내가 말하기를 "내가 광야에서 내 진노를 그들 위에 부어 그들을 진멸하리라." 하였도다」(겔 20:13).

주님께서는 안식일을 안식교인들이 아닌 이스라엘 집에게 주셨다. 또한 이 구절에서는 안식일을 더럽힌 사람들을 주님께서 진멸하신다고 하셨는데 오늘날 안식교인들은 안식일을 어긴다 해도 죽임을 당하지 않는다. 왜 구약 당시의 안식일 개념과 다른지 생각해 보아야 한다.

안식교인들은 또한 안식일에 교회가 모여야 한다고 말한다. 그러나 사도행전 20장에 의하면 그리스도인들은 초대교회 때부터 주님께서 부활하신 '주(week)의 첫날'에 모여 왔다.

「무교절 기간이 지난 뒤에 우리가 빌립보에서 배로 떠나, 닷새 만에 트로아에 있는 그들에게로 가서 그곳에서 칠일을 머무니라. 그 주의 첫날 제자들이 빵을 떼고자 함께 모였을 때 바울이 그들에게 설교하되 다음 날 떠날 준비를 하고 한밤중까지 설교를 계속하더라」(행 20:6,7).

주의 첫날 즉 일요일에 모인 것은 카톨릭 교회가 일요일에 미사를 하기 때문이 아니라 카톨릭 교회 탄생보다 훨씬 이전인 초대교회 때부터 일요일에 모여 왔기 때문이다.

「이제 성도들을 위한 모금에 관해서는 내가 갈라디아 교회들에게 명한 것같이 너희도 그렇게 행하라. 매주 첫날에 너희 각자가 하나님께서 번성케 하신 대로 따로 저축하여 두어서 내가 갈 때에는 모금하는 일이 없게 하라」(고전 16:1,2).

주의 첫날은 주님께서 부활하신 날이다. 그것을 기념해서 그때부터 주의 첫날에 모이기 시작했던 것이다. 하지만 안식교인들은 교회가 일요일에 경배드리는 것이 카톨릭을 따르는 일이라고 생각할 뿐 아니라 그것 자체가 적그리스도의 표를 받는 것이라고 가르친다. 바이블 빌리버들이 그들에게 그런 교리는 행위에 의한 구원을 가르치는 것이라고 지적하면 그들은 '우리는 예수님을 믿음으로써 구원받는다고 하지 안식일을 지켜야 구원받는다고 하지 않는다'라고 한다. 그러면서 또 한편으로는 안식교인이 되고 나서 '안식일을 지키지 않으면 구원받지 못한 사람'이라고 한다. 그들은 이렇게 사람들을 속이기 위한 말장난을 하고 있다.

우리가 복음을 전하다 보면 어떤 사람들은 자신이 구원을 받았다고 말하지만 막상 어떻게 구원받았는지 간증해 보라고 하면 하지 못한다. 구원이나 거듭남이 무엇인지도 모르면서 누가 물어보면 교회 목사가 시킨 대로 자신도 구원을 받았노라고 하는 것이다.

하나님께서는 6일 동안 창조 사역을 하시고 일곱 번째 날에 안식하셨다. 그것이 첫 안식일이었고, 이 안식일은 출애굽 때 이스라엘 백성에게 표적으로 주어졌다. 그것으로 우리가 하나님께서 일곱으로 일하시는 것에 대해 알 수 있다.

주님께서 1일부터 7일까지 일곱으로 마치시고 다시 1일에서 시작해서 7일, 또 7주를 기준으로 일하신다.

오순절, 장막절

「너희는 안식일 후 다음 날, 너희가 흔드는 제사의 단을 가져온 그 날부터 세어서 일곱 안식일을 마칠지니」(레 23:15). 7일씩, 즉 7x7=49이다. 「너희는 일곱째 안식일 이튿날까지 오십 일을 헤아려서 주께 새로운 음식제사를 드릴지니라」(16절). 그래서 일곱째 안식일 다음날을 오순절이라고 한다.

「너희는 너희의 거처에서 십분의 이로 만든 흔드는 빵 두 덩어리를 가지고 나올지니 그 빵들은 고운 가루로 만들어 누룩을 넣어서 구울 것이며 그것들이 주께 드리는 첫열매들이니라. 너희는 그 빵과 더불어 일 년 된 흠 없는 어린양 일곱 마리와 어린 수송아지 한 마리와 숫양 두 마리를 드릴지니라. 그것들은 주께 드리는 번제니, 그것들의 음식제사와 술붓는 제사와 더불어 주께 불로 드리는 제사니 향기로운 냄새니라」(레 23:17,18).

이 오순절 날은 세 번째 달에 있는 절기이다. 첫 번째 달에는 무엇이 있었는지 다시 4절로 돌아가 보면, 첫 번째 달 맨 처음에는 유월절이 나온다. 유월절은 이스라엘이 이집트에서 나올 때 문과 기둥에 피를 바름으로써 받은 구속을 기념하는 것으로, 주님의 십자가 사건의 모형이 된다.

「주의 명절들은 이러하니, 곧 거룩한 모임으로 삼아 그들의 시기에 따라 너희가 공포할지니라. 첫째 달 십사일 저녁은 주의 유월절이니라. 같은 달 십오일은 주께 무교절이니 칠 일 동안 너희는 누룩 없는 빵을 먹을지니라. 첫째 날에는 너희가 거룩한 모임을 가질 것이며, 그 날에는 어떤 육체 노동도 하지 말지니라. 그러나 너희는 칠 일 동안 주께 불로 드리는 제사를 드릴 것이요, 일곱째 날에는 거룩한 모임이 있으니, 그 날에는 어떤 육체 노동도 하지 말지니라.'" 하시니라」(레 23:4-8).

첫째 달에 유월절이 나오고, 그 후 셋째 달에는 49일, 50일 해서 오순절이 된다. 그리고 유월절, 무교절, 초실절이 있고, 이것은 죽음과 부활과 연관이 있는 것이다.

「주께서 모세에게 일러 말씀 하시기를 "이스라엘 자손에게 고하여 그들에게 말하라. '너희는 내가 너희에게 주는 땅에 들어가서 거기서 수확을 거두면, 너희는 너희 수확의 첫열매들의 단을 제사장에게로 가져올지니라」(레 23:9,10).

주님께서 죽으셨다가 부활하셔서 첫열매들이 되신다. 그 다음에 세 번째 달에 오순절 사건이 나오고 그것은 7주, 즉 칠일 곱하기 칠인 49일 다음날이 오순절이다. 이렇듯 주님께서 일곱으로 역사하시는 것을 우리는 보게 된다.

한편 레위기 23:34에 장막절이 나온다. 그 외 나팔절, 속죄일이 있는데, 장막절은 일곱째 달에 나온다. 이 장막절은 주님의 재림과 관계가 있다. 유월절은 주님의 십자가와 관계가 있고, 셋째 달인 오순절은 성령과 관계가 있다. 성경적 근거들을 살펴보았을 때 휴거는 오순절에 일어날 가능성이 많다. 그리고 일곱째 달에는 나팔절, 속죄일, 장막절이 있다.

「"이스라엘 자손들에게 고하여 말하라. '이 일곱째 달 십오일은 주께 칠 일 동안 장막절이니라. 첫째 날에는 거룩한 모임이 있으리니 너희는 어떤 육체 노동도 하지 말지니라. 칠 일 동안 너희는 주께 불로 제사를 드릴 것이며, 여덟째 날에는 너희에게 거룩한 모임이 있으리니, 너희는 주께 불로 제사를 드릴지니라. 그것은 엄숙한 집회니 그 날에 너희는 어떤 육체 노동도 하지 말지니라」(레 23:34-36).

레위기 23장에 나오는 것들이 주님께서 역사하시는 방식과 많은 연관이 있는데, 그것들은 주님이 어떻게 이 세상을 통치하시는지에 대한 모형을 보여 준다.

「이것들이 주의 명절들이니, 너희는 거룩한 모임들이 되도록 공포하고 주께 불로 제사를 드리되, 번제와 음식제사와 희생제와 술붓는 제사로 모든 것을 그의 날에 드릴지니, 주의 안식일들 외에, 너희의 예물들 외에, 너희의 모든 서원물들 외에, 너희의 모든 자원하는 제물들 외에, 너희가 주께 드리는 것이니라. 너희가 그 땅의 열매들을 거두면 일곱째 달의 십오일에는 또한, 너희는 칠 일 동안 주께 명절을 지킬지니, 그 첫날도 안식일이 되고 그 여덟째 날도 안식일이 될지니라」(레 23:37-39).

8은 완전한 숫자 7 다음에 오는 숫자로, 새로운 시작을 말한다. 아담으로부터 시작해 천년 왕국까지 총 7천 년이 지나고, 8천 년이 되는 때에 새 하늘과 새 땅이 시작되는 것이다.

안식년, 환희의 해

또한 안식년이 있다.

「주께서 시내 산에서 모세에게 일러 말씀하시기를 "이스라엘 자손에게 고하여 그들에게 말하라. 너희는 내가 너희에게 주는 땅으로 들어가면 그 땅으로 주께 안식을 지키게 할지니라. 너는 육 년 동안 네 밭에 씨를 뿌리고 육 년 동안 너는 네 포도원을 가꾸어 거기서 열매를 거둘 것이나 일곱째 해에는 땅에게 쉼의 안식이 되게 할지니 주를 위한 안식이라. 너는 네 밭에 씨를 뿌리지도 말고 포도원을 가꾸지도 말지니라」(레 25:1-4).

일곱 째 해에 쉰다는 것은 6년 동안 농사를 짓고 그 후에는 땅을 쉬게 하는 것이다. 이는 상당히 과학적인 방식이기도 하다. 땅을 쉼이 없이 계속해서 경작하면 결국엔 땅이 망가지고 더 이상 열매가 나지 않는다. 6년 일하고 1년 쉬는 것이 주님의 방법이다. 그런데 한국 교회 목사들은 안식년이라는 것을 지킨다고 한다. 여기 미국 침례교회들에는 안식년이 없다. 한국 사람들은 안식년을 매우 강조하는데, 자신들이 땅이라는 말인가? 그래서인지 몰라도 한국 목사들이 안식년에 사고를 많이 친다고 한다.

「네 수확 중에서 스스로 자라난 것은 네가 거두지 말며, 가꾸지 아니한 네 포도나무의 포도송이들도 거두지 말라. 이는 그것이 땅에게 쉼의 해이기 때문이라」(레 25:5).

이렇게 주님께서는 땅이 고갈되고 오염되는 것을 방지하시고자 자연도 일곱을 원칙으로 해서 운행하신다. 그 뒤에 칠 년씩 일곱 번 되는 해, 즉 환희의 해가 온다.

「너는 너에게 일곱 안식년을 헤아릴지니 칠 년이 일곱 번이요 일곱 안식년의 기간은 사십구 년이니라. 너는 일곱째 달 십 일째 되는 날에 환희의 나팔을 불게 하고, 그 속죄의 날에 너희는 너희 모든 땅에 두루 나팔을 불지니라」(레 25:8,9).

일곱 해가 일곱 번 지나간 뒤 오는 해는 환희의 해이다. 해방의 해인 이 때에는 종들이 해방되고 모든 것이 해방된다. 여기서 하나님께서는 참 은혜를 보여주신다. 속박되어 있는 자들을 해방시키시는 참 은혜는 모든 피조물에게 필요한 것이다.

「너희는 오십 번째 되는 해를 거룩하게 하여 그곳의 모든 거민들에게 모든 땅에 두루 자유를 공포할지니라. 그것은 너희에게 환희의 해가 되리니 너희 모든 사람은 자기 소유로 돌아가고, 너희 모든 사람은 자기 가족에게로 돌아갈지니라」(레 25:10).

주님께서 날, 달, 해, 차례로 안식을 주시는 것을 보았을 때 천년 왕국의 안식이 일곱과 연관이 있음을 알 수 있다.

「그 오십 번째 해는 너희에게 환희의 해가 되리니 너희는 뿌리지도 말고, 스스로 자라는 것을 거두지도 말며, 네가 가꾸지 않는 포도나무에서 그 포도송이를 거두지 말지니라. 이는 그것이 환희의 해니 너희에게 거룩함이니라. 너희는 밭에서 나는 소산을 먹을지니라. 이 환희의 해에 너희 모든 사람은 자기 소유로 돌아갈지니라. 만일 네가 네 이웃에게 팔아야 하거나 네 이웃의 손에서 사야 하거든 너희는 서로 압제하지 말지니라. 환희의 해 후에 연수에 따라 너는 네 이웃에게서 살 것이요, 열매들의 연수에 따라 그는 너에게 팔 것이며 연수의 많음에 따라 너는 그 값을 올리고, 연수의 적음에 따라 너는 그 값을 낮출지니, 열매들의 연수에 따라 그는 너에게 팔 것이라」(레 25:11-16).

「그러므로 너희는 서로 압제하지 말고 너는 네 하나님을 두려워하라. 이는 내가 주 너희 하나님임이라. 그러므로 너희는 나의 규례들을 행하고 내 명령들을 지키고 그것들을 행하라. 그리하면 너희가 그 땅에 안전하게 거하리라. 땅은 자기 열매를 내리니 너희가 배불리 먹고 거기에 안전하게 거하리라. 만일 너희가 말하기를 '보라, 우리가 뿌리지도 않고 우리의 수확물을 거두지도 아니하면, 일곱째 해에 우리가 무엇을 먹을까?' 한다면, 그때는 내가 여섯째 해에 너희 위에 내 복을 명하리니 그것이 삼 년 동안의 열매를 내리라. 너희가 여덟째 해에는 뿌릴 것이니 아홉째 해까지는 묵은 열매를 먹을 것이요, 그 열매가 나올 때까지 너희는 묵은 것을 먹으리라」(레 25:17-22).

하나님께서 모든 것을 합리적으로 만드셨다. 인간들의 사악함을 미리 아시고 서로 압제하거나 다투지 못하도록 지혜롭게 해결책을 주신 것이다. 주님은 지극히 합리적인 분이시다.

「땅은 영원히 팔지 못하리니 땅은 내 것임이라. 너희는 타국인이요 나와 함께 체류하는 자들임이라. 너희 소유의 모든 땅에서 너희는 그 땅을 다시 사는 것을 허락할지니라」(레 25:23,24).

이렇듯 환희의 해에 일곱 번씩 나팔을 불면서 모든 땅에서 자유를 선포하는 것은 주님의 은혜를 보여 준다. 지금까지 하나님께서 일곱이라는 숫자의 원칙하에 일하시는 것들을 성경적으로 살펴보 았다.

일곱째 천년 기간

우리가 진정한 안식을 가지게 되는 천년 왕국은 분명히 일곱 번째 천 년 기간이 될 것이다. 베드로후서 3장에서 천 년이 주님께 어떤 의미가 있는지 살펴보자. 베드로후서 3장은 우리가 고대하는 주님의 재림과 연관이 있는 말씀이다.

「그러나 현재 있는 하늘들과 땅은 그 동일한 말씀으로 보존되어 있으되 경건치 아니한 자들의 심판과 멸망의 날에 불사르려고 간수되어진 것이니라. 사랑하는 자들아, 주께는 하루가 천 년 같고 천 년이 하루 같은 이 한 가지를 잊지 말라」(벧후 3:7,8).

6일 동안 창조하시고 7일째 안식하신 것과 분명히 연관이 있다. 주님께는 하루가 천 년 같다.

6일이면 6천 년이다. 시편 90:4은 「주의 목전에는 천 년이 단지 지나간 어제 같고 밤의 한 경점 같나이다.」라고 말씀한다. 우리는 언젠가 성경에서 말씀하는 시간, 경점에 대해서 주님이 오시는 것을 공부할 것이지만, 어쨌든 천 년이 하루라는 것은 재림과 연관되어 있다. 주님께서는 이것을 기억하라고 하신 것이다.

「이는 주의 뜰들에서의 하루가 천 날보다 더 나으며, 악의 장막들에 거하는 것보다 내 하나님의 집에서 문지기가 되는 편이 더 나음이니이다」(시 84:10).

주님께서 이 세상에 오셔서 의와 화평으로 통치하시면서 우리에게 안식을 주시는 것이 성경에서는 6천 년이 지난 뒤라고 하셨다. 우리는 소망을 가지고 주님을 기다린다. 현재는 예수님이 오시기 전 4천 년과 예수님이 오신 후 2천 년이 이미 지난 시점이다. 성경에는 "이틀 후"라는 구절이 여러 번 나온다. 주님께서는 오늘 오실 수도 있고 1년 후에 오실 수도 있다. 우리의 달력과 하나님의 계산 방법이 다르기에 우리는 주님이 언제 오실지 모르지만 아담으로부터 6천 년이 지났기 때문에 곧 오시리라 믿고 기다리고 있다. 맹목적으로 기다리는 것이 아니라 성경의 일곱 원칙 하에서 기다리는 것이다. 또한 세상이 성경대로 돌아가고 있기 때문에 우리는 주님께서 오시는 때가 눈 앞에 다가왔다는 것을 안다. 세상은 지금 언제 터질지 모르는 시한폭탄같이 돌아가고 있다.

요한계시록 20장에서는 천년 왕국 동안 사탄이 잡혀서 끝없이 깊은 구렁에 결박되는 것을 볼 수 있다.

「또 내가 보니, 한 천사가 하늘에서 내려오는데, 그의 손에는 끝없이 깊은 구렁의 열쇠와 큰 사슬을 가졌더라. 그가 그 용을 잡으니, 곧 마귀요 사탄인 옛 뱀이라. 그를 천 년 동안 묶어 두니」(계 20:1,2).

사탄이 갇히고 천 년 동안 우리를 미혹하지 못하기 때문에 우리에게는 천 년의 안식이 주어진다. 계시록 20장에는 "천 년"이라는 단어가 여섯 번 나온다. 천 년이 하루라면 6일이 지난 다음에 천년 왕국이 임하는 것이다. 성령께서 성경 곳곳에 이러한 하나님의 계획을 우리에게 계시해 주고 계신다.

우리가 하나님의 말씀을 공부하는 이유가 무엇인가? 하나님께서는 우리가 성경을 공부해서 이러한 하나님의 뜻과 계시를 알기

원하신다. 그럼으로써 소망을 갖기를 원하시는 것이다.

요한계시록 20:2에서 "천 년"이 나오고, 3절에도 「그를 끝없이 깊은 구렁에 던져서 가두고 그 위에 봉인하여 천 년이 찰 때까지는 민족들을 다시는 미혹하지 못하게 하더라.」 4절에서도 「그들은 살아서 그리스도와 함께 천 년을 통치하더라.」 5절, 「그러나 죽은 자들 가운데서 그 나머지는 천 년이 끝날 때까지 다시 살지 못하리라. 이것이 첫 번째 부활이라.」 6절, 「첫 번째 부활에 참여하는 자는 복되고 거룩하도다. 둘째 사망이 그들을 다스리는 권세가 없고, 오히려 그들이 하나님과 그리스도의 제사장들이 되어 천 년 동안 그와 함께 통치하리라.」 7절에서 여섯 번째의 천 년이 나온다. 「그 천 년이 끝나면 사탄이 그의 감옥에서 풀려나」

이렇게 성경 곳곳에서 증거하는 것은, 주님의 천년 통치는 실제적으로 있을 것이고, 천년 통치가 일곱째 천 년 기간에 시작된다는 것이다. 우리는 성경을 공부하면서 주님께서 일곱의 원칙하에 이 세상을 계획하셨음을 알 수 있고, 하나님께서 미리 계획하신 일들을 알 수 있다.

일곱 번 변하는 지구의 상태

이 법칙은 또한 땅이 거치는 일곱 번의 상태 변화에도 적용된다. 성경은 지구의 일곱 기간들에 대해 말씀한다. 창세기 1:1에 첫 번째 지구가 있었다. 하나님께서는 첫 번째 창조 때 하늘과 땅을 완벽하게 창조하셨다. 그 후 두 번째 상태인 2절에서는 혼돈이 있다. 사탄의 반란으로 인해서 주님께서 심판하셨기 때문에 땅이 혼돈 상태에 놓인 것이다. 주님께서는 3절부터 재창조를 하시는데, 이것이 세 번째 상태이다. 그러나 인간의 타락으로 인해 또 한 번 홍수로 땅을 덮으신 것이 네 번째 상태이다. 노아의 홍수 이후부터 현재까지는 다섯 번째 상태이다. 이 기간이 끝나면 여섯 번째 기간으로 천년 왕국이 오고, 일곱 번째는 베드로후서에 나온 것처럼 불로써 심판을 받는다. 현재의 지구는 이렇게 7번에 걸쳐서 달라지며 그 후에는 새 하늘과 새 땅이 옴으로써 끝이 난다.

「이는 그들이 이것을 고의로 잊으려 함이라. 즉 하나님의 말씀에 의해 하늘들이 옛적부터 있었다는 것과, 땅도 물에서 나왔고 물 안에 있었다는 것이니 이로써 이전에 있던 세상은 물이 범람해서 멸망하였느니라」(벧후 3:5,6).

위 구절은 창세기 1:1의 첫 번째 지구, 즉 사탄의 반란으로 인해서 물로써 심판하신 지구를 말한다. 노아의 홍수가 아니다. 「땅도 물에서 나왔고 물 안에 있었다는 것이니」 물로 심판받은 후 물 안에 있었던 첫 창조 때의 땅이었다. 다음 7절에서는 「그러나 현재에 있는 하늘들과 땅은」 현재의 것과 전에 있던 것은 다르다. 우리는 노아의 홍수 후의 지구에 살고 있는 것이다.

「그러나 현재에 있는 하늘들과 땅은 그 동일한 말씀으로 보존되어 있으되 경건치 아니한 자들의 심판과 멸망의 날에 불사르려고 간수되어진 것이라」(벧후 3:7).

불사르려고 간수된 이 땅에 우리가 있는 것이고, 재창조된 이 땅은 천년 왕국이 끝난 후에 불로 사라지게 된다. 이것이 지구가 거치는 일곱 번째 변화이다.

「사랑하는 자들아, 주께는 하루가 천 년 같고 천 년이 하루 같은 이 한 가지를 잊지 말라. 주의 약속은 어떤 사람들이 생각하는 것 같이 더딘 것이 아니라 오직 우리에 대하여 오래 참으시어 아무도 멸망하지 않고 다 회개에 이르게 하심이라」(벧후 3:8,9).

우리는 주님을 기다리지만 주님께서 늦어지시는 이유가 이 구절에 있다. 모든 사람들이 멸망하지 않고 모두 회개하여 구원받게 하기 위해서이다.

「그러나 주의 날이 밤에 도둑같이 오리니 그 날에는 하늘들이 굉장한 소리를 내며 사라지고 우주의 구성 요소들이 맹렬한 불로 녹아내리며 땅과 그 안에 있는 일들이 타버릴 것이라」(벧후 3:10).

현재 있는 이 지구는 앞으로 이대로 있는 것이 아니다. 주님께서 천년 왕국 때 회복시키시고 천 년이 끝나고 나면 맹렬한 불로 태워 녹아내리게 하실 것이다.

「하나님의 날이 오기를 고대하고 열망하라. 그때는 하늘들이 불에 타서 녹아 버리고 우주의 구성 요소들도 맹렬한 불에 녹아내릴 것이나」(벧후 3:12).

모든 것이 타서 없어진 다음 우리가 앞에서 공부했던 백보좌 심판에서 죄인들이 공중에 떠 있는 상태로 심판을 받는 것이다. 다시 말하면 일곱 번째 변화가 있고 다음에 백보좌 심판, 그리고 여덟 번째 땅이 온다. 여덟은 새로운 시작을 의미한다.

「우리는 그의 약속대로 의가 거하는 새 하늘들과 새 땅을 기다리도다」(벧후 3:13).

우리는 하나님께서 정확하게 일곱 원칙하에서 일하시겠다고 맹세하신 그대로 이루어져 주님께서 오시면 이 지구는 그렇게 끝이 난다는 것을 믿는다. 성경을 공부함으로써 성경의 절기들과 일곱이라는 숫자들의 중요성을 살펴보았다. 이것은 주님의 십자가 사건과 부활, 그리고 성령의 임하심과 떠나심, 주님의 재림과 천 년 통치와 모두 관련이 있다. 모든 것이 예수님에 대한, 예수님의 사역의 모형이다.

김경환 목사 저서 목록

기초 성경 공부 1,2
하나님의 사랑
올바른 성경 공부법
시대에 따른 진리
그리스도인의 성품
지옥설교를 안하면 거짓목사이다
구원에 관한 문제의 구절들 총정리

향후 출간 계획 저서

교회 개혁을 위하여 바른 성경으로 돌아가자
교회 개혁을 위하여 바른 믿음으로 돌아가자
구원 이후의 삶
한국인이 모르는 진리 (가제)
야고보서 주석 (가제)

유튜브 채널 링크
REAL Bible 1611

하나님의 구원 계획

하나님의 경륜 시리즈

무료 책자 링크
www.realbible1611.com

올바른 성경공부법

무료 ebook 링크
https://ebook.kyobobook.co.kr

지옥설교를 안하면 거짓목사이다

하나님의 경륜
DISPENSATION OF GOD

2025년 1월 22일 1판 1쇄 발행

지은이   김경환

펴낸곳   BBCI (Bible Believing Christian, Inc.)
주소   서울 강서구 마곡중앙4로 10 그랑트윈 A동 422호
이메일   Bbcipress@gmail.com
            bbcipress@naver.com

ISBN   979-11-991081-0-3 (03230)

가격   25,000원